The BiblioLife Network

This project was made possible in part by the BiblioLife Network (BLN), a project aimed at addressing some of the huge challenges facing book preservationists around the world. The BLN includes libraries, library networks, archives, subject matter experts, online communities and library service providers. We believe every book ever published should be available as a high-quality print reproduction; printed on- demand anywhere in the world. This insures the ongoing accessibility of the content and helps generate sustainable revenue for the libraries and organizations that work to preserve these important materials.

The following book is in the "public domain" and represents an authentic reproduction of the text as printed by the original publisher. While we have attempted to accurately maintain the integrity of the original work, there are sometimes problems with the original book or micro-film from which the books were digitized. This can result in minor errors in reproduction. Possible imperfections include missing and blurred pages, poor pictures, markings and other reproduction issues beyond our control. Because this work is culturally important, we have made it available as part of our commitment to protecting, preserving, and promoting the world's literature.

GUIDE TO FOLD-OUTS, MAPS and OVERSIZED IMAGES

In an online database, page images do not need to conform to the size restrictions found in a printed book. When converting these images back into a printed bound book, the page sizes are standardized in ways that maintain the detail of the original. For large images, such as fold-out maps, the original page image is split into two or more pages.

Guidelines used to determine the split of oversize pages:

• Some images are split vertically; large images require vertical and horizontal splits.
• For horizontal splits, the content is split left to right.
• For vertical splits, the content is split from top to bottom.
• For both vertical and horizontal splits, the image is processed from top left to bottom right.

GW00481301

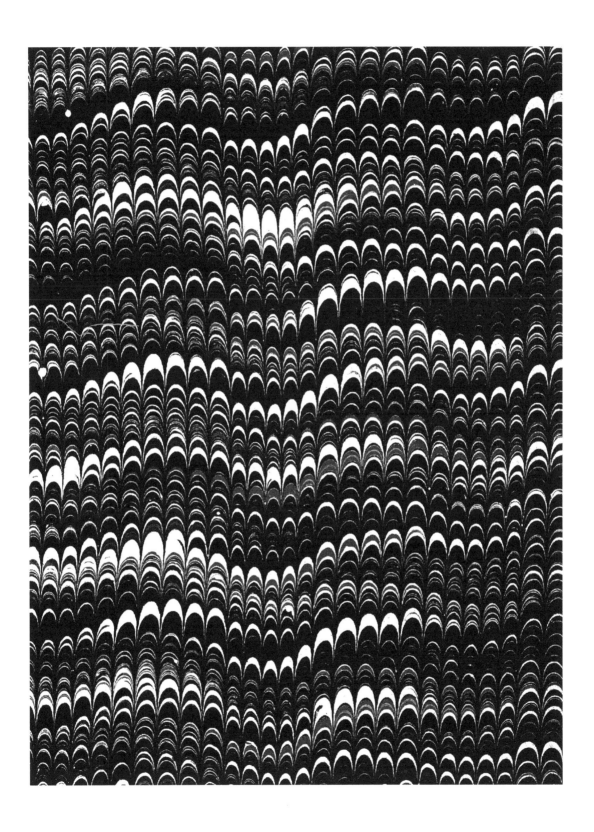

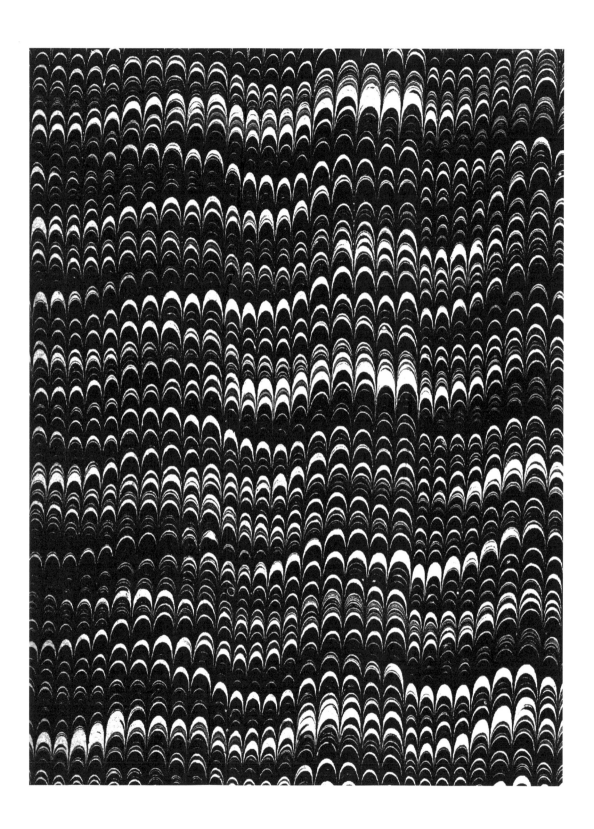

NUNC PRIMUM E MANUSCRIPTO UNICO IN BIBLIOTHECA COTTONIA
ASSERVATO TYPIS MANDATA.

SUBJICITUR

INQUISITIO ELIENSIS.

CURA

N. E. S. A. HAMILTON.

ACCEDUNT INDICES LOCUPLETISSIMI.

LONDINI:
IMPENSIS REGIAE SOCIETATIS LITTERARIAE.
APUD IO. MURRAY.

MDCCCLXXVI.

To the Memory of

SIR FREDERIC MADDEN, K.H.,

LATE KEEPER OF THE MANUSCRIPTS IN THE BRITISH MUSEUM,

THE GREATEST PALÆOGRAPHER OF HIS AGE,

THIS CONTRIBUTION TO THE LITERATURE OF DOMESDAY BOOK

IS REVERENTLY DEDICATED

BY

THE EDITOR.

eidem tre semp inuenit auena
lxu. summos p consuetudine p
annu.

[...]entebrigge hdra. In staple
[...] hundr. iurauerunt homi
nes. scilicet Nicholaus de kenet.
[...] hugo de hescinges. Will's de
copeham. Warinus de saham.
Rob. de fordham. Ormar de bel
lingeha. Alanus de buruuelle.
Aluric de sneileuuelle. Picotus
uicecomes & omnes franci &
angli.

In hoc hundreto nicholaus
kenet de will de uuarenne p
iii. 7 dimid. se defendit t.r.e. 7
m p. ii. 7 dimidia. x. car. ibi. e. t.
v. in dominio. 7 v. uillanis.
vi. uillam. 7 i. pbr. 7 xii. serui.
molend. e. ibi. Huic reddit. pt
duab3. c. Pecunia in dominio.
vm. animal ociosa. 7 ccc. &
iii. xe oues. x. porc. im. runcin.
Pastura 7 ad pecun. uille. In to
tis ualentiis. xii. lib. 7 qn recepit
ix. li. Et t.r.e. xii. li. Hoc mane
riu tenuit hobillus tegn regis
eduuardi. Et in hoc manerio
fuit qd sochemann Godric. ho
el. potuit dare sine licentia dni
sui trã suã. t.r.e. una uirgata

In hoc hundr. Ormar² de comite
Alano. Belincgesha. p. iii. h. 7
dimi. vi. c. se defendit. t.r.e. 7 m.
p. ii. h. 7 dimi. vi. c. i est tra. due
car. in dominio. & iii. uill. xr.
uill. 7 vi. bor. vi. ser. 7 u. molend.
unu molend. ii. sol. redd. 7 aliud
molitura. in dominio. Pratum
duab3. c. Pastura ad pecun uille
ii. animal. ociosa. lx. o. xx. porc.
n. runc. In totis ualentiis ualet
lx. sol. & qn recepit. lx. sol. t.r.
e. c. sol. Hoc maneriu tenuit Ormar²
homo aduie t.r. eduuardi. potuit
dare cui noluit. In hoc hundr
gaufridus de mandauilla. cypeha.
x. h. tempe r.e. & hec hide n defen
derunt se n p v. h. Et uicecomes ipi
uicecomitatus fec̃ has. x. h. defende
p v. h. t.r.e. xvii. c. est i tra. iii. in
dominio. xiii. uill. xxr. uillani.
xiii. bor. vi. serui. pratum. iii. car.
Pastura ad pecuniã uille. xiii. añ.
xx. porci. ccc. oues. xv. min. ii. runc.
7 unu molend. de una piscina.
mille anguille 7 dimid. In totis
ualentiis. xx. lib. 7 qn recep. xvi. lib.
t.r.e. xii. lib. Hoc maneriu tenuit

Dictune .p. x. h̄. se defendebat. tp̄r. R. e. & m
p. i. h̄; Ɋan archepo. s. fuit; xvi. c. ibi. ē. tra;
ii. c. in dnio; iii. c. uill; xi. c. posse fieri; ū ii; iii.
iii. pasta ad pec̄ uille; Silua ad. ccc. p; De erba
tio uille .vi. s; m̄ aalia oē; dxx. o. Jntotis ualen
tiis. ualet. xii. lib; qn rec̄; xv. lib; t. R. e. xv. lib.
hoc man̄ iacuit inēcc̄ta. s. Ædeldryd. meterno
sina. t. R. e. Sed. s. arch eps supsit illud deabba
eli; hōes dehund nesciunt ꝗm̄ supsit; h̄ tenet.
Will. de noderes de rege ad firma. [....]

H suafā. tenuit Alpi. harpeari. iii. h̄. & i. Ɋot
dednic̄ firm̄ abbis de eli. t. R. e. & in morte; & m̄
tenet. hugo. de bolebec̄. de. W. gisardo. Jn ead uill:
iii. soch; huscarle. Britaine. alsi. hōes abbis de
eli. fuert̄. ii. h̄. & dim. & .x. ac̄. habuer̄. n̄ poc̄ recede.
l̄ uende sine licīa abbis eli; cui hōes erant. t. R. e.
& in morte Valet. vii. lib. [....]

H suafham. abb. eli. ht̄. iii. h̄. s. c̄. ibi ē. terra.
ii. c̄. in dnio; & i. h̄. & iii. v; iii. c̄. uill; v. ii. ii.

Etheloneo Rece. vi. s. & demarisca. vi d; O.
xxx ii; P. xxx ii. semp ualuit: & ualet. c. s.
hec terra semp iacuit & iacet in dnio ecc̄ie.

Arluinus deistus h̄: i. c̄. ht̄ dednio; Jpse mead

ſ, hec t̃ra ſemp iacuit inecc̃lia in dñio. In mictelere hundred.

Dittune ſiluatica px̃ hid̃ ſe defendebat t̃pr̃ r̃. e. 7 m̃p. i. ħ
Mari archiep̃s ſunt xv. c̃. ibi e. t̃ra. ij. c̃. in dñio. iij. c̃ uill̃
xi. c̃. poſſt̃ fi. uiii. iij. iij. Paſtura adpec̃ uille. Silua ad cc. p̃.
de arbatio uille. vj. ſ. iij. aĩalia oct̃. q̃ x̃. o. Int̃oũſ ualentiiſ. ua
let. xij. libras. Qñ̃ do rxx̃p. xv. lib̃. t̃. r. e. xv. lib. hoc mañ̃ iacuit
inecc̃lia ſc̃e ædeldrede inelemoſina. t̃. r. e. S̃. s̃. archiep̃c ſup̃ſit
illã de abbia ely. ho[m]es de hundret̃ neſciut̃ q̃m̃ ſup̃ſit. hoc t̃e
net̃ cũ uill̃os de noderes derege adfirmã. In ſtane hund̃:

hugo de bolebech.
de walt̃ giffard

Jſ ſuaffhã tenuit alp̃ horpeart̃. iij. ħ. 7 i. mol̃. de doox̃c firma
abbiſ de ely. t̃. r. e. 7 in morte. 7 m̃ tenet hugo de bolebech. de w̃
gifard. In eade uilla. iij. ſochemanſ. huſcarl. brichtwine. alſi
ho[m]eſ abbiſ de ely fuert̃. ii. hid̃ 7 dm̃. x̃. ac̃s habuert̃ ñ poſſt̃
recede uel uende ſñ licentia abbiſ ely cuho[m]eſ erãt t̃. r. e.
7 in morte. ualuit 7 ual̃. viij. lib. In eade uilla de ſwahã o
abb̃ ely ħt̃. iij. ħ. v. c̃. ibi e. t̃ra. ij. c̃ in dñio. 7 i. ħ. iiij. ugart̃. iij. c̃ uill̃
v. ij. ij. De ethelonio reche. vj. ſol̃ 7 de mariſco. vj. 8. o. xxxij. p̃ xxxij.
ſemp ualuit 7 ualet. c̃. ſ. ħ t̃ra ſep iacuit 7 iacet in dñio ecc̃lie.

hardwin de eſchalers.

hardwiñ. de iſhi. ħ. i. ug̃ ħt̃ de dñio. Ipſe in eade. ij ħ. 7 iij. ug̃. ſub
abb̃e ely. iij. c̃. ibi e. t̃. i. c̃ in dñio. ij. c̃ ho[m]b̃. ij.   pãi. ij. bob̃. p̃. viij.
o. j. xxi. ſep ualuit 7 ualet. lxx. ſ. hanc t̃ram tenuert̃. iij. ſoch. t̃.
r. e. de abbe ely. ñ potũint recede uel ue͂de abſq; e licentia.
Walter̃ gifard in eade uilla tenet. iij. uirg̃. i. c̃. ibi e. t̃. 7 c̃. ibi e.
iiij. o. lxx. p. xxij. pãi. i. c̃. int̃ot̃ui ualet. x. ſol̃ qñ recep̃. v. ſ. t̃.
r. e. xx. ſ. hac t̃. tcñ. wlw in in morte r. e. 7 eat̃ ho abbiſ ely ñ
potuit ue͂de uel recede. abſq; e lic̃.

p̃cat̃ uicecomes:

Jħ cotapicot̃ uicecomeſ tenet de abb̃e. iij. hid̃ 7 iij. uirg̃. iij. c̃.
ibi e. t̃ra. ij. c̃ in dñio. iij. c̃ uill̃. v. 7 i. pratũ. iiij. c̃. 7 dim̃ mot.
de xl. 8. o. xxvi. p. xiij. Jut̃ totũ ual̃ vj. lib. qñ recep̃.
iiij. lib. t̃pr̃ reg̃ edw. iiij. lib. hanc t̃ram tenuert̃. ii. ſoch.

PREFACE.

The following pages, which the liberality of the Royal Society of Literature has enabled the editor to lay before the public, contain an important and unique addition to the literature of Domesday Book; namely, the Original Return made by the *Juratores* of the county of Cambridge, in obedience to the Conqueror's mandate, from which the Exchequer Domesday for that county was afterwards compiled by the king's secretaries.

It is much to be regretted that the only manuscript (British Museum, MS. Cotton, Tiberius A. vi.) in which this important document is known to exist has been somewhat injured by time, and above all, has lost several of its leaves. The Return is consequently defective at the end. The greater part, however, has come down to us, and the text, now printed for the first time, and side by side with the similar entries, as they appear in the Exchequer Domesday, contains abundant evidence that we have here before us the original source from which the Exchequer Domesday for that county was derived. It is singular that so important a document should have hitherto been extant only in a solitary manuscript, unpublished, and exposed in consequence to many risks of being lost or destroyed. Doubtless, numerous historical and literary treasures still exist among our ancient manuscripts which are unknown to students or antiquarians. But in

regard to this particular manuscript, the strange fact is that from the days of Selden to those of Ellis, its existence had been known, and its importance as elucidating Domesday history understood, in part at least, and acknowledged; or, to put it in another way, that portion of the manuscript containing the *Inquisitio Eliensis*, or description of the monastic lands of Ely, had been quoted over and over again, and was at last printed in the Domesday Book, ed. Ellis, vol. iii. pp. 497–528, 1816, while the still more important portion, containing the description of the lay as well as the ecclesiastical lands, has been overlooked and actually omitted from Ellis's folio edition of the Domesday Book, although in the manuscript it occupies the folios adjacent to the *Inquisitio Eliensis*.

While, therefore, the present editor does not pretend to have discovered this important fragment, he may perhaps be allowed to say that he is the first to bring its importance to light and to give it to the learned world. It is, indeed, doubtful whether any previous Domesday student had distinguished between the *Inquisitio Comitatus Cantabrigiensis* (pp. 1–96) and the *Inquisitio Eliensis*, pp. 97–167, or saw that the one half was a copy of the original Domesday return, as made by the *Juratores*, upon the Conqueror's order, while the other merely contained a record of the lands belonging to the monks of Ely, described there as the lands of St. Aeðelðryð, the foundress of the nunnery at Ely in the seventh century.

The *Inquisitio Eliensis*, although to be found in the third volume of Ellis's edition of the Domesday Book, has been reprinted in the present volume with numerous and important collations from the Cambridge MSS., O. 2, 41, and O. 2, 1, not only to preserve curious and multiform variations in names of persons and places,

and in ambiguous contractions and abbreviations, but also for the amendment of the text itself; as for instance, at p. 112, line 5, where, misled by the repetition of the name Harduuinus, two whole sentences have been omitted from Ellis's text manuscript; and again at p. 137, line 5, where a like omission may be noticed.

Selden appears to be the first writer who refers to the manuscript; but he was not writing the history of the Domesday Book, and we may perhaps thus account for the imperfect conception he seems to have had of the true character, and his failure to realize the exact nature of the record before him. The passage in which he refers to the MS. occurs in his preface to Eadmer, Op. omn. vol. ii. Col. 1596, "Atqui ad hanc rem multo accuratius (sed in censu Capitum etiam hallucinatus) autor Anonymus vetusti Codicis MS. qui Breviarium est villarum et fundorum quorum proprietarii tunc erant Antistes et Sodales Eliensis. . . . . Ita autem Anonymus ille, nec ipso censu, ni fallor, recentior, uti etiam suadent ipsarum literarum ductus. . . . Quin discrepat saepius ipse census ab eo qui in tabulis illis Guilielmianis quarum fides omni exceptione planissime major est. Animalium autem numerus, Pecuniæ æstimatio, aut Capitum census (alius quàm quo servi et clientes censiti) non omninò in his reperitur." Selden, it will be seen, formed an imperfect estimate both of the age and of the value of the manuscript before him.

After Selden comes Roger Gale. He had met with the manuscript in the famous collection of Sir Robert Cotton, to which it had now found its way; and in the *Registrum Honoris de Richmond*, App. p. 5, Lond. 1722, having occasion to describe the method pursued in the compilation of the Domesday Book, he quotes the opening sentences of the *Inquisitio Eliensis :*

" Nunc audi quomodo Liber ipse (Domesday) collectus et digestus
fuit, quod me docet vetus Registrum [in Biblioth. Cotton, Tib. A.
vi.] quod contuli Roberto Cotton Equiti aurato, antiquitatum
nostrarum acerrimo indagatori.   Hic subscribitur Inquisitio ter-
rarum, quomodo Barones   Regis, etc. .   .   .   .   In Odeseio
hundreto .   .   .   .   his hundretis juraverunt."

After Gale, the next intelligent student of the MS., so far as
appears, was Philip Carteret Webb, Solicitor to the Treasury.   In
1756 Webb published a curious little tractate, entitled ' A Short
Account of some Particulars concerning Domesday Book with a
view to promote its being published.'   At page 9 of the ' Short
Account,' he refers to the manuscript as having been seen by
Selden and Gale, makes extracts from it in reference to the manor
of Wimple, and then, going on to describe the compilation of
Domesday Book with this manuscript still before him, he says,
(p. 10): " Some of the Particulars the jury were charged to
inquire of, were thought unnecessary to be inserted in the two
volumes, framed out of the returns, which will account for the
different descriptions different writers give of the contents of this
survey, some of them saying it contained an account of every
particular the jury were charged to inquire of, and others, more
correctly, confining it to such things only as were extracted from
the returns, and transcribed into the work in question."

In succession to Webb comes Robert Kelham, the meritorious,
shall we say, famous author of ' Domesday Book Illustrated,'
1788.   I am not certain, notwithstanding the learning and in-
dustry so conspicuous in Kelham's work, whether he had really
examined MS. Cotton Tiberius A. vi. for himself, or whether, like
Morant, he had been tempted to quote at second-hand from
Webb.   At pp. 12–13, he says, " There is also a MS. copy (of

about the time of Henry II.) of the inquisition of the jury, containing their survey for most of the hundreds in Cambridgeshire. Mr. Webb has given an account of so much of it as relates to the manor of Wimple, and from thence it appears the jury set down what all the arable lands in the parish was gelded at, who the owners were, and how many villani, bordarii, cotarii, and servi, were then upon the lands; and that these inquisitions were afterwards sent up to Winchester, and the lands belonging to each great tenant were separated and placed in Domesday, under their respective heads in that county; *e.g.*, The inquisition set forth that Wimple was taxed after the rate of 4 hides; that of those 4 hides, 2 hides and a half and half a virgate belonged to Earl Alan; and that of the same 4 hides, Humphry Dansleville held of Eudo Dapifer 1 hide and 1 virgate and a half; but when we look into Domesday, we shall find, in p. 194, b., that the part which Earl Alan held in Wimple is placed under his lands; and that the remainder of the lands in Wimple is under the title of Eudo Dapifer, p. 197, b.; and that the Inquisition and Domesday agree, except that the sheep, hogs, working horses, and asses, found by the first, are omitted in the survey."

Then follows Sir Henry Ellis, whose ' Introduction to Domesday Book,' and still more his exhaustive indices to the folio edition of the Domesday Book, connect his name for ever with the great work of the Conqueror. Like other inquirers, Ellis has recourse to MS. Cotton, Tiberius A. vi. in order to describe the method pursued in the Conqueror's great compilation, an achievement in its own line worthy of comparison with the Conquest itself in another. However, one is almost compelled to think that Ellis must have quoted at second-hand from Kelham or Webb; for, strange and almost incredible as it seems, he merely prints from the MS.

B

the comparatively unimportant portion which relates to the monastic lands of Ely, and which will be found in the present volume
between pp. 97–167, while he not only omits, but omits without
reference or mention, the most valuable portion, now first given to
the world.   Of this surprising omission there seems to be no explanation except the unsatisfactory one that it was the result of an accident, fatal though the admission be to the completeness of the great
Domesday publication.   The present editor had the advantage
of discussing the matter with Sir Henry Ellis himself, and was
informed that the only explanation it was then possible for him
to give was this:—that he (Ellis) had directed an amanuensis to
transcribe for him whatever related to the Domesday Survey from
MS. Tiberius, A. vi., and that the transcriber, by some strange
oversight, having omitted the most important portion, Ellis must
have supposed that the MS. itself had by that time ceased to
contain it, and deferred further inquiry into the matter to a
future occasion, which, owing to accident or forgetfulness, never
arrived.

The editor may here remark that his attention to this manuscript and its valuable contents was first attracted many years ago
during his official connexion with the Department of Manuscripts
in the British Museum.   He had been requested by the late Sir
Frederic Madden, then keeper of the manuscripts, to arrange and
where possible to restore to their proper places a considerable
number of separate and damaged leaves, which were known to
belong to manuscripts in the Cotton collection ; and it was while
thus employed that he made the discovery of the important nature
of the Domesday portion of the manuscript.   On ascertaining
further that, with the exception of the opening paragraphs, this
valuable fragment had never been published, he was urged

by Sir Frederic Madden to undertake the editing of it, as no unworthy contribution to the printed literature of Domesday.

It is unnecessary to lengthen this Preface by enlarging on the value and interest of the fragment now published. For all readers having the requisite preparation a cursory inspection will suffice to convince them that it constitutes a real contribution to historical knowledge. The plan adopted of printing in parallel columns the two texts, that of the fragment and that of Domesday, coupled with the addition of elaborate indices, render unneeded a preliminary dissertation in which the differences between them would be brought out. A few examples however are given here to show how the facts recorded in the Domesday Book have been abridged or extended, sometimes imperfectly, from the original return.

In the first page we have "vi. villani et unus presbiter" (Tib.) corresponding to "vii. villani" (Domesday); while the particular tenure explained in the sentence—"Et in hoc manerio fuit quidam sochemannus Godricus homo ejus, potuit dare sine licentia domini sui terram suam tempore regis Edwardi," etc. (Tib.)," is very much abbreviated in the Domesday Book.

On pp. 5–6 the abrupt statement—

"Hæc terra fuit et est de dominio æcclesiæ" (Domesday), is abbreviated from a long account of the holdings of Harduuinus de Scalariis and Turcus homo abbatis de Ramesio, in the Cotton MS. The ambiguous meaning of "æcclesiæ" is therefore clearly indicated to refer to Ramsey, and not to Ely, as the word so frequently does throughout the work.

At pp. 38–39 we see a curious alteration in the value of the land, which had risen from xv. lib. "quando recepit" and "t. r. e." to xvii. lib., at the time the return was made, and dropped again to xvi. lib. in the Domesday survey.

On page 39 the undefined "comes" of the Domesday is "comes alanus" in the Cottonian MS.; and throughout names and quasi-surnames are frequently found in the Tiberius MS. but not in the Domesday.

On p. 46 a curious reading occurs, where one Fredebertus held a hide and a half " et potuit recedere quo voluit sed soca remanebat harlestone " (Tib.). In the Domesday the *soca*, or vested interest held by the abbey of Ely in the land, is said " remanere æcclesiæ."

Another example of the superior exactness of the Cottonian MS. is afforded in p. 51, l. 22, where the ambiguous " de comit " of the Domesday, which may be generally considered " de comite," is shewn by the Tiberius to be the representative of " de comitissa iudeta."

There is another instance of this want of precision in the Domesday on p. 79, l. 25. where " comes " is the equivalent for " comes Rogerus " of the Cottonian copy.

Some points of great interest will be occasionally noticed, as at p. 152, where we find a very curious entry touching the marriage of the clergy. " In Randestuna Ædmundus presbiter terram quam accepit cum femina sua dedit Sanctæ Ædeldridæ concedente femina, etc."

Occasionally the abridgement exhibits ambiguous words which may be interpreted aright by a comparison with the original return as in the following examples :—

P. 57, l. 17, " comite " (Domesday,) is shewn to be " comite alano " (Tib.).

P. 62., " Ricardus " (Domesday,) is evidently " Ricardus filius comitis Gilleberti " (Tib.).

P. 77, l. 26, six sochemanni are mentioned in the Domesday, and one specified as homo *regis*. In the Cottonian MS. the six sochemanni are attributed to their proper lords thus:—Two are homines Edivæ; the third homo of Archbishop Stigand; the

fourth of Robert filius Wimarci; the fifth of King Edward; the sixth of comes algarus.

The manuscript from which the text is taken, and which, so far as we know, is the only remaining exemplar, is numbered Tiberius A. vi. among the Cottonian Manuscripts in the British Museum. Its contents are: 1. A copy of the Anglo-Saxon chronicle, to the year 977. 2. A memorandum entitled " De portione crucis reperta a Sergio Papa," etc. 3. "Nomina Paparum qui miserunt pallium archiepiscopis Cantuariensibus ab Augustino ad Anselmum." 4. The "Inquisitio Eliensis." 5. The Inquisition of Cambridgeshire. 6. A collection of charters and early documents relating to the monastery of Ely; and 7. A chronicle of England from Hardacnut to the 20th year of Edward III., in French.

The Inquisition of Cambridgeshire is contained between folios 76 and 113, one folio being lost between 111 and 112. It is written on vellum in double columns, thirty-one lines to a page, and in a fine bold hand of the concluding years of the twelfth century, perhaps about A.D. 1180. It is ornamented with capital letters in blue and red colours, and had occasionally floriated initials. The facsimile of the first folio, containing the Inquisition (f. 76) is a faithful reproduction of the manuscript page. The Ely Inquisition is in the same manuscript, and in the same handwriting, but has been placed before the Cambridgeshire Inquisition. It will be found in folios 38–70.

The following is a description of the two Cambridge manuscripts with which has been collated that portion of the Cottonian Manuscript containing the *Inquisitio Eliensis* or survey of the possessions of St. Etheldreda's Abbey at Ely, extending into the counties of Cambridge, Norfolk, Suffolk, Hertford, Huntingdon, and Essex.

B. A manuscript belonging to Trinity College, Cambridge,

and numbered in the College catalogue O. 2, 41. It is a small vellum folio and finely written, as will appear by the fac-simile at the beginning of this preface. It belongs to the latter half of the 12th century, and is ornamented with rubrics, and plain initials in red and green.

The contents are :—

1. An early kalendar.

2. The history and privileges of the Church of Ely, the latter being a collection of 55 charters and other documents relating to the abbey.

3. The "Inquisitio Eliensis" commencing at p. 161, and concluding at p. 274. Much additional matter relating to the monastery, but of a somewhat later date, has been inserted upon blank leaves throughout the book.

C. Another MS. in Trinity College, Cambridge, and numbered O. 2. 1. A quarto on vellum of about the same date as the other MS., but not so clearly written, and occasionally irregular. It appears, however, to have been derived from the B. MS. rather than the Cottonian.

The "Inquisitio Eliensis" commences at folio 177 *b*, and concludes at f. 213 *b*, additions of a later date being inserted; and a most interesting account of possessions alleged to be unjustly held away from the abbey (printed at pp. 184–195) is only found in this copy.

Respecting the numerous personages mentioned in the text as tenants, it must suffice to say that notices of the principal land-holders exist in Dugdale's Baronage, folio, London, 1675, in which careful references to the original authorities will be found. In Ellis's 'Introduction to the Domesday Book,' names of many Cambridgeshire tenants who held land either in chief or as *sub-tenentes*, both in this and other counties, will be found entered in the classified indices therein contained.

A map of the places mentioned in the text has been added, with the view of pointing out the ancient names of localities and divisions still in existence. Many villages and hamlets have, no doubt, disappeared, or gradually acquired new designations, and it has not been possible to identify the whole of the names found in the text. Although imperfect, it is hoped that it will nevertheless prove of considerable assistance to the student.

The full indices appended to the present volume are arranged into three classes, the first contains the names of persons; the second names of places, and the counties in which they are situated, when such notice is given in the text; the third a copious selection of such subjects as are likely to be of special interest to the reader, and to serve in researches of a miscellaneous character. This last index it was thought would be more useful than any general or discursive remarks that could be introduced here. A comparison of the first two indices with the corresponding ones contained in the folio edition of the Domesday Book will show how much additional matter has been acquired through the medium of the Cottonian Manuscript; while it is to be regretted that little or no equivalent to the *Index Rerum* has been prepared for that edition.

I take the opportunity of appending to the preface several documents from the ancient chartularies of Ely, which refer to the method employed in obtaining the survey, and which cannot fail to strike the reader as being of a very remarkable nature. Many of the individuals mentioned in these charters will be found occurring in the text of the Survey itself, and they were no doubt singled out for the performance of the duties required of them by reason of their being the principal tenants and the most notable men the county had upon its roll.

In conclusion, I beg to offer my respectful thanks to the Master and Fellows of Trinity College, Cambridge, for their courtesy in lending me their two valuable manuscripts, above referred to. And in particular I record my gratitude to Mr. W. Aldis Wright, Fellow and late Librarian of that college, for many acts of friendship and kindness shewn to me in connexion with this and kindred literary pursuits.

To my friend, Mr. James Cotter Morison, I express my hearty thanks for his never-failing readiness to place at my disposal the resources of his great and varied historical acquirements, as well as for the aid and encouragement he has given me at various points of this work.

To my friend and former colleague, Mr. Walter de Gray Birch, of the Department of Manuscripts, British Museum, my thanks are due for much general assistance, and also for the compilation of the exhaustive indices which serve as a guide and commentary throughout.

To the Members and Council of the Royal Society of Literature, and especially to their Secretary, Mr. W. S. W. Vaux, I am not only indebted for the opportunity of rescuing a valuable historical document from the manifold and manifest dangers to which it was exposed while remaining in a single manuscript copy, but personally for their great forbearance with me through the long period during which, owing to inevitable hindrances, these pages have lingered in the press.

Glasbury, Radnorshire.
   March 13, 1876.

I.

[Sub q^{i}b3 p^{i}ncipib3 res eccłię iurate st.]^1

ANNO ab incarnatione dñi millesimo octogesimo . Indictione undecim .^{2} Epacte uiginti sex . Quarto nonas ap^{i}ł . Facta ē discussio libtatis abbatie elỹensis . Qve ʀegis Wiłłi defensione quatuordecim annis neglecta . iniq^a ministrorum ei^9 exactione suffocata⸴ penítus^3 extingui formidabat opp̄ssa . Godefrido autem monacho res scē ᵱcurante . rex tandē respectu diuine misedie^4 instinctus, his intenđe . p^{i}ncipib3 c^{i}cumpositis p baiocensem^5 ep̄m p̄cep̄^{6} ħ^7 discutere . adunato ad Keneteford t^{i}um ᵱximorum comitatuū examine . Cui disputationi multi sepe int̃fuerunt . de quib3 aliq^{o}s

subsc^{i}bimus^8. finem dissensionis rate conclusionis fide intulerunt . Quatuor abbes cū suis francigenis & anglis Baldeuuin^9 Ædmundinensis . Wlfuuold^9 certesiensis . Vlfchetel crulandensis . Alfuuold^9 Holmensis . Legati ʀegis . Ricard^9 filius comitis Gisleb . Heuno^{10} dapf^{11} . Tihel^{12} de cheruin^{13} . Vicecomites simili? cū suis . Picot . Eustachius . Randulf^{911} . Walt?us p rodgero 7 Roberto uicecoñi . Harduuin . Wido . Wimer . Wichuñ . Odo . Godric^9 . Norman . Colsuuein^{15} . Goduuíne^{16} . ceteriq; plurimi milites ᵱbati francigene^{17} . & angłi etiam de his^{18} . iiij^{or} . comitatib3 easex^{19} . Hereford . Huntendune^{20} . Bedeford . Est autem libtas^{21} hui^9 honoranda^{22} q^{i}etatio . ut scā ʀegina inteḡrime sua possedit ab initio . & ʀegum Ædgari^{23} . ædelredi^{24} . ædwardi . compbatur p^{i}uilegiis⸴ quod ħ^{25} scōrum & maxime Ædeluuoldi^{26} restaurata sunt studio . & ab ōi scłariū p^{i}ate^{27} copioso redempta commercio . & maligne renitentib3 consc^{i}pta & conclamata dampnationis imprecatio^{28} .

---

^{1} This rubric only found in MS. c, f. 92, a. ^{2} undecima, c.

^{3} penitus, ʙ, (p. 104). ^{4} misedię, ʙ. ^{5} baiocēse, c. ^{6} p̄cepit, ʙ, c.

^{7} hęc, ʙ. ^{8} Subsc^{i}psim^9, c. ^{9} Alfwold^9, c. ^{10} Heimo, ʙ, c.

^{11} dapif, c. ^{12} Thiel, c. ^{13} heruin, ʙ ; heriū, c. ^{14} Radulf^9, c.

^{15} Colsuein, ʙ, c. ^{16} Godwin^9, c. ^{17} francigenę, ʙ. ^{18} his, *omitted*, c.

^{19} Æsex, c. ^{20} Hundtendune, ʙ. ^{21} libertatis, ʙ, c. ^{22} ueñanda, c.

^{23} EADGARI, ʙ. ^{24} Æthelreᴅi, ʙ ; Æðelredi, c. ^{25} hęc, ʙ.

^{26} Æðelwoᴌᴅi, ʙ ; Æðelwoldi, c. ^{27} potestate, ʙ. ^{28} MS. c.

introduces this and the following charters into the body of a narrative of which the title appears to be " Sub q^{i}b3," etc., as given above.

II.

Brevia Regis Willelmi senioris.[1]

Willelm9 anglo℞ Rex Omnib3 fidelib3 suis & Vicecomitib3 in q⁰rum & uicecomitatib3 abbatia de elẏ[2] ꝰras habet :⁄ salutes . Precipio ut abbatia de elẏ[3] habeat oñis consuetudines suas . scilicet saccham 7 socchám[4] . toll . & team . 7 infeanganaþeof[5] . hãsocna . 7 grithbrice . fithuuite . 7 ferduuite . infra burgum & extra . 7 omnes alias forisfac̃tas q̃ emendabiles sunt in terra sua sup̱ suos homines . Has[6] inq^am habeat sicut habuit die qua rex ÆDuuard9 fuit uiuus & mortuus . & sicut mea iussione diratiouate[7] sunt ap̃ Keneteforde p̱ plures scẏras[8] ante meos barones . uidelicet Gaufridum[9] constantiensem ep̃m . & baldeuuinum ab̃bem[10] . & Juonem taillebois . 7 petrum de ualoníís . 7 picotum uicecomitē . 7 tehelum[11] de heluin . 7 hugonem de hosdeng . 7 gocelinum de noruuic̃[12] . 7 plures alios. Teste Rog̃ . Bigod.[13] Tib. A. v. f. 105, b. col. 1.

III.

Item epistola Willelmi regis.[14]

Vuillelm9 rex anglorum Lanfranco archiep̃o . & Rog̃[15] . comiti moritoníí . 7 Gaufrido[16] constantiensi ep̃o . sal . Mando uob̃ 7 p̃cipio ut iterū faciatis congg̃ari omnes scẏras que interfuerunt placito habito de ꝰris eccl̃ie de elẏ . añ q^am[17] mea coníunx in normanniam nouissẹíme uenirét . Cū q^ib3 etiam sint de baroni[bus] meis qui competenter a[d]ẽẽ[18] . poꝰunt . 7 p̃dicto placito interfuerunt :⁄ & qui ꝰras ei9dem eccl̃ie tenent . Quibus in unum congg̃atis :⁄ eligantur plures de illis anglis qui sciunt q⁰m⁰ ꝰre iacebant p̃fate eccl̃ie . die q^a rex æDwardus obíít . & q⁰d inde dix̃int :⁄ ibidem iurando testentur . Quo fc̃o :⁄ restituanẽ eccl̃ie ꝰre . que in dominio suo erant die obitus Æduuardi . exceptis his q̃s homines clamabunt me s^i dedisse . Illas u⁰ littꝰis m^i signate q̃ sint :⁄ & q^i eas tenent . Qui autē tenent theinlandes q̃[19] proculdubio debent teñi de eccl̃ia . faciant concordiā cū f. 105, b. col. 2.

---

[1] Carta regis de lib̃tate loci ac dignitate. [2] HELI, B. [3] HELI, B.
[4] socham, B. [5] infanganetheof, B. [6] Hás, B. [7] dirationatẹ, B
[8] pluras scẏres, C. [9] Gausfridum, B. [10] ab̃bem . 7 ab̃bem Æilsi . 7 Wlfwoldū ab̃bem, B. [11] Tielū de heluín, C. [12] noruuicū, B.
[13] ROGERO BIGOT., B [14] Carta regis de restituēndis eccl̃e possessionib9 ab inuasorib3 suis, C. [15] Rogerio, B. [16] Gausfrido, B. [17] anteq^am, B.
[18] The vellum torn away here; baronib3, B, C; adéé, B, C. [19] q^e, B, C.

Tib. A. vi.
f. 106, a.
col. 1.

aƀbe qᵃm meliorem poterint . & si noluerint ⸴ ſre remaneant ad eccłiam . Hoc q̊ de tenentibȝ socam 7 sacā fiat . Deniq ; p̃cipite ut illi homines faciant pontem de elȳ¹ . qui meo p̃cepto & disposicione hucusq ; illum soliti sunt facere.

IV.

Item.²

Uuillelmꝰ ʀᴇx anglorum Godefrido³ ep̃o . & ʀodƀto comiti⁴ moritonio salutē . Facite simul uenire omnes illos qⁱ ſras tenent dᴇ dñico uictu eccłie de elȳ⁵ . & uolo ut eccłia eas habeat sicut habebat die qᵃ æduuardus rex fuit uiuus & mortuus . & si aliquis dix̃it q̊d inde de meo dono aliquid habeat . mandate mⁱ magnitudinē ſre . & q̊m̊ eā reclamat ⸴ & ego scᵭm q̊d audiero aut ei inde escambitionem reddam ⸴ aut aliud faciā . Facite eciā ut abbas sȳmeon habeat om̃s consuetudines q̃ ad abbatiam de ᴇʟȳ⁵ p̃tinent⁶ . sicut eas habebat antecessor eius tempᴇ regis Æduuardi . P̃reᷓca facite ut abbas saisitus sit de illis thᴇinlandis q̃ ad abbatiam ptinebant⁷ . die qᵃ rex æduuardus fuit mortuus ⸴ si illi qui eas habent secū concordare noluerint . & ad istum placitum sūmonere ⸴ Wiłłmum de guarenna⁸ . & ʀic̃ . filiū comitis Gisleƀtj⁹ . 7 hugonē de monteforti . & Godefridū¹⁰ de mannauilla . 7 ʀadulfū de bealfo¹¹ . & herueum bituricensem . hardewinū de escaliers¹² . & alios q̊s abbas uoƀ nominabit.

f. 106.
col. 2.

V.

Item epła Willelmi.¹³

(Sic.)

Vuillelmus rex anglorū . Lanfranco archiep̃o . & Gosfrido constantiensi ep̃o salutē . Facite aƀbem de ᴇʟȳ¹⁴ . resaisiri de istis ſris ſris q̃s isti tenent . Hugo de monteforti . unū manerium nomine bercheam¹⁵ . ʀic̃ filius comitis Gisleberti brochesheue¹⁶ . Picotꝰ uicécomes . epintonā¹⁷ . Hugo de berneui¹⁸ . ɪɪɪ. hidas . ʀemigius ep̃c .ɪ. hȳdam . Ep̃c baiocensis . ɪɪ. hiđ . Frodo fraſ

---

¹ ʜᴇʟɪ, ʙ.   ² Itē aliud p̃ceptū de eodēm, ᴄ.   ³ Gosfrido, ʙ, ᴄ.
⁴ & ʀodƀto & comiti, ʙ ; and so ᴄ . originally but the second 7 erased.
⁵ ʜᴇʟɪ, ʙ.   ⁶ pertinent . . . . . abbatiam, omitted, ᴄ.   ⁷ *originally*
ptineɴtbant ; ptinebant, ʙ.   ⁸ guaregnna, ʙ ; guarēna, ᴄ.
⁹ Gileƀꝯti ᴄ.   ¹⁰ Gosfridū, ʙ ; ganfridū, ᴄ.   ¹¹ belfo, ʙ ; belfou, ᴄ.
¹² escalers, ʙ, ᴄ.   ¹³ Ał carta reg̃ de restituenđ eccłe possessionibȝ, ᴄ.
¹⁴ ʜᴇʟɪ, ʙ.   ¹⁵ berchā, ᴄ.   ¹⁶ Geleƀꝯti Brochesheued, ᴄ.
¹⁷ ip̄intunā, ᴄ.   ¹⁸ deƀnᴇrui, ʙ. debernerui, ᴄ.

aƀƀis unum maneriũ . Duo carpentaríi .ɪ. hў̆đ . 7 . ɪɪɪ. uirg̃ . si ip̃e aƀƀas Tib. A. vi.
poťit ostenđe sup^ᵃdictas ťras . ẽẽ . de dominio sue ecclie . Et si sup^ᵃdicti
homines ĩ poťint ostñđe ut eas ťras habuissent de dono meo ⁒ Facite
etiam ut p̃dict⁹ aƀƀas habeat sacam suã[1] & socam . & alias consuetudines .
siɔ̃ antecessor ei⁹ habuit . die qᵃ ʀᴇx æduuard⁹ fuit uiuus 7 mortuus.

VI.

De eođ.[2]

Uuillelm⁹ ʀex angloȝ . Lanf^ᵃnco archiep̃o . Gois[3] . constantiñ . ep̃o . 7
Rodƀ̃to comiti de moritonio salutẽ . Facite sўmeonẽ[4] aƀƀem haƀ̃e socam f. 106, b. col. 1.
7 sacam[5] suā . put[6] suus antecessor habuit . tempe regis æduuardi
uidelicet de .ᴠ. Hundreȝ de suthfolch[7] . & ab õibȝ uiris qui ťras tenent in
illis Hundreȝ . uidete ne abbas p̃dict⁹ quicqᵃm iniuste pđat . & facite ut[8]
omnia sua cum magno honore teneat.

VII.

Itẽ epła Willelmi.[9]

Wuillelm⁹ rex angloȝ . Lanfranco archiep̃o . & . G[10] . ep̃o . & . R . comiti
moritonio salutẽ . Defendite ne remigius ep̃c nouas cõsuetudines requirat
infra insulā de ᴇʟў̆[11] . Nolo enim ut ibi habeat nísi illud q°d antecessor eius
habebat tp̃re regis Æduuardi . scilicet qua die rex ip̃e mortuus est . & si
remigi⁹ ep̃c inde placitare uoluerit ⁒ placitet inde sicut feciss;[12] tp̃re regis
Æduuardi[13] . & placitum istud sit in ur̃a presentia . De custodia de noreuuiz[14]
Aƀƀem sўmeonem quietũ . ẽẽ . dimittẽ[15] . s; ibi munitionẽ suam cõduci
faciat & custodiri . Facite remañ̃e placitum de ťris qᵃs calumpniantur f. 106, b. col. 2.
Wiłłs de oú . & Rađ . filius Gualeranni . & Rodƀ̃t⁹ . gernun[16] . si inde
placitare noluerint ⁒ sicut inde placitassent tp̃re ʀᴇg̃ æduuardi[17] . & sicut
in eođ tempore abbatia consuetudines suas habebat ⁒ uolo ut[18] eas omnino
fatiatis haƀ̃e . sicut abbas p cartas[19] suas . & p testes suos eas deplacitare
poterit.

.

---

[1] suã, omitted, c. [2] Carta reg̃ de . v. hũdredis de suthfolc., c.
[3] Gosfrido, c. [4] Simeonẽ, ʙ. [5] sacā 7 socā, c. [6] pú, c.
[7] suthfolc, c. [8] ú, c. [9] phibitũ reg̃ ne ep̃c lincolliẽsis aut sclaris
i^ᵖticia ɔsuetudines ĩtᵃ isulā reqᶦrat, c. [10] Gois., c. [11] ʜᴇʟɪ, ʙ.
[12] fecisset, ᴅ. [13] Eᴀᴅᴡᴀʀᴅɪ, ʙ. [14] norguic, ʙ; norwic, c.
[15] dimittite, ʙ, c. [16] gernon, ʙ. [17] Eᴀᴅᴡᴀʀᴅɪ, ʙ. [18] ú, c.
[19] cartes, c

VIII.

Itē . Eꝑ . Will.[1]

Willelm⁹ rex angloꝫ . Lanfranco archiepo salutem . Volo ut uideas cartas[2] abbis de elẏ[3] & si dicunt qᵒd abbas ei⁹dem loci debeat benedici u'cumq; rex illius ꝑre p̄cipiet ꞓ mando ut[4] eum ip̄e benedicas . Preꝫea fac ut illi faciant pontem de elẏ[3] . sine excusatione qui eum soliti sunt facere. Inq're p ep̄m constantiensem & p ep̄m Walchelínum . & p ceteros qui ꝓras sc̄e Ædeldrede[5] sc'bi & íurari fecerunt . qᵒmᵒ iurate fuerunt . & qui eas iurauerunt & q' iurationem audierunt ꞓ & que sunt ꝓre . & q'nte . & quot . & qᵒmᵒ uocate . qui eas tenent . His distincte notatis & sc'ptis .

Fac ut[4] cito inde rei ûꝫitatem p tuū breue[6] sciam . & cum eo ueniat legatus abbatis.

IX.

Itē . Eꝑ . Willi.[7]

Willelmus rex anglorum Lanfranco archiepo & . G[8] . constantiarū epo . atqꝫ . R[9] . comiti salutē . Mando uob ut[10] abbem de elẏ . sine dilatione habꝫe faciatis benedictioēm . & ꝓras suas atqꝫ omnes consuetudines suas ut[10] uob sepe p breves meos[11] mandaui . Et q'cquid ip̄e p placitum de dominio adquisierit ꞓ nil cuiq'[12] inde t'buat n' mea licentia . & sede placitorum ei facite rectum . defendentes ut[10] null⁹ ei⁹ incídat siluas . munitionēqꝫ suam habeat in noruuic[13] . & homines sui sint ibi[14] cum op⁹ fuerit . omniaqꝫ sua cū honore habeat . ꞇ . Ro.[15] de lureio.

X.

Iꞇ . e . Willelmi.[16]

Willelm⁹ ʀex angl . Lanfranco archiepo salutē[17] . Uolo ut[18] cōsecratio abbis de elẏ[19] q'm remigius ep̄c requirit . remaneat donec p litꝓras co-

---

[1] Qđ rex Wilłs p̄cep̄ abb de Helẏ ab archiepo bn̄dici usu ueꝫi eccłe . 7 qđ possessiōes loci minores 7 maiores desc'bi iussit, c.   [2] carthas, B.

[3] HELI, B.   [4] ú, C.   [5] ÆTHELDEIDÆ, B . Ædeldrede, D.

[6] breuē tuū, B.   [7] p̄ceptū reg̃ q̃ c̃suetudines p'stine de libꝫtate eccłe . illibate seruentur, C.   [8] Gosf., C.   [9] rodbꝃto, C.   [10] u, C.   [11] breuia mea, C.

[12] cuiq'm, B.   [13] norwico, C.   [14] ibi sīt, C.   [15] Rogero, C.

[16] Qđ rex subtiliꝉ iuestigare studuit q'nta loc⁹ firmitate subnititur., C.

[17] 7 Gosf . Sał., C.   [18] ú, C.   [19] HELI, B.

gnoscam si remigi⁹ monstrauit ł[1] monstrare potit ⁝ q°d antecessores sui
aƀbes de elȳ[2] consecrassent . Quod ad xp̄ianitatē ptinet in illa abbatia fiat.
Et consuetudines p quib; remigius uinum requirit ip̄e habeat . sic̄[3]
monstrare potint[4] antecessores eius habuisse tp̄re regis æduuardi[5] . Molendinum de gᵃntebrigge[6] q°d picotus fecit destruatur ⁝ si altum[7] disturbat .
De dominicis ťris sc̃e æꝺeldrede[8] sit abbas saisitus sic̄ alia uice p̃cepi .
qui alťas[9] tenent uł socā &[10] sacam . de aƀbe recognoscāt ⁝ et deseruiant .
aut eas dimittant.

---

[1] uł, B.   [2] HELI, B.   [3] si, C.   [4] potit, C.   [5] EADWARDI.
[6] grantebrugge, B; qᵃntebrige, C.   [7] altera, B; altam, C.   [8] ÆTHEL-
DRIDAE, B; ædelꝺ, C.   [9] alťas ťras, C.   [10] ł, C.

The following account of the fisheries occurs only in the Trinity College MS. O. 2, 41, and may be compared with that given below at pp. 190, 191.

XI.

O. 2, 41.
p. 275.

§ De piscariis ad manerium dñi epi in elẏ ptinentibȝ . Vpuuere cum .iiii. Gurgitibȝ . Et Swanesmere 7 solebat reddere tria milia ꞇ t'ginta sex stik anguillaᴚ Sȝ modo reddit . xij . Soꝉ . ꞇ .iiij. deñ p anñ . ad duos ꝶminos equaliꝑ . sciꝉt ad fes� Sc̆i Mic̄ꞇ ꞇ ad Annūciacõem ħe maᴚ q̄m modo tenet thoñ de Theforꝺ . Item ad idem ptinet Braduuere cum ptinenciis . Sciꝉt Midlesteuuere . Mareuuere . Beche . ꞇ medietate de Haueringemere . ꞇ tota Langeme . ꞇ Fridaẏuuere . ꞇ medietas de aluuoldingwere . et tota Nakeduuere . ꞇ medietas de Granteuuere . ꞇ Belilake . ꞇ Berenueylode . Et reddit p anñ . xiiij . milia ꞇ dimiꝺ angᵉllaȥ pᵉma dñica qᵃdragesime . ꞇ . x . soꝉ equaliꝑ ad .iiij. ꞇminos . q̄m tenent hereditarie Henꞃ piscator . Thoñ de Theforꝺ . et Martinᵒ de Swapham . Ad idem ptinet prithẏuuere cum endlinglake quam Sacrista tenet pro .x. soliꝺ equaliꝑ . Et tempore epi Galfꞃidi Ridel solebat dicta piscaria reddere tᵉa milia . ꞇ . xxxvj . stẏk, anguillaᴚ . Ad idem ptinet piscaria de Crechemere q̄m Henꞃ filius Oseħti de Walepol tenet ħeditarie p cartam . ꞇ reddit .v. soliꝺ p anñ ad scacaᴚ : Ad idem ptinet piscaria sex bateꝉꝉ que incipit ad Haueringemere ꞇ durat usqȝ Prikewẏleu . vnde Hugo wade tenet piscariam uniᵒ batelli ꞇ reddit p anñ . iij . s̆ . ad qᵃtuor ꝶios equaliꝑ . Item Henꞃ Dali tenet piscariam duoȥ batelloȥ pro .vi. s̆ . eqᵃliter . Itꬲ̄ Moẏses piscator tenet piscariam unius batelli . p tribȝ soꝉ ad qᵃtuoᴚ ꝶios equaliꝑ . Itꬲ̄ Roᷔs fot tenet piscariam uniᵒ batelli pro .iii. soꝉ . ad qᵃtuor ꝶios equaliꝑ . Item Joħes Gubnatoᴚ tenet piscariam unius batelli pro tribȝ soꝉ . equaliꝑ ad qᵃtuor ꞇminos.

p. 276.

§ Smᵃ deñ p anñ . ʟvɪ . soꝉ . iiij . denaᴚ . vnde . xviij . s̆ . de piscaria batelloȥ . Et . x . soꝉ . de Bradewerefen ⸵ allocantʳ infᵃ redditum assiꝶ . Et .v. sol de de Crecheme ⸵ sup Scacaᴚ.

(Sic.)

§ Smᵃ anguiꝉꝉ . xiiij . ᴍiꝉꝉ et dimid.—

CONTENTS.

p. 68, l. 34, *pro* Da *lege* De.

p. 77, l. 29, *pro* Tr̃es *lege* Tres.

p. 84, l. ult., *pro* suus *lege* s⁹uus.

p. 93, col. i, l. ult., *pro* x. *lege* x[ii].

p. 97, note 3. *lege* O. 2. 41.

p. 113, n. 3, *lege* sine lic̃., C.

p. 120, l. 23, *pro* ac's *lege* ac's.

p. 168, l. 8, *pro* Stuuchesw. *lege* Stiuichesw.

INQUISITIO COMITATUS CANTABRIGIENSIS.

MS.
Cotton,
Tiberius,
A. vi.
f. 76, a.
col. 1.

IN Grantebrigge syra . In staplehou hundr. iurauerunt homines .
scilicet Nicholaus de Kenet . & hugo
de heselinges . Wiłłs de cypeham .
Warinus de saham . Rob. de fordham . Ormar de bellingehā . Alanus ·
de Buruuelle . Aluric⁹ de sneileuuelle . Picotus uicecomes & omnes
franci & Angli.

In hoc hundreto nicholaus Kenet
de Wiłł de uuarenne p .iii^h. 7 dimid. se defendit . t. r. e. 7 m° p .ii^h.
7 dimidia .x. car̃ . ibi . ē . ℞ . 7 .v.
in dominio . 7 .v. uillanis . .vi. uillani 7 . 1⁹. pbr . 7 .xii. serui. Molend.
ẽ . ibi . Nicħ reddit . Pᵃr̃ duabʒ . c̃.
Pecunia in dominio. .viii. animał
ociosa . 7 .cccc. & .iiii. xx . oues
.x. porc̃. iiii. runciñ. Pastura ẽ ad
pecuñ . uille. In totis ualentiis .xii.
lib . 7 qñ recepit .ix. li. Et . t. r. e.
xii. łi . Hoc maneriū tenuit Thobil-
lus tegn⁹ regis æduuardi. Et in hoc
manerio fuit q̓d sochemann⁹ Godric⁹ . hō ei⁹ . potuit dare sine licentia dñi sui ꝯtra suā . t. r. e. una

f. 76, a.
col. 2.

uirgata ei⁹dem ꝶre semp inuenit

Domesday
Book, vol.
i. p. 196, c
col. 1.

IN STAPLEHOV HD.

ⓂCHENET . T.R.E. se defđ p
7 dim.
.iii. hiđ. 7 m° p .ii. hiđ 7 dim̃ .
Tr̃a . ē .x. car̃ . Nicol teñ de Wiłło.
In dñio sunt .v. car̃ . 7 .vii. uiłłi cū
.v. bord hñt .v. car̃. Ibi .xii. serui
7 .i. moliñ nil redd . Patū .ii. car̃
Pasťa ad pecuñ uillæ . In totis ua-
lent̃ uał .xii. lib . Qđo receꝓˢ .ix.
lib . T.R.Eˢ .xii. lib . Hoc Ⓜ tenuit
Tochil teign⁹ regis . E . 7 ibiđ .i.
socħs .i. uir̃g sub eo habuit. Auer̃a
ł .viii. deñ inueñ . ꝶrã suā tam̃ dare
potuit.
7 uende.

B

Tio. A. vi. auenā .LVII.[1] nummos p̄ consuetudine
p̄ annū.

STAPLEFO.... HUND̄.

IN hoc hundr̄. Ormar⁹ de comite
Alano . Belincgeshā . p̄ .III. h̄ . 7
dimi . VI c̄ se defendit . t. r. e. 7 m°
p̄ .II. h̄ . 7 dimi .VI. c̄ . i¹ est t̄ra . due
car̄ . in dominio . & .IIII. uill̄ .IX. uill̄
7 .VI. bor . VI. ser . 7 .II°. molend̄.
unū molend̄ .II. sot. redd̄ . 7 aliud mol-
turā' in dominio . Pratum duab₃ . c̄ .
Pastura ad pecuñ. uille .II°. animal̄.
otiosa .LX. o .XX. porci .II. runc̄ . In
totis ualentiis ualet .LX. sot. & qñ recepit .LX. sot. t. r. e. .c. sot. Hoc
man̄iū tenuit Ormar⁹. homo Ædiue .
t. r. eaduuardi. potuit dare cui uoluit.

In hoc hundr̄ gaufridus de mandauilla . cypehā .X. h̄ . tempe . r. e.
& hee hide ñ defenderunt se n¹ p̄
.V. h. Et uicecomes ip̄i⁹ uicecomitatus fec̄ has .X. h̄ . defende p̄ .V.
h̄ . t. r. e. XVII. c̄. est i¹ t̄ra .III. in
dominio .XIIII. uill̄ .XXIX. uillani .XIII.
bor .VI. serui . Pratum .III.ᵇ⁵ car̄.
Pastura ad pecuniā uille .XIIII. anᵃ.
.IX. porci .CCC. oues .XV. min⁹ .IIII.
runc̄ . 7 unū molend̄ . de una piscina . mille anguille 7 dimid̄ . In totis ualentiis .XX. lib̄ . 7 qñ recep̄
.XVI. lib̄ . t. r. e. .XII. lib̄. Hoc ma-
n̄iū tenuit Orgar⁹ uicecomes . t. r. e.
7 p⁹ hominis esgari staurri die qᵃ
rex . æd̄ . fuit uiuus 7 mortuus .
De his .X. h̄ . sup̄ᵒdictis fuerunt .V.
ad firmam . .re. æduuardi .7 .II. sochc-
manni . t. r. e. II. h̄ . habucrunt .
Potuer̄t dare t̄ra suam cui uolue-

IN STAPLEHOV HD̄.

Domesday
Book, vol.
i. p. 195, b.
col. 1.

BELLINGEHĀ teñ Ordmær de coñi.
p̄ .III. hid̄ 7 diñ se defd̄ . T. R. E .
7 m° p̄ .II. hid̄ 7 diñ. T̄ra . c̄ .VI.
car̄ . In dñio sunt .II. 7 .IX. uilli cū
.VI. bord̄ h̄nt .IIII. car̄ . Ibi .VI.
serui . 7 .II. molini . Vn⁹ redd̄ .VI.
sot . 7 alt̄ moliturā de dñio . Pᵃtū
.II. car̄ . Pasta ad pec̄ uillæ . In
totis ualeñt uat 7 ualuit .LX. sot .
T.R.E ' .c. sot . Hoc m̄ tenuit Ordmær sub Eddeua . 7 potuit dare cui
uoluit.

IN STAPLEHOV HVND̄.

Domesday
Book, vol.
i. p. 197, a.
col. 2.

m̄ CHIPEHĀ p̄ .X. hid̄ se defendeb̄
T.R.E . Sed q¹dā uicecoñi misit eas ad
.V. hid̄ . p̄ concessione ej⁹d̄ regis . q¹a
firma ej⁹ eū grauabat . 7 m° se defd̄t p̄
.V. hid̄ . T̄ra . c̄ .XVII. car̄ . Goisfrid⁹
teñ de rege . In dñio sunt .III. hidæ .
7 ibi .III. car̄ . Ibi .XIX. uilli cū
.XIII. bord̄ h̄nt .XIIII. car̄ . Ibi .VI.
serui . Pᵃtū .III. car̄ . Pasta ad pec̄
uillæ . De pisc̄ mill̄ 7 q¹ngeñt anguill̄ .
In totis ualeñt uat .XX. lib̄ . Qd̄o
recep̄ ' .XVI. lib̄ . T.R.E ' .XII. lib̄ .
Hoc m̄ tenuit Orgar⁹ uicecoñi regis .
E . qui postea fuit h̄o Asgari stalri.
De hac t̄ra fuer̄ .V. hidæ in firmā
regis . E . 7 .II. sochi habuer̄ .II.
hid̄ de rege . 7 t̄ra suā cui uoluer̄
dare potuer̄ . 7 tam̄ un⁹quisq̄ inue-
nieb̄ .VIII. deñ ł unū equū in seruitio regis . 7 p̄ forisfactura sua facie-

---

¹ auenā .LVII.] MS. *lege* auerā ł .VII.

Tib. A. vi. runt . S; un⁹q'sq̧ eoꝝ inueniebat de consuetudine .VIII. deñ. ut unū equū . ꝑ annū ministrio reḡ æduuardi. Et ꝑ forisfactura faciebant rectitudinem in fordā . 7 ip̄e orgar⁹ vicecomes habuit .III. .h̄. potuit dare cui uoluit . Ip̄e orgar⁹ hanc ṫram in uadimonio ꝑ .VII. m̄ . auri . 7 duabꝫ unciis . ut homines gaufridi dicunt . 7 de hundreto homines . neq̧ breue aliq°d nuntium de rege .ead. Inde neq̧ testimoniū ꝑhibent.

In hoc hundr . Hugo de portu tenet sneileuuelle . ꝑ .V. h̄ . se defend . t. r. e. 7 m° facit de feudo ep̄i baiocensis . .X. c̄ . ibi ē ṫra . ii^e. in dominio . 7 ṫcia fi potest .VIII. c̄. uillanis .VIII. uill. .III. bor .VII. sochemanni .IIII. mol . de .XIIII. sol . 7 .IIII. dn. Pratum .II^bꝫ. c̄. Silua ē ad clausurā de duobꝫ curribꝫ. De dominica silua regis de cheueleie. Pecunia in dominio .C. oues 7 .XI. .XVI. porci . 7 un⁹ runc̄. In totis ualentiis ualet .XIIII. li . 7 qn̄ recep̄ .XII. t. r. e. XV. li . hoc mañiū tenuit stigandus archiep̄c . t. r. e. Et ī hoc mañio fuer̄t .VI. sochemanni qui homines hui⁹ archiep̄i fuerunt . absq̧ ei⁹ licentia dare ṫrā suā potue . s; sochā eorum habuit archiep̄c . h̄ manium iacuit ī ecc^a . s̄. ædel . t. r. e. In dominica firma monachorū: s; abb . Leofsi accomodauit archiep̄o stigando . Et m° abb . symeō reclamat s^i hab̄e ut homines de hundr testantur ꝑ antecessores suos. (f. 76, b. col. 2.)

In h̄ hundr . Esselinga ꝑ .XV. h̄ . se defendebat . t. r. e. & m° ꝑ .X. facit .

bant rectitudin̄ in Forhā. Ipse Orgar⁹ uicecom̄ habuit .III. hid de hac ṫra . 7 potuit dare cui uoluit . Hanc ṫrā posuit Orgar⁹ in uadimonio. ꝑ .VII. mark auri 7 .II. uncijs . ut hōēs Goisfridi dn̄t. Sed hōēs de hund neq̧ breue aliqd neq̧ legat̄. R.E. inde uider̄ . neq̧ testimoniū ꝑhibent.

Ipse Hugo ten̄ de feudo ep̄i baioc̄ Snellewelle . ꝑ .V. hid se defd sēp . Tr̄a . ē .X. car̄ . In dn̄io sunt .II. c 7 III cia . pot̄ fieri . Ibi .VI. sochi . 7 .VIII. uilli . 7 .III. bord . 7 .III. serui. Ibi .IIII. molini . de .XIIII. sol 7 .IIII. deñ . P^atū .II. car̄ . Silua ad clausurā . cū duobꝫ currib⁹ de silua regis de chauelai . In totis ualent̄ ual .XIIII. lib. Qdo recep̄: .XII. lib . T.R.E: .XV. lib . Hoc m̄ tenuit Stigand Archiep̄s die q° rex . E . fuit uiuus 7 mortuus . 7 ibi fuer̄ .VI. sochi hōēs cj⁹dē Archiep̄i . qui sine ej⁹ lic̄tia poterant recedere . 7 ṫrā suā dare ł uende . sed Soca Archiep̄o remansit. Hoc m̄ jacuit in dn̄io æcctæ de Elẏ T.R.E. in dn̄ica firma . sed Abb qui tc̄ erat præstitit eū Archiep̄o . ut hund testatur . Nc̄ abb Sẏmeon reclamat ꝑ antecessores suos. (Domesday Book, vol. i. p. 199, a. col. 2.)

In Essellinge ten̄ Wihomarc de com̄ .I. hid 7 dim̄. Tr̄a . ē .III. car̄ . (Domesday Book, vol. i. p. 196, b. col. 1.)

Tib. A. vi.

De his .xv. h̄ . tenet Wihūmar⁹ dapif Comitis alani .ɪ. h̄ . 7 dimid .ɪɪ.
c̃ . in dominio . 7 .ɪɪɪ. uillanis . 7
.ɪɪɪɪᵒʳ. uillani .vɪɪɪ. s̃ . unū . moł . de
.v. soł . 7 .ɪɪɪɪ. đ . Mille anguille . 7
.ɪɪ. c . Prat̃ .ɪɪ. caɾ̃ . Pastura ad .
pe. uille . pecunia ī dominio .xɪ.
animał . ociosa . c . l . x . o . .xxx.
porci. Int̃ totū ualet .ʟ. soł . 7 qñ
recep̃ .ʟ. soł . t. r. e. .ʟx. soł. Hanc
t̃ram tenuit alfsi hō ædiue t. r. e. potuit dare cui uoluit. Et de his .xvʰ.
tenet rex uuiłłs .xɪɪɪ. h̄ . 7 dimi .
.xxx. caɾ̃. ẽ . iⁱ . t̃ra .vɪɪ. c̃ . in dominio . & .ɪɪɪ. posš fī .xxɪɪɪɪ. c̃ .
uillanis .xxxv. uillani . 7 .xxxɪɪɪɪ.
bor. .vɪɪ. s̃ . 7 .ɪɪɪ. moł . de .xx. soł .

f. 77, a.
col. 1.

Piscina .vɪɪ. mille anguille . Pratū
.ɪɪɪɪ. c̃ . pecunia ī dñio . .xɪx. animał . ociosa .cc. oues .xɪɪɪ. min⁹
.xxxɪɪɪɪ. por .xɪɪɪ. runc̃ . In totis ualentiis uał .ʟ.ɪɪ. liƀ . 7 qñ recepit
.xɪɪ. liƀ . t. r. e. .ʟ.vɪ. liƀ. Hoc mañium tenuit ædiua bella .t. r. e. 7
mᵒ tenet Godric⁹ ad firmā de Rege .
Et in hoc mañio fuer̃t .vɪɪ. sochemanni homines ædiue . Potucrunt
t̃ra suam cui uoluerunt dare . t. r. e.
Sochā eorum꞉ tenuit Ædiua . Et
un⁹quisꝗ, eoꝛ inueniebat uñ equū
ad auerā . uł . .vɪɪɪ. đ . p annū . uł
Inuuardū ministerio Reg̃.

IN hoc hundr . Buruuelle p .xv.
.h̄. se defendit . 7 mᵒ p .x. Et de
his .xv. h̄ . tenet abƀ de Ramesio
x h̄ . 7 .ɪ. uirg̃ . de . re. Terra ẽ
i .xvɪ. c̃ .ɪɪɪɪᵒʳ. in dominio . 7 .xɪɪ.
uiłł . 7 .ɪɪɪ. h̄. in dominio .xʟ. ac̃ .
.xʟɪɪ. uillani . 7 di. .vɪɪɪ. ser. Pra-

In dñio sunt .ɪɪ. caɾ̃ . 7 .ɪɪɪɪ. uiłłi
h̄ut .ɪ. caɾ̃. Ibi .vɪɪɪ. serui . 7 .ɪ.
moliñ .v. soliđ 7 .ɪɪɪɪ. deñ . Piscaɾ̃ .
miłł 7 .cc. anguiłł . pᵃtū .ɪɪ. caɾ̃ .
Pasťa ad pecuñ uillæ . Vał 7 ualuit
.ʟ. soł . T.R.E꞉ .ʟx. soł . Hanc t̃ra
tenuit Alsi hō Eddeuæ . 7 potuit
absꝗ, ej⁹ licentia receđe.

Domesday
Book, vol.
i. p. 189, b.
col. 2.

IN STAPLEHOV HVND̄ .
In ESSELINGE h̄ rex W .xɪɪɪ. hiđ 7
 ta or caɾ̃
diñ . Tŕa . ē .xxxɪɪɪɪ. | In dñio sunt
.vɪɪ. caɾ̃ . 7 adhuc .ɪɪɪ. posš fieri . Ibi
.xxxv. uiłłi 7 .xxxɪɪɪɪ. borđ cū .xxɪɪɪ.
caɾ̃ . Ibi .vɪɪ. serui . 7 .ɪɪɪ. molini
.xx. soliđ . 7 .vɪɪ. mił anguiłł Pᵃtū
.ɪɪɪɪ. caɾ̃ . In totis ualeñ uał .ʟɪɪɪ.
liƀ . Qđo Godric⁹ recep̃꞉ .xɪɪ. liƀ .
T.R.E꞉ .ʟvɪ. liƀ . Hoc m̄ tenuit
 pulcra
Edeua 7 in hoc m̄ fuer̃ .vɪɪ. sochi
hōēs ej⁹đ Edeuæ . 7 receđe absꝗ, ej⁹
licentia potuer̃. ipsa uᵒ habuit socā
eoꝛ 7 un⁹qⁱsꝗ, in seruitio regis inuenit
Auerā . ł .vɪɪɪᵗᵒ. deñ ł mancipiū.

Domesday
Book, vol.
i. p. 192, b.
col. 2.

IN STAPLEHOV HVND̄ . m̄ BVRE-
WELLE teñ abƀ de Ramesẏ . Ibi .x.
hiđ 7 .ɪ. uirg̃ . Tŕa . ē .xvɪ. caɾ̃ . In
dñio .ɪɪɪ. hide 7 .xʟ. ac̃ . 7 ibi .ɪɪɪɪ.
caɾ̃ . Ibi .xʟ.ɪɪ. uiłłi 7 diñ. cū .xɪɪ.
caɾ̃ . Ibi .vɪɪɪ. serui . pᵃtū .x. caɾ̃ .
Pasťa ad pecuñ uille . 7 .ɪɪ. molini .

Tib. A. vi. tum .x. c̃ . Pastura ad pecuniam
uille duo moł . de .vi. ŝ . 7 .viii.
dñ . Pecunia in dominio .ii°. aniñi .
ociosa . c . o . 7 .xx.v. por. .iiii°ʳ. runc̃ .
In totis ualentiis ual .xvi. liƀ . 7 qñ
recep̃ .xvi. liƀ . Tempe . r . e . .xx.
li. Hoc mañium semp iacuit 7 iacet
in eccᵃ sc̃i Benedicti . t . r . e . Et de
hiđ . his .xvˢ tenet alan⁹ .ii. ħ . 7
dimiđ. de Comite Alano .v. c̃ . iⁱ . c̃
ſ̃ra .ii°. c̃ . in dominio . 7 .iii. uiłł
f. 77, a.
col. 2. .iiii°ʳ. uiłłi .iiii. ser. ii°. moł . de
.vi. soł . 7 .viii. dñ . Prat̃ .iii. c̃ .
Pastura ad . pe . uille . .cc. o . 7 .xl.
.xx. por .iii. runc̃ . In totis ualentiis ual .iiii. liƀ . 7 qñ recepit .lxx.
soł . t . r . e . .vi. li . Hanc ſ̃ram te-
nuer̃t. .ii°. sochemanni . homines
ædiue fuerunt . potuer̃t dare ſ̃ra
suam cui uoluerunt . Et i⁹ eorum
inueniebat .iiii°ʳ. đ . uł unum in-
guardū p annum seruitio . re . Æđ.
De his .xv. ħ . supᵃdictisˢ tenet gau-
frid⁹ unam . ħ . 7 .iᵃ. uirğ . de comite Ala .iiᵇˢ. c̃ . ibi c̃ ſ̃ra . sunt ĩ
dominio .iii. uillani .iiˢ. pratum une
cař. Pastura ad pec̃. suam .ii°.
aniñi . ociosa .xxx. o .xx. por .iiii.
runc̃ . Inˀ tot̃ ual .xl. soł . 7 qñ
recep̃ .xxx. soł . t.r.e. .xl. soł .
Hanc ſ̃ram tenuit qⁱdā sochemann⁹
æduuin⁹ . homo . Ædiue . potuit dare
cui uoluit . t . r . e . Item 7 reddebat
.viii. đ . uel aueram si rex in uicecomitatu uenit . Et̃ de his .xv. ħ .
tenent sc̃i moniales de chatriz dimiđ.
ħ . ad dimiđ . c̃ . ibi c̃ ſ̃ra . Prat̃
.iiᵇˢ. bo . Inˀ totum ual .x. soł . 7
semp ualuit . Hanc . ₽̃ . tenuerūt

de .vi. soł 7 .viii. dcñ . In totis ua-
lcñt ual 7 ualuit .xvi. liƀ. T.R.Eˢ
.xx. liƀ . Hoc m̄ jacet 7 jacuit sc̄p
in dñio æcclæ S̃ Benedicti.

Domesday
Book, vol.
i. p. 195, b.
col. 1.
In Buruuelle teñ Alan⁹ de . A .
coñ .ii. hiđ 7 diñi . T̃ra c̃ .v. cař .
In dnio sunt .iiˣ. 7 .iiii. uiłłi hñt .
.iii. cař . Ibi .iiii. serui . 7 .ii. molini de .vi. solid 7 .viii. dcñ . Pᵃtū
.iii. cař . Pas̃ta ad pecuñi uillæ . Val
.iiii. liƀ . Qdo recep̃ˢ .iii. liƀ. T.R.Eˢ
.vi. liƀ . Hanc ſ̃ra tenuer̃ sub Eddeua
.ii. sochi . potuer̃ sine lic̃tia ej⁹ re-
ꝉ .iiii. den'
cede . Vn⁹ hoᷔ inueñ jneuuarđ in
serū regis.

In eađ uilla teñ Goisfrid⁹ .i. hid
7 .i. uirğ . de . A . comite . T̃ra . c̃
.ii. cař . 7 ibi sunt in dñio cū .iii.
uiłłis 7 .ii. seruis . Pᵃtū .i. cař .
Pas̃ta ad pecuñi uillæ . Val .xl. soł .
Qđo recep̃ˢ .xxx. soł . T.R.Eˢ .xl.
soł . Hanc ſ̃ra tenuit .i. sochs sub
Eddeua . potuit recede sine ej⁹ licentia.

Domesday
Book, vol.
i. p. 193, a.
col. 1.
IN STAPLEHOV HVND . In Bur-
cecelie
uuella teñ moniales de cietriz . diñi
hid . T̃ra diñ cař . 7 ibi . c̃ . Pᵃtū .
.ii. bob⁹ . Val 7 ualuit sc̄p .x. soł .
H̃ ſ̃ra fuit 7 c̃ de dñio æcclæ.

A. vi. monache de ceťeio . t. r. e. 7 m° tenent . Et de his .xv. ħ . tenet hard-
uuinᵒ de scalariis dimiđ . ħ . de rege.
Ad dimi. č. iᵖ. ē . ťra . 7 iᵖ ē diñi .
č . pᵃti . ad istos boues . In totis
ualentiis ual .xx. sol . 7 qñ recepit .xvi. sol . t. r. e. .xx. sol. Hanc
ťram tenuit turcᵒ homo aƀƀis de Ramesio . nõ potuit dare . ťrā suam
sine licentia aƀƀis: cuiᵒ hõ erat .
t. r. e. Et iste inueniebat .iiii. đ .
ul inguardum p annū ī ꝼuitio reğ.

IN hoc hundᵣ . saham p .xi. ħ .
7 dimi . t. r. e. se defendit: 7 m°
facit . De his .xi. ħ . ħt rex .ix.
ħ . 7 dimi .vi. ač . minus . in

breui suo. Et aƀƀ in hac uilla ħ
dimiđ . ħ . De his .xi. ħ .iiᵇ. č. ibi
ē ťra . una cař. in dominio . 7 alia .
č. uillanis .iiii. uillani .x. bor . Prař
.iiᵇ. č. Pastura ad peč . uille 7
mara de sahám lacus uᵢ piscat .iᵃ.

In Sahā ħt rex . W .vi. hiđ 7 .xl.
acᵃs in breue suo.

Domesday Book, vol. i. p. 189, b. col. 2.

TERRA REGIS. In Staplehov
Hvnđ. Saham Maneriū regis . p
.ix. hiđ 7 diñi se defđ . Ťra . ē .xiiii.
carucis . Ibi sunt .xvi. uilli . 7 .xvi.
borđ cū .xii. cař . In dñio .ii. cař . 7
.iiii. serui . 7 .ii. molđ .xxiiii. sol .
De piscař .iii. milł 7 ᵇ qngentᵗ . anguiłł .
Pᵃtū .xiiii. cař. Pastura ad pecuñ
uillæ . Ibi .vii. piscatores reddentes
regi p̄sentatioñ pisciū ter in anno
scđm qđ possunt . In totis ualentijs
redđ p annū .xxv. liƀ arsas 7 pensatas . 7 .xiii. liƀ 7 .viii. sol 7 .iiii.
deñ ad numerū de albis denař . ꝓ
fruṁto . brasio . melle 7 alijs minutis
c̄suetudinibȝ . T.R.E: reddeƀ .xxv.
liƀ ad numerū.

Domesday Book, vol. i. p. 189, a. col. 2.

In Staplehov Hvnđ.

In Saham teñ isđ aƀƀ diñi hiđ .
Ťra . ē .ii. cař . In dñio . ē una . 7
.iii. uilłi 7 .x. borđ cū .i. cař . Pᵃtū
.ii. cař . Pastura ad pecuñ uillæ . 7
una nauis quæ piscař in mara p c̄sue-

Domesday Book, vol. i. p. 190, b. col. 2.

Tib. A. vi. nauis p consuetudinẽ .III. portus .
Inᵗ totum ual .XXX. sol . 7 qñ recepit .XX. sol . t. r. e. .XXX. sol .
Hec semp iacuit in eccłia . s̃ . Ædel .
de ely . t. r. e. ī elemosina . Et de
his .XI. ħ . supᵃdictis . tenet Alsta-
nus unā . ħ .IIII. c̃. iⁱ . ẽ . ᵖ . in
dñio . 7 .III. uillani . 7 .IIIⁱᵗᵃ. potest
fieri. .VI. uillani .VIII. bor. nichil tenent nisi hortos . Pratum .IIIᵇꝫ. c̃.
Pastura ad pecuniā uille .I. mille
de anguillis . dimidiũ de piscinaˢ 7
.Iᵃ. sarginam in mara de sahám .IIII.
animᵃ. ociosa . .CC. o . 7 .X. 7 .VI.
por . 7 unᵒ. runc̃. Inᵗ totum ual .
.LX. sol . 7 qñ recep .VI. lib . t. r. e.
.VI. lib . Hanc ᵗrā tenuit alsi hõ
f. 77, b.
col. 2. Ædiue . potuit recede sine licentia
dñi sui . t. r. e. Et de his .XI. ħ .
tenet abb . de sc̃o ædmundo .VI. ac̃.
7 .I. piscator qui ħt unā sarginam
in mara . Inᵗ toᵗ ual .IIII. sol . 7
qñ recep .IIII. sol . t. r. e. .V. sol .
Hec ᵗra semp iacuit in eccłia . s̃. Ædmundi.

IN hoc hundr.
in fordam tenet Wiemarᵒ .III. ħ . 7
dimi . de comite alano .IIII. c̃. iⁱ. ẽ
ᵖra . una . c̃. in dominio . 7 .III. car̃ .
uillanis . unā . ħ . in dñio ht̃ . Wiemarᵒ dapifer . 7 sochemanni tenẽt
.II. ħ . 7 dimidiam de eod dapifero.
Pratũ unc . c̃. pastura ad pec̃ . uille.
Hanc . ᵖ . tenuerunt Dot 7 ulmarᵒ
sochemanni unā . ħ . Homines ædiue
fuerunt . Anfelmᵒ .I. ħ . 7 diñi .
hõ comitis Algari fuit . Et hii po-
tuer̃t recede cũ . ᵖ . sua ad qᵉm dñm
uoluerunt . Et isti .III. sochemanni

tud . Val .XXX. sol . Qdo recepˢ .XX.
sol . T.R.Eˢ .XXX. sol . H̃ ᵗra jacuit
sẽp in æccła.

In Sahā teñ Adestanᵒ .I. hid . de Domesday
Book, vol.
i. p. 195, b.
col. 2. coñ . Tr̃a . c̄ .IIIⁱᵒʳ. car̃ . In dñio .I.
car̃ . 7 .VI. uiłłi cũ .VIII. bord hñt .
.II. car̃ . 7 .IIIᶜⁱᵃ. poᵗ fieri . Pᵃtũ .III.
car̃ . Pasᵗa ad pec̃ uillæ . 7 .I. milleñ
7 diñi anguiłł . 7 in mara de Sahā
.I. sagenā c̄suetud. Val .LX. sol .
Qdo recepˢ .VI. lib . 7 t̃ntd T.R.E.
Hanc ᵗrā tenuit Alsi sub Eddeua . 7
potuit recede sine ejᵒ licentia.

In Sahā teñ ipse abb .VI. acras Domesday
Book, vol.
i. p. 192, a.
col. 2. ᵗræ . Ibi . c̄ unᵒ piscator hñs .I. sagenā in Lacu ejᵒd uillæ . Val 7 ualuit .IIII. sol . T.R.Eˢ .V. sol . H̃ ᵗra
jacet 7 jacuit sẽp in æccła S̃ Ead-
mundi.

In Forhā . teñ Wihomarc de coñi Domesday
Book, vol.
i. p. 195, b.
col. 1. .III. hid 7 diñi . Tr̃a . c̄ .IIII. car̃ . In
dñio .I. hida . 7 .I. car̃ . 7 socħi hñt
.III. car̃ . pᵃtũ .I. car̃ . Pasᵗa ad pec̃
uillæ . Val .IIII. lib . Qdo recepˢ
.III. lib . T.R.Eˢ .LXX. sol . Hanc ᵗra
tenuer̃ .III. socħi .quoꝫ .II. hões Ed-
deuc . ᵗcius hõ Algari . potuer̃ recede
sine licentia eoꝫ . Jneuuard 7 Auerā
uicecomiti inuenieb.

reddebant .ɪᵃ. auerā . uł .ᴠɪɪɪ. đ . regi
p annū . Int̃ toᵍ uał .ʟ. soł . 7 q̃ñ
recceꝑ .xʟ. soł . t. r. e. .xʟ. s . Hec
hida qᵃm tenet Wiumarꝰ dapi . . . . in
dominio uał .xxx. soł . 7 q̃ñ receꝑ .xx.
soł . t. r. e. .xxx. soł.

IN hoc hundr̃ Gyselhā p̄ .ɪɪɪɪ. ħ
se defendit . t. r. eˢ 7 mᵒ . Et de
his .ɪɪɪɪ. ħ . tenet eꝑc de Rouecestr̃
.ɪᵃ. ħ . 7 dimiđ . 7 .xx. ač . de archi-
eꝑo . l .ɪɪɪ. č̃. iⁱ ē . t̃ra . una . č̃.
in . dominio . 7 .ɪɪ. uillanis 7 .xɪ.
uillani . dimidiū moł . de .ɪɪ. soł .
7 .ᴠɪɪɪ. dñi .ᴄᴄᴄ. .ɪɪ. mille anguille
Pratum .ɪɪɪ. č̃. Pastura ad . pe .
uille . .ɪɪɪɪᵒʳ. animᵃ . ociosa .ᴠ. por.
Int̃ toᵍ ualet .xʟ. soł . t. r. c. .ɪɪɪ.
liħ. De hac .t̃. tenuit Wluinꝰ uenator. re . œduᵃr . dimiđ . ħ . 7 .xx.
ač . 7 .xɪɪ. socheñi . unam ħ . Homines turbti fuer̃t . potuerunt receđe cū t̃ra sua . absꝗ licentia dñi
sui . Ex his .ɪɪɪɪ. ħ . tenet hugo de
portu . ħ . 7 dimiđ . 7 .xx. ač. .ɪɪɪ.
č̃. ē ibi t̃ra in dominio . 7 due uillanis . 7 .ɪɪ. uillani .ɪɪɪ. bor. carent
t̃ra .ɪɪ. scrui . Pratum une . č̃. pastura ad peč̃. uille . unꝰ porcꝰ .ɪx.
o. Int̃ totū uał .xʟ. soł . 7 q̃ñ recepit. .xʟ. soł . t. r. e. .xʟ. soł . Hanc
t̃ra tenuit Orgarꝰ uicecomes Reg̃ .
potuit dare cui uoluit . De his .ɪɪɪɪ.
ħ . tenet Galfriđꝰ .xʟ. ač . de comite alano. ad dimiđ . č̃. iⁱ ē t̃ra . 7
duo uiłł . Prat̃u dimiđ . č̃. Pastura
ad pecu . suam . Int̃ totū uał .x.
soł . 7 q̃ñ receꝑ .ᴠ. soł . t. r. e. .x.
soł . Hanc t̃ram tenuerunt .ɪɪ. sochemanni . hõïes .R. e. fuerunt . potuer̃t

Eꝑs Rofensis teñ jn Gislehā .ɪ.
hiđ 7 diñi . 7 .xx. acᵃs sub Archi-
eꝑo Lanfranco. T̃ra. ē .ɪɪɪ. car̃ . In
dñio .ɪ. car̃ . 7 .xɪ. uiłłi cū .ɪɪ. car̃ .
Ibi diñi molenđ .ɪɪ. soł 7 .ᴠɪɪɪ. dcñi .
7 .ᴄᴄᴄ. anguiłł . Pᵃtū .ɪɪɪ. car̃ . 7 .ɪɪ.
mił anguiłł . Pasťa ad pecuñ uillæ .
Vał 7 ualuit .xʟ. soł. T.R.Eˢ .ʟx.
soł . De hac t̃ra tenuit Wluuinꝰ uenator regis . E . diñi hiđ 7 .xx. acᵃs .
7 .xɪɪ. sochi habuer̃ .ɪ. hiđ . sub
　　　　　　qui om̃s
Turbto | 7 dare 7 uenđe potuer̃.

Hvɢo de Porth teñ in Gislehā .ɪ.
hiđ 7 dimiđ 7 .xx. acᵃs . T̃ra . ē .ɪɪɪ.
car̃ . In dñio . ē . una. 7 .ɪɪᵒ. uiłłi cū
.ɪɪɪ. borđ hñt .ɪɪ. car̃ . Ibi .ɪɪ. serui .
Pᵃtū .ɪ. car̃ . Pasťa ad pecuñ uille .
Vał 7 ualuit .xʟ. soł. T.R.Eˢ .ʟx.
soł . Hoc m̄ tenuit Orgarꝰ uicecoñi
R.E. potuit recedere absꝗ lictia dñi
sui.

In Gislehā teñ Gaufridꝰ de coñi
.xʟ. acᵃs t̃ræ . T̃ra est .ɪɪɪɪ. bobꝰ
Pᵃtū ipsis bobꝰ . 7 .ɪɪᵒ. uiłłi . Vał .x.
soł . Qđo receꝑˢ .ᴠ. soł . T.R.Eˢ .x.
soł . Hanc t̃ra tenuer̃ .ɪɪᵒ. sochi.
hõēs . R.E. fuer̃ . receđe potuer̃.
Auerā ł ineuuard inuenieƀ uicecoñi.

Tib. A. vi. receđe cū P̃ra sua ad qᵉm dm̃m uoluerunt. Isti inueniebant auerā uł .VIII.
đ . per annum.

f. 78, a.
col. 2.
    In hoc hundr . Wich . comes ala . p
.VII. h̃ . se defendit . t. r. e. 7 m̊ . p .V.
7 .XII. c̃ . ibi ē P̃ra .III. c̃ . in dominio .
7 .IIIIᵗᵃ. potest fieri .VIII. c̃ . uillanis .
.XI. uillani . 7 .VIII. bor . 7 .V. ser . 7
.III. moł . de .XXXVIII. soł . 7 .IIII.
animał . 7 .cc. l . anguille .   Pratum
.XII. car̃ .   Pastura ad pecuñ . uille .
In mara de saham .III. sagine p com-
suetudinē . .XIII. animᵃ . ociosa .cc.
oues . l .VII. por . .II. runc̃ . In totis
ualentiis uał .XIIII. lib̃ . 7 qñ recepit
.XIIII. li . t. r. e. .XVI. li.   Hoc ma-
n̂ium tenuit ædiua . t. r. e.

    In caueleie hundr . iurauerunt
homines . scił . Ric̃ . Euerarđ filius
brientii . Radulfus de hotot . Wiłłs
de mara . stanhardus . de seuerlei .
Frauuin de Curtelinga . Carolus de
cauelei . Brune sune . Vlmar homo
Wigoni . Et õs alii franci 7 angli⸲
iurauerunt.

    Alberic seuerlai . pro .VI. h̃ . se
defendit 7 dm̃ . .t. r. e. 7 m̊; p .IIII.
h̃ .VIII. c̃ . c̃ iⁱ P̃ra . IIII. c̃ . in dominio .XII. uillani . 7 .II. bor . 7 .IX.
ser . una ac̃ . pᵃti . Silua .XX. por.
Pastura ad pecuñ. uille .V. anᵃ . ociosa .C. 7 .X. o .LX. 7 .III. por.   In totis ualentiis ualet .XVI. li.   Et qñ
recep̃ .XX. li . t. r. e. .XX. lib̃ .   Hoc
man̂ium tenuit Vluuin . antecessor
ei tegnus Regis æduuardi fuit.

f. 78, b.
col. 1.
    In hoc hundr. Esselei tenet euer-
arđ filius brientii de Alberico p .III.
h̃ . dimid . se defendit . t. r. e. 7 m̊

    Ipse comes teñ WICHA . p .VII. hiđ Domesday Book, vol. i. p. 195, b. col. 2.
se defđ T.R.E. 7 m̊ p .V. hiđ . Tr̃a
.XII. car̃ . In dn̄io .III. hide . 7 III.
car̃ . 7 IIIIᵗᵃ. pot̃ fieri . Ibi XI. uiłłi
cū VIII. borđ . hn̄t .VIII. car̃ . Ibi .V.
serui . 7 III. molini de XXVIII. soł .
7 IIII. miłł 7 cc 7 L. anguiłł . Pᵃtū
.XII. car̃ . Pasta ad pecuñ uiłłæ . 7 p
consuetuđ .III. sagenas in mara de
Sahā . In totis ualentijs uał 7 ualuit
.XIIII. lib̃ . T.R.E.⸝ vi. lib̃ . Hoc m̄
tenuit Eddeua pulchra.

    m̄ Ipse Alberic̃ teñ SEVERLAI . p Domesday Book, vol. i. p. 199, b col. 1.
.VI. hiđ 7 dim̃ se defđ . .T. regis .
E . 7 m̊ p .IIII. hiđ . Tr̃a . ē .VIII.
car̃ . In dn̄io .II. hide. 7 ibi sunt .IIII.
car̃ . 7 XII. uiłłi cū .II. borđ hn̄t .IIII.
car̃ . Ibi .VIII. serui . 7 una acᵃ pᵃti .
Silua .XX. porc̃ . Pasta ad pecuñ uil-
łæ . In totis ualent̃ uał XVI. lib̃ .
Qdo recep̃⸝ .XXⁱ. lib̃ . 7 tn̄tđ T.R.E.
Hoc m̄ tenuit Wluuin teign . R.E.

    m̄ ALBERICVS de VER teñ ESSELIE . Domesday Book, vol. i. p. 199, b. col. 1.
de rege . Eurarđ teñ de eo . p .III.
hiđ 7 diñ se defđ . T.R.E. 7 m̊ p

C

ꝑ. A. vi. duabȝ . h̃ .IIII. c̃ . ibi ē t̃ra .IIᵉ. c̃ .
in dominio . 7 . IIᵉ. c̃ . uillanis . una
ac̃ . pᵃti. Silua .XII. por. Pastura
ad pecuniã uille .VII. animal . ociosa .
XXX oues . IX. porci . un⁹ . runcin⁹.
In totis ualentiis ual .C. sol . & qñ
recep̃ .LX. sol . t. r. e. .LX. sol . Hanc
t̃ram tenuit Vluuinus antecessor
eius.

In hoc hundr . Sextunam iꝑe Euc-
rard⁹ tenet ꝑ .V. h̃ . se defendit .
t. r. e. & mᵒ . ꝑ .III. h̃ . X. c̃ . iⁱ c̃ t̃ra
.III. in dñio . .VII. c̃ . uillanis .X. uillani . 7 .IIII. bor. Prat̃ uni . c̃ . Pastura ad pecu . uille . .XII. animal .
ocio .LX. oues. XXXIII. por . duo asini
7 pullus . 7 unus runcin⁹ . 7 pullus.
Silua .XL. por . Int̃ totum ual .X. li .
7 qñ recepit .VII. lib . t. r. e. .VII. li .
Hanc t̃ram tenuit Vluuin⁹ antecessor
albⁱici.

In hoc hundr . Duntunã . tenet
Wigonus de mara de comite alano ꝑ
.V. h̃ . se defendit . t. r. e. 7 mᵒ ꝑ
.IIII. X. car̃ . iⁱ . ē t̃ra .IIII. c̃ . in dominio . 7 .VI. c̃ . uillanis . X. uillani
.VIII. bor .IIIIᵉ. V. animal . ociosa .
Pastura ad pecu . uille . Silua .C. L .
por . centũ . o .C. por . .XL. capre.
In totis ualentiis ual .X. lib . 7 qñ
recep̃ .XIIII. li . t. r. e. VII. li . Hoc
'8. b.
. 2.
manⁱũ tenuit ædiua pulcra .t. r. e.

In hoc hundr . Dittona dominica
uilla regis . Hoc manⁱium fuit stigandi archieꝑi . ꝑ .X. h̃ . se defendit
.t. r. e. 7 mᵒ ꝑ una hida .XVI. c̃ . iⁱ .
ē . t̃ . .II. car̃ . in dominio .III. c̃ . uillanis . .XI. c̃ . possunt fieri .VII. uillani . .III. bor . 7 .III. ser . Pastura

.II. hid . T̃ra . ē .IIII. car̃ . In dñio .II.
7 uilli hñt .II. car̃ . pᵃti una acᵃ . Silua
.XII. porc̃ . Past̃a ad pecuñ . Int̃ tot̃
ual .C. sol . Qꝺo recep̃꓿ XL. sol . 7
tñtꝺ T.R.E.   Hoc m̄ tenuit Wluinⁿ
teignⁿ regis . E.

m̄ Ipse Albericⁿ teñ Sextone . 7 Domesday
Book, vol.
i. p. 199, b.
col. 1.
Eurardⁿ de eo . ꝑ v. hiꝺ se defꝺ
T.R.E. 7 mᵒ ꝑ .III. hiꝺ . T̃ra . ē .VII.
car̃ . In dñio sunt III. car̃ . 7 X. uilli
cũ .IIII. borꝺ hñt .IIII. car̃ . Pᵃtũ .I.
car̃ . Past̃a ad pecuñ uillæ . Silua
.XL. porc̃ . Int̃ tot̃ ual VIII. lib . Qꝺo
recep̃꓿ VII. lib . 7 tñtꝺ T.R.E . Hoc
m̄ tenuit Wluuinⁿ teignⁿ . R.E.

m̄ DITONE teñ Wighen de com̃ . Domesday
Book, vol.
i. p. 195, a.
col. 2.
A . ꝑ .V. hiꝺ se defꝺ T.R.E . 7 mᵒ ꝑ
.III. hiꝺ . T̃ra . ē .X. car̃ . In dñio .IIII.
car̃ . Ibi .X. uilli cũ .VIIItᵒ. borꝺ hñt
.VI. car̃ . Ibi .IIII. serui . Past̃a ad
pecuñ uillæ . Silua .C.L. porc̃ . In totis ualent̃ ual .X. lib . Qꝺo recep̃꓿
.XIIII. lib . T.R.E꓿ .VII. lib . Hoc m̄
tenuit Eddeua.

m̄ DITONE ꝑ X. hiꝺ se defꝺ . T.R.E. Domesday
Book, vol.
i. p. 189, b.
col. 2.
7 mᵒ ꝑ una hida . T̃ra ē .XVI. car̃ . In
dñio .II. car̃ . 7 VII. uilli 7 III. borꝺ
cũ .III. car̃ 7 adhuc XIII. car̃ poss
fieri . Ibi .III. serui . Pastura ad pec̃
uillæ . Silua .CCC. porc̃ . De herbagia
uillæ .VI. sol . 7 VIIItᵒ deñ   In totis

Tib. A. vi. ad peč . uille . Silua .ccc. por. De
herbatia uille .vi. sol . 7 .viii. ďn .
7 .iii. aniṁ . ociosa . d . 7 .xx. oues.
In totis ualentiis reddit .xii. li . &
qñ recep̄ .xv. li . .t. r. e. xv. li. Hoc
maꬻium tenet ad firmā Wiꬻs de
niuers. Hoc maꬻium iacuit in ecctia . š . æđel . in elemosina . R. e. s;
archiep̄c stigandus sumpsit . ut ipsi
homines testantur.

In hoc hundr Curtelinge comitisse
Judete p .x. ħ . se defendit . t. r. e. 7
m° p .vi. 7 .xxi. č . ibi ē ꝑra .iiii. in
dominio . č . 7 .iiii. ħ . in dominio .
7 .vᵗᵃ. .č. potest fieri . 7 .xvi. č . uillanis . & .xxviii. uillani . 7 .xvii. bor
7 .vii. ser. Pratum .xxi. č . Silua
.lx. porcis . Pastura ad pecuniā uille.
Parc⁹ č ibi feraru̅ siluaticaꝛ . 7 .v.
miꬻ . 7 dimi . anguillaꝛ . x̄vi. aniṁ .
oci .xl. .viii. o . 7 un⁹ . runč. In totis ualentiis ualet .xviii. li . 7 qñ re-
cep̄ .xviii. li . t. r. e. .xviii.ˡⁱ. Hoc
f. 79, a. maꬻium tenuit comes harold⁹ .t. r.
col. 1. eaduuardi.

In hoc hundr . Enisam musardus
ī caueleio de comite alano unam . ħ .
7 dimi . 7 .xx. ač . tenet .iiiᵇˢ. č . ibi
ē . ꝑra . 7 .ii. č . ibi su̅t in dominio
.ɪ⁹. uillan⁹ . .iiii. bor . unus . ser.
Silua .xii. por. Pastura ad pecuṅ .
uille .lx. o .iii. min⁹ .xl. por . un⁹
runc⁹. Inꝓ totum uaꬻ .xl. soꬻ . 7 qñ
recep̄ .xl. soꬻ . t. r. e. xl. soꬻ . Hanc
ꝑram tenuit herulf⁹ homo ædiue
pulcre . potuit dare & uenđe cui
uoluit.

In hundreto de stane . .iurauerunt
homines . sciꬻ . Harold⁹ . Roger⁹ .

ualenꞇ uaꬻ .xii. liꬪ . Qđo receꝑ̧ .xv.
liꬪ 7 tṁđ T R E Hoc m̄ teñ Wiꬻs de
nouueres ad firmā de rege . Hoc m̄
jacuit in æccta Š Edeldridæ de Elẏ
T.R.E. sed Stigand⁹ archiep̄s eū inde
sūpsit . hōēs de Hunđ nesciunt q° m°.

m̄ Jvdita comitissa teñ Chertelinge . p .x. hiđ se defđ . T.R.E. 7
m° p .vi. hiđ . Tꝛa . ē ad .xx.ɪ. caꝛ .
In dñio sunt .iiiiᵒʳ. hide . 7 ibi .iiiiᵒʳ.
caꝛ . Ibi .xxviii. uiꬻi cū xvii. borđ
hūt .xvi. caꝛ . Ibi .vii. serui . pᵃtū
.xxi. caꝛ . Silua .lx. porč . Pasꞇa ad
pecaṅ uille . Parc⁹ bestiaru̅ silua-
ticaru̅ . De piscaꝛ .v. miꬻ 7 dīm
Anguiꬻ . In totis ualenꞇ 7 uaꬻ 7
semp
ualuit|xviii. liꬪ . Hoc m̄ tenuit He-
rald⁹ comes.

In Chauelai teñ Enisant de coṁ
.ɪ. hiđ 7 dīm̄ . 7 xx. acᵃs. Tꝛa . ē .iii.
caꝛ . 7 ibi sunt . in dñio .ii. 7 iiii.
borđ cū .ɪ. caꝛ . Ibi .ɪ. seru⁹ . Silua
.xii. porč . Pasꞇa ad peč uillæ . Vaꬻ
7 ualuit sēp .xl. soꬻ . Hanc ꞇꝛā tenuit
Herulf⁹ hō Eddeue . dare 7 uenđe
potuit.

c 2

Tib. A. vi. Aleranus� francigena . Rič . fare-
man . huscarl de suafham . Leof-
uuin⁹ de bodischesham . Alric⁹ de
Wilburgeham . 7 omnes franci 7
angli.

In hoc hundr . Galtus giffard Bo-
dichesham p .x. ħ . se defendit .
t. r. e. 7 mᵒ facit .xx. č . iᵘ est tra
.vi. č . in dominio . 7 .v. ħ .xiiii. č .
uillanoȝ . uillani .xxv. xii. bor . xiiii.
ser . 7 .iiiiᵒʳ. moł . de . xiiii . soł .
pratum .vi. cař . .cccc. anguille de
marisca .iiiiᵒʳ. sochi . .c. 7 xl. oues .
xxx por . In totis ualen . uał .xx.
li . 7 qñ recep̄ .xx. li . t. r. e. .xvi.ʰ.
De hoc maħio tenuit comes Harol-
dus .viii. ħ . t. r. e. & Alric⁹ monach⁹ habuit .ii. ħ . de eodem maħio . qᵃs ñ potuit dare nec uende
f. 79, a. col. 2.
absqᷱ licentia sči bñdicti de ramesio꞉
cuius honor erat.

In hoc hundr . Suafhā p .x. ħ .
se . de . t. r. e. De his .x. ħ . hȓ
hugo de bolebech .vii. ħ . 7 dimi . 7
.x. ač . de uualtero giff . .xi. č . ibi .
č . ꝑ .iii. č . in dominio .viii. č . uillanis .xii. uillani .iiii. bor .iii. ser . 7
.iii. moł . de .xxx. soł .iii. dñ . min⁹
.ccc. anguille . Pratū .iii. č . Pastura ad . pe . uille .lx. 7 .xi. oues
.vii. por . In totis ua . uał .xii. li . 7
qñ recep̄ .x. t. r. e. x. liƀ . Hoc ma-
ħium tenuit Aluui Harparius .iii.
ħ . 7 unū moł . de dñica firma aƀƀis .
de ely . t. r. e. Et in obitu non potuit recede absqᷱ licentia aƀƀ . 7 .iii.
sochemanni . huscarlus . Brithuuin⁹ .
.Elsi . homines aƀƀis fuerūt . .ii. ħ .
7 dimi . 7 .x. ač . tenuerunt . ñ . po .

WALTERIVS Gifard teñ Bodichess-
nā . p .x. hið se defð . Tȓa . ē .xx. cař .
In dñio .v. hidæ . 7 ibi. |vi. cař . Ibi
    sunt
xxv. uiłłi cū .xii. bord . hñt .xiiii.
cař . Ibi .xiiii. serui . 7 iiii. moł de
xiiii. soł . Pᵃtū .vi. cař . De maresc
.iii. socos . 7 cccc. Anguiłł . In totis
ualeñ uał 7 ualuit .xx. liƀ . T.R.E꞉
                coȓ
xvi. liƀ . De hoc ⓜ tenuit Harold
.viii. hið . 7 Alricus monach⁹ habuit
.ii. hið . qᵃs ñ potuit dare uel uende
absqᷱ licentia aƀƀis de Ramesẏ cuj⁹
hō erat.

Domesday Book, vol. i. p. 196, a. col. 1.

In Suafhā teñ Hugo de Walterio
.vii. hið 7 diñi . 7 x. acᵃs . Tȓa . ē
.xi. cař . In dñio . sunt .iii. 7 xii.
uiłłi cū .iiii. bord hñt .viii. cař . Ibi
.iii. serui . 7 iii. moł de xxx. soł
iiii. deñ min⁹ . 7 ccc. Anguiłł .
Pᵃtū .iii. cař . Pasta ad peč uillæ .
In totis ualeñ uał .xii. liƀ . Qðo
recep̄꞉ x. liƀ . 7 tñtð T.R.E. Hoc
ⓜ tenuit Aluui harpari⁹ . iii. hið 7
i. moliñ de dñica firma monachoȝ
de Elẏ . 7 ipsi habeƀ 7 in uita 7 in
morte regis . E . ñ potuit recede
absqᷱ ličtia aƀƀis . 7 iii. sochi hōēs
             7 diñ
aƀƀis tenueȓ .ii. hið |7 x. acᵃs . nec
isti potueȓ recede absqᷱ ličtia aƀƀis .
7 xix. sochi hōēs regis . E . tenueȓ
ii. hið . ñ potueȓ recede absqᷱ ličtia

Domesday Book, vol. i. p. 196, a. col. 2.

. A. vi. recede sine licentia dñi sui . s; semp
reddebant aueram & inuuardū uicecomiti Regis . Et de his .x. ħ . Gaufridus de comite alano tenet .iᵃ. ħ .
7 .III. uirg̃ . in suafham .IIII. c̃ . ẽ iⁱ
t̃ra .Iᵃ. c̃ . in dominio .III. c̃ . uillanis
.III. uillani . .II. ser . unū mol . de
.IIII. sot . 7 .IIII. dñ . .c. anguille .
Pratū .I. c̃ . Pastura ad pecuniā suā
.LX. 7 .X. o .ʿ Int̃ totum uat꞉ .XL. sot .
7 qñ recep̃ .XX. sot . t. r. e. XX. sot .
Hanc t̃ram tenuer̃꞉ VI. sochemanni .

9, b.
1. Homines fuer̃t ædiue . 7 isti inueniebant auerā p annū uicecomiti reg̃ .
t. r. e. 7 .III. inuuardos . 7 nõ potuer̃t
recede sine licentia dñi . Et de his
.X. ħ . tenet Albicus de uer̃ . dimid .
ħ . 7 .XX. acˢ . i suafham de rege .I.
c̃ . ẽ . iⁱ . t̃ . 7 iⁱ ẽ una . c̃ . uillanis
.V. sot 7 .VIII. dn de uno molend.
Int̃ totum uat .X. sot . 7 qñ recep̃ .X.
sot . t. r. e. X. sot . Hanc t̃rā tenuit
quid . sochemann꞉ . Re . ñ potuit
recede sine licentia . s; semp iuenit
aueram uicecomiti regis per annū.
Hanc t̃ram nõ habuit antecessor albici ut homines de hundreto testantur . s; sup regem occupauit.

In hoc hundr̃ . suafhā p .X. ħ . se
defendit . t. r. e. 7 mᵒ facit . 7 de his
.X. ħ. tenet abb .III. ħ .v. carucis ibi .
ẽ . t̃ . .II. c̃ . in dominio . 7 .III. c̃ .
uillanis .Iᵃ. ħ . 7 .III. uirge . in dominio .v. uillani .IIᵇ. .II. ser . de appu-
latione nauiū .VI. sot . .XXXII. o .XXXII.
por . III. sochi . de marisca . ut .VI.
dñ . Int̃ toī uat .C. sot . 7 sep̃ ualuit .
t. r. e. Hec t̃ra iacuit semp ĩ ecctia .
s̃ . ædeld . de ely . Et de his .x. ħ .

dñi sui . sed sep̃ inuenieb auerā 7
ineuuard uicecomiti regis .

IN STANES HVND. Domesday
Book, vol.
i. p. 195, a.
col. 2.

In Suafam . teñ Goisfrid꞉ de coñi
.I. hid 7 III. uirg̃ . T̃ra ẽ .IIII. car̃ .
In dñio . ẽ una . 7 III. uitti hñt .III.
car̃ . Ibi II. serui . 7 I. moliñ de
.IIII. sot 7 IIII. deñ . 7 C. anguitt .
Pᵃtū .I. car̃ . Pasta ad suā pecuñ .
Vat XL. sot . Qᵭo recep̃꞉ XX. sot .
T.R.E꞉ similit̃ . Hanc t̃ra tenuer̃ .VI.
sochi sub Eddeua . ñ potuer̃ sine ej꞉
lictia recede . sʒ inuenieb uicecomiti
.III. jneuuard 7 I. Auerā p annum.

IN STANES HVND. Domesday
Book, vol.
i. p. 199, b.
col. 1.

In Suafhā teñ Albicus diñi hid . 7
.XX. acᵃs de rege . T̃ra . ẽ ad .I. car̃ 7
ibi . ẽ cū .I. uitto . 7 I. moliñ .VII.
solidoʒ . Vat 7 ualuit sep̃ .X. sot .
Hanc t̃rā tenuit .I. sochs regis . E. ñ
potuit recede sine lictia . 7 inueñ
Auerā uicecomiti regis . Hanc t̃rā ñ
habuit Antecessor Alberici . ut hõc̃s
de hund testant̃ . sʒ ipse Albic sup
regē occupauit.

IN STANES HVND. Domesday
Book, vol.
i. p. 190, b.
col. 2.

In SVAFAM teñ isdē abb .III. hid.
T̃ra . ẽ .v. car̃ . In dñio .I. hida 7 III.
uirg̃ . 7 ibi sunt .II. car̃ . 7 .v. uitti 7
II. bord cū .III. car̃ . Ibi .II. serui . 7
de theloneo retis꞉ VI. sot . De ma-
resc꞉ .VI. deñ . Vat 7 ualuit sep̃ .C.
sot . H̃ t̃ra jacet 7 jacuit sep̃ in
æcctia.

In ead uilla teñ Harduin꞉ sub
abbe .II. hid 7 III. uirg̃ . T̃ra . ẽ .III.

tenet Harduuin⁹ de scalariis .ıı. h .
7 .ııı. uirgas de abbe .ııı. c̃ . ibi ē t̃ra .
.rᵃ. c̃ . in dominio .ıı. c̃ . uillanis .ıı°.
uillani . Pᵃr̃ duob3 . bo .L.ıı. 7 .xıx.
o .ıx. porci . In̊t totū ual .Lx. 7 .x.
sot . 7 q̄n recep̊ .ıx. 7 .x. sot . t. r. e.
.ıx. 7 .x. sot . .ııı. sochemanni te-
nuer̃t hanc . P̊ . .t. r. e. Et nō po-
tuer̃t recede sine licentia abbis de
ely.

Et de his .x. supᵃdictis . h̃ . tenet
hugo de bolebech de galtero giffardo
.ııı. uirgas . i . c̃ . iⁱ . c̃ . P̊ . 7 est car̃
.ıııⁱᵒʳ. bob3 .Lxx. oues . .xx. porci .
Pratū .ı. c̃ . In̊t totū ual .x. sot . 7
q̄n recep̊ .v. sot . t. r. e. xx. sot .
Hanc t̃ram tenuit vuluuin⁹ . t. r. e.
& fuit homo abbis . non potuit recede sine licentia ei⁹ . Et de his .x.
h̃ . tenet hardeuuin⁹ de scalariis unā
uirgā de rege in suafham . duob3
bob3 . iⁱ . ē . P̊ .vı. sochemanni .ıııᵉˢ.
inueniebant aueram . & alii .ııı. inueniebant inuuardos. In̊t tot̃ ual .v.
sot . & semp ualuit . Et de his .x. h̃ .
tenent .ııı. milites comitis alani .ııı.
h̃ . 7 unam uirgā .ıııⁱᵒʳ. car̃ . iⁱ est .
P̊ . 7 ibi sunt .ııı. uillani .ıı°. ser .
Pratum .ıı. c̃ .xvıı. animat . ociosa .
.ccc. 7 .Lıııı. oues .xLıı. porci . un⁹
runc̃. In̊t totum ual .c. sot . 7 q̄n
recep̊ .L.v. sot . De hac t̃ra tenuit
huscarl . homo . R. e. ııı. uirgas .
potuit dare ut uende cui uoluit .
t. r. e. Socham ei⁹ habuit rex . 7
iste inuenit aueram . Eadiua unam .
h̃ . habuit . 7 unā uirgam . Socham
hui⁹ habuit ædiua . t. r. e.

car̃ . In dn̄io .ı. car̃ . 7 ıı. uilti cū .ıı.
car̃ . Pᵃtū ıı. bob⁹ . Vat 7 ualuit sēp
.Lxx. sot. Hanc t̃ra tenuer̃ .ıııı. soch̃i .
nec potuer̃ recede sine licentia Abbis.

IN STANES HVND̄.

In Suafhā teñ Hard̃ .ıı. hid̃ 7 ııı.
uir̃g . T̃ra . ē .ııı. car̃ . In dn̄io . ē .rᵃ.
7 .ıı°. uilti hūt .ıı. car̃ . Pᵃtū .ıı. bob⁹ .
Valet 7 ualuit sēp .Lxx. sot . Hanc
t̃ra tenuer̃ .ıııı. soch̃i abbis de Elẏ . ñ
potuer̃ uendere.

In ead̃ uilla teñ Hugo de Walt̃o
.ııı. uir̃g . T̃ra . ē .ı. car̃ . 7 ibi . ē cū
.ıııı. bord̃ . Pᵃtū .ı. car̃ . Vat 7 ualuit
x. sot . T.R.E✓ .xx. sot . Hanc t̃ra
tenuit Wluuin⁹ hō abbis de Elẏ . ñ
potuit recede ab æccta sine ej⁹ licentia.

HARDVIN⁹ de Scalers teñ .ı. uir̃g
t̃ræ in Suafham . T̃ra . c̃ .ıı. boũ .
Vat 7 ualuit sēp .v. sot . Hanc t̃ra
tenuer̃ vı. soch̃i . Quoᵹ .ııı✓ inuener̃
Auerā . 7 alij .ııı. jnewardos.

In ead̃ uilla teñ .ııı. milit̃ de cõm̃
.ııı. hid̃ 7 ı. uir̃g . T̃ra . ē .ıııı. car̃ .
7 ibi sunt . cū .ııı. uiltis 7 ıı. seruis .
Pᵃtū ıı. car̃ . Vat c. sot . Qd̃o recep̊✓
Lv. sot . T.R.E✓ similit̊ . De hac t̃ra
tenuit Huscarl hō regis . E .ııı. uir̃g .
7 auerā inueñ . T̃ra suā dare 7 uende
potuit . s3 soca regi remansit . De
ead̃ t̃ra tenuit Eddeua .ı. hid̃ 7 ı.
uir̃g . 7 Wluui hō ej⁹ .ı. hid̃ 7 ı.
uir̃g . Socā ej⁹ habuit Eddeua.

vi. In hoc hundreto .II. Wilburgehā
p .X. ħ . se defenderunt . t . R . Ead.
7 m° faciunt . Et de his .X. ħ . tenet
de comite alano .IIII. ħ .IX. č . ibi est
ȹra . due car̃ . in dominio . 7 .VII. č .
uillanis .VII. uillani .VII. bor .VI. s̃ .
unum molendinū . de .V. sol . 7 de
.IIIIᵒʳ. dn . Pratum .IX. č . Pastura ad
pecuñ . uille . vnum animal ocioš .
.XL. oues .IIᵉ. minus .XIIII. por . unus
runč 7 .IIIIᵒʳ. asini . Inȹ totum ual
.XII. lib . 7 qñ recep̃ .XII. li . t. r. e.
.X.l. Hanc tenuit omer̃⁹ œdiue . Potuit dare ȹram suam cui uoluit . t. r. e.
Et de his .X. ħ . Albicus de uer ten 7
.IIII. ħ .VIII. car̃ . iⁱ est ȹra .IIIIᵒʳ. č .
7 due . ħ . in dominio .VII. uillanis
.VIII. uillani .V. bor . 7 .VII. ser . Pratum .III. č . unum mol . de .XXII. sol .
Pastura ad peč . uille .CC. & .XIIII.
oues .XXX.IX. porci . 7 .I. runč . Inȹ
totum ual .XII. li . 7 qñ recep̃ .X. li .
t. r. e. .X. li . Hanc ȹram tenuit Vluuin⁹ tegnus reg̃ . œd . antecessor
ei⁹ .

In hoc hundreto choeie . 7 stoua
p .X. ħ se defenderunt . t. r. e. 7 m°
faciunt . De his .X. ħ . tenet odo de
comite alano unam . ħ . I⁹. caruce .
7 ē caruca .IIIᵉˢ. bor . Pratū .I. car̃ .
unum mol . de .XVIII. sol . Hanc ȹram
tenuit Grimbald⁹ aurifaber hō œdiue .
ñ potuit dare neɋ uende . t. r. e.
Et de his .X. ħ . tenet Rainaldus de
abbico de uer . dimiđ . ħ . 7 .XX. ač .
.I. caruce . ibi ē . ȹ . Et ē . č . 7 .I.
bordari⁹ . Inȹ totum ual .X. sol . 7

Odo teñ de . A . coñi .IIII. hid . Domesday Book, vol. i. p. 195, b. col. 1.
Tr̃a . ē .IX. car̃ . In dñio sunt .IIⁱᵉ. 7
.VIII. uiłł cū .VII. bord hñt .VII. car̃ .
Ibi .VI. serui . 7 I. moliñ .V. sol 7
IIII. deñ . Pᵃtū .IX. car̃ . Pasŧa ad
pecuñ uillœ . In totis ualeñ ual 7
ualuit XII. lib . T.R.E.⁄ X. lib . Hanc
ŧr̃a tenuit Ordmœr̃⁹ hō Eddeue . 7
potuit dare cui uoluit .

ⓜ Ipse Alberic⁹ teñ WIBORGHĀ de Domesday Book, vol. i. p. 199, b. col. 2.
rege⁄ Tr̃a . ē .VIII. car̃ . In dñio .II.
hide . 7 ibi .IIII. car̃ . 7 .VIII. uiłłi
cū .V. borđ hñt .VII. car̃ . Ibi .VII.
serui . pᵃtū .III. car̃ . 7 .I. moliñ .XXII.
sol . In totis ualeñ ual XII. lib . Qđo
recep̃⁄ X. lib . 7 tñtđ T.R.E. Hoc
ⓜ tenuit Wluuin⁹ teign⁹ regis . E.

Odo teñ de coñi .I. hidā . Tr̃a . ē Domesday Book, vol. i. p. 195, b. col. 1.
.II. car̃ . 7 ibi . ē cū .III. borđ . Pᵃtū
.I. car̃ . 7 .I. moliñ .XVIII. sol . Valet
.XL. sol . Qđo recep̃⁄ XX. sol . T.R.E.⁄
XL. sol . Hanc ŧr̃a tenuit Grībald⁹
hō Eddeue . ñ potuit dare nec uende.

In eađ uilla teñ Reinald⁹ dīñi hid Domesday Book, vol. i. p. 199, b. col. 1.
de Albico 7 XXX. acᵃs . Tr̃a . ē .I. car̃ .
7 ibi est cū .I. borđ . Val 7 ualuit
sēp .X. sol . Hanc ŧr̃a tenuit Godric

---

* The text continues without interruption from 79, b. col. 2. to 90, a. col. 1.; but the
folios have been wrongly numbered.

ib A vi. qñ recepit .x. soł . t. r. e. .x. soł . Hanc t̃rã tenuit Godric⁹ diaconus hō . re . ædunardi . ñ habuit t̃ram de antecessore ei⁹ꝯ ut homines de hundréto testantur . s; sup regem occupauit . Et de his .x. ħ . tenet picotus .III. ħ . 7 .III. uir̃g . .IIII. c̃ . iⁱ . est . t̃ . duc . c̃ . in dominio . 7 .III. ħ . 7 dimiđ . 7 .II. c̃ . uillanis .x. ac̃ . in dñio¹ .v. uillani un⁹ ser . Pratum .IIII. c̃ . In̂t̃ totum ual .VI. liƀ . 7 qñ recep̃ .IIII. liƀ . t. r. e. IIII. liƀ . In hac t̃ra dimidiũ mol . de .XL. đ . .XXVI. oues .XIII. por . Hanc t̃ram tenuerunt duo sochemanni Homines abƀis de ely fuerunt . Nō potuer̃t recede sine licentia abƀis.

Et de his .x. ħ . tenet picot⁹ .IIII. ħ . 7 dimiđ . 7 decem ac̃ de feudo reg̃ .v. car̃ . est ibi t̃ra .I. car̃ . ī . domiñ . 7 .IIII. c̃ . uillanis .VII. uillani . Pratum .v. c̃ . dimidiũ mol . de .XL. đ . 7 unum mol . de .VII. soł . 7 aliud molendinū de .x. soł . 7 .VIII. dñ . In̂t̃ totum ual .VIII. liƀ . 7 semp ualuit . De hac t̃ra tenuit ailric⁹ monach⁹ unam . ħ . 7 dimiđ . 7 Godric⁹ .II. ħ . homines abƀis de Rameseio fuerunt non potuerunt recede sine licentia abƀis . 7 .IIIII. sochemanni ho-

* dñio] dñis, MS.

hō regis . E . ñ tenuit de Antecessore Albici . Hoc hōēs de Hund̃ testant̃ . sed sup regē Alberic⁹ occupauit.

In Coeia teñ Picot sub abƀe .III. hiđ 7 .III. uir̃g . T̃ra . c̄ .IIII. car̃ . In dñio .II. car̃ . 7 v. uiłłi cū .II. car̃ . Ibi .I. seruus . 7 diñ moliñ .XL. deñ . Pᵃtū .IIII. car̃ . Val .VI. liƀ . Qđo recep̃ꝯ 7 T.R.E.ꝯ IIII. liƀ . Hanc t̃ra tenuer̃ .II. sochi sub abƀe . ñ potuc̃i recede sine ej⁹ licentia.

Domesday Book, vol. i. p. 190, b. col. 2.

Ibiđ teñ Picot .III. hiđ 7 .III. uir̃g . T̃ra . c̄ .IIII. car̃ . In dñio sunt .II. 7 v. uiłłi hn̄t .II. car̃ . Ibi .I. seruus . 7 pᵃtū .IIII. car̃ . Val .VI. liƀ . Qđo recep̃ꝯ ualeƀ .IIIIᵒʳ. liƀ . 7 tn̄tđ . T.R.E. Hanc t̃ra tenuer̃ .II. sochi abƀis de Elẏ . ñ potuer̃ uendere absꝗ ej⁹ licentia . In hac uilla   dimiđ moliñ de .XL. deñ.

Domesday Book, vol. i. p. 200, a. col. 2, margin.

TERRA PICOT DE GRENTEBR̃.
IN STANES HVND̄.

Domesday Book, vol. i. p. 200, a. col. 2.

m̄ Picot de Grentebrige teñ In Coeia .IIII. hiđ 7 diñ . 7 x. acᵃs . T̃ra . c̄ .v. car̃ . In dñio . c̄ una . 7 VIII. uiłłi . hn̄t .IIII. car̃ . Ibi .II. molini 7 diñ de .XXIIᵗⁱ. soł . Pᵃtū car̃ . In̂t̃ toꞇ ual 7 ualuit .VIII. liƀ . De hac t̃ra tenuer̃ Alricus 7 Godric .III. hiđ 7 diñ . hōēs abƀis de Ramesẏ . ñ potuer̃ recede absꝗ lic̃tia ej⁹ . 7 IIII. sochi hōēs R.E . tenuer̃ .I. hiđ 7 .x. acᵃs . ñ potuer̃ dare nec uende sine lic̃tia regis.

Tib. A. vi. mines . re . e . fuerunt . .iᵃ . h̄ . 7 .x.
ač . tenuerunt . nō potuerūt dare
neqᷓ uende absqᷓ licentia . re . tempore Ře . æduuar.

RADESFELD HUNDR.

In hundreto de Radesfelda iurauerunt homines . Scił . Mathfrid⁹ .
Dauid de Belesham . Wiłłs homo
Walti . Radulfus de cliue . Alestan⁹
de Westona . Grip⁹ de Wrattinga .
Algar⁹ de Dullingehā . Win⁹ de
belesh̄.

In hoc hundr . Dullingehā ꝑ .x.
h̄ . se defendit . t. r. e. 7 mᵒ facit . &
de his .x. h̄ . tenet abb de sčo Wan-
drigisilo .vi. h̄ .xii. č . ibi ē t̃ra .iii.
č . in dominio . 7 .iii. h̄ . 7 .ix. č .
uillanis . .xvii. uillani .x. bor . 7 duo .
ser. Pratū .i. carruce . Silua .c.
por. Pastura ad pecuniā uille .ii.
animal . ocio . lxviii. oues .lx. por .
iiii. runč . In totis uale . ual .x. lib̄ .
7 qñ recep̃ .xv. libras . t. r. e. .xv. li.
Hoc manᵊium tenuit comes algar⁹
tempo . r.e. Et de his .x. h̄ . tenet
Hardeuuin⁹ .ii. h̄ . xx. ač . minus .
de feudo regis. Duabȝ . č . ibi ē t̃ra
.vi. uillani . 7 un⁹ bor . Silua .iiiiᵒʳ.
por. Inᵗ totum ualet .xl. soł . 7
semp ualuit. De hac t̃ra tenuerunt
.viii. sochemanni . re. .e. potuerunt
dare cui uoluerunt. Om̃s꞉ auras in-
uenert̃ . Et alii .viii. tenuert̃ unam .
f. 90, b.
col. 2.
h̄ . de comite algaro . potuerunt dare .
atqᷓ recede ad aliū dominū . Et de .
his . x. h̄ . tenent duo milites de comite alano .ii. h̄ . 7 .x. ač .ii. č . iⁱ . ē .

TERRA SC̄I WANDREGISILI.
IN RADEFELLE HVND̄.

Domesday Book, vol. i. p. 193, a. col. 1.

Abbas s̃ Wandregisili teñ de rege .
Dvllingehā . Ibi .vi. hide . T̃ra . ē .
xii. cař . In dñio .iii. hide . 7 ibi .iii.
cař . Ibi .xvii. uiłłi 7 .x. borđ . cū .ix.
cař . Ibi .ii. seru⁹ . 7 pᵃtū .i. cař .
Silua .c. porč . Pasta ad pecuñ . In
totis ualeñ ual .xii. lib̄ . Qđo recep꞉
.xv. lib̄ . T.R.E꞉ .xv. lib̄ . Hanc t̃ra
Algar⁹ com̃ tenuit.

IN RADEFELLE HVND̄.

Domesday Book, vol. i. p. 197, b col. 2.

In Dullinghā teñ Harđ .ii. hiđ .xx.
acᵃs min⁹. T̃ra . ē .ii. cař . 7 ibi sunt .
cū .vii. uiłłis 7 .i. borđ . Silua .iiii.
porč . Val 7 ualuit sēp xl. soł . Hanc
t̃ra inueneř .xvi. soch̄i . 7 dare 7
uenđe t̃ra suā potueř . 7 tam̃ Aueras
inueneř.

IN RADEFELLE HVND̄.

Domesday Book. vol. i. p. 195, b. col. 2.

In Dulinghā teñ .ii. milites de
com̃ .ii. hiđ 7 .x. acᵃs . T̃ra . ē .ii.

D

Tib. A. vi.
tra . 7 ibi sunt .ɪɪ°. uillani . .ɪx. bor .
de .ɪx. ac̃ .ɪɪ. serui. Pratū .ɪɪᵇ₅. bo .
.xɪ. animal . ociosa .cc. oues .xxx.
porci. Int totum ual .xlɪɪɪ. sol . 7
qñ recepit .xlɪɪɪ. sol . t. r. e. .xlɪɪɪ.
sol . De hac t̃ra tenuit horulfus dimid . ħ . homo ædiue. Et Alestanus
diñi . .ħ. 7 .x. ac̃ . min⁹ . orgari homo
.x. ac̃. Et wichinz unam . ħ . homo
comit̃ . Haroldi . nō potuert recede.
Et iudeta comitissa .x. ac̃ . 7 .ɪ⁹. bor .
xɪɪ. dñ ual.

In hoc hundr . Stiuechesuurda .
p .x. ħ . se defendit . t. r. e. 7 m° facit. Et de his .x. ħ . tenet abb de
ely . .vɪɪɪᵗᵒ. . ħ . 7 dimid . 7 dimid .
uirgā .xɪɪ. car̃ . iⁱ . c̃ . t̃ .ɪɪɪ. c̃ . in dominio . 7 .ɪɪ. c̃ . possūt fieri . 7 .ɪɪɪ.
ħ . 7 dimi . in dominio .vɪ. car̃ . uillanis . 7 una . c̃ . potest fieri .xvɪ.
uillani .v. bor . de .v. ac̃ .ɪɪɪɪ. ser.
Silua .cc.lx. porcis. Pastura ad pec̃ .
uille .cc. 7 .vɪɪɪ. oues .xɪɪɪɪ. porci .ɪ⁹.
rūcin⁹ . Int totum ual .x. lib . 7 qñ
recep̃ .x. lib. t. r. e. .xɪɪ.li. Hec t̃ra
iacuit in ecc̃ia . s̃ . ædel . in ely.
Et de his .x. ħ . tenet Hardeuuin⁹
unā uirgā de abbe duobȝ . bo . iⁱ c̃ .
t̃ra. Int totū ualet .v. sol . 7 ualuit.
Hanc t̃ram tenuit goduuin⁹ homo
abbis . non potuit recede. Predict⁹
abb habet dimid . ħ . pᵃti in dominio.
De hoc mañio abstulit siric⁹ de obor-
uilla .ɪᵃ. uirgā 7 diñi . de dominica
firma 'abbis' p̃dicti . Et misit in
mañio sc̃i wandrigisili . ut homines
de hundr testantur. Et de his .x. ħ .

f. 91, a.
col. 1.

car̃ . 7 ibi sunt cū .ɪɪ. uillis 7 .ɪx.
bord . 7 .ɪɪ. seruis. Pᵃtū .ɪɪ. bob⁹ .
Val 7 ualuit sep̃ xlɪɪɪ. sol . Hanc
t̃ra tenuer̃ .ɪɪɪ. sochi . ñ potuer̃ recede.

In Radefelle hvnd̄.

Domesday
Book, vol.
i. p. 202, a.
col. 2.

In Dullingehā teñ comitissa .x.
acᵃs . cū .ɪ. bord.

Terra Abbatie De Elẏg.
In Radefelle hvnd̄.

Domesday
Book, vol.
i. p. 190, b.
col. 1.

.V. м̄ Abbas De Ely teñ Stvvices-
worde . Ibi hт̃ .vɪɪɪ. hid 7 diñi . 7
diñi uirg̃ . T̃ra . c̃ .xɪɪ. car̃ . In dñio
.ɪɪɪ. hid 7 diñi . 7 ibi sunt .ɪɪɪ. car̃ .
7 duæ adhuc poss̃ fieri . Ibi .xvɪ.
uilli 7 .v. bord cū .vɪ. car̃ . 7 .vɪɪ.ᵐᵃ
potest fieri . Ibi .ɪɪɪɪ. serui. Silua
ad .cc.lx. porc̃ . Pasta ad pecuñ uillæ.
Int totū ual .x. lib . 7 tntd̄ qdo re-
cep̃ . T.R.E꞉ .xɪɪ. lib . H̄ t̃ra jacuit
7 jacet in dñio æcc̃læ de Elẏ.

In ead uilla teñ Harduin⁹ de Escalers .ɪ. uirg̃ de abbe. T̃ra . c̃ .ɪɪ.
bob⁹ . Valuit sep̃ .v. sol . Hanc t̃ra
tenuit Goduin sȝ ñ poterat uende .
Diñi hid pᵃti ht̃ abb de Elẏ in dñio
in ipsa uilla. De hoc м̄ sūpsit Seric
de Odburcuilla .ɪ. uirg̃ 7 diñi de
dñica firma abbis de Elẏ . 7 posuit in
м̄ S̃ Wandregisili . ut hund testat̃.

In Radefelle hvnd̄.

Domesday
Book, vol.
i. p. 199, a.
col. 2.

In Stiuicesuuorde teñ Hard .ɪ.

A. vi.

tenet comes alanus dimiđ . ħ .ɪ. c̃ .
ibi ē p̃ra . 7 . ē . iⁱ. Int̃ totum ualet
.x. soł . 7 ualuit . Hanc p̃rã tenuit
grim⁹ homo ædiue . ñ potuit receđe .
Et in his .x. ħ . qᵃs ten 7 aƀƀ s̃c̃i wan-
drigi . est ibi uirga qᵉ se defendit in
his .x. ħ . qᵃs tenet aƀƀ . de ely.

In hoc hundreto Burch . 7 Westlai
p .x. ħ . se defendit . t. r. e. 7 mᵒ . 7
de his .x. ħ . tenet aƀƀ đc ely .ɪɪɪ. ħ .
in westlai .v. c̃ . ibi . ē p̃ra . una . ħ .
7 .ɪɪɪ. uirge . 7 .v. ac̃ . in dominio
.ɪɪ. c̃ . uillanis . 7 .ɪɪɪ. possunt fi̅ .ɪɪɪɪ.
uillani .v. bor . de .v. ac̃ .ɪɪ. s̃ .ɪɪ. ac̃ .
prati .ɪɪ. runc̃ . Inter totum ual .x.
soł . 7 qu̅ recepit .x. soł . t. r. e. .c.
soł . Hec p̃ra iacuit semp in eccłia
s̃c̃e ædel . de ely ⸴ in dominica firma .
ut homines de hundr . testantur .
Et de his .x. ħ . tenet comitissa Iudeta .ɪɪɪ. uirg̃ . 7 .x. ac̃ .ɪɪ. c̃ . ibi ē
p̃ra . 7 una carruca ē ibi ⸴ 7 alia pᵗ
fieri. Pratu̅ .ɪɪᵇ₃. bob₃ . un⁹ uillanus .
7 .ɪ⁹. bor . Int̃ totum ual .xx. soł .
7 ualuit . Hanc p̃ram tenueru̅t .ɪɪ.
sochemanni homines comitis haraldi .
non potuerunt receđe . auram reddebant ī s̃uitio regis . Et de his .x. ħ .
tenet harduuin⁹ de rege .xv. ac̃ .
p̃re . unus bor . Int̃ totum ual .xvɪ.
đ . 7 sēp ualuit . Hanc p̃rã tenuerunt
.ɪɪᵒ. sochemanni . homines fuer̃t comitis haraldi . nō potuerunt receđe .
& de his .x. ħ . tenet Gaufriđ⁹ de
comite alano unam . ħ .ɪɪ. c̃ . iⁱ . ē
p̃ra . 7 sunt ibi .ɪɪɪɪᵒʳ. bor .c. 7 .xvɪɪɪ.

a.

uirg̃ . Tr̃a . ē .ɪɪ. bob⁹ . Vał 7 ualuit
sēp .v. soł . Hanc p̃ra tenuit Goduin⁹
hō aƀƀis de Elẏ . ñ potuit uendere.

Domesday Book, vol. i. p. 195, b. col. 2.

In Sticesuuorde teñ . A . com̃ dim̃
hiđ . Tr̃a . ē dim̃ car̃ . 7 ibi . ē . Vał
7 ualuit sēp .x. soł . Hanc tenuit
Grim hō Eddeue . ñ potuit receđe.

Domesday Book, vol. i. p. 190, b. col. 2.

In Weslai . teñ aƀƀ .ɪɪɪ. hiđ . Tr̃a .
ē .v. car̃ . Ibi sunt .ɪɪ. 7 adhuc .ɪɪɪ.
pos̃s . c̃ē . Ibi .ɪɪɪɪ. uilłi 7 v. borđ . 7
ɪɪ. serui . Pᵃtu̅ .ɪɪ. bob⁹ . Vał 7 ualuit .x. soł . T.R.E. ⸴ c. soł . H̃ tra
jacet 7 jacuit sēp in dñio æccłæ de
Elẏ . testante hunđ.

Domesday Book, vol. i. p. 202, a. col. 2.

In Weslai teñ comitissa .ɪɪɪ. uirg̃
7 .x. acᵃs . Tr̃a . ē . ɪɪ. car̃ . Ibi . ē
una . 7 alᵗa poᵗ fieri . Ibi .ɪ⁹. uiłłs
cu̅ .ɪ. borđ . 7 .ɪɪ. ac̃ pᵃti . Vał 7
ualuit sēp .xx. soł . Hanc p̃rã tenuer̃
.ɪɪ. hōēs heraldi comitis . receđe ñ
potuer̃ . 7 Auerã in seruitio regis
inuener̃.

Domesday Book, vol. i. p. 197, b. col. 2.

In Weslai teñ Harđ .xv. acᵃs p̃ræ .
Vał 7 ualuit sēp xvɪ. dc̃ñ . Duo sochi
comitis Heroldi tenuer̃ . 7 receđe ñ
potuer̃.

Domesday Book, vol. i. p. 195, b. col. 2.

In Weslai teñ .ɪɪᵒ. milites de com̃
.ɪ. hiđ . Tr̃a . ē .ɪɪ. car̃ . 7 ibi sunt cu̅
.ɪɪɪɪ. borđ . Vał 7 ualuit sēp .xx. soł .

Tib. A. vi. oues . unus porc⁹ . Inͭ totum ual
.xx. soł . & qñ recep̄ .xx. s̃ . ⁊ semp
ualuit . Hanc t̃ram tenuer̃t .vii. sochemanni . homines ædiue . ñ potuer̃t
recede . Auras .iiii. inueniebant seruitio Reg̃ . Et de his .x. ħ . tenet
comes alanus .v. ħ .viii. c̃ . ibi ē t̃ra
⁊ dimidie .iiii⁰ͬ. car̃ in dominio . ⁊
.iiii. car̃ . ⁊ dimid . uillanis .iii. ħ . in
dominio .vii. uillani .x. bor .ii. ser .
.iiii. bobȝ pratū . Parc⁹ ferar̃ siluati-
carum .ii. animał . ocio . Quaͭ .xx. ⁊
.viii. oues .xl.i. por . un⁹ runcin⁹ .
In totis ualentiis ual .ix. liƀ . ⁊ qñ
recepit .viii. li . t. r. e. .x. liƀ . Hanc
t̃ram tenuit ædiua . t. r. e.

In hoc hundͬ . carletona p̄ .x. ħ .
se defendit . t. r. e. ⁊ m⁰ . Et de
f. 91, b.
col. 1.
his .x. ħ . tenet iudeta comitissa .iii.
ħ .viii. car̃ . ē ibi t̃ra . due . c̃ . in
dominio . ⁊ hida dimid .vi. car̃ uillanis .xii. uillani .ii. bor . de .ii. ac̃
.ii. serui . Prat̃ .i. car̃ . Silua .xii.
por . unum aīal ociosum .cc. ⁊ .x.
oues .xi. por . Inter totū ual .xvi.

liƀ . ⁊ ualuit . Hanc t̃ram tenuit

comes Harald⁹ . t. r. e. Et de his
.x. ħ . Walͭus de grantcurt habuit
de Wiłło de Warenna .ii. ħ . ⁊ .vii.
ac̃ . ⁊ dimid .iiii. car̃ . iⁱ . ē . t̃ . .iiii.
c̃ . in dominio . Et .i. c̃ uillanis . un⁹
uillaɴus ⁊ dimid .iii. bor .iiiˢ . Pratum .iiᵇ³. bo. Silua .xii. porcis .xiiii.
animał . ocio .cc.⁊.xl. oues .xl. por .
Unus runcinus . Inͭ totͭ ualet ⁊ ualuit .iiii. liƀ . Hanc t̃ra toch⁹ teg-

Hanc t̃ra tenuer̃ .vii. soc̃hi sub Eddeua . Aueras .iiii. inuenieƀ . in seruitio regis . ñ potuer̃ recede sine lic̃-
tia dñæ.

m̄ Ipse comes teñ Bᴠʀᴄʜ . Ibi .v.
hiđ . T̃ra . ē .viii. car̃ . In dñio .iii.
hidæ . ⁊ ibi sunt .iiii. car̃ . Ibi .vii.
uiłłi cū .x. borđ hñt .iiii. car̃ . Ibi .ii.
serui . ⁊ .iiii. ac̃ p̃ti . Parcus besti-
arū siluatic̃ . In totis ualent̃ ual .ix.
liƀ . Qđo recep̄ꞁ .viii. liƀ . T.R.E.ꞁ
.x. liƀ . Hanc t̃ra tenuit Eddeua.

Domesday
Book, vol.
i. p. 202, a.
col. 2.
In Carletone teñ comiͭ .iii. hiđ .
T̃ra . ē .viii. car̃ . In dñio .i. hida ⁊
diñi . ⁊ ibi sunt .ii. car̃ . ⁊ .xii. uiłłi cū
.ii. borđ hnt .vi. car̃ . Ibi .ii⁰. serui . ⁊
.iiⁱᵉ. ac̃ p̃ti . Silua .xii. porc̃ . Val ⁊
ualuit sēp .vi. liƀ . Hanc t̃ra tenuit
Herald⁹ com̃ . De ead t̃ra teñ .iii.
soc̃hi de comiͭ .iiii. Ac̃ˢ ⁊ diñi . ⁊
ipsi tenuer̃ T.R.E. ⁊ inew̃ inuener̃ . ⁊

com̃
un⁹ hō Algari .ii. ac̃ˢ tenuit . ⁊ inew̃
inueñ.

Wɪʟʟᴇʟᴍ⁹ de Warenna teñ In Car- Domesday
Book, vol.
i. p. 196, a.
col. 2.
lentone .ii. hiđ ⁊ .vii. ac̃ˢ ⁊ diñi .
Wal̃ de Grantcurt teñ de co . T̃ra .
ē .iiii. car̃ . In dñio sunt .iiiᵉˢ. ⁊ un⁹
uiłłs ⁊ diñi cū .iii. borđ hñt .i. car̃ .
Ibi .iii. serui . P̃tū .ii. bob⁹ . Silua
.xii. porc̃ . Val ⁊ ualuit sēp .iiii. liƀ .
Hoc m̄ tenuit Tochi teign⁹ . R.E.

ⅵ. nus . e. r. tenuit . Et de his .x. ħ . tenet aƀƀ de clunio .ⅢⅠor. ħ . 7 .xxⅡ. aꞓ . de uuillelmo de Warē .ⅦⅠ. ꞓ . est ibi Ꞙra .ⅢⅠ. carruce in dominio .ⅢⅠ. ꞓ . uillanis .ⅢⅠ. uillani .xⅢⅠ. bor . ⅢⅠ. ser . Silua .c. por. .xxvⅢⅠ. animaɫ . ociosa .c. 7 .lx. oues .xxxvⅢⅠ. por .ⅡⅠo. runcini . Inter totum ualuit 7 . uaɫ .vⅢⅠ. liƀ . Hanc Ꞙrā tenuit comes algarꝰ .t. r. e. Et de his .x. ħ . tenent .ⅡⅠo. homines Harduuini . dimiđ . hidā .ⅢⅠ. aꞓ . minꝰ . dimiđ . ꞓ . ē . iⁱ . ꝑ. duo animaɫ . ocio .xx. oues .vⅢⅠ. porci . Inꝉ totum ualet & ualuit .x. soɫ . De hac Ꞙra tenueꝛt .ⅡⅠo. sochemanni . 7 inueniebant iuuardos homines Haraldi comitis .xxx.vⅢⅠ. aꞓ . tenebant . 7 .ⅢⅠꝰ. habuit .vⅢⅠ. aꞓ 7 inuenit auram homo comitis algari . ñ potueꝛt recede . Et de his .x. ħ . tenet Wichomarꝰ dapifer comitis alani . unā uirɡ . Quidā sochemąnnꝰ tenuit 7 auerā inuenit . Et de his .x. ħ . tenent .ⅢⅠ. sochemanni .ⅢⅠ. aꞓ . 7 dimiđ . de comitissa iudeta . 7 tenuerunt .t. r. e. Inꝉ totum ualent 7 ualuerunt .xⅡ. đñ . Quartꝰ sochemannꝰ homo comitis algari tenuit .ⅡⅠ. aꞓ . 7 ualent .ⅢⅠ. 7 isti inueniebant inuuardos.

In hoc hunđr Westona se defendit .t. r. e. p .x. ħ . 7 mo . Et de his .x. ħ . tenet Wiɫɫs de Warenna .vⅢⅠ. ħ . de rege .xv. ꞓ . est ibi Ꞙra .ⅡⅠ. carru . in dominio . Et ꞇcia potest fieri . Quatuor . ħ . in dominio .xⅡ. ꞓ . uiɫlanis .xⅠx. uillani .vⅢⅠ. bor .v. serui . .ⅢⅠ. acre prati . Silua .ccc. porcis . .xvⅠ. animaɫ . ociosa . ♭ . 7 .xxx.v.

In eađ uilla teñ aƀƀ de Cluniaco .ⅢⅠ. hiđ 7 .ⅡⅠ. acᵃs de Wiɫɫo . Tꞛa . ē .vⅡ. caꞛ . In dñio sunt .ⅢⅠ. 7 .ⅢⅠ. uiɫɫi cū .xⅢⅠ. borđ hñt .ⅢⅠ. caꞛ . Ibi .ⅢⅠ. serui . Silua .c. porꞓ . Vaɫ 7 ualuit sēp .vⅢⅠ. liƀ . Hanc Ꞙrā tenuit coꞙ Algarꝰ.

Domesday Book, vol. i. p. 196, a. col. 2

In Carletone teñ .ⅡⅠo. milites de Harđ diñ hiđ .ⅢⅠ. acᵃs minꝰ . Tꞛa . diñ caꞛ . 7 ibi . ē . Vaɫ 7 ualuit sēp .x. soɫ . De hac Ꞙra tenueꝛ sub heraldo .ⅡⅠ. sochi .xxxvⅢⅠ. acᵃs . 7 inuenieƀ .Ⅰ. jneuuard uicecoꞙ . Tꞟius û de Algaro coꞙ .vⅢⅠ. acᵃs tenuit . 7 auerā inuenit sꝫ recede non potuit.

Domesday Book, vol. i. p. 197, b. col. 2.

In Carlentone teñ Wihomarc de coꞙ .Ⅰ. uirɡ Ꞙræ . Quidā sochs tenuit . 7 auerā inuenit.

Domesday Book, vol. i. p. 195, b. col. 2.

ⓜ Ipse Wiɫɫs teñ Westone . p .vⅡ. hiđ se defđ . Tꞛa . ē .xv. caꞛ . In dñio .ⅢⅠ. hide . 7 ibi sunt .ⅡⅠe. caꞛ . 7 .ⅢⅠcia. poꞇ fieri . Ibi .xⅠx. uiɫɫi cū .vⅡ. borđ . hñt .xⅡ. caꞛ . Ibi .v. serui . 7 .ⅢⅠ. aꞓ pᵃti . Silua .ccc. porꞓ . Inꝉ totum uaɫ .xvⅠ. liƀ . 7 .Ⅰ. unꞓ auri .

Domesday Book, vol. i. p. 196, a col. 2.

oues .xviii. porci . 7 .iii. runc . Int̃
totum ual .xvi. lib̃ . 7 unciam auri .
& qñ recepit .x. lib̃ . t. r. e. .x. lib̃ .
Hec t̃ra iacuit in dñica firma sc̃e
.Eðeldrede de ely . t. r. e. ut homines de hundr . testant̃ s; thoc⁹
antecessor ei⁹ witti tenebat de abbe
in die qᵃ rex . e. fuit uiuus & mortuus . Ita qᵒd ñ potuit dare sine licentia abbis . neq̄ separare ab ecctia . Et in hac t̃ra erant .ii. sochemanni homines Goduuini child . 7
unus inueniebat aueram . 7 alt̃ inuuardũ . non potuer̃t recede . Et de
his .x. h̃ . tenet Wihemar⁹ de comite
alano unā . h̃ . & dimid .iii. carrucis
c̄ ibi t̃ra .iiᵉ. c̄ . in dominio .iiᵉ. c̄ .
uillanis .iii. uillani .iii. bor .iii. ser.
Pratum .iiᵇ⁵ bo . Silua .x. por . duo
animat . ociosa .cc. 7 .xvii. oues . 7
.xxxiii. porci . Int̃ totum ual 7 ualuit .lx. sot . Hanc t̃ram tenuit Goduuin⁹ child . hō ædiue . nō potuit
dare absq̄ licen . Et de his .x. h̃ .
tenet durandus de hardeuuino de
scat . unam . h̃ .i. c̄ . ibi ē t̃ra . 7 est .
pᵃtū caruce .xi. animᵃ . ociosa .xiii.
oues . duo runc , Silua .xii. por . Int̃
totum ual .xx. sot . 7 qñ recepit .
t. r. e. .x. sot . Hanc t̃ra tenuit Thur-
gar⁹ homo comitis algari . ñ potuit
recede absq̄ eius . lic̃ . Et ex his .x.
h̃ . tenet hardeuuinus . unā uirgā
.iiᵇ⁵ bo . t̃ra . Int̃ tot̃ ual . 7 ualuit
.v. sot . Et de ista uirga .ii. sochemanni inuenerunt un⁹ auerā . 7 alt̃
inuuardũ . Homines Haraldi comitis
non potuer̃t sine licentia ei⁹ recede .
Et de his .x. h̃ tenet Walter⁹ de

Qdo recep̃ꝰ x lib̃ . 7 tñtd T.R.E.
Hanc t̃ra tenebat Tochi de abbe de
Elẏ die qua rex . E . fuit uiuus 7
mortuus . ita qd ñ poterat eā separare
ab æccta . q̃m dñica firma erat de abbatia . ut hōēs de Hund testant̃ . In
hac t̃ra fuer̃ .ii. sochi un⁹ inueñ
Auerā 7 alt̃ Ineuuard . Hōēs Goduini
erant . nec ab eo recede poterant .
In ead uilla teñ Walt̃ .i. uirg̃ de
Witto.

cilt

Isdē Wihomarc teñ de com .i. hid
7 dim̄ . T̃ra . ē .iii. car̃ . In dñio sunt
.iiᵘ. 7 .iii. uitti cũ .iii. bord hñt .i.
car̃ . Ibi .iii. serui . Pᵃtū .ii. bob⁹ .
Silua .x. porc̃ . Vat 7 ualuit .iii. lib̃ .
Hanc t̃ra tenuit Goduin sub Ed-
deua . ñ pot̃ recede.

cild

In Westone teñ Durand⁹ de Hard
.i. hid . T̃ra . ē .i. car̃ . 7 ibi . ē . 7
pᵃtū car̃ . Silua .xii. porc̃ . Vat .xx.
sot . Qdo recep̃ꝰ x. sot . 7 tñtd
T.R.E. Hanc t̃ra tenuit Turgar hō
Algari comitis . ñ potuit recede absq̄
lictia ejus.

In ead uilla teñ Hard .i. uirg̃ t̃ræ
in dñio . T̃ra . ē .ii. bob⁹ . Vat 7 valuit
sēp .v. sot . H̃ t̃ra inueñ Auerā 7 Jnc-
uuard . Hanc .ii. sochi sub Haroldo
tenuer̃ . 7 recede ñ potuer̃.

comite

Domesday Book, vol. i. p. 196, b. col. 1.

Domesday Book, vol. i. p. 195, b. col. 2.

Domesday Book, vol. i. p. 198, a. col. 1.

ᵛⁱ· gᵃntcurt de Wiłło de uuarenna .ıᵃ. uirgam.

In hoc hundr . Wrattinga . p .x. ħ . se defendit . t. r. e. 7 mᵒ similr . Et de his .x. ħ . tenet abb . de ely .ıııı. ħ . 7 dimid .vıı. c̃ . ibi est t̃ra .ıı. car̃ . 7 .ııı. ħ . in dñio . 7 .ııᵉ. c̃ . possunt fieri .ııı. c̃ . uillanis ˙.vı. uillani .ııı. bor . de .ııı. ac̃ .ıı. serui . Pr̃atum .ı. caruce . silua .xx. por . .ʟ.vı. oues .xxıı. porci . Pastura ad pecuñ . uille . Inț totum uał .ıııı. lib . qñ recep̃.x_ʟ. soł .t. r. e. c. soł . Hoc mañiũ iacuit ĩ eccłia de ely in dominio . Et de his .x. ħ . ten 7 hardeuuin⁹ .ııı. ħ . de rege .ııııᵒʳ. c̃ . iⁱ . ē . Ɖ .ııᵉ. c̃ . 7 una ħ . 7 dimid .x. acre minus˙ in dominio .ııᵉ. car̃ . uillanis .v. uillani .ııııᵒʳ. bor .ııııᵒʳ. serui .ııııᵒʳ. acre prati . Silua .xıı. por .x. animał . ocio . 7 .ccc.ʟx. o .xvııı. porci . Inț totum uał .ııııᵒʳ. lib . 7 & qñ recepit .xx. soł . t. r. e. .xʟ. soł . Iłac t̃ram tenuerunt .x. sochemanni homines abbis de ely . Et absq, eiⁱ⁹ licenc̃ non potuer̃t uende . neq, dare t̃ra suą . Septem istoȝ inuenerunt aueras 7 .ııııᵒʳ. inuuardos . si rex ue-ñit in uicccomitatu . si non˙ dabat un⁹qⁱsq, .vııı. dñ p auera . 7 .ııııᵒʳ. đ . p inuuard.

Et de his .x. ħ . tenet hardeuuin⁹ unā uirgā de feudo Regis . duobȝ bobȝ ibi c̄ t̃ra . Inț toł uał . 7 ualuit .ııı. soł . 7 .ıı. homines sunt ibi . un⁹ eorū homo ē Withgari . 7 alț tochi . unus auerā iuenit˙ 7 alț inuuardū . & de his .x. ħ . tenet Al-

Domesday Book, vol. i. p. 190, b. col. 2.

м̄ Ipse abb teñ Waratinge . Ibi .ıııı. hid 7 diñi . T̃ra . ē vıı. car̃ . In dñio .ııı. hid . 7 ibi .ıı. car̃ . 7 adhuc .ııᵉ. poŝs fieri . Ibi .vı. uiłłi 7 ııı. bord cū .ııı. car̃ . Ibi .ııı. serui . 7 pᵃtū .ı. car̃ . Silua .xx. porc̃ . Past̃a ad pecuñ uillæ . Inț . totū uał .ıııı. lib . Qđo recep̃˙ xʟ. soł . T.R.E.˙ c. soł . Hoc м̄ jaċet 7 jacuit sēp in dñio æcctæ de Elẏ.

In ead uilla teñ Harduin⁹ de abbe .ııı. hid . T̃ra . ē .ıııı. car̃ . In dñio .ıı. car̃ . 7 v. uiłłi 7 ıııı. bord cū .ıı. car̃ . Ibi ıııı. serui . 7 ıııı. ac̃ pᵃti . Silua .xıı. porc̃ . Vał .ıııı. lib . Qđo recep̃˙ xx. soł . T.R.E.˙ xʟ. soł . Hanc t̃ra tenuer̃ x. sochi . hōēs abbis fuer̃ . 7 absq, ej⁹ licentia t̃ra suā uende ñ potuer̃ . Hoȝ .vı. inuenieb Aueras . 7 ıııı. inũ jnguard . si rex ueniret in scẏra . Si non .vııı. deñ p auera . 7 .ıııı. p Inguard . reddebant.

Domesday Book, vol. i. p. 199, a. col. 2.

In Waratinge teñ Hard .ııı. hid . T̃ra . ē .ıııı. car̃ . In dñio sunt .ıı. 7 v. uiłłi cū .ııııᵒʳ. bord hñt .ıı. car̃ . Ibi .ıııı. serui . 7 ıııı. ac̃ pᵃti . Silua .xıı. porc̃ . Vał .vı. lib . Qđo recep̃˙ xx. soł . T.R.E.˙ xʟ. soł . Hanc t̃ra tenuer̃ x. sochi hōēs abbis de Elẏ . uende ñ potuer̃.

Domesday Book, vol. i. p. 198. a. col. 1.

In Waratinge teñ Hard .ı. uirg̃ t̃ræ .ıı. bob⁹ . ē terra . Ibi sunt .ıı. bord . Vał 7 ualuit .ııı. soł . Hanc tenuer̃ Tochi 7 Wigar . un⁹ inueñ Auerā 7 alț inueñ Jnward.

Domesday Book, vol. i. p. 195, b. col. 2.

In Waratinge· teñ Almar⁹ de coñi

Lib. A. vi. mar⁹ de comite alano .i. hiđ . 7 di-
miđ .iiii^{or}. cař . iⁱ . ē . ꝑ . due . č . in
dñio . 7 .ii^e. č . uillanis .iii. uillani .
un⁹ . bor .i⁹. s⁹. Silua .viii. porč .
.ccc.l. 7 .i. oues .xl.i. por . 7 un⁹
runč . Inꝑ totum ual .iii. liƀ . qñ recēꝑ .xx. soł . t. r. e. .xx. soł . Hanc
t̃ra tenuerunt .ii. sochemanni . homīes ædiue . nō potueřt receđe . Et
un⁹ eorū gothlif aueram inuenit . Et
de his .x. ħ . tenet lambtus homo
Witti de Warenna .iii. uirgas . dimidie . č . ē ibi t̃ra . 7 est ibi 'uillanus'
un⁹ . Prat̃ dimiđ acre . Inꝑ totum
ualet 7 ualuit .v. soł . Hanc t̃ra tenuit Thoc⁹ de .re. æduu^ar . 7 ħ t̃ra
inueniebat aueram.

FLAMENCDIC HUNĐR.

In hoc hundreto Belesham . ꝑ .x.
ħ . se defendit . t. r. e. 7 m⁰ . Et de
his .x. ħ . tenet abƀ .ix. ħ .xix. carrucis ibi ē t̃ra .v. cař . in dominio .
7 .ii^e. č . poŝ̃ fieri . 7 .v. hide in dominio .xii. č . uillanis .xii. uillani .xii.
bor . quisꝗ de .x. acris . duo serui .
7 unū molendinū . de .iiii. soł . Silua
.cc. porč . Prat̃u .xii. ač . Pastura de
.ii. Oris .x. animał . ociosa .cccc.lx.
minus꞉ oues .lx.vii. por . In totis
ualentiis ualet .xvii. liƀ . 7 qñ recēꝑ
f. 92. b. .x. li .t. r. e. .xii. liƀ . Hoc mañiū
col 2 iacuit ī ecctia sče ædeldre . de ely .
t. r. e. . Et de his .x. ħ . tenet hardeuuin⁹ de scal . q^at̃ .xx. ač de rege
.i. carruce ē ibi . ꝑ . Et sunt q^at̃ .xx.
oues .xi. porci . Inter totū ual . 7
ualuit .xiii. soł . 7 .iiii. đ . Hanc
t̃ram tenuerunt .iii. sochemanni homines abƀis de ely . nō potuerunt

.i. hiđ 7 diñi . T̃ra . ē iiii. cař . In
dñio . sunt .ii^m. 7 iii. uitti cū .i. borđ
hñt .ii. cař . Ibi .i. seruus . 7 Silua
.viii. porč . Vał lx. soł . Qđo recēꝑ꞉
xx. soł . T.R.E꞉ similiꝉ . Hanc t̃ra
tenueř .ii. sochii sub Eddeua . ñ potueř receđe ab ea . Vn⁹ eoꝝ inueñ
Averā uicecoñ.

In Waratinge teñ Lanbt⁹ .iii. uirg̃ ^{Domesday}
de Witto . T̃ra . ē diñi cař . 7 ibi . ē . ^{Book, vol.}
cū .i. uitto . 7 diñ ac^a p^ati . Vał 7 ^{i. p. 196, b.}
ualuit . sēp .v. soł . Hanc t̃ra tenuit ^{col. 1.}
Tochi de rege . E. 7 i. Auerā inue-
niebat.

⟨m̄⟩ Ipse abƀ teñ BELESHĀ . Ibi sunt ^{Domesday}
.ix. hidæ . T̃ra .xix. cař . In dñio .v. ^{Book, vol.}
hidæ . 7 ibi sunt .v. cař . 7 ii. plus ^{i. p. 190, b.}
poŝ̃ esse . Ibi .xii. uitti 7 xii. borđ ^{col. 2.}
cū xii. cař . Ibi .ii. serui . 7 uñ mo-
liñ .iiii. soliđ . Silua .cc. porč . 7 .xii.
ac^a p^ati . De pasťa .xxxii. đęñ . In
totis ualeñ uał .xvii. liƀ . Qđo recēꝑ꞉
x. liƀ . T.R.E꞉ .xii. liƀ . Hoc ⟨m̄⟩ ja-
cet 7 jacuit 7 dñio æcctæ ^{sēper} ^{Ell}

In eađ uilla teñ Harduin⁹ de abƀe
q^ater .xx. ac^as . T̃ra est .i. cař . 7 ibi
est . Vał 7 ualuit sēp .xiii. soł 7 .iiii.
đeñ . Hanc t̃ra tenueř .iii. sochi hões
abƀis de Elẏ . ñ potueř dare nec
uenđe absꝗ ej⁹ licentia t̃ra suā . tañ
inuenieƀ auerā 7 inguarđ.

. vi. recede absq̇ licentia ei⁹ . Isti inuenerunt aueram & ĩuuardũ uicecomiti

Regis . Et de his .x. ħ . tenet Almar⁹
homo comitis alani .XLIII. caɼ . ibi .
c̄ . Ƀra . Hanc Ƀram tenuit leoffled
de ædiua . Non potuit recede absq̇
eius licentia.

In hundreto flamencdic. Jurauerunt homines . scił . Robert⁹ de Hintona . Fulcard⁹ de Dittona . Os-
mund⁹ paruulus . Baldeuuinus cũ
barba . æduuin⁹ pƀr . Ulfric⁹ de
teuersham . Silac⁹ eiusdē uille . Goduuin⁹ nabe sone.

Fuleburna ꝑ .XXV. ħ . se defenđ
.t. r. e. 7 m° . Et de his .xxv. hid
tenet comes Alanus .VIII. ħ .XIII. c̃ .
ibi c̄ Ƀra .III. carruce sunt ibi . 7
.IIII. .ħ. in dominio . 7 .II. caɼ . posͥ
fieri . .VIII. c̃ . uillanis .XVI. uillani .
7 .X. bor. IIII. serui . 7 unum molen-
dinũ✓ de .xx. soł . Praɼ carrucis .VI.
animᵃ . ociosa . C.XL.X. oues .XXVIII.
porci . In totis ualentiis uał .xv. liƀ .
7 ualuit . Hoc maꬶium tenuit goduuin⁹ child . homo ædiue pulchre .
Non potuit recede sine licen . eius .
Et de his .xxv. ħ . tenet iohes filius
Waleranni de Rege .VI. ħ .VII. caɼ .
ibi est Ƀra .III. caɼ . 7 .III. ħ . in domiñ.. Et qᵃrta caɼ . potest fieri . 7
.III. carru . uillanis .VIII. uillani .x.
bor . 7 .III cotarii . Pratũ .VII. c̃ .
Pastura ad pecuniã uille .LXXV. oues .
7 IX. por . Inɫ totũ uał 7 ualuit .XII.
li . De hᵃ Ƀra tenuit segar⁹ .III. ħ .

Domesday
Book, vol.
i. p. 199, a.
col. 2.

In BELESSHĀ teñ Harđ   qᵃɫ .xxᵗⁱ.
acᵃs de Ƀra aƀƀis . Tɼa . c̄ .I. caɼ . 7
ibi est . Vał 7 ualuit .XIII. soł 7 IIII.
deñ . Hanc Ƀrā tenueɼ .III. socħi .
uende ñ potueɼ.

In Beleshā teñ Almar⁹ de coñ
.XL. acᵃs Ƀræ . Ħ apꝑciaɫ cũ alia
Ƀra . Leflet tenuit sub Eddeua . ñ
potuit recede ab ea.

Domesday
Book, vol.
i. p. 195, b.
col. 2.

TERRA ALANI COMITIS.
IN FLĀMIDING HVNĐ.

Domesday
Book, vol.
i. p. 193, b.
col. 2.

COMES ALANUS teñ In Fuleberne
VIII. hiđ . Tɼa . c̄ XIII. caɼ . In dñio
.IIII. hidæ . 7 ibi sunt .III. caɼ . 7
adhuc posͥ fieri duæ . Ibi .XVI. uiłłi
7 X. borđ cũ VIII. caɼ . Ibi IIII. serui .
7 I. moliñ de xx. soł . Pᵃtũ caɼ . In
totis ualenɫ uał 7 ualuit sc̄p .XV. liƀ .
Hoc ꬶ tenuit Goduin⁹ cilt hõ Eddeuæ pulchræ . ñ potuit recedere.

TERRA JOHIS FILIJ WALERAN.
IN FLĀMIDING IIĐ.

Domesday
Book, vol.
i. p. 201, b.
col. 2.

Joħs filius Waleranni . teñ .VI. hiđ
In Fuleberne Tɼa . c̄ .VII. caɼ . In
dñio .III. hidæ . 7 ibi sunt .III. caɼ .
Ibi VIII. uiłłi cũ .x. borđ . 7 IIIIᵒʳ. coɫ
hñt .III. caɼ . Pᵃtũ .VII. caɼ . Pasɫa
ad pecuñ uillæ . Vał 7 ualuit sc̄p
.XII. liƀ . De hac Ƀra tenuit Sigar đe .

de . r. e. potuit . rece . absq̘ eius licentia . Et leuric⁹ habuit .ii. ħ . Algaro . potuit dare t̂ram suā꙰ cui uoluit . S; comes alanus calumpniat p
antecessorem suū ut homines de
hunđ testantur . Et .iii. sochemanni
habuet̂ unā . ħ . homines ædiue . ñ
potuet̂ recede sine ei⁹ licentia . ħ
hida inuenit auerā . Et de his .xx.
q'nq̘ ħ . tenet abħ de ely .iiii. ħ . 7
dimi .vi. carrucis iⁱ ē t̂ra . 7 .iii. c̆ .
possunt fⁱ . 7 .iii. ħ . in dominio . 7
.iii. car̂ . uillanis .viii. uillani . 7 .vi.
bor. Pratum carrucis . Hcc t̂ra ual
.xx. sot . 7 qͦn recep̂ .xx. sot . t. r. e.
.vi. liħ . ħ t̂ra iacuit 7 iacet ī ecctia
sc̆e Ædeld . ad firmam . t. r. e. Et

de his .xxv. ħ . tenet Witts nepos
gaufridi de magna uilla .ii. ħ . 7 dimidiā . de ip̃o .iii. carrucis ē iⁱ t̂ra .
Et ē pratū .i. car̂ . Int̂ totum ual .l.
sot . 7 qͦn recep̂ .lx. sot . t. r. e. Hanc
t̂ram tenuit Alsi de esgaro . stalro .
potuit dare 7 uenđe absq̘ licentia
ei⁹ . Et de his .xxv. ħ . tenent
.xxvi. sochemanni .iiii. ħ . 7 istos
sochemannos tenet picot⁹ in manu
regis .vi. c̆ . ibi . ē t̂ra . Et sunt . c̆ .
Prat̂ .vi. car̂r̂ . Int̂ totum reddunt
.viii. liħ . arsas 7 pensas . unoq̂ͦq̘
anno .xii. eqͦs 7 .xii. inuuardos . si
rex in comitatu ueniret . si nō꙰ .xii.
sot . 7 .viii. đ . t. r. e. ñ reddebant nⁱ
.xii. sot . 7 .vii. đ . Et sup plus inuasit picot⁹ sup regem.

R.E .iii. hiđ . 7 uenđe potuit . 7 un⁹
comit⁹
hō Algari .ii. hiđ tenuit . 7 dare 7
uenđe potuit . 7 iii. hōēs Eddeue
habuet̂ .i. hiđ . de qua .iiᵃˢ. Aueras
inueniebant . 7 ab ca recede ñ poterant . Comes Alan⁹ reclañ hanc
hidā. hōēs de hunđ ei attestant̂.

IN FLĀMINDIC HVNĐ.

In Fuleberne teñ isđ abħ .iiii. hiđ
7 diñ . Tr̃a . ē .vi. car̂. In dñio .iii.
hidæ . ubi poš̃s . ēē .iii. car̂ . s꙳ nulla
ibi habet̂ . Ibi .viii. uiħi 7 vi. borđ
cū .iii. car̂ . pᵃtū car . Val & ualuit
.xx. sot . T.R.E꙰ vi. liħ . H̃ t̂ra jacet
& jacuit sēp in dñio æcctæ de Elẏ ad
firmā.

TERRA GOISFR̃ DE MĀNEVILE.
IN FLAMIDINC HVNĐ.

GOISFRID⁹ de Manneuille teñ .ii.
hiđ 7 diñ in Fulebcrne . Tr̃a . ē .iii.
car̂ . Witts teñ de eo . Ibi sunt .iii.
car̂ . pᵃtū .i. car̂ . Val .l. sot . Qͻo
recep̂꙰ lx. sot . 7 tñtđ T.R.E. Hanc
t̃rā tenuit Alsi de Asgaro . 7 dare
potuit absq̘ ej⁹ lic̃tia.

In Flamingdice Hunđ . In Fuleberne teñ Picotus .xxvi. soc̃hos . qui
hñt .iiii. hiđ sub manu regis . Tr̃a .
ē ibi .vi. car̂ . 7 ibi sunt . Pᵃtū carucis . Reddunt p anñ .viii. liħ arsas 7
pensatas . unoq̂ͦq̘ Anno .xii. equos .
7 xii. inguardos si rex in uicecomitatu uenirct . Si ñ ueniret꙰ xii. sot
7 viii. deñ . T.R.E. ñ reddebant uicecomiti nisi Averas 7 inguardos . ł
xii. soliđ 7 viii. deñ . 7 sup plus inuasit Picot sup regē.

Tib. A. vi.

In hoc hundr . hintona pro .vii. ħ . se defendit . t. r. e. 7 mᵒ; xiii. c̃ . ē ibi ȶra . 7 .iiii. c̃ . 7 .iii. hide 7 dimidia in dominio .ix. c̃ . uillanis .xix. uillani .xxi. bor . de .xx. ac̃ . ii. cotarii .iiii. ser. .iiii. moł. de .xxv. soł . Praȶ .iii. carrucis. Pastura ad pec̃ . uille .iiii. socci . de marisca . 7 .xxv. đ .vi. đ . de curribꝫ .xiii. anᵃ . ociosa . Quaȶ .xx. oues .lvi. porci .ii. runcini . In totis ualentiis ual .xix. liƀ . 7 qñ recepit .xviii. liƀ . t. r. e. xii. liƀ . hoc manium tenuit ædiua . In hoc manio fuerunt .viii. sochemanni . qⁱ reddebant inuuardos . 7 .ii. auras t. r. e. uicecomiti.

f. 93, b. col. 1.

In hoc hundr . teuersham . ꝑ .vii. hiđ se defendit . t. r. e. 7 mᵒ. Et de his .vii. ħ . tenet comes alanus unam . ħ . 7 dimiđ .ii. c̃ . est ibi ȶra. s; desunt . Hec . ȶra apꝑtiata ē cum alio manio de Hintona . Hanc ȶram tenuerunt .ii. sochemanni Ediue . ñ potuerȶ recede ab ea . Et isti inuenerunt .iᵃ. aueram 7 unum inuuardū . Et de his .vii. ħ . tenet . Roƀ . de comite alano unam . ħ .i. carruce . ē . ibi ȶra . Pratū caruce . Quatuor .xx. oues .vii. por . .iiᵒ. runcini . Inȶ totum ual 7 ualiuṫ .x. soł . Hanc ȶram tenuerȶ . v . sochemanni . 7 inuenerȶ .iiiᵉˢ. inuuardos homines ædiue . Non potuerunt recede ab ea . Et de his .vii. ħ . tenet ioħes filius Waleranni .iii. ħ . 7 dimiđ de rege .iiiiᵒʳ. carruc̃ . ē ibi . ȶ. 7 dimidie .iiᵉ. carruce .ii. ħ ꞓ in dominio . Et due car̃ . uillanis .v. uillani .xvii. bor . de dimidia hidaꞓ

м̄ Hintone teñ Alan⁹ coñ . Ibi .vii. hidæ . ȶra . ē xiii. car̃ . In dñio .iii. hidæ 7 diñi . 7 ibi sunt .iiii. car̃ . Ibi .xix. uiłłi 7 xxii. borđ cū .ix. car̃ . Ibi .iiii. serui . 7 pᵃtū .iii. car̃ . 7 iiii. moliñ de xxv. soł . Pasta ad pec̃ uillæ . 7 iiii. socos . De maresc .xxv. deñ . 7 de currib⁹ .vi. deñ . In totis ualenṫ . ual 7 ualuit . xviii. liƀ . T.R.Eꞓ xii. liƀ . Hoc м̄ tenuit Eddeue pulchra . 7 ibi fuer̃ .viii. sochi . qui .iiᵃˢ. Aueras 7 .iiii. ineuuarđ inueniebant uicecomiti.

Domesday Book, vol. i. p. 193, b. col. 2.

In Teuresħa teñ . A . coñ .i. hiđ 7 diñi . ȶra . ē .ii. car̃ . sed ñ sunt ibi . H̄ ȶra . ē apꝑciata cū Hintone м̄ coñ . Hanc tenuer̃ .ii. sochi hōꞓs ab ea Eddeue . ñ potuer̃ receđe . 7 i. auerā 7 i. ineuuarđ inueñ uicecomiti.

Domesday Book, vol. i. p. 193, b. col. 2.

In eađ uilla teñ Roƀt⁹ de . A . coñ .i. hiđ . ȶra . ē .i. car̃ . 7 ibi . ē . 7 pᵃtū .i. car̃ . Val 7 ualuit sēp .x. soł . Hanc ȶra tenuer̃ .v. hōꞓs Eddeue . nec ab ea potuer̃ receđe . 7 iii. ineuuarđ inueñ uicecomiti.

Domesday Book, vol. i. p. 193, b. col. 2.

In Teuersħa teñ Joħs .iii. hiđ 7 diñi . ȶra . ē .iiiiᵒʳ. car̃ 7 diñi . In dñio .iiᵉ. hide . 7 ibi sunt .iiᵉ. car̃ . Ibi .v. uiłłi cū .xvii. borđ hñt .ii. car̃ 7 diñ . Ibi .i. seruus . Pᵃtū .ii. car̃ .

Domesday Book, vol. i. p. 201, b. col. 2.

Tib. A. vi.

unus seruus . Pratum duabȝ . c̃ . .LXI. oues .VIII. porci . Int̃ totũ ual . LX. sol . 7 qñ recepit .LX. sol . t. r. e. .IIII^or. libras . De hac t̃ra tenuit ethsi .i̇. hi . 7 .XX. acras de comite algaro . ñ potuit receđe ab eo . Et suneman⁹ tenuit dimid . hi . eodem m° . Hanc t̃ciam hidam emit añcessor istius abbis symeonis de comite algaro . & tunc inueniebat aueram . s; p⁹q̃ᵃ

f. 93, b. col. 2.

iacuit ĩ ecclia꜒ non inuenit . ut homines de hundreto testant^r . Cũ hac hida iacet q^edam ecclia illius uille . 7 .II. sochemanni habuer̃t dimid . hidam homines Goduuini . 7 inueniebant unã aueram 7 .II. inuuardos . Et de his .VII. hi . tenet aƀƀ . de eli .I. hiđ . 7 .VIII. ac̃ .I. car̃ . 7 dimidie ẽ ibi . t̃ . et ẽ carruca .II. uillani .II. bor . Qua̅t . XX. oues .V. porci . Int̃ totum ual .XX. sol . 7 qñ recepit .XX. sol . t. r. e. .XL. sol . Hec t̃ra iacuit semp in ecclia sc̃e ædel.

In hoc hundr . Horningeseie . pro .VII. hi . se defendit . t. r. e. 7 m° . XVII. carrucis ibi ẽ t̃ra .VIII. c̃ . in dñio . 7 .III. hide 7 dimi .IX. car̃ . uillanis .XXV. uillani .XIIII. bor . de suis hortis tantum .XV. serui unum mol . de .X. sol . et .I. mille anguille . p̃t̃ carruce .VI. animal . ociosa .C.LX. o . .C. porci . unus runc̃ . In totis ualentiis ual .XVI. liƀ . Hoc mañium iacuit in ecclia . s̃ . ædel . 7 iacet.

In hundreto de childeforda . Jurauerunt homines . scil Normann⁹ de nostresfelda . Walt̃us de clai . Briendus de scal . Firmin⁹ lifg& homo comitis . Ulric⁹ hâg꜒ de lintona .

Valet 7 ualuit .III. liƀ . T.R.E.꜒ IIII^or. liƀ . De hac t̃ra tenuer̃ .II°. sochi de comite Algaro .I. hiđ 7 dim̃ 7 XX^ti. ac^ᵃs . ñ potuer̃ receđe ab eo . Tciã hidã huj⁹ uillæ emit Antecessor aƀbis Symeonis de Ely ab Algaro . 7 t̃c̃ comite inuenieƀ ñ t̃ra auerã . Postq̦ jacuit in ecclia꜒ ñ inuenit . Cũ hac hida jacet una æccla illi⁹ uillæ ut hõẽs de hunđ testant̃ . 7 II°. hõẽs Goduini cilt unã auerã 7 .II^os. jneward inuener̃.

Domesday Book, vol. i. p. 191, a. col. 1.

In Teuershã teñ isđ aƀƀ .I. hiđ . Tr̃a . ẽ .I. car̃ 7 dimi . In dñio . ẽ una car̃ . 7 II. uilli 7 II. borđ . Val 7 ualuit XX. sol . T.R.E.꜒ XL. sol . H̃ t̃ra jacuit sẽp in æccla.

Domesday Book, vol. i. p. 191, a. col. 1.

ⓜ Horningesie p VII. hiđ se defđ . Tr̃a . ẽ .XVII. car̃ . In dñio .III. hidæ 7 dim̃ . 7 ibi .VIII. car̃ 7 dim̃ . Ibi XXII. uilli 7 XIIII. borđ cũ .IX. car̃ . Ibi .XV. serui . 7 I. moliũ de .X. sol . 7 mille anguill . P̃tũ car̃ . In totis ualent̃ ual XVIII. liƀ . Qđo recep̃꜒ XIIII. liƀ . 7 tntđ T.R.E. H̃ t̃ra jacuit sẽp 7 jacet in dñio æcclæ de Ely.

Tib. A. vi.
f. 94.
col. 1.
Aluric⁹ de horseda . Et om̃s alii
franci & angli.

In hoc hundreto Campes . p̃ .v.
ħ . se defendit . t. r. e. 7 m̃⁰. De his
.v. hidis tenet alƀic⁹ de uer .ii. ħ . 7
dimiđ . de rege . .xii. č . ibi est t̃ra
.iiiⁱᵒʳ. č . 7 . una . ħ . 7 una uirga in
dominio .vii. car̃ . uillanis .xvii. uillani .iiii. . bor .vi. serui . Pratum .iii.
č. Silua . d . porcis . de ħbatia uille
.viii. soł .xx. animał ocio .c. 7 .xxxiiii.
oues .xliii. por . l . capre .ii. runč.
In totis ualentiis uał .xv. libras . Et
qñ recep̃ .xii. li . t. r. e. xii. libᵃs .
Hoc mañium tenuit vluuinus añcessor alƀici . Et de his .v. hiđ .
tenet Normannus de alberico dim̃ .
ħ .i. č . ibi e͡ t̃ra . Et iⁱ e͡ car̃ . Inꝑ
totū uał 7 ualuit .xl. soł . Hanc t̃ram
tenuit añcessor alberici . vluuin⁹ .

Et de his .v. ħ . tenet Thursten⁹
filius Ric̃ . de Roƀto gernone .ii. ħ
.vi. č . ibi est car̃ .ii.ᷤ car̃ . in dominio . 7 .iiiⁱᵒʳ. . č . uillanis .viii. uillani .viii. bor . .vii. serui . pratum
.ii. č. Silua .xii. por .iii. animał .
ociosa .xxx. .iiii. oues .xxx. por .xxx.
capre . 7 .iᵃ. equa . Inꝑ totum uał
.iiii. liƀ . 7 qñ recep̃ .xxx. soł . Hanc
t̃ram tenuit Lefsi de comite haraldo .
Potuit receđe absꝗ eⁱ⁹ licentia.

f. 94.
col. 2.

In hoc hundr horseda p̃ .v. ħ . se
defendit . t. r. e. 7 m̃⁰. De his .v.
ħ . tenet comes alanus .ii. ħ . 7 dimiđ . 7 dimiđ . uirgā de rege .v. .č. ibi

In Cildeford Hvnđ.

Domesday
Book, vol.
i. p. 199, b.
col. 1.

m̄ In Canpas teñ Alƀicus de uer
.ii. hiđ 7 dim̃ . T̃ra . e͡ xi. car̃ . In
dñio .i. hida 7 i. uirg̃ . 7 ibi .iiii. car̃ .
Ibi xvii. uiłłi cū .iiii. borđ hñt .vii.
car̃ . Ibi .vi. serui . Pᵃtū .iii. car̃ .
Silua ad qⁱngent̃ porč . De herbagia
uillæ .viiiᵗᵒ. soliđ . In totis ualent̃
uał xv. liƀ . Qđo recep̃⸝ xii. liƀ . 7
tñtđ T.R.E. Hoc m̄ tenuit Wluuin⁹
teign⁹ regis. E. De hac t̃ra teñ Nor-
man⁹ dim̃ hiđ de Alƀico . T̃ra . e͡
.i. car̃ . 7 ibi est . Vał 7 ualuit sc̃p
.xl. soł.

Terra Roberti Gernon.
In Cildeford Hvnđ.

Domesday
Book, vol.
i. p. 196, b.
col. 2.

Rotbert⁹ Gernou teñ .ii. hiđ in
Cāpas . 7 Turstin⁹ de eo . T̃ra . e͡
.vi. car̃ . In dñio sunt .ii.ᵉ. 7 viii. uiłłi
cū .viii. borđ . hñt .iiii. car̃ . Ibi .vi.
serui . pᵃtū .ii. car̃ . Silua .xii. porč .
Vał .iiii. liƀ . Qđo recep̃⸝ xxx. soł .
T.R.E.⸝ xl. soł . Hanc t̃rā tenuit
comite
Lepsi sub Heraldo . 7 potuit receđe
sine lic̃tia ej⁹.

In Cildeford Hvnđ.

Domesday
Book, vol.
i. p. 193, b.
col. 2.

In Horsei teñ . A . com̃ .ii. hiđ 7
ii. uirg̃ 7 dim̃ . T̃ra . e͡ v. car̃ . 7 ibi
sunt cū .viii. uiłłis 7 v. borđ . Vał .c.
soł. Qđo recep̃⸝ iiii. liƀ . T.R.E.⸝ c.

ib. A. vi. ē t̃ra . Et sunt .VIII. uillani . .v. bor . 7 .v. uillani tenent sub eo Int̃ totum ual .C. sol̃ . 7 qn̄ recepit⸴ .IIII. lib̃ . t. r. e. C. sol̃ . Hanc t̃ram tenuit ædiua . 7 fuerunt iᵗ duo sochemanni de una uirga . unus inuenit aucram⸴ 7 alt̃ inuuardū . Et de his .v. ħ . tenet normann⁹ de alb̃ico .Iᵃ. ħ . 7 dimid .III. c̃ . ibi ē t̃ra . .I. c̃ . in dominio . 7 .II. c̃ . uillanis .II. uillani⸴ 7 dim̃ñ .III. bor .III. ser .IIII. ac̃ . prati . Silua .XL. por .III. animal̃ . oci . Quat̃ .XX. 7 .VI. oues .XL.III. por .XXXIII. capre .III. runcini . Int̃ totū ual 7 ualuit .XL. sol̃ . Hanc t̃ram tenuit vluuin⁹ p̃dict⁹ . Hec t̃ra reddebat aucrā 7 inuuardū . t.r.e. Et de his

.v. ħ . tenet harduuin⁹ dimid . ħ .I. c̃ . ibi ē t̃ra . 7 est carruca .v. uillani tenēt p̃tum uni⁹ car̃ . Silua .XXIX. por. Int̃ totum ual 7 ualuit .XXV. sol̃ . De hac t̃ra godcuuin⁹ de linacra tenuit dimid uirg̃ de rege . Et inuenit iuuardum uicecomiti regis . Limar⁹ tenuit dimid . uir . sub añcessore alb̃ici de uer . ñ potuit reced̃e .94, b.
ol. 1. absq̃ licentia ei⁹ . t. r. e. ut homines de hundr̃ . testantur . Et de hac dim̃ . ħ . tenuerunt .III. sochemanni .Iᵃ. uirgam . 7 isti inuenerunt unā aueram . 7 unum inuuardū uicecomiti Reg̃ . & de his .v. ħ . tenʒ Aluuin⁹ .I. uirgam de comite ala .VI. bobʒ . ibi ē t̃ra . duo bor . de .II. .car̃ . Silua .XX. por . una uac[c]a ocio .L. oues .II. por . Hec t̃ra ual 7 ualuit .v. sol̃ . Hanc t̃ram tenuit godeuuin⁹ child . homo ædiue . Et de his .v. ħ . tenet

sol̃ . Hanc t̃ra tenuit Eddeua 7 II. socħi hōēs ej⁹ . un⁹ inueñ auerā . alt̃ Ineuuard̃.

In Horsei . tcñ Normann⁹ de Alb̃ico .I. hid 7 dim̃ . T̃ra ē .III. car̃ . In dñio . ē una . 7 .II. uilli 7 dim̃ cū .III. bord hn̄t .II. car̃ . Ibi .III. serui . 7 .IIII. ac̃ p̃ti . Silua .XL. porc̃ . Val 7 ualuit sēp .LX. sol̃ . Hanc t̃ra tenuit Wluuin⁹ teign⁹ . R.E. 7 habuit sacā 7 socā . 7 reddeb̃ Auerā 7 Jneŭ. Domesday
Book, vol.
i. p. 199, b
col. 2.

IN CILDEFORD HVND. Domesday
Book, vol.
i. p. 198, a.
col. 1.

In Horsei tcñ .v. uilli de Hard dim̃ hid . T̃ra . ē .I. car̃ . 7 ibi . ē 7 p̃tū . Silua .XXIIII. porc̃ . Val 7 ualuit sēp .XXV. sol̃ . De hac t̃ra tenuer̃ IIII. hōēs .I. uirg̃ 7 dimid de rege . 7 tam .I. auerā 7 II. ineŭ inuenieb̃ . 7 Ledmar⁹ dim̃ uirg̃ tenuit sub antecessore Alberici de uer . ñ potuit sine ej⁹ lictia reced̃e.

In ead uilla teñ Aluuin⁹ de coñ . A . unā uirg̃ t̃re . T̃ra . ē .VI. bob⁹ . Ibi .II. bord 7 Silua .XX. porc̃ . Val 7 ualuit .v. sol̃ . Hanc t̃ra tenuit Goduin⁹ hō Eddeue . non potuit reced̃e. Domesday
Book, vol.
i. p. 193, b.
col. 2.

Tib. A. vi. Vlueua de Rič . filio comitis gisleƀti dimiđ uirg̃ . .iiiiᵒʳ. bobʒ iᵗ ē ꝑra . Inꝑ totum uał 7 ualuit quinqᵦ soł.

In hoc hundreto Hildricheshã ꝑ .v. ħ . se defendit . t. r. e. 7 modo . .xi. c̃ . ibi est ꝑra .iiii. car̃ . 7 .iiᵉ. ħi . 7 dimiđ . in dominio .vii. c̃ . uillanis .xvi. uillani .iiii. serui . unum moł . de x. soł . Pratum .iii. car̃ . Silua .xx. por .x. animał . ociosa . Quaꝛ .xx. 7 .x. oues .lx. por . 7 .ii. .ii. runcini . Inꝑ totum uał .x. liƀ . 7 qñ receꝑ .viii. liƀ . t. r. e. Hanc ꝑrã tenuit Vluuin⁹ añcessor alƀici.

f. 94, b. col. 2.

In hoc hundreto abintona ꝑ .vi. ħ . se defendit . t. r. e. 7 modo . Firmatus de Alƀico .viii. c̃ . ibi ē ꝑra . .iiᵉ. c̃ . in dominio . 7 .iᵃ. c̃ . potest fᵢ .iiiiᵒʳ. c̃ . uillanis . Et qⁱnta pᵗ fieri . .ix. uillani .v. bor . Pratum .ii. c̃ . Silua .x. por . unum¹ molenđ꞉ de .ix. soł . Pastura reddit .v. sochos . .v. animał . ocio .c. 7 .xx. oues .lxii. por .v. runcini . Inꝑ totũ uał .viii. li. 7 qñ receꝑ .viii. li . t. r. e. .vi. liƀ . Hanc ꝑram tenuit ꝑdict⁹ vluuinus . De hᵃ . ꝑra tenuit quiđ pƀr unã . ħ . de ædiua . pul . nõ potuit receđe absqᵦ ei⁹ licentia . Hanc . ħ . reclamat mᵒ comes Alan⁹ suꝑ homines alƀici . sⁱ haƀe ut hõies de hundreto testantur . In habintona habuit sygar⁹ 7 hᵗ dimiđ . uirgã de Rege .

¹ *unum.*] ununum, MS.

In Cildeford Hvnđ.

Domesday Book, vol. i. p. 196, b. col. 1.

In Horsei teñ Wlueua diñ uirg̃ de Ricardo . Ꞇra . ē .iiii. bob⁹ . Vał 7 ualuit .v. soł.

ᴍ Ipse Alberic⁹ teñ Hildriceshã . ꝑ .v. hiđ se defđ . Ꞇra . ē .xi. car̃ . In dñio .ii. hiđ 7 diñi . 7 ibi sunt .iiii. car̃ . Ibi .xvi. uiłłi hñt .vii. car̃ . Ibi .iiii. serui . 7 i. moliñ de .x. soł . pᵃtũ .iii. car̃ . Silua xx. porc̃ . Inꝑ totũ uał .x. liƀ . Qđo receꝑ꞉ viii. liƀ . T.R.E.꞉ viii. liƀ . Hanc ꝑrã tenuit Wluuin⁹ teign⁹ . R.E.

Domesday Book, vol. i. p. 199, b. col. 2.

ᴍ Ipse Alberic⁹ teñ Abintone . 7 Firmat⁹ de eo . ꝑ vi. hiđ se defđ . Ꞇra . ē .viii. car̃ . In dñio .ii. car̃ . 7 iiiᶜⁱᵃ. poꞇ fieri . Ibi .ix. uiłłi cũ .v. borđ hñt .iiii. car̃ . 7 vᵗᵃ. poꞇ fieri . pᵃtũ .ii. car̃ . Silua .x. porc̃ . 7 i. moliñ de .ix. soł . De pasꞇa .vi. soc̃ . Vał 7 ualuit .viii. liƀ . T.R.E. vi. liƀ . Hoc ᴍ tenuit Wluuin⁹ ꝑdict⁹ teign⁹ . R.E. De hac ꝑra teñuit qⁱdã pƀr .i. hiđ de Eddeua pulchra . ñ potuit receđe sine lictia ej⁹ . 7 m̃ reclañ Alan⁹ coñ suꝑ hoēs Alberici . sicut Hund testatur.

Domesday Book, vol. i. p. 199, b. col. 2.

In Abintone hᵗ .i. socħs de rege diñ hidã . quæ . ē in custodia picot uicecoñ . 7 uał .xii. deñ ꝑ annũ . Hanc tenuit Elmær socħs regis . E . 7 potuit dare uel uenđe cui uoluit . T.R.E. 7 Albericus de ver inuasit hanc ꝑrã de soca regis . sʒ Picot uice-

Domesday Book, vol. i. p. 199, b. col. 2.

Hec t̃ra ualuit 7 uaɫ .xɪɪ. dñ . Picot⁹
tenet ī manu regis . sochemannus c̃ .
Hanc almarus tenuit . t. r. e. Potuit
dare & uende cui uoluit . Hanc t̃ra
occupauit Alƀic⁹ de uer suꝑ regem .
s; picot⁹ uicecomes diratiocinauit
erga eū˙ 7 adhuc cont̃ᵃ eū retinet .
.ɪɪɪ. anni sunt pacti . 7 adhuc p̃dict⁹
Albe . de pecunia q̃m inde sumpsit
.cccc. oues .xx. minus . Et .ɪ̃ᵃ. car̃ .
ut homines de hundr testant̃ .

In hoc hundr . Wicham . ꝑ .v. ħ .
se defendit . t. r. e. 7 m°. Et de his
.v. ħ . tenet comes Ala .ɪɪ. ħ .v. c̃ .
ibi . c̃ . t̃ra .ɪɪᵉ. car̃ . Et .ɪ. ħ . 7 .di-
miđ . in dominio . Et .ɪɪɪ. car̃ . uillanis . .ɪɪɪɪ. uillani .ɪɪɪɪ. bor .ɪɪɪɪ. serui .
Pra .ɪɪ. c̃ . Silua .c. por .xɪɪ. ani-
malia˙ ociosa .ʟx. oues .xʟ.v. por
.xxⁱⁱɪɪɪɪᵒʳ. capre . Int̃ totum uaɫ .x.
liƀ . 7 q̃ñ receꝑ .x. liƀ . t. r. e. vɪɪ.
liƀ . Hanc . t̃ tenuit ædiua pulc̃ᵃ . Et
.ɪɪɪ. sochemanni ei⁹ habuerunt unã
uirgã sub ea . unã aueram 7 unū inuuar . inuenert̃ . Et de his .v. ħ .

tenet lamƀt⁹ homo Wiɫɫi de una-
renna .ɪ̃ᵃ. ħ . .ɪɪɪ. c̃ . 7 dimiđ . c̃ . i'
t̃ra .ɪɪ. c̃ . ī dñio . Et una dimidia .
c̃ . uillanis .x. bor . .ɪɪɪ. serui . Silua
.xɪɪ. por . Pratū .ɪ. c̃ . .xɪɪɪɪ. animaɫ .
oci .c. 7 .xʟ.vɪ. oues . .xʟ.ɪ. por .ɪɪ.
runcini . Int̃ totum uaɫ .c. soɫ . 7 q̃ñ
receꝑ .c. soɫ . Tempe . r.e .c. soɫ .
Hanc t̃ram tenuit tokillus añcessor

coñi deratiocinauit adu̅sus eū . 7
adhuc retiñ .ɪ. car̃ . 7 ccc. 7 q̃ᵉt̃ xx.
oues . q̃ᵃs hĩ Alƀic⁹ ex illa t̃ra . ut
hо̅ēs de Hunđ testant̃ .

In Abintone teñ Picot sub manu Domesday
Book, vol.
regis . 7 un⁹ soc̃hs de eo diñi uirg . i. p. 190, a.
col. 1. Sagar
Vaɫ xɪɪ. deñ . Hanc t̃rã tenuit Elmar⁹
T.R.E. 7 dare 7 uende potuit . Hanc
inuasit Alberic⁹ suꝑ regē . 7 picot   de Ver
deratiocinauit eã . c̃t̃ᵃ eū . De pecunia q̃ã inde su̅psit Alƀic⁹ adhuc
retinet .cccc. oues xx. min⁹ . 7 unã
carucã . ut hо̅ēs de hunđ testant̃ .

In Wichehã teñ . A . coñi .ɪɪ. hiđ . Domesday
Book, vol.
Tr̃a . c̃ .v. car̃ . In dñio .ɪ. hiđ 7 i. p. 193, b.
col. 2.
diñi |7 ɪɪɪɪ. uiɫɫi 7 ɪɪɪɪ. borđ cū .ɪɪɪ.   7 ibi .ɪɪ. car̃.
car̃ . Ibi .ɪɪɪɪ. serui . 7 p̃ᵃtū .ɪɪ. car̃ .
Silua .c. porc̃ . Int̃ tot uaɫ 7 ualuit
x. liƀ . T.R.E˙ vɪɪɪ. liƀ . Hanc t̃ra
tenuit Eddeua . 7 ɪɪ°. soc̃hi hо̅ēs ej⁹
.ɪ. auerã 7 ɪ. jneuuarđ inuener̃ . Ibiđ
.ɪ. soc̃hs teñ sub comite .ɪɪɪɪᵗ̃ᵃ. parr̃
uni⁹ uirg̃ . Vaɫ xɪɪ. deñ .

IN CILDEFORD HVNĐ.

In Wichehã teñ Lanƀt⁹ de Wiɫɫo Domesday
Book, vol.
.ɪ. hiđ . Tr̃a . c̃ .ɪɪɪ. car̃ 7 diñi . In i. p. 196, b.
col. 1.
dñio sunt .ɪɪ. 7 x. borđ h̃nt .ɪ. car̃ 7
diñi . Ibi .ɪɪɪ. serui . 7 p̃ᵃtū .ɪ. car̃ .
Silua .xɪɪ. porc̃ . Vaɫ 7 ualuit sēp
.c. soɫ . Hanc t̃ra tenuit Tochi . 7 ɪ.
soc̃hs ibi fuit qui Auerã inuenieƀ.

Tib. A. vi. uuiłłi de uuarenna . un⁹ sochemann⁹
qui reddidit auerā .t. r. e. Et de his
.v. ħ . tenet abb . de Ely unam . ħ .
7 dimiđ . Quatuor . c̃ . ē ibi t̃ra .II.
c̃ . 7 dimiđ . 7 dimiđ . ħ . in dominio .
Et .II. c̃ . uillanis .VI. uillani .II. bor
.II. ser .IIII ac̃ p^ati . Silua .L. por
.LX. oues .XIIII. porci .II. runcini .
Int̃ totum uał .LX.V. soł . Et qñ re-
cep̃ .XL. soł . Tempe . r. æd. .X.L. soł .
Hec t̃ra iacet 7 iacuit in ecctia sc̃e

f. 95.
col. 2.
ædel . in dominio . t. r. e. Et de
his .v. ħ . tenet hardeuuin⁹ de . Re .
unam uirgā . Dimidie . c̃ . ibi ē t̃ra
.III. bor̃ . Pratum dimidie . ac̃ . Ħ .
uał .XL. dñ . Et qñ recep̃ .XL. dñ .
t. r. e. v. soł . Et .III. sochemanni
tenuer̃t hanc t̃rā 7 inueñunt .I. auerā
7 unū inuuardū . Et de his .v. ħ .
tenet Vlueua dimiđ uirgā de Ric̃ .
filio Comitis gislebti .v. soł . uał . Et
un⁹ sochemann⁹ tenet q^artā partem
uirge .XII. dñ . ual.

In hoc hundreto Berchehā p̃ .v.
hiđ se defendit . t. r. e. 7 m° . Et
has .v. ħ . tenet anketillus de furnels
de comite alano .II. ħ . 7 dimiđ . una
uirga min⁹ .v. c̃ . i^i . ē t̃ra .III. carruce in dominio . 7 .II. c̃ . uillanis
.VI. uilla . .IIII. bor .VI. ser . Pratum
.II. c̃ . unū moł . de .v. soł .VI. animał . oci .XXXVI. .o. .LXIIII. por .
.XL.VIII. capre . Int̃ tot̃ uał 7 ualuit
.VIII. liɓ . Et de his .v. ħ . tenet morin⁹ unam . ħ . 7 dimi . de comite
alano .III. c̃ . 7 dimidie c̃ . i^i t̃ .IIe. c̃ .
in dominio . Et .I. c̃ . 7 dimidia uillanis .VI. uillani .II. bor . Prat̃ū .I.
car̃ .II. animał ocio .C. 7 .I. oues .

In Wichehā teñ isđ abɓ .I. hiđ 7
dim̃ . T̃ra . ē .IIII. car̃ . In dñio diñ
hida . 7 ibi .II. car̃ 7 diñ . Ibi .VI.
uiłłi 7 .II. borđ cū .II. car̃ . Ibi .II.
serui . 7 IIII. ac̃ p^ati . Silua .L. porc̃ .
Vał .LXV. soł . Qđo recep̃ .LX. soł .
T.R.E⸵ XL. soł . Ħ t̃ra jacet 7 jacuit
sēp in dñio æcctæ Elẏ.

In Wichehā teñ Harđ .I. uirg̃ de
rege . T̃ra . ē diñ car̃ . 7 ibi . ē . cū
.III. borđ . 7 diñ ac̃ p^ati . Vał 7 ualuit .XL. deñ . T.R.E⸵ v. soł 7 IIII.
deñ . Tres soc̃hi tenuer̃ . 7 I. Auerā
inueneȓ.

In Wichehā teñ Wlueua de Ricardo diñ uirg̃ . 7 uał v. soł . 7 un⁹
soc̃hs .IIII^ta. part̃ .I. uirg̃ . 7 uał XII.
denaȓ.

In Berchehā teñ Anschitil⁹ de .
A .coñ .III. hiđ . diñ uirg̃ min⁹ .
ē s car.
T̃ra . ē .v. car̃ . In dñio sunt .III| 7
VI. uiłłi . 7 IIII. borđ cū .II. car̃ . Ibi
.VI. serui . P^atū .II. car̃ . 7 uñ moliñ
de .v. soł . Int̃ tot̃ uał 7 ualuit .IX.
liɓ.

In ead uilla teñ Morin⁹ sub comite .I. hiđ 7 dimiđ . T̃ra . ē .III. car̃
7 diñ . In dñio sunt .IIe. 7 VI. uiłłi
7 II. borđ cū .I. car̃ 7 diñ p^atū .I. car̃ .
7 I. moliñ de .II. soł . Vał 7 ualuit
.LX. soł . Has .II. t̃ras tenuit Eddeua.

F

ĭ. .XXXVI. por . una eqᵃ . unū moł . de
.II. soł . Inᵗ̃ totum uał 7 ualuit .LX.
soł . Et has .II. t̃ras tenuit ædiua
pulcᵃ. Et de his .V. ħ . tenet qⁱdã
sochemannus dimid uirgā sub aƀƀe
de Ely . H̃ t̃ra uał 7 ualuit .XL. dñ .
7 iste inueniebat heuuardū . t. r. e.
seruitio uicecomiti.

In hoc hundr . Lintona comes
alanus tenuit de rege p .III. ħ . 7 p
.IIII. uirgis . se defendit . t. r. e. 7
mᵒ .VIII. cař . iⁱ ē t̃ra .III. cař . 7 .II.
ħ . in dominio . Et .V. cař . uillanis
.XVI. uillani .V. bor . .VI ser .II. moł .
de .XVI. soł . Prať .II. č̃. Silua .XXX.
por .IIII. animał.ocio .XXIX. oues .XX.
porci . Inᵗ̃ toť uał . .XII. lib . 7 qñ
recep̃ .XV. li . t. r. e. XV. liƀ . Et de
his .III. ħ . 7 .IIII. uirgis ten7 qⁱdã
sochemann⁹ unā uirgā sub comite
alano . Hanc t̃ra tenuit ediua pulcra . Et ħ t̃ra app̃tiata cū lintona.
Inuenit auerā uicecomiti . 7 fuit hõ
alsi ꞓ sqⁱtrebil . potuit dare & uende
cui uoluit . t. r. e.

In hoc hundr . Comes alan⁹ al-
t̃am lintonā p .II. ħ . 7 dimi. se defendit . t. r. e. 7 mᵒ .V. cař . ibi ē
t̃ra .IIᵉ. cař . 7 una ħ . 7 dimi . in
dominio .III. č̃ . uillanis .VIII. uillani
.II. bor .IIII. serui . unum moł . de
.VIII. soł . Pratum .I. č̃. Silua .XX.
porcis .V. animᵃ . ocio . centū oues
.IIII. min⁹ .XXX. por . duo runcini .
Inᵗ̃ totū uał .II. lib . Et qñ recep̃ .c.

In eađ uilla teñ .I. socħs .I. uirg̃
sub comite . T̃ra . ē .IIII. bob⁹ . 7 ibi
sunt . H̃ t̃ra uał 7 ualuit .IIII. soł .
Istemet tenuit sub Eddeua . 7 inueñ ineuuardū.
Domesday Book, vol. i. p. 194, a. col. 1.

In Bercheħā teñ un⁹ socħs diñ
uirg̃ sub aƀƀe . Valet 7 ualuit .XL.
deñ . Hic inueniebat Inguard uicecomiti . T.R.E.
Domesday Book, vol. i. p. 191, a. col. 1.

◠ₘ LINTONE . teñ . A . coñ . Ibi
.III. hiđ 7 III. uirg̃ . T̃ra . ē .VIII. cař .
In dñio .II. hidæ . 7 ibi sunt .III. cař .
Ibi XVI. uiłłi 7 V. borđ cū .V. cař .
Ibi .VI. serui . 7 II. moliñ de XVI. soł .
Pᵃtū II. cař . Silua .XXX. porꞓ . Inᵗ̃
toť uał XII. liƀ . Qđo recep̃ . 7
T.R.E. ꞓ XV. liƀ . Ibiđ un⁹ socħs teñ
.I. uirg̃ sub comite . 7 est app̃ciata
cū Lintone . Hanc t̃ra tenuit Ed-
deua . 7 ibi. I. socħs fuit . qⁱ inueñ
Auerā uicecomiti . In Grentcbrige
hť . A . coñ .X. burgenses.
Domesday Book, vol. i. p. 194, a. col. 1.

◠ₘ Aliā LINTONE teñ . A . coñ .Ibiđ.
Ibi .II. hiđ 7 diñ . T̃ra . ē .V. cař .
In dñio .I. hiđ 7 diñ . 7 ibi. |II. cař .
Ibi .VIIIᵗᵒ. uiłłi . 7 II. borđ . Ibi .IIII.
serui . 7 I. moliñ de .VIII. soł . Pᵃtū
.I. cař . Silua .XX. porꞓ . Inᵗ̃ toť uał
.VII. liƀ . Qđo recep̃ . 7 T.R.E. ꞓ c.
soł . Hoc ◠ₘ tenuit Eddeua pulchra.

vi. soł . t. r. e. .c. soł . Hoc manĩium tenuit ediua pulcra.

In hoc hundr comes alan⁹ abin-
tonā ꝑ .v. h̃ . se defendit . t. r. e. 7
m⁰ .viii. c̃ . ibi ē t̃ra .iii. cař . 7 .ii.
hide in dominio꞉ 7 dimidia . .v. cař .
uillanis .xi. uillani .v. bor . .iiii. ser .
unum moł . de .vi. soł . 7 .viii. dñ .
Pratū .ii. cař . Silua .xx. porcis . iiii.
animᵃ . oci .c. oues .xxvi. porci . Int̃
totum ualuit 7 uał .x. liɓ . H̃ manĩium
tenuit ediua pulcra . tēpore reg̃ æduuardi.

In hoc hundreto bathburgehā . ꝑ
.vii. h̃ . se defendit . t. r. e. 7 m⁰ .
Et de his .vii. h̃ . tenet Brient de
comite ala. ii. h̃ . 7 dimidiā . 7
.xxiiii. ac̃ .iiii. cař ibi ē t̃ra . una .
cař . in dñio . .iii. cař . uillanis .xvii.
uillani . .iii. bor . un⁹ . ser . Pratum
.iiii. bob꜔ . .iiii. animał . oci .c.l. 7
v. oues .xxvi. porci . Int̃ totum uał
7 ualuit .l. soł . Hanc t̃ra tenuit
ædiua pul . Et in hac t̃ra fuerunt
.vi. sochemanni . Isti inuenet̃ .iiii.
aueras 7 duos inuuardos uicecomiti
reg̃ .t .r. eaduuar . Homines ædiue
fuerunt . Et isti nō potuet̃ recedere
absq eius licentia . Et de his .vii. h̃ .
tenet Rad̃ . de comite alano unā .h̃.
unā uirgam min⁹ .i. c̃ . ē ibi . t̃ .
Prat̃ .i. cař .iii. uillani 7 .iii. bor .
unū molendiñ . de .v. soł . 7 .iiii. d̃ .
.l. oues .xiiii. por . un⁹ runc̃ . Hec .
t̃ . ualuit 7 ualet .xx. soł . Hanc t̃ra
tenuit Alric⁹ pɓr ædiue pulcre . Non
potuit recede . t. r. e. Et de his
.vii. h̃ . tenet Roɓ . filius fafitoni .iᵃ.
.h̃ . 7 unam . uir .i. c̃ 7 dimidie . ē .

Domesday Book, vol. i. p. 194, a. col. 1.

ꝳ Ipse coñi teñ Abintone . Ibi .v.
hidæ . T̃ra . ē .viii. cař . In dñio .ii.
hid 7 diñi . 7 ibi sunt .iii. cař . Ibi
.xi. uiłł . 7 v. bord . cū .v. cař . Ibi
.iiii. serui . 7 i. moł de .vi. soł 7
viii. denař . Pᵃtū .ii. cař . Silua .xx.
porc̃ . Int̃ tot uał 7 ualuit .x. liɓ .
Hoc ꝳ tenuit Eddeua.

Ibid.

In Badburgh teñ Brien sub . A .
comite .ii. hid 7 diñi . 7 xx.iiii. acᵃs
T̃ra . ē .iiii. cař . In dñio . ē una . 7
xvii. uiłłi 7 iii. bord cū .iii. cař . Ibi
.i. seru⁹ . 7 pᵃtū .iiii. bob⁹ . Valet 7
ualuit .l. soł . Hanc t̃ra tenuet̃ .vi.
sochi . sub Eddeua . ñ potuet̃ recede
absq ej⁹ licentia . Hi .iiii. Aueras
inuenet̃ . 7 ii. Ineuuardos.

Ibid.

In ead̃ uilla teñ Radulf⁹ sub comite .i. hid diñi uirg̃ min⁹ . T̃ra . ē
.i. cař . 7 ibi . c̃ . Pᵃtū .i. cař . 7 iii.
uiłłi 7 iii. bord . 7 uñ moliñ de .v.
soł 7 iiii. deñ . Vał 7 ualuit .xx. soł .
Hanc t̃ra tenuit Alric⁹ pɓr sub Eddeua . ñ potuit recede ab ea.

TERRA ROBERTI FAFITON.
IN CILDEFORD HVND̃.
ROTBERT⁹ Fafiton in Badburghā
teñ .i. hid 7 i. uirg̃ de rege . T̃ra . ē

Domesday Book, vol. i. p. 201, b. col. 2.

ɹ̣ɪ. i̓ . t̓ . de rege .iii. uirge in dominio .
& carruca abest . Dimidia . c̃ . uillanis .iiii. uillani . H̃ t̃ra ualet .xxi.
soł . Et qñ recepit .x. soł . Tempe
.re. æad .xxvi. soł . 7 .iiii. dñ . Hãc
t̃ra tenuit Godeua sub algaro comite .
potuit recedɇ 7 dare t̃ram suã cui
uoluit . Reddidit unũ inuuardū .
t. r. e. Et de his .vii. ħ . tenet
picot⁹ in manu Regis diñi . .ħ. 7 dimiɗ . uirgam . H̃ . t̓ . iacet ĩ cestre-
forda . 7 ibi c̄ app̃tiata .xxx. soł . ĩ
essexia . Hanc t̃ra tenuit Vluuinus
sub Algaro comite . ñ potuit recedɇ
neq̨ uendɇ . & de his .vii. .ħ. tenet firmat⁹ dimiɗ . uirgam de Al-
b̵ico de uer . uni⁹ bouis c̄ t̃ra . H̃
t̃ra semp reddidit 7 reddit .xx. dñ .
Hanc t̃ram tenuit godric⁹ hō Vl-
uuini . Nō potuit recedɇ . t. r. e. De
his .vii. ħ . tenet Durand⁹ de hardeuuino .iii. uirgas . Duas uir . tenet
in feudo regis . Dimidie . c̃ . ibi c̄
t̃ra . Et t̃ciam uirgam tenet de feudo
ab̵bis .vi. bob₃ . i̓ . c̄ . t̓ .iiii⁰ʳ. bor .
Int̓ totũ uał 7 ualuit .xviii. f¹ . Et
t̓tia uirga .xl. sọł . dñ . Hanc dimidiã . ħ . tenuerunt .iiii⁰ʳ. sochɇ .
de Rege æduuardo . 7 inuenerunt
.iiii. aueras nō potuerunt recedere .
& uirgã tenuer̃t duo sochemanni de
ab̵be de ely . Et de his .vii. ħ . tenet

picot⁹ de Eudone dapifo unam uir .
7 dimidiã . Dimidie . c̃ . c̄ i̓ t̃ra . 7
.ii. uillani . H̃ t̃ra ualet 7 ualuit .ii.

.ii. car̃ 7 dĩ . In dñio sunt .iii. uirg̃ .
7 ibi . c̄ una car̃ . 7 alia pot̓ fieri .
7 .iiii⁰ʳ. uiłłi hñt dĩ car̃ . Vał xxi.
soł . Qɗo recep̃·ː x. soł . T.R.E·ː
xxvi. soł . 7 viiiᵗᵒ. deñ.

Hanc t̃ra tenuit Godeua sub Algaro.
jnewarɗ inueñ . 7 tañ recedɇ 7 dare
t̃ra suã potuit.

Domesday
Book, vol.
i. p. 202, a.
col. 1.

In Cildeford Hɒ̄.

In Badburghã teñ Picot diñ hiɗ
7 dĩ uirg̃ de rege . H̃ t̃ra jacet in
Cestreforde . 7 ibi . c̄ app̃ciata .xxx.
soł in Exsesse . Wluin⁹ hanc t̃ra tenuit sub Algaro . non potuit recedɇ
nec uendɇ.

Domesday
Book, vol.
i. p. 190, a.
col. 1.

In Badburghã teñ Durand⁹ sub
harɗ diñ hiɗ . Tr̃a . c̄ dĩ car̃ . 7
ibi . c̄ cū .iiii. borɗ . Vał 7 ualuit
xviii. soł 7 viii. deñ . Hanc t̃ra te-
nuer̃ .iiii. sochi .iiii. Aueras inuenerunt . nec recedɇ potuer̃ . H̃ t̃ra . c̄
de feudo regis.

Domesday
Book, vol.
i. p. 198, a.
col. 1.

In Flamiding Hvnɒ̄.

In Badburghã teñ Harɗ de rege
diñ uirg̃ de t̃ra ab̵bis . Vał 7 ualuit
xl. deñ . Duo sochi tenuer̃ de ab̵be
de Elẏ . Non potuer̃ recedere.

Domesday
Book, vol.
i. p. 199, a.
col. 2.

In Badburhã teñ Harduin⁹ sub
ab̵be diñ uirg̃ t̃ræ . Vał 7 ualuit .xl.
deñ .ii. sochi tenuer̃ . ñ potuer̃ recedɇ.

Domesday
Book, vol.
i. p. 191, a.
col. 1.

Evɒo dapifer In Badburghã teñ
.i. uirg̃ t̃re 7 dĩ 7 Pirot⁹ teñ de eo .
Tr̃a . c̄ dĩ car̃ . Ibi .ii. uiłłi . Vał 7

Domesday
Book, vol.
i. p. 197, b.
col. 1.

vi. horas Hanc ꝑram tenuit aluric⁹
cemp de rege . Potuit dare . Et de
his .vii. ħ . tenet iudeta comitissa de
rege unā uirgā 7 dimid . Dimidie .
c̄ . ē . iⁱ . ꝑ . due acre prati . Inꝑ totū
ual 7 ualuit .iiii. sol . Hanc ꝑram
. tenuit lemmar⁹ de gurdo comite .
Non potuit recede .t. r. e.

In hoc hundreto Pampeswrda ꝑ
.v. ħ . 7 .xxii. ac̄ . se defendit . tem .
re . æd . 7 mᵒ . De his .v. ħ . 7 .xxii.
ac̄ tenet aƀƀ . de ely .ii. ħ . 7 .iii.
uirgas 7 dimidiā .vi. carrucis ē . iⁱ .
ꝑ . una . ħ . 7 una uir . 7 dimidia .
7 .iiᵉ. car̄ . in dominio .iiii. car̄ . uillanis .xii. uillani .v. bor .iii. ser .
unū molend . de .xx. sol . pratū .i.
c̄ .xiii. animal . ocio . Quatʳ .xx. 7
.xv. oues .xxiii. por . Inꝑ totum ual
7 ualuit .vii. liƀ . H̄ ꝑ . iacet 7 iacuit in ecclia s̄ . Ædel . de eli . & his
.v. ħ . 7 .xxii. ac̄ . tenet Radulf⁹ de
scamnis . 7 Radulf⁹ Brito .iᵃ. ħ . 7
.xxii. .ac̄. de comite alano . Duabȝ .
c̄ . 7 .ii. bobȝ . ē . iⁱ . ꝑ . una car̄ . in
dominioˀ 7 alꝑa carruca uillanis .ii.
uillani .ii. bor . due ac̄ . 7 dimi .
prati . Quatuor animal . ocio .vii. 7
.xx. 7 .x. oues . .xxxix. porci . Inꝑ
totum ual .xxx. sol . 7 qn̄ receꝑ .x.
sol . t. re. e. .xxx. sol . Hanc ꝑram
tenuit Almar⁹ hō ediue . potuit dare
7 uende cui uoluit . t. e. regis . S ;
socham habuit ediua . Et de his .v.
ħ . 7 .xxii. ac̄ . tenet Radulfus de
scannis de picoto uicecomite de feudo
regis .iii. uirgas .i. carruce ē iⁱ ꝑra . 7
ē carruca .ii. ac̄ . pᵃti . 7 dim̄ . Hec
ꝑra ualet .x. sol . 7 ualuit . Hanc

ualuit .iiᵃˢ. ores . Hanc ꝑrā tenuit
Aluric 7 dare 7 uende potuit.

Domesday Book, vol. i. p. 202, a. col. 2.
In CILDEFORD HVND̄.

In Badburghā teñ comitissa .i.
uirg̃ 7 dim̄ . Tr̄a . ē .iiii. bobȝ . Val
7 ualuit .iiii. sol . Hanc ꝑrā tenuit
un⁹ hō Guert comitis . 7 recede n̄
poꝑ.

Domesday Book, vol. i. p. 191, a. col. 1.
In Pampesuuorde teñ isd aƀƀ .ii.
hid 7 iii. uirg̃ 7 dim̄ . Tr̄a . ē .vi.
car̄ . In dn̄io .i. hida . 7 i. uirg̃ 7
dim̄ . 7 ibi sunt ii. car̄ . Ibi .xii. uilli
7 v. bord cū .iiii. car̄ . Ibi .iii. serui .
7 uñ moliñ de .xx. sol . Pᵃtū .i. car̄ .
Val 7 ualuit sēp vii. liƀ . H̄ ꝑra jacuit sēp 7 jacet in dn̄io æcclæ de
Elẏ.

Domesday Book, vol. i. p. 194, a. col. 1.
In Pampesuuorde teñ .ii. milit̃ sub
comite .i. hid 7 xxii. acᵃs . Tr̄a ē .ii.
car̄ 7 ii. bobȝ . In dn̄io .i. car̄ . 7 ii.
uilli 7 v. bord cū .i. car̄ . Pᵃti .ii. acᵃs
7 dim̄ . Val xxx. sol . Qdo receꝑˀ x.
sol . T.R.Eˀ xxx. sol . Hanc ꝑrā tenuit Almar⁹ sub Eddeua . 7 recede
potuit sȝ soca Æideue remansit.

✦

Domesday Book, vol. i. p. 200, a. col. 2.
In CILDEFORD HVND̄.

In P̄apesuuorde teñ Rad de picot
.iii. uirg̃ . Tr̄a . ē .i. car̄ . 7 ibi . ē . 7
ii. ac̄ pᵃti . Val 7 ualuit sēp x. sol .
Hanc tenuit Ederic⁹ hō Alurici cilt .
7 recede poꝑuit cū ꝑra.

A. vi. ꝯram tenuit edric⁹ hō alurici child . potuit dare ꝛra suā cui uoluit t. r. e. Et de his .v. h̃ . 7 .xxii. acris tenet

hardeuuin⁹ de abbe .x. ac̃ .i. boui ē ꝛra .xii. dñ . ualet 7 ualuit . Hāc ꝛram tenet snelling⁹ . 7 tenuit . t. r. e. ñ potuit receđe . & in iꝑa uilla ten7 picot⁹ .v. ac̃ . de eudone dapifo .vi. dñ ualet 7 ualuit . Hanc ꝛra tenuit Burro de alurico cāp . potuit receđe cū uoluit . In eađ uilla tenet hardeuuin⁹ dimidiā uirgam de feudo regis . duob; . bob; ē ꝛra . H̃ ꝛra ual 7 ualuit .iiii. horas . Duo sochemanni . tenueꝛt hanc ꝛram . homines . r. e. 7 īuenerunt inuuardos . potuerunt receđe . Et ī eađ uilla tenet q'đ pꝛr dimiđ . uirgā de iudeta comitissa . duob; bob; ē ꝛra . H̃ ꝛra ual 7 ualuit .iiii. horas . Hanc ꝛram tenuit un⁹ sochemann⁹ . homo comitis gurdi . nō potuit receđe.

In hundreto de Witlesforda . iurauerunt homines . scił . Ansketillus . de Herouilla . Gerardus Lotaringus de salsintona . Pagan⁹ homo hardeuuini . Lemar⁹ de Witlesforda . Liefhun⁹ de duchesuurda . Lemar⁹ de Hestitona . Leuric⁹ fili⁹ grimi . 7 ōs alii franci 7 angli.

In hoc hundꝛ Witlesforda ꝑ .xii. h̃ . se defendit . t. r. e. 7 m° facit . Et de his .xii. h̃ . tenet iudeta comitissa .xi. h̃ . 7 unam . h̃¹ uirgā .xi. c̃ . est ibi ꝛra . due . c̃ . 7 .v. h̃ . in dominio .ix. c̃ . uillanis .xiii. uillani .xv. bor .v. ser . .iii. molenđ . de .iii. lib . Pratū .xii. c̃ . centum 7 .ix.

In eađ uilla teñ Harduin⁹ de abbe .x. ac̃ᵃˢ . Tꝛa .i⁹. bou̅ . Val .xii. deñ Hanc ꝛra tenuit Snellinc de abbe . sed non potuit recedere.

Domesday Book, vol. i. p. 191, a. col. 1.

In Pāpesuuorde teñ Harđ .x. ac̃ᵃˢ . Tꝛa . ē . uno boui . Val 7 ualuit .xii. deñ . Snelinc teñuit hanc ꝛra de abbe de Elẏ . ñ potuit recedere.

Domesday Book, vol. i. p. 199, a. col. 2.

In Pāpesuuorde teñ Piꝛot⁹ .v. ac̃ᵃˢ de Euđ . Val 7 ualuit vi. deñ . Burro tenuit de Alurico cāpe . 7 receđe potuit.

Domesday Book, vol. i. p. 197, b. col. 1.

In Pāpesuuorde teñ Harđ .i. uirg̃ . Val 7 ualuit sēp lxv. deñ . Duo sochi de rege tenueꝛ . nec receđe potueꝛ.

Domesday Book, vol. i. p. 198, a. col. 1.

In Pampesuuorde teñ un⁹ pꝛr de comitissa dimiđ uirg̃ . Val 7 ualuit .lxiiii. deñ . Hanc tenuit q'đā sochs Guert comitis . ñ potuit receđe nec uenđe.

Domesday Book, vol. i. p. 202, a. col. 2.

In Witelesford Hvnđ.

Domesday Book, vol. i. p. 202, a. col. 2.

In Witelesforde teñ comitissa xi. hiđ . 7 i. uirg̃ . Tꝛa . ē .xi. caꝛ . In dñio .v. hide . 7 ibi sunt ii. caꝛ . 7 xiii. uilli cū xv. borđ hñt .ix. caꝛ . Ibi .v. serui . 7 iii. moliñ de .lx. soł . p̃tū caꝛ . In totis ualenꞇ ual .xvi. lib . Qđo recep꞉ xv. lib . 7 t̃itđ T.R.E. Hoc m̅ (com') tenuit Guert.

A. vi. oues .xxxv. porci . un⁹ runcin⁹ . In totis ualentiis ual .xvii. liƀ . 7 qñ receƥ⸲ xv. li . t . r . e. xv. liƀ . Hoc mañium tenuit comes Gurdus . Et de his .xii. ħ . tenet gerard⁹ de comite alano dimiđ uirgam . Et de uirga 7 dimidia⸲ sochum . Et illa dimidia uirga ual 7 ualuit .ii. soł . Et qⁱdā homo de comite gurdo . non potuit receđe.

In hoc hunđr Salsintona ꝑ .viii. ħ . se defendit . t. r. e. 7 m° . De his .viii. hiđ . pirot⁹ tenet de Eudone dapifero .iiii. ħ .v. cař . 7 duobȝ . bo . ē ibi ƚra .iiᵉ. cař . in dominio . Et .iii. cař . uillanis .xi. uillani .vi. bordarii . .i⁹. ser .ii. molenđ . de .xxx. soł . 7 .viii. đ . Praŧ carrucis .v. anᵃ . ocio . .lx.iii. o . xxxv. por .i⁹⸲ runcin⁹ . In totis ualentiis ualuit 7 ualet .viii. liƀ . Hanc ƚrā tenueřt .iii. soche . sub alurico campe . ñ potuerunt receđe absqₕ ei⁹ licen . Et de his .viii. . ħ . tenet Roger⁹ de sumereio de gaufrido de magna uilla .ii. hidas . Duabȝ . č . ē ƚra . Et št . vi. uillani . 7 .iiii. bor .i. ser . Praŧ .ii. č . unū moƚ . de .xxvi. soł . 7 .ii. đ .iiii. anᵃ . ociosa . .xl.iii. o .xxvi. por . Inŧ toŧ ual 7 ualuit .c. soł . Hanc . ꝓ . tenuit sigar⁹ dapifer esgarii . Et potuit . da . 7 uen . cui uoluit . t. r. e. De his .viii. . ħ . tenet aƀƀs de Gresten .ii. ħ . de comite moritoniensi .iiiƀȝ. carruč ibi ē ƚra .i. caruce in dñio . & .ii. uillanis .vi. uillani .iii. bor .i. moƚ . de .xvi. soł . 7 .ii. dñ .iiii. anᵃ. ocio . Praŧ .iiiƀȝ. č .lx. 7 .xii. oues . Inŧ toŧ ual .vi. liƀ . Et qñ receƥ .vi. li .

Domesday Book, vol. i. p. 194, a. col. 1.

In Witelesford hvnd.

In Witelesforde teñ Girard⁹ de coñ . diñ uirg̃ ŧre . Vaƚ 7 ualuit .ii. soƚ . De .i. uirg̃ 7 diñ teñ ipse sacā 7 socā de comite . quā uirg̃ dimiđ teñ un⁹ hō comitis . Eddeua tenuit.

Domesday Book, vol. i. p. 197, b. col. 1.

In Witelesford hđ.

In Salsitone teñ Pirot⁹ de Eud .iiii. hiđ . Třa . ē .v. cař . In dñio sunt .iiᵉ. 7 xi. uiƚƚi cū .vi. borđ hñt .iii. cař . Ibi .i. seru⁹ . 7 .ii. molini de .xxx. soƚ 7 .viii. deñ . Pᵃtū v. cař . Vaƚ 7 ualuit sēp .viii. liƀ . Hanc ƚrā tenuit Aluric de rege . 7 sub eo .iii. sochi fueř . 7 receđe ñ potueř.

Domesday Book, vol. i. p. 197, a. col. 1.

In Witelesford hvnđ.

In Salsiton teñ Rogeri⁹ de Goisfrido .ii. hid . Třa . ē .ii. cař . 7 ibi sunt cū .vi. uiƚƚis 7 .iiiiᵒʳ. borđ . Ibi .i. seru⁹ . 7 pᵃtū .ii. cař . 7 .i. moliñ de .xxvi. soƚ . 7 .viii. deñ . Vaƚ 7 ualuit sēp .c. soƚ . Hanc ƚrā tenuit Sigar de Asgaro stalro . 7 dare 7 uenđe potuit absqₕ ej⁹ lictia.

Domesday Book, vol. i. p. 193, a. col. 2.

Comes Moritoniensis teñ .ii. hiđ in Salsiton . 7 aƀƀ de Grestain de eo . Třa . ē .iii. cař . In dñio . ē una . 7 vi. uiƚƚi 7 iii. borđ hñt .ii. cař . Ibi .i. moliñ .xxvi. soƚ . 7 ii. deñ . Pᵃtū .iii. cař . Vaƚ 7 ualuit sēp .vi. liƀ . Hanc ƚrā tenuit Orgar sub Haroldo comite . 7 cui uoluit dare potuit.

Tib. A. vi. t. r. e. .vi. liƀ . Hanc t̃ra tenuit orgar⁹ de comite haraldo . potuit dare
7 uenđe cui uoluit⸝ t. r. e.

.97,
col. 2.

In hoc hundr . Hestitona p .xx. ħ .
se defendit . t. r. e. 7 m° . De his
.xx. ħ . tenet picot⁹ uicecomes .xv.
ħ . 7 dimiđ . de rege .xiii. carrucis ē
ibi t̃ra .iᵃ. cař . 7 .vii. hide . 7 .iii.
uirge in dñio . 7 .iii. cař . posŝ fieri
.ix. carruce uillanis .xx. uillani .xii.
bor . de .xii. ač .ii. moł . de .xxi.
soł . 7 .iiii. đ . Pratū .iii. carrucis .
.xl.viii. o .xiiii. por . Et has .xv. ħ .
tenet picot⁹ p duobȝ maneriis . In
totis ualentiis ualet .x. li . 7 qñ re-
cep̃ .xvi. li . .t. r. e. xvi. li . Hec duo
manĩa tenuerunt .xix. sochemanni .
Homines . r. e. fueŕt . Et uigesim⁹
de soca algari comitis tenuit dimiđ .
ħ . 7 ñ potuit receđe absq̨ ei⁹ licentia . Alii potuerunt . & .viii. aueras .
7 .viii. inuuardos inueneŕt seruicio
regis . 7 .iii. hewardos . Et de his
.xx. ħ . tenet Roƀt⁹ de Remigio ep̃o
.ii. ħ .ii. cař . ē t̃ra . una . č . ē ibi .
7 altera potest fieri .ii. uillani .ii.
bor. de .ii. ač . Prač .ii. carrucis .
Vnū moł . de .viii. soł . Quař .xx. o .
xxxiii. porci . Iñ totū uał 7 ualuit
.xl. soł . 7 qñ recep̃ .xx. soł . t. r. e.
.iiii. li . Hanc t̃ram tenuit seward⁹
de comite haraldo . Potuit dare &
uenđe cui uoluit . Et de his .xx. ħ .
iacet Warra de una . ħ . 7 dimiđ . in
hestitona de manerio cestreforde .
Hanc t̃ra tenuit comes alanus . 7 c̃
app̃tiatā ĩ exexa . Et de his .xx.. ħ .
tenet đurandus de hardeuuino de
scał .i. hidā .i. carruce ē t̃ra . Et ē

f. 97, b.
col. 1.

In Witelesford HĎ.

Ipse Picot teñ Hestitone . p xv.
hiđ 7 diñi se defđ . Tr̃a . ē xiii. cař .
In dñio .vii. hide 7 .iii. uirg̃ . 7 ibi .
ē .i. cař . 7 .iii. adhuc posŝ fieri . Ibi
.xx. uilłi cū .xii. borđ hūt .ix. cař .
Ibi .ii. molini de xxi. soł 7 .iiii. deñ .
pᵃtū .iii. cař . In totis ualeñt uał x.
liƀ . Qđo recep̃⸝ xvi. liƀ . 7 t̃ñtđ
T.R.E. Hanc t̃ra recep̃ picot p .iiᵒᵇ'.
manerijs ut dicit . Viginti socħi te-
nueŕ . Hoȝ un⁹ hō Algari diñi hiđ
habuit . ñ potueŕ receđe Alij û hōēs
R.E. fueŕ . 7 receđe potueŕ . 7 .viii.
aueras 7 viii. jnew̃ . 7 iii. Heuewarđ
uicecomiti inucneŕ.

Domesday
Book, vol.
i. p. 200, a.
col. 2.

Eṗs Lincoliensis teñ in Histetone
.ii. hiđ . 7 Roƀt⁹ de eo . Tr̃a . ē .ii.
cař . Vna . ē ibi . 7 alia poť fieri .
Ibi .ii. uiłłi . 7 ii. borđ . Pᵃtū .ii. cař .
7 i. moł de .viiiᵗᵒ. soł . Vał .xl. soł .
Qđo recep̃⸝ xx. soł . T.R.E⸝ iiii.
liƀ . Hanc t̃ra tenuit Siuuard⁹ de
Heraldo . 7 potuit dare cui uoluit.

Domesday
Book, vol.
i. p. 190, a.
col. 2.

In Witelesfeld hunđ . In histetone
jacet Wara de i hida 7 dimiđ . de ℳ
cestreforde . 7 est in Exscsse ap̃pciata
hanc t̃ra tenuit Algar⁹ comes.

Domesday
Book, vol.
i. p. 189, b.
col. 2.

In Histetone teñ Duranđ⁹ de Harđ
.i. hiđ . Tr̃a . ē .i. cař . 7 ibi . ē . cū

Domesday
Book, vol.
i. p. 198, a.
col. 1.

Tib. A. vi.
.C. 7 .XL. oues . 7 .XXII. por . un⁹ runcin⁹ . .II. serui . Pratū .I. carruce . Inͭ toͭ ualet .XX. sol . 7 qn̄ recep̃ .X. sol . t. r. e. .X. sol . Hanc ͭrā tenuit hestred⁹ hō algari comitis . potuit recede absq̥ eius licentia.

In hoc hundͬ . clintôna p .XX. ħ . se defendit . t. r. e. 7 mᵒ . De his .XX. ħ . tenet comes eustachi⁹ .XIX. ħ . 7 dimid . de rege .XXIIII. carr̃ . ē . ibi . ͭra . .III. c̃ . in dominio . 7 qᵃrta poͭ fieri . Et .IX. hide in dn̄io .XVI. carr̃ . uillanis . 7 .IIII. c̃ . possunt fieri .XXX. uillani .X. bor .III. ser . & de his .XXX. uillanis tenent .XI. uillani un⁹q̊ˢq̥ dim̄ . hidā . 7 un⁹ .I. uirgā . 7 .I⁹. unā . ħ .II. mol . de .XXX. sol . Pratū .III. c̃ .II⁹. anᵃ . ocio .XL. .o.XV. por .II°. eque . 7 un⁹ mulus . Inͭ totis ualentiis ualet .XX. li . 7 qn̄ recep̃ .XXIIII. li . t. e. re. XXIIII. liɓ . Hoc manerиū tenuit alsi sq̊ˢtrebil de . re . e . & de his .XX. ħ . tenet durandus de hardeuuino dim̄ . ħ .IIII. boɜ ē ͭra . Ñ ͭra ualet .II. horas . 7 qn̄ recepit꞉ XII. dn̄ . Tempe . r. e. .v. sol . Hanc ͭrā teñ . estred⁹ de comite algaro . potuit dare ͭrā suam cui uoluit.

In hoc hundͬ dochesurda . p .XX. ħ . se defendit . t. r. e. 7 mᵒ . De his .XX. ħ . tenet comes eustachi⁹ .v. ħ . 7 .III. uir . .VI. carrucis ē ibi . ͭ . una . c̃ . i dn̄io . 7 .II°. c̃ . possunt fī .II°. c̃ . uillanis . 7 .Iᵃ. carruca poͭ fieri . duo uillani 7 dimidi⁹ .v. bor . 7 .III. uirge .I⁹. ser . unū mol . confract⁹ de .XII. sol . Prat̃ .II. carrucis .

f. 97, b.
col. 2.

.II. seruis . 7 pᵃtū .I. car̃ . Val XX. sol . Qdo recep̃꞉ X. sol . 7 tn̄td T.R.E. Hanc ͭrā tenuit Estred sub Algaro͞ᵐ . potuit dare 7 uende cui uoluit.

Comes EVSTACHIVS teñ HICHELINTONE . p XIX. hid 7 dim̄ se defd . Tr̃a . ē .XXIIII. car̃ . In dn̄io .IX. hidæ . 7 ibi III. car̃ . 7 IIIIᵗᵃ. poͭ fieri . Ibi .XXX. uilli cū .X. bord hn̄t XVI. car̃ . 7 IIII. adhuc pos̃ fieri . Ibi .III. serui . 7 II. molini .XXX. solid . Pᵃtū .III. car̃ . Inͭ toͭ ual XX. liɓ . Qdo recep̃꞉ XX.IIII. liɓ . 7 T.R.E.꞉ similiͭ . Hoc m̄ tenuit Alsi teign⁹ .R.E.
Domesday Book, vol. i. p. 196, a. col. 1.

In Inchelintone[1] teñ Durand⁹ de hard dim̄ hid . Tr̃a . c̄ IIII. boɓ . Val XXXII. deñ . Qdo recep̃꞉ XII. deñ . T.R.E.꞉ v. sol . Hanc tenuit Estred sub Algaro͞ᵐ . 7 uende potuit.
Domesday Book, vol. i. p. 198, a. col. 1.

In Dochesuuorde . teñ ipse com̄ .v. hid 7 III. uirg̃ . Tr̃a . ē VI. car̃ . In dn̄io . ē .I. car̃ . 7 II°. plus pos̃ fieri . Ibi .II. uilli cū .VI. bord hn̄t .II. car̃ . 7 .IIIᶜⁱᵃ. poͭ fieri . Ibi .I. molῑ de XII. sol fuit . mᵒ confract⁹ sɜ poͭ restaurari . Pᵃtū .II. car̃ . Inͭ toͭ ual .C. sol . Qdo recep̃꞉ VII. liɓ . 7 tn̄td T.R.E. Hanc ͭrā teñ Hernulf⁹
Domesday Book, vol. i. p. 196, a. col. 1.

[1] Inchelintone.] *Sic* in Domesday Book.

s꜀ moł . potest reedificari . Inͭ . totū
uał .c. soł . 7 qn̅ recep̅ .vii. li . Tempe .
re . e .vii. li . Hanc t̃ra tenet arnul-
fus de comite eustachio . De hac tenuit horulfus .vii. uirgas . hō .re. e .
Et stigand꜀ archiep̅c .iii. ħ . 7 dīn̅ .
Potuer̅t dare 7 uenđe cui uoluerunt .
Et de his .v. ħ . 7 .iiii. uirgis tenet
Wido andeganensis de p̃dicto comite
unā . ħ . 7 unū moł . ad firmā . Inͭ
toͭ uał .xxviii. soł . 7 .viii. đ . 7
semp ualuit . Hanc t̃ra tenuit igwar꜀
de rege . Potuit dare 7 uenđe cui
uoluit . Et de his .xx. ħ . tenet gi-
rard꜀ Lotariensis .vi. ħ . de comite
alano .vi. carrucis ē ibi t̃ra .iiᵉ. c̃ . in
dominio . 7 .iii. c̃ . uillanis .iiii. uillani .v. bor . un꜀ seruus . Pratū .ii.
carrucis .c.7.lxii. oues .xlviii. por .
De pasturaᷝ un꜀ socc꜀ . un꜀ runc̃ .
Inͭ totū uał .c. soł . 7 qn̅ recep̅ .c.
soł . .t. r. e. vii. liħ . Hanc t̃ra tenuit
ediua pulcra .t. r. e.   Et de his .xx.
ħ . tenet gisleħt꜀ cū barba de Roħto
de todeneio .iiii. ħ . 7 dīn̅ .v. carr̃ .
ē ibi t̃ra .i. c̃ . in dn̅io .iiᵉ. car̃ . pos̃ .

fieri .ii. carr̃ . uillanis .iiii. uillani .v.
bor. ii. ser .ii. moł . de .l. soł .lx.
oues .iii. min꜀ .xxiii. por . de pastura .i. socc꜀ . Pratū .ii. carr̃ . Inͭ
totum uał .vii.li. 7 .x. soł . 7 qn̅
recep̅ .c. soł . Et .x. soł . t. r. e. viii.
.li . Hanc t̃ram tenuit Ulf꜀ antecessor Roħti . 7 tegn꜀ reg̃ æduuardi
fuit . Et de his .xx. hiđ . tenet paganus homo Hardeuuini .iii. ħ . 7
unā . uir .iii. c̃ . 7 .iiᵇ꜀. boħ꜀ ē ibi
t̃ra .iiᵉ. c̃ . in dominio . una . c̃ . 7

de com̃ . E . Herulf꜀ tenuit de rege .
E .vii. uirg̃ . 7 Stigand꜀ archicp̅s .iii.
hiđ 7 dīn̅ . De hac t̃ra ten̅ Wido de
com̃ E . dīn̅ hiđ 7 i. moliñ ad firmā .
Inͭ toͭ uał .xxᵗⁱ.viiiᵗᵒ. soł 7 viii. den̅ .
Hanc t̃ra tenuit Ingara de rege .
E . 7 potuit uendere.

In Dodesuuorde ten̅ Girard꜀ de Domesday
Book, vol.
i. p. 194, a.
col. 1.
comite .vi. hiđ de comite . T̃ra . ē
.vi. car̃ . In dn̅io sunt .ii. 7 iiii. uiłłi
7 v. borđ cū .iiii. car̃ . Ibi .i. seruus .
7 pᵃtū .ii. car̃ . Inͭ totū uał 7 ualuit
.c. soł . T.R.Eᷝ vii. liħ . Hanc t̃ra
tenuit Eddeua.

Rotbert꜀ de Todeni in Doches- Domesday
Book, vol.
i. p. 196, b.
col. 2.
uuorde ten̅ .iiii. hiđ 7 dīn̅ . Gisleħt꜀
ten̅ de co . T̃ra . ē .v. car̃ . In dn̅io .
ē .i. 7 ii. pl꜀ pos̃ . ēē . 7 iiii. uiłłi
cū .v. borđ hn̅t .ii. car̃ . Ibi .ii. serui .
7 ii. molini de .l. soł . Pᵃtū .ii. car̃ .
Valet vii. liħ 7 x. soł Qđo recep̅ᷝ c
7 x. soł . T.R.Eᷝ viii. liħ . Hanc t̃ra
tenuit Vlf teign꜀ regis . E.

In Dochesuuorde ten̅ Pagan꜀ .iii. Domesday
Book, vol.
i. p. 198, a.
col. 1.
hiđ 7 i. uirg̃ de Harđ . T̃ra . ē .iii.
car̃ 7 ii. boħ꜀ . In dn̅io sunt .ii. car̃ .

. A. vi. .II. boues.· uillanis . Vnus uillan⁹ .III. bor .III. serui . Prat̃ .I. car̃ . De pastura .I. socc⁹ .CC. 7 .X. o .VIII. por . Int̃ totum uat .L. sot . 7 qñ rece.· LX. sot . t. r. e. C. sot . Hanc t̃ram tenuer̃ .XIII. sochemanni . Et de istis .XIII. sochemannis.· XI. sochemanni fuer̃t .r. e. Et potuerunt recedē qñ uoluerunt . Et isti inuenerunt .II. aueras.· 7 .IX. inuuardos . & unus istoꝝ .XIII. erat homo ediue pul . 7 tenebat .III. uirgas . 7 ñ potuit recedē . Et de his .XX. h̃ . tenet Rob̃t⁹ gernun dimid . h̃ . de rege . H̃ t̃ra ualet .V. sot . 7 qñ recep̃ .V. sot . t. r. e. VI. sot . 7 .VIII. dñ . Hanc t̃ram tenuit Aluricus campe.

In hundr de tripelâue iurauerunt homines . scit . Rad . p̃positus de hundr . Wills de caillei . Ranulf⁹ de Barentona . Tedbald⁹ hō hardeuuini . stanhard⁹ de hauekestona . Godric⁹ de fulemere . Aluric⁹ de tripelâue . Sigar⁹ dapifer . Et oñs alii frãci 7 angli. 8, a. 2.

In hoc hundr t'ppelâue p .VIII. h̃ . se defend . t. r. e. 7 m° . Et de his .VIII. h̃ . tenet ab̃b de elẏ .V. h̃ . 7 dimid .VIII. c̃ . est t̃ra .III. c̃ . 7 .III. h̃ . in dominio .V. carr̃ . uillanis .XII. uillani .V. bor .V. serui . Prat̃ .I. carruce . Pastura ad pec̃ . uille .C. o .XXX. por . Pastura de .II. soccis .I⁹. runci. Int̃ totū uat .XI. li . t. r. e. XII. l . Hec t̃ra iacet 7 iacuit ĩ ecctia de elẏ . In hac uilla t'ppel . tenet hardeuuin⁹ .I. h̃ . de uictu monachoꝝ . p q^e ndā respectū sub rege . donec alloquat̃ inde.· Regi . In hac hida ē t̃ra .I. car- .7 I. uitts cū .IIII. bord hñt .I. car̃ 7 II. boū . Ibi .III. serui . P^a tū .I. car̃ . De past̃a .I. socc . Vat .L. sot . Qđo recep̃.· LX. sot . T.R.E.· C. sot . Hanc t̃rā tenuer̃ .XIII. sochi . Quoꝝ .XI. fuer̃ hōēs . R.E . 7 II. Aueras 7 IX. Jnew̃ uicecomiti inuener̃. tam̃ t̃ras suas uendē potuer̃ . 7 II°. reliq^i .I. hid 7 dim̃ tenuer̃ . un⁹ hō Algari . alt̃ hō Eddeue . s; t̃rā suā uendere ñ potuer̃.

In Dochesuuorde teñ Rob̃t⁹ dim̃ hid . Vat 7 ualuit V. sot . T.R.E.· VI. sot . Hanc tenuit Aluric de . E . rege . 7 potuit recedē. Domesday Book, vol. i. p. 196, b. col. 2.

IN TREPESLAV HVND. Domesday Book, vol. i. p. 191, a. col. 1.

Ipse ab̃b teñ VI. hid 7 dim̃ in Trepeslau . T̃ra . ē .VIII^to. car̃ . In dñio .III. hide 7 ibi sunt .III. car̃ . Ibi .XII. uitti 7 V. bord . cū .V. car̃ . Ibi .V. serui . 7 p^a tū .I. car̃ . Pastura ad pecuñ uillæ . In totis ualent̃ uat 7 ualuit XI. lib . T.R.E.· XII. lib . H̃ t̃ra jacet 7 jacuit sēp in dñio æcctæ.

In ead uilla teñ Harduin⁹ sub ab̃be p qđdā respectū ipsius ab̃bis de dñico uictu monachoꝝ .I. hidā . donec cū rege inde loquat̃ . T̃ra . ē .I. car̃ . Vat 7 ualuit sēp XX. sot . H̃ t̃ra jacuit sēp in dñio æcctæ de Elẏ . T.R.E.

Tib A. vi.
ruce . 7 ē carr̄ .LX. oues .XVII. por .
Semper ualuit 7 ual .XX. sol . Hec
iacet 7 iacuit in eccłia de elẏ . t. r. e.
Et de his .VIII. . ħ . tenebat hardeuuin⁹ .II. ac̃ . de t̄ra aƀƀis . de quibȝ
ñ ħt aliquē aduocatum . nec liƀatorē . sȝ sup aƀƀem occupauit⸴ ut
homines de hund̄ testat̄ . Et de his
.VIII. ħ . tenet sigar⁹ de gaufrido de
magnauilla .I. ħ . 7 dimid .II. carrucis ē t̄ra .Iᵃ. c̃ . in dominio . 7 .I. uil-

TIPELAVE HUNDK.
lanis . 7 .IIII. uillani .I⁹. ser . Past̄a
ad pec̃ . uille .V. animał . ocio .CC.
oues .XX. min⁹ . un⁹ runc̃ . Int̄
totū ualet 7 ualuit .XL. sol . Hanc

f. 98, b. col. 1.
t̄ra tenuit istemet sigar⁹ . potuit
dare 7 uende cui uoluit . S; socam
ei⁹ retinuit dñs ei⁹.

In hoc hund̄r . fulemere . ꝑ .X. ħ .
se defendit . t. r. e. Et Roƀt⁹ gernun tenet has .X. ħ . ī dñio .XI. carrucis . ē . ibi . t̄ .IIᵉ. c̃ . 7 dimid̄ . 7
.V. .ħ. in dominio . Et .VIII. c̃ . 7 dimidia uillanis .XXII. uillani .X. bor
.IIII. ser . unū moł . de .X. sol . 7
.VIII. d̄ . Prat̄ .XI. .c̃ . Pastura ad pecuniā uille .X. d̄ . 7 .VIII. animᵃ.
ocio .IIII.XX. o .XXXIIII. por . In totis
ualentiis ualet .XII. li . 7 qñ recep̄⸴
XII. li . t. r. e. XII. liƀ . Hoc maneriū
tenuit aluric⁹ campe . de rege.

In hoc hund̄r foxtona ꝑ .X. ħ . se

In ead̄ uilla tenebat Harduin⁹ .II.
acᵃs de t̄ra aƀƀis . de quibȝ non ħt
aduocatū nec liƀatorē . sed occupauit
sup aƀƀem ut hōēs de hund̄ testantur.

In Trepeslai teñ Hard̄ de rege .I. Domesday Book, vol. i. p.199, a. col. 2.
hid . de dñico uictu monachoꝛ . T̄ra .
ē .I. car̄ . 7 ibi est . Vał 7 ualuit sēp
XX. sol . Ħ t̄ra fuit de dñio æcclæ de
Ely.

In ead̄ uilla tenebat Hard̄ .II. acᵃs
de t̄ra aƀƀis . de qⁱb⁹ ñ ħt aduocatū
ł liƀatorē . sed occupauit sup aƀƀem .
ut hōēs de hund̄ testant̄.

IN TREPESLAV IID.
Domesday Book, vol. i. p.197, a. col. 1.

In Trepeslau teñ Sigar .I. hid̄ 7
diñi de Goisfrido . T̄ra . ē .II. car̄ .
In dñio . una . 7 .IIIIᵒʳ. uiłłi hñt alterā . Ibi .I. seru⁹ . Past̄a ad pecuñ .
Vał 7 ualuit sēp XL. sol . Istemet
Sigar tenuit sub Asgaro . 7 dare ł
uend̄e sine licentia ej⁹ potuit . Soca
uᵒ dño remansit.

IN TRE|SLAV HVND̄.
PE
Domesday Book, vol. i. p.196, b. col. 2.

ᷙ Ipse Roƀt⁹ teñ Fuglemære . ꝑ
X. hid se defd̄ . T̄ra . ē XI. car̄ . In
dñio .V. hidæ . 7 ibi sunt .II. car̄ 7
diñi . Ibi .XXII. uiłłi cū .X. bord . hñt
.VIII. car̄ 7 diñi . Ibi .IIII. scrui . 7 I.
moliñ de X. sol 7 VIII. deñ . Pᵃtū
oñib⁹ car̄ . Past̄a ad pecuñ uillæ . 7
X. deñ . In totis ualent̄ ual et ualuit
sēp .XII. liƀ . Hoc ᷙ tenuit Aluric
cap⁹ de . E . rege.

TERRA ÆCCLÆ DE CETRIZ.
IN TREPESLAV HVND̄.
Domesday Book, vol. p.193, a. col. 1.
ABBATISSA de CIETRIZ teñ de rege

Tib. A. vi. defenđ . t. r. e. 7 m⁰ . Et de his .x. ħ . tenet abbatissa de chateriz .v. .ħ. 7 .XL. ač . Octo cař . ē řra .IIᵉ. č . 7 .Iᵃ. ħ . 7 .XL. acre in dominio .VI. č . uillanis . XVI. uillani .XI. boř . dimidiū moł . de .X. soł . 7 .VIII. đ . Pratū omnib꜖ . cař . .c. oues . Et .XXVI. 7 .XXXII. porci .Iᵍ. run . Inť totū ualet .VI. li . 7 q̄n recep꜠́ vi. li . .t. r. e. VII. li . Hec řra iacet 7 ʾiacuit ī ecctia de chatriz . Et de his .X. ħ . tenet sigarᵍ de gaufrido de magnauilla .III. ħ . 7 dimi . 7 .XX. ač . Quinq̗ č . ē . řra .IIᵉ. č . in dominio . 7 .III. č . uillanis .V. uillani .X. bor .I. seruus . Pratū .V. cař . dimidiū molendinū de eađ uilla꜠́ de .X. soł . 7 .VIII. dñ .. occupauit Roƀtᵍ gernun sup gaufridū de magna uilla . ut homines de hunđr testať . Inť totum ualet .IIII. li . 7 q̄n recepit꜠́

f. 98, b. col. 2. .IIII. li . Tempe .r.e .IIII. li . 7 .X. soł . Istemet tenuit ab esgaro .t. r. e. Potuit dare 7 uenđe cui uoluit . s꜖ socam eiᵍ habuit esgarᵍ . Et de his .x. ħ . tenēt duo milites de comite alano .I. hidā . Terra ē ibi꜠́ I. carruce . 7 duob꜖ boƀ꜖ ē cař ᷑ . Prať .I. carruce . Inť toť ualet .xx. soł . 7 q̄n recepit꜠́ xx. soł . t. r. e. xxˢ. Hanc řram tenuit ediua pul . Hec řra inuenit .II. inuuardos .

In hoc hunđr . herlestona . ꝑ .X. ħ . se defendit . t. r. e. 7 m⁰꜠́ De his .X. ħ . tenet picotᵍ uicecomes de rege .VII. ħ . 7 diñ . .IX. č . ē řra .IIᵉ. č . in dominio 7 řcia poť fieri . Et .III. ħ . in dñio .III. č . 7 dimiđ uillanis . 7 .VI. uillani .XV. cotarii꜠́ de suis

---

in FOXETVNE .v. hiđ 7 XL. acᵃs . Třa . ē .VIII. cař . In dñio .I. hida 7 XL. ač . 7 ibi sunt .II. cař . Ibi .XVI. uiłłi 7 XI. borđ . cū .VI. cař . Ibi diñ moliñ . de X. soł 7 VIIItᵒ. deñ . pᵃtū oñiibᵍ cař . Vał 7 ualuit .VI. liƀ . T.R.E꜠́ VII. liƀ . Ĥ řra jacuit sēp 7 jacet in dñio æcctæ .

Domesday Book, vol. i. p. 197, a. col. 1.

In Foxetune teñ Sigar de Goisfř .III. hiđ 7 diñ . 7 XX. acᵃs . Třa . ē .v. cař . In dñio sunt .IIᵉ. 7 v. uiłti cū .X. borđ hn̄t III. cař . Ibi .I. seruᵍ . 7 pᵃtū .v. cař . Vał 7 ualuit sēp .IIII. liƀ . Istemet Sigar tenuit sub Asgaro . uenđe 7 dare potuit . soca uᵒ dño remansit .

In eađ uilla . ē diñ moliñ redđ soł 7 .X ⟩ VIII. deñ . qñ occupauit Roƀtᵍ gernon sup Goisfriđ . ut hōēs de hunđ testanť .

IN TREPESLAV HĐ.

Domesday Book, vol. i. p. 194, a. col. 1.

In Fugelesmara teñ .II. milites de A . comite .I. hiđ . Třa . ē .I cař . 7 II. boū . pᵃtū . I. cař . Vał 7 ualuit xx. soł . T.R.E꜠́ xxv. soł . Hanc řra tenuit Eddeua . 7 ħ řra inuenieƀ .II. Ineuuarđ uiceč.

IN TREPESLAV HĐ.

Domesday Book, vol. i. p. 200, a. col. 2.

In Herlestone teñ Picot VII. hiđ 7 diñ . Třa . ē .IX. cař . In dñio .III. hidæ . 7 ibi sunt .II. cař . 7 IIIᶜⁱᵃ. poť fieri . Ibi .VI. uiłti 7 XV. coť hn̄t .IIIIᵒʳ. cař . 7 vᵗᵃ. poť fieri . Ibi .I. moliñ de .XXX. soł . Pᵃtū .V. cař . Pasťa ad pecuñ . In totis ualenť uał .VIII.

Ipse Picot teñ .I. hiđ 7 diñ de rege . 7 in hac uillᵃ

vi. hortis . vnum mol . de .xxx. sol .
Prat̃ .v. c̃ . Pastura ad pec̃ . uille
.xxviii. porci . Int̃ totũ ualet .viii.
li . 7 qñ . rece .iiii. li . t. r. e. x. li .
De hac t̃ra tenuit orgar⁹ homo comitis haraldi .iiii. h̃. potuit recede
ad q'mlibet dñm c̃ t̃ra sua . t. r. e.
Et de hac t̃ra tenuer̃t .vi. sochemanni . t. r. e. ii. h̃ . 7 inueniebant
unam auerã . 7 .v. inuuardos . Et isti
potuerunt recede u' noluer̃t . Et
unam . h̃ . 7 dimid . tenuit Fredeb̃t⁹
de soca ab̃bis . Et potuit recedere
q⁰ uoluit . s3 soca remanebat harlestone . Et hanc t̃ram tenet picot⁹ sub
ab̃be . 7 ē appretiata . De his .x. h̃ .

lib̃ . Qdo recep̃⁊ iiii. lib̃ 7 x. sol .
T.R.E⁊ x. lib̃ . De hac t̃ra tenuit
Orgar .iiii. hid de Heraldo comite .
7 recede potuit . 7 vi. soch̃i hōēs
R.E. tenuer̃ .ii. hid . 7 i. Auerã 7 v.
jneuuard inuener̃ . 7 cũ t̃ra sua recede potuer̃ . Fridebtus tenuit de
ab̃be de Elẏ .i. hid 7 dĩm . 7 recede
cũ t̃ra sua potuit . s3 soca remansit
æcc̃læ . De hac hida 7 dĩm seruit
Picot ab̃bi . 7 teñ eã jussu regis .

app̃cia Qidã
sochs tenuit
sub abbe de
Elẏ . 7 uendõ
potuit . sed
soca Abbi
remansit.

tenet ranulfus unã . h̃ . 7 .i. uirgã de
Roberto gernone de feudo regis .i.
carruce . 7 .ii. bob3 c̃ t̃ra . Et sunt
ibi .iiii. bor un⁹ cotari⁹ de suo orto .
Pratum .i. cañ . .l.v. oues .xvii. por .
Ĩ t̃ra ualet .xxx. sol . 7 qñ recep̃
.xx. sol . t. r. e. xxx. sol . Hanc t̃rã
tenuit q'dã sochemann⁹ .R.e. Potuit
t̃rã suam dare cui uoluit . sine soca .
t. r. e. Et inueniebat iuuardum uicecomiti regis . De his .x. h̃ . tenet odo
camerarius de comite ala .v. uirgas
7 dĩm .i. carruce 7 dĩm . ē t̃ra . Et
caruca ē ibi 7 dĩm . unus uillanus .iii.
bor . iiii^ter .xx. oues .xviii. por . Int̃
totum ual .xx. sol . 7 qñ recep̃⁊ xv.
sol . t. r. e. xxx. sol . De hac t̃ra te-

In Herlestone teñ Picot .i. hid 7
dĩm de abbate jussu regis . 7 est
app̃ciata in Herlestone . hanc t̃rã tenuit q'dã soch̃s sub ab̃be de Elẏ .
T.R.E. potuit recede sine licentia
ej⁹ . sed soca remansit ab̃bi .

Domesday
Book, vol.
i. p. 191, a.
col. 2.

In Herlestone teñ Rannulf⁹ de
Robto .i. hid 7 i. uirg̃ . T̃ra . ē .i. cañ
7 ii. bob⁹ . 7 ibi sunt cũ .iii. bord 7
i. cot̃ . p̃tū .i. cañ . Val xxx. sol .
Qdo recep̃⁊ xx. sol . T.R.E⁊ xxx.
sol . Hanc t̃ra tenuit .i. soch̃s sub .
E. rege   . 7 i. jneuuard inueñ . 7
t̃ra sua uende potuit . s3 soca regi
remansit .

Domesday
Book, vol.
i. p. 196, b.
col. 2.

In Herlestone teñ Odo de coñi .v.
uirg̃ t̃re 7 dĩm . T̃ra . ē .i. cañ 7 dĩm .
7 ibi . ē . cañ 7 dĩm . cũ uno uillo 7
iii. bord . Val xx. sol . Qdo recep̃⁊
xv. T.R.E⁊ xxx. sol . De hac t̃ia
.iiii. uirg̃ 7 dĩm tenuer̃ .iiii. soch̃i sub
Eddeua . 7 inuenieb̃ .ii. jneñ uice-

Domesday
Book, vol.
i. p. 194, a.
col. 2.

A. vi. nuerunt .III. sochemanni .IIII. uirgas 7
dīm̄ . 7 isti inueniebant .II. īuuardos꙳
uicecomiti regis . Et isti fuerunt homines ædiue . potuer̄t recede . De
ead t̄ra tenuit un꙯ prb̄r .Iā. uirgam
de orgaro . 7 inueniebat .I. iuuardū
uicecomiti reg̃.

In h̄ hundr hauextona . p̄ .X. h̄ .
se defendit . t. r. e. 7 m꙯ . De his .X.
h̄ . ten7 abb de eli .VIII. h̄ . 7 dimid
.XII. carrucis ibi ē . t̄ .IIII. c̃ . 7 .V. h̄ .
in dominio . 7 .VIII.꙳ uillanis .XVI.

a. uillani .II. bor .III. ser .II. mot . de
.L. sot . Prat̄ IIII. cat̄ . Pastura ad pec̃ .
uille .II. ani . ocio .C. o .XXXVIII. por .
In totis ualentiis ualet꙳ .XIII. li . 7
qn̄ recepit꙳ XIII. li . t. r. e. XIIII. .li.
H̄ man̂ium iacet 7 iacuit semp ī
ecctia . s̃ ædel . de ely꙳ in dominio .
Et de his .X. h̄ . tenet hardeuuin꙯ de
scat .Iā. h̄ . 7 dīm̄ . de Rege .II. car̄ .
ē . ibi t̂ . 7 sūt carruce ibi . 7 hida 7
dimi꙳ in dominio . Et st̃ .IIII. bor .
7 unum mot . de .XX. sot . Pratū .II.
c̃ . pastura ad pec̃ . uille .XVIII. animat . ocio .CC. oues .IIII. min꙯ .XIX.
por . 7 .IIII. pulli . Int꙯ totū uat .LX.
sot . 7 qn̄ recep̃꙳ LX. sot . t. r. e. IIII.
lib . De hac t̂ra tenuit bondus de
abbe de eli .III. uirgas. Potuit recede cū uoluit . 7 uende t̂ram suam
sinc soca . Et alt̂ sochemannus tenuit
.III. uirgas de comite alano . potuit
dare 7 uende꙳ cui uot.

In hoc hundr scelforda p̄ .XX. h̄ .
se defendit . t. r. e. 7 m꙯ . De his
.XX. h̄ . tenet abb de eli .IX. . hi . 7
XXIX. ac̃ .XI. c̃ . ibi ē . t̂ .III. carruce
7 .V. h̄ . in dn̄io . 7 .VIII. c̃ . uillanis

com̄ . 7 tam̄ recede potuer̄ . 7 un꙯
prb̄r sub Orgaro .I. uirg̃ tenuit . uñ
Ineuuard inueñ . 7 recede potuit.

m̄ HAVOCHESTVN . p̄ .VIII. hid 7 Domesday
Book, vol.
dīm̄ se defd . T̃ra ē .XII. car̄ . In dn̄io i. p. 191, a.
col. 2.
.V. hidæ . 7 ibi sunt .IIII. car̄ . 7 XVI.
uitti 7 IIII. bord cū .VIII. car̄ . Ibi .III.
serui . 7 II꙯. molini de .L. sot . Pātū
.IIII. car̄ . Past̃a ad pec̃ uillæ. In totis
ualen̄t uat 7 ualuit .XIII. lib . T.R.E꙳
XIIII. lib . Hoc m̄ jacet 7 jacuit sēp
in dn̄io æcctæ de Elẏ.

IN TREPESLAV HVND̄. Domesday
Book, vol.
In Hauochestone teñ Hard .I. hid i. p. 198, a.
col. 1.
7 dīm̄ . T̃ra . ē .II. car̄ . 7 ibi sunt
cū .IIII. bord . In dn̄io . ē una hida
7 dīm̄ . 7 I. mot de .XX. sot . Pātū .II.
car̄. pastura ad pecuñ uillæ . Vat 7
ualuit .LX. sot . T.R.E꙳ IIII. lib . De
hac t̂ra tenuit Bundi .III. uirg̃ de
abbe de Elẏ . 7 uende potuit . soca
u꙯ remansit abbi . 7 alt̂ sochs Algari
comīt .III. uirg̃ tenuit . 7 cū t̂ra sua
recede potuit.

m̄ ESCELFORDE . p̄ IX. hid 7 XXIIII. Domesday
Book, vol.
acris se defd . T̃ra . ē .XI. car̄ . In i. p. 191, a.
col. 2.
dn̄io .V. hidæ . 7 ibi sunt .III. car̄ .
Ibi .XX. uitti 7 VIII. bord cū .VIII. car̄ .
Ibi .VII. serui . 7 II. mot de .XLV. sot .

Tib. A. vi. .xx. uillani .viii. bor .vii. ser . ii.
moł . de .xlv. soł . Pratū .iiii. c̃ . 7
.ii. por . impinguantur de molinis .
Pastura ad . pe . uille .v. animał .
ocio . c.l. oues .xxx. .vi. por . In totis ualentiis uał .vii. li . 7 q̃n recep̃
.xii. li . Tem . r. e. xiiii. li . Hoc
man̊iū iacet 7 iacuit semp ī ecc̷ia

f. 99, b.
col. 1. de eli in dominio . De his .xx. ħ .

tenet hardeuuin⁹ de scał .vi. ħ . 7 .i.
uirgā . 7 .vii. ac̃ . de rege .vi. car̃ . 7
.ii. bob₃ ibi ē t̊ra . 7 .viii. car̃ . ibi
sunt .i. caruca 7 .i. ħ. in dominio
.vii. c̃ . uillanis .xiii. uillani .iiii. bor .
de iiii. ac̃ . Prał .iiii. car̃ . Pastura
ad pecu . uille . Int̊ toł ualet .vi. li .
7 q̃n recep̃ .vii. li . t. r. c. .viii. li .
De hac t̊ra q̃ᵐ tenet Hardeuuin⁹
fuerunt .ii. ħ . 7 dimi . 7 .ix. ac̃ . 7
unū monast̊ium in dominica firma .
s̃ . ædel . de eli . t. r. e. Et in morte
fuerunt in ip̃a ecc̷ia ut homĩes de
hundreto testantur . 7 mᵒ n̄ habet
abbas de eli . Et de hac t̊ra adhuc
tenuerunt .vii. sochemanni .iᵃ. ħ . 7
dimidiā 7 .vi. ac̃ . de soca ab̄bis de
elẏ . Nō potuerunt reced̊e s₃ soca
remanebat ab̄bi . Et de hac t̊ra adhuc tenuerunt .iii. sochemanni dimi .
ħ . sub gurdo comite . n̄ potuer̃t recedere absq̷ licentia comitis gurdi .
Et soca iacebat in Witlesforda . Et
de hac .t̊. adhuc tenuit alsi dimid .
ħ . de comite algaro . Potuit dare 7

7 ii. porc̃ redd̄ . Pᵃtū .iiii. car̃ . In
totis ualenł uał 7 ualuit .xii. lib̄ .
T.R.E .xiiii. lib̄ .

In ead̄ uilla teñ Harduin⁹ .ii. hid̄
7 dim̃ . 7 ix. acᵃs . 7 uñ monasteriū
de d̄nica firma monacho₃ de Elẏ . 7
ibi fuer̃ . T.R.E. ut hund̄ testał . mᵒ
non ħ̃ ab̄b.

In ead̄ uilla teñ vii. sochi .i. hid̄ 7
dim̃ 7 vi. acᵃs . de soca ab̄bis. | potuer̃
reced̊e cū t̊ra . s₃ soca remanebat
æcc̷læ de Elẏ . Hoc m̄ jacuit 7 jacet
sēp in d̄nio æcc̷æ de Elẏ.

In Escelforde teñ Hard̄ .vi. hid̄ 7 Domesday
Book, vol.
i. uirg̃ . 7 vii. acᵃs . T̊ra . ē .vi. car̃ . i. p. 198, a.
col. 2.
7 ii. bob⁹ . 7 ibi sunt .viii. car̃ . In
d̄nio .i. hida . 7 ibi . c̃ .i. car̃ . 7 xiii.
uiłli cū .iiii. bord̄ hn̄t .vii. car̃ . Pᵃtū
.iiii. car̃ . Pasła ad pecuñ . Vał 7 ualuit .vi. lib̄ . T.R.E.′ viii. lib̄ . De
hac t̊ra .iiᵉ. hidæ 7 dim̃ . 7 ix. acræ .
7 uñ monasteriū . fuer̃ in d̄nio ecc̷æ
de Elẏ . T.R.E. 7 in die quo isd̄ rex
obijt . 7 sunt de d̄nica firma mᵒ ut
hund̄ testał . De hac t̊ra adhuc teñ
.vii. sochi .i. hid̄ 7 dim̃ 7 vi. acᵃs . de
Soca ab̄bis de Elẏ . n̄ pot̊ reced̊e cū
t̊ra . s₃ soca remanebat æcc̷æ Elẏ .
De ead̄ t̊ra .iii. sochi tenuer̃ dim̃
hid̄ . sub comite Guerd̄ . n̄ potuer̃
sine lic̃tia ej⁹ reced̊e . Soca eo₃ jacuit in Witelesforde . Alsi tenuit dim̃
hid̄ de Algaro . potuit dare ł uend̊e .
soca uᵒ comiti remanebat . 7 i. inew̄
inueñ . Duo sochi .i. uirg̃ 7 vii. acᵃs
tenuer̃ de comite Heraldo . n̄ potuer̃
reced̊e absq̷ licentia . 7 v. sochi .iii.
uirg̃ 7 dim̃ tenuer̃ sub . E. rege . 7

Tib. A. vi. uendere cui uoluit . sʒ soca comiti remanebat . Et iste inueniebat inuuardū uicccomiti regis . & de hac ꞇra adhuc tenuerunt .ii. sochemanni .i. uirgā 7 .vii. ac̃ sub comite Halardo . ñ potuerunt receđe absqᷓ eius licen-

f. 99, b. col. 2.

tia . Et de hac ꞇra adhuc tenuerunt .v. sochemanni .iii. uirgas 7 dimĩ . de . re. æduuardo . Potuerunt dare 7 uende cui uoluerunt sine soca . Et inuenerunt .i. auerā 7 .ii. inuuar . uicecom̃ regis . soca semp remansit . Et de his .xx. ħ . tenet hardeuuin⁹ p̃dict⁹ de comite ala .i. ħ . 7 dimi . 7 .vi. ac̃ .ii. caꝛ̃ . c̄ . ꞇra . 7 ibi sunt . Praꞇ .ii. c̃ .vi. uillani . .ii. bor . de .ii. ac̃ . Inꝥ totū ual .xxx. soł . 7 qñ recepit .xxx. soł . tem . r. e. .xl. soł . Hanc ꞇram tenueꝛt .vi. sochemanni . homines ædiue pul . Potuerunt receđe cum uolueꝛt . 7 inuenerunt .iiii. inuuardos uicecom̃ . reg̃ . Et de his .xx. ħ . tenet petr⁹ ualonensis .iii. ħ . de firma regis in neueport . .iiii. caꝛ̃ . ibi . ē . Ꝓ. una . c̃. in dominio . 7 alꞇa . c̃ . poꞇ fieri .ii.ᵉ . c̃ . uillanis .v. uillani .vi. bor . Pratū iiii. c̃ . Pastura ad . pe . uille . Inꝥ totum reddit .iiii. li . arsas . 7 pensas . 7 .xx. soł numero . H̃ ꞇra ē bereuuica in neueport . sʒ Wara iacct in grantebrigge sẙra . Hanc ꞇrā tenuit comes haral . t. r. e.

In hoc hundreto stapleford p .x. ħ . se defendit 7 mᵒ . Et has .x. hi . tenet abb de eli .xi. caꝛ̃ . ē . ꞇra .iiii. c̃ . 7 .vi. hi . 7 dimi꙼ in dñio .vii. c̃ . uillanis .xvi. uillani .iiii. bor .vii. serui . Pratū .v. c̃ . Pastura ad pecu . uille . Silue ad sepes reficiendas .c. 7

f. 100, a. col. 1.

i. auerā 7 ii. ineꝥ inueñ uicecoñ . ꞇrā suā uende potueꝛ . sed soca eoʒ regi remansit .

In Escelford teñ Harduin⁹ de comite .i. hiđ 7 diñi . 7 vi. acᵈs . Tꞃa . ē .ii. caꝛ̃ . 7 ibi sunt cū .vi. uiꞇlis . 7 ii. borđ . pᵃtū .ii. caꝛ̃ . Val .xxx. soł . Qđo recep꙼ xx. T.R.E꙼ xl. soł . Hanc ꞇrā .vi. sochi sub Eddeua tenueꝛ .iiii. jneꝥ inueneꝛ . 7 receđe potueꝛ.

In Trepelav iiħ.

In Escelforde teñ Petrus de ualong̃ iii. hiđ de firma regis in Neuport . Tꞃa . ē .iiii. caꝛ̃ . In dñio . c̄ una . 7 altera poꞇ fieri . 7 v. uiꞇli 7 vi. borđ hñt .ii. caꝛ̃ . pᵃtū .iiii. caꝛ̃ . Redd .iiii. liƀ arsas et pensas . 7 xx. solid p numerū . Iĩ ꞇra . ē bereuuicha in Neuport . sʒ Wara ej⁹ jacet in Grantebrige . Hanc teñ ꞇrā coñ Heraldus.

🄼 Staplerorde . p x. hiđ se defđ . Tꞃa . c̄ xi. caꝛ̃ . In dñio .vi. hiđ 7 diñi . 7 ibi .iiii. caꝛ̃ . Ibi xvi. uiꞇli 7 iiii. borđ . cū .vii. caꝛ̃ . Ibi .vii. serui . 7 pᵃtū .v. caꝛ̃ . Pasꞇa ad pecuñ uillæ . Silua ad sepes refic . In totis ualenꞇ ual 7 ualuit xii. liƀ . T.R.E꙼ xiii.

vi. LX. 7 .X. oues .L. por . In totis ualentiis ualet .XII. li . Et qn̄ recep̄ .XII. li . t. r. e.՚ .XIII. li . Hec t̄ra iacet 7 iacuit semp in ecc̄ta de Elẏ.

In hoc hundr trumpintôna p .XII. h̄ . se defendit 7 m° . De his .XII. .h̄. tenet uuit̄s de callei de wit̄to de uuarenna .IIII. h̄ . 7 dim̄ .VI. c̄ . ē ibi t̄ra .IIe. c̄ . in dominio . 7 .III. c̄ . uillanis .IX. uillani .IIII. bor .II. ser .I. mot . de .XX. sot . Pratū .V. c̄ . pastura ad pe . uille . 7 .IIII. socci .X. a[a] . ocio . .IIII[ter] XX. 7 .IIII. oues .XL . IIII. por . Int̄ totum uat .VI. li . Et qn̄ recep̄ .VI. li . .t. r. e .VII. li . Hanc t̄ram tenuit Tochillus de ecc̄ta . s̄ . Ædel . de eli . t. .re. e . 7 in obitu . ita՚ q°d dare uel uende alicui . nec ab ecc̄ta separare absq, licentia monachorū . H̄ t̄ra fuit de honore Frederici frat̄ Wit̄ti de Warenna . Et de his .XII. .h̄. tenet herueus de picoto uicec̄ . .II. h̄ . 7 unam . uir . 7 dimid .II. c̄ . 7 dimi . ē ibi . t̄ .I[a]. c̄ . 7 dimidia ī dominio . Et .I. c̄ . uillanis .III. uilla . .I. bor . 7 .III. cotarii . 7 .I. ser . Prat̄ carrucis . unū animal ociosum . .XVI. o .XVI. porci .I[a]. asina c̄ pullo . De gurgite .CCCC. 7 .L. anguille . Int̄ totū uat .IIII. li . Et qn̄ recep̄ .XXX. sot . t. r. e. C. sot . Hanc . t̄ . tenuit horulfus tegnus de . re . e . Potuit dare 7 uen . cui uoluit . Et de his .XII. h̄ . tenet Ernulfus de aerda de comite eustach̄ . .II. h̄ . 7 dimid . uirgā .II. c̄ . 7 dim̄ . ē . t̄ .I. c̄ . 7 dimidia in dominio .I. c̄ . uillanis .III. uillani .I. ser . Prat̄ carrucis . .IIII. anim[a] . ocio . Hec t̄ra uat .IIII. lib̄ . Hoc m̄ jacet 7 jacuit sēp in dn̄io æcc̄tæ de Elẏ.

IN TREPESLAV HVND.

Domesday Book, vol. i. p. 196, b. col. 1.

In Trūpinton ten̄ Wit̄s .IIII. hid 7 dim̄ . T̄ra . ē .V. car̄ . In dn̄io sunt .IIe. 7 IX. uit̄i cū .IIII. bord hn̄t .III. car̄ . Ibi .I. molin̄ de .XX. sot . P[a]tū .V. car̄ . Past̄a ad pec̄ uillæ . 7 IIII. socos . Vat 7 ualuit .VI. lib̄ . T.R.E.՚ VII. lib̄ . Hanc t̄rā tenuit Tochi de æcc̄ta de Elẏ . die q[a] rex . E . fuit uiu9 7 mortuus . n̄ potuit dare nec uende nec ab æcc̄ta separare . Hanc t̄rā postea habuit Frederi fr̄ Wit̄i.

Domesday Book, vol. i. p. 200, a. col. 2.

In Trūpintone ten̄ Herueus de Picot .II. hid . 7 I. uirḡ 7 dim̄ . T̄ra . ē .II. car̄ 7 dim̄ . In dn̄io .I. car̄ 7 dim̄ . 7 III. uit̄i cū .I. bord hn̄t .I. car̄ . Ibi .III. cot̄ . 7 .I. seruus . p[a]tū car̄ . 7 CCCC.L. Anguit̄ de gurḡ . Vat .IIII[or]. lib̄ . Qdo recep̄՚ XXX. sot . T.R.E.՚ C. sot . Hanc t̄rā tenuit Orulf9 sub rege . E . 7 pot̄ uende 7 recede ad quē uoluit.

IN TREPESLAV HD.

Domesday Book, vol. i. p. 196, a. col. 1.

In Trūpintone ten̄ Ernulf9 de arda sub comite .II. hid 7 .I. uirḡ 7 dim̄ . T̄ra . ē .II. car̄ 7 dim̄ . In dn̄io . ē .I. 7 dim̄ . 7 III. uit̄i hn̄t .I. car̄ . Ibi .I. seru9 . 7 p[a]tū carr̄ . Int̄ tot̄ uat 7 ualuit .IIII. lib̄ . T.R.E.՚ C. sot . Hanc

li . 7 qn̄ . rece .IIII. li . t. r. e. c. soł .
Hanc t̄rā tenuit horulf⁹ tegn⁹ . re .
e . Potuit dare cui uoł . De his .XII.
ħ . tenet Roƀ . filius fafitoni de rege
.II. ħ .III. car̄ ibi ē . P̃ .I. c̃ . in dominio . 7 .I. ħ . 7 .II. c̃ . uillanis .IIII.
uillani .I. bor . de acra 7 dīn̄ .V.
cotarii de suis ortis . Prat̄ .I. car̄ .
Pastura ad pe . uille . Et de gurgite
dimidiū mille anguiłł .LX. oues . Int̃
totū ual .C. soł . qn̄ recep̃ .C. soł .
t. r. e. VI. li . De hac t̄ra tenuit normann⁹ .I. ħ . 7 .III. uir . de comite
Tosteio . potuit uende absq, licenc̃ .
dn̄i sui . Et q'dā sochemann⁹ . r. e.
fuit . tenuit .I. uir̄ . 7 potuit receđe .
7 inueniebat aueram uicecomiti regis . Hanc uirgā Roƀt⁹ Fafitonus sup
regem occupauit . ut homines de
hund . testant' . De his .XII. ħ . tenet
godlamb de comitissa iudeta dimiđ .
ħ . dimidie . c̃ṡ ē . ibi t̄ra . Int̃ tot
ual . 7 ualuit .X. soł . Hanc . P̃ . tenuit .I⁹. sochemann⁹ de comite Wal-

lēno . Nō potuit receđe absq, ei⁹ licentia . De his .VII. ħ . unus bur-
gensis de grēteburga .I. uirgā . 7
Warra iacet in trōpintona . 7 t̄ra in
grantebrigga.

In hundr de herningeforda . Jura-
uer̃t homines . scił . Walterus Mo-
nac⁹ . Hunfrid⁹ de anseuilla . IIugo
petuuolt . Ric̃ de Morduna . Colsuen⁹.
Ailmar⁹ eius fili⁹ . Turolfus . Alfuuin⁹ odesune . Et oñs alii franci 7
angli.

In hoc hundr Mordune . p .X. ħ .
se defendit . t. r. e. Et m° p .VIII.
ħ . Et de his .X. ħ . tenet eƥc de

t̄rā tenuit Herulf⁹ teign⁹ . R.E. potuit dare cui uoluit.

IN TREPESLAV IIĐ.

In Trumpintone teñ Roƀt⁹ .II. hiđ .
T̄ra . ē .III. car̄ . jn dn̄io .I. hiđ . 7 I.
car̄ . 7 IIII. uiłłi cū .I. borđ . .V. cot̃
cū .II. car̄ . P̃tū .I. car̄ . Pasta ad pecuñ [uillæ.] Valet 7 ualuit .C. soł .
T.R.E.ṡ VI. liƀ . De hac t̄ra tenuit
Normann⁹ de com̃ Tosti .I. hiđ 7
III. uirḡ . 7 potuit uende . 7 receđe
quo uoluit . 7 un⁹ hō regis . E . unā
uirḡ tenuit . 7 Aurā inuenieƀ uicecomiti . 7 tam̃ cū t̄ra receđe poł .
Hanc uirḡ occupauit Roƀt⁹ sup regē.
ut hunđ testat̄.

IN TREPESLAV IIVNĐ.

In Trūpintone teñ Gollam de co-
mit̃ dīn̄ hiđ . T̄ra . ē dīn̄ car̄ . 7 ibi .
c̃ . Val 7 ualuit sēp .X. soł . Hanc
t̄ra tenuit q'dā sochs de Wallef . ñ
potuit receđe.

(m̄) WALCHELIN⁹ eƥs Wintoniensis
teñ Mordune . p .VIIIto. hiđ se defđ .
T̄ra . ē .XVI. car̄ . In dn̄io .IIII. hidæ .

ⅵ. wincestre .VIII. h̃ .XVI. carrucis ibi c̄ .
t̃ .V. car̃ . 7 .IIII. h̃. in dominio .XI.
car̃ uillanis .XV. .XVI. carrucis . Pastura ad pec̃ . uille . .XVIII. anᵃ . ocio
.CC.L. oues .LX.IIII. por . .II. runcini .
In totis ualentiis ualet .XX. li . 7 qn̄
rece .X. li . t. r. e .XVI. lib̄ . Hoc mañiū iacet 7 iacuit in ecclia . s̃ . petⁱ
apli de wincestre . Et de his .X. .h̃.
tenet Rog̃. coñi .I. h̃ . 7 qᵃrtā parte
uniꝰ uirge꞉ de rege .II. c̃ . ibi c̄ t̃ra
.Iᵃ. c̃. in dominio . 7 .I. c̃ . uillanis
.VI. bor . .II. ser . Pratū .II. c̃ . Pastura ad pecuñ . uille . In̄t totū ual
.XL. sol . 7 totidem꞉ qn̄ . recep̄ .
Tem . r. e .L. sol . Hanc t̃ram tenuit
Goda . t. r. e. de comite algaro . Potuit dare cui uoluit . Et de his .X. h̃ .
tenet Hardeuuinꝰ .Iᵃ. h̃ . qᵃrtā partem .V. minꝰ . de rege .II. car̃ . c̄
ibi t̃ra . Et sunt carruce ibi . Hanc
t̃ra tenent .VI. sochemanni de eo . 7
tenuer̃t .t. r. e. II. mol . de .II. sol .
7 .VIII. d̄. Pratū .II. c̃ . Pastura ad
pec̃ . uille . In̄t totū ual .XXX sol . 7
totidem꞉ qn̄ recep̄ . Tem .r. e. XL.
sol . Et potuerunt recede s̷ soca
iacuit ī morduna.

In hoc hundr tadeslaue . p̃ .V. h̃ .
se defend .t. r. e. 7 m° p̃ .IIII. h̃ . De
his .V. h̃ . tenet picotus uicecoñi .II.
h̃ . 7 .I. uirgā 7 diñi . de rege .VI. c̃ .
c̄ ibi t̃ra . una . c̃ . 7 .Iᵃ. h̃ . 7 dimi .
uirga in dominio . Et alia . c̃ . potest
fieri .III. c̃ . uillanis . 7 qᵃrta pot̄ fieri
.II. uillani 7 dimidius .XIII. bor .IIII.
ser . unū mol . de .X. sol . Prat̃ .VI.
c̃ . Pastura ad pec̃ . uille . Silua
ad sepes refitiendas .XVIII. por . In̄t

7 ibi sunt .V. car̃ . 7 XV. uilli 7 XV.
bord cū .XI. car̃ . Ibi .XI. serui . 7 I.
moliñ de .XVI. deñ . 7 alij .IIᵒ. molini
de .XXXII. deñ . pᵃtu .XVI. car̃ . Pastura ad pec̃ uillæ . In totis ualent̃
ual .XX. lib̄ . Qd̄o recep̄꞉ X. lib̄ .
T.R.E꞉ XVI. lib̄ . Hoc m̄ jacet 7 jacuit in æccl̃a S̃ PETRI Wintoñ.

ROGERIVS Comes teñ In Mordune
.I. hid 7 IIIIᵗᵃ. parte .I. uirg̃ . T̃ra . c̄
.II. car̃ . In dñio diñi hida . 7 IIIIᵗᵃ.
pars .I. uirg̃ . 7 ibi . c̄ .I. car̃ . 7 VI.
bord cū .I. car̃ . Pᵃtū .IIᵃᵇ̷. car̃ . Pas̃a
ad pec̃ uillæ . Val 7 ualuit .XL. sol .
T.R.E꞉ L. sol . Hanc t̃ra tenuit Goda
de Algaro . 7 potuit dare

IN ERNINGFORD HVND̄.

In Mordune teñ Hard .I. hid .IIIIᵗᵃ.
par̃t .I. uirg̃ minꝰ . T̃ra . c̄ .II. car̃ . 7
ibi sunt . Ibi .II. mol de .IIᵃᵇ̷. ores .
pᵃtū .II. car̃ . pas̃a ad pec̃ uillæ . Val
7 ualuit XXX. sol . T.R.E꞉ XL. sol .
Modo teñ hanc t̃ra VII. sochi de
Hard . 7 ipsimet tenuer̃ . T.R.E. dare
7 uende t̃ra suā potuer̃ . s̷ soca remansit in Mordune.

IN ERNINGFORD HVND̄.

In Tadelai . ten Picot .II. hid 7 I.
uirg̃ 7 diñi . T̃ra . c̄ .VI. car̃ . In dñio
.I. hid 7 diñi uirg̃ . 7 ibi . c̄ .I. car̃ . 7
alia pot̄ fieri . 7 II. uirg̃ 7 diñi qᵃs teñ r̄q̄ qᵃt uill
uilli 7 XIII. bord hn̄t .III. car̃ . 7
IIIIᵗᵃ. pot̄ fieri . Ibi .I. moliñ de .X.
sol . Pᵃtū .VI. car̃ . Pas̃a ad pec̃
uillæ . Val LXX. sol . Qd̄o recep̄꞉ IIII.
lib̄ . T.R.E꞉ VI. lib̄ . Hanc t̃ra tenuer̃
.III. sochi . 7 inueniet̄ .I. Auerā 7 I.

Domesday Book, vol. i. p. 193, a. col. 2.

Domesday Book, vol. i. p. 198, a. col. 2.

Domesday Book, vol. i. p. 200, a. col. 2.

ѵɪ. totū ual .ʟx. 7 .x. sol . Et qn̄ recep̄꞊
ɪɪɪɪ. li . t. r. e. ѵɪ. li . Hanc t̄ra tenuerunt .ѵɪɪ. sochemanni . Ordric⁹ hō .
re. e . tenuit .ɪ. ħ . 7 uirg̃ā 7 diñi . Et
anschill⁹ homo hui⁹ ordrici tenuit .
dimid . ħ . 7 qᵃrtā partē uni⁹ uirge .
Et godric⁹ hō esgari tenuit diñi . ħ .
qᵃrtā partem uni⁹ uir . min⁹ . & isti
potuer̄t dare ul̄ uende t̄ra suā cui
uoluerunt . H̄ t̄ra inueniebat .ɪ. auerā 7 unū hewardū . Et de his .ѵ. ħ .
tenet ipsemet picot⁹ unā . ħ . 7 uir-
g̃ā 7 dimid . de iudeta comitissa .ɪɪ.
carrucis 7 dimi . ibi ē t̄ra . carruca 7
diñi꞊ ibi est . Et .ɪ. car̄ . potest fieri .
un⁹ uilla . 7 dimi . ibi . ē .ѵɪ. bor .
Silua ad sepes refitiendas . In̄t totū
ualet .xxx. sol . 7 qn̄ recep̄꞊ totidem . tē . .re. e .xʟ. sol . Hanc t̄ram
tenuit turkillus prb̄ homo comitis
tosti . Potuit t̄ram suā dare ul̄ uende
cui uoluit . Et de his .ѵ. ħ . tenet
Walt̄us monach⁹ de Ascelina uxore
Rad̄ . taillebois . unā . ħ . 7 .ɪ. uirg̃ā .
.ɪɪ. carrucis ē ibi t̄ra . Et s̃ carruce .
.ɪᵃ. c̃ . in dominio꞊ alt̄a uillanis . .ѵ.
bor . Pratū .ɪɪ. c̃ . Pastura ad pecuniā uille . una porca .ɪ. runcin⁹ . In̄t
tot̄ ual .xʟ. sol . 7 qn̄ rece .x. sol .
.t. r. e .xʟ. sol . Hanc t̄ram tenuit
Vlmar⁹ de etôna . tegnus . re. e.

In hoc hund̄r morduna p̄ .ѵ. ħ .
se defendit . t. r. e. 7 m° ꞊ p̄ ɪɪɪɪ. ħ .
Et de his .ѵ. ħ . tenet picot⁹ uicecoñi de rege .ɪɪɪ. ħ . 7 dimi .ѵɪɪ. c̃ .
ibi ē . ꝑ . .ɪ. c̃ . 7 .ɪ. ħ . in dominio .
7 alt̄a car̄ pot̄ fī .ɪɪɪ. c̃ . 7 dimi . uillanis . 7 .ɪ. . c̃. pot̄ fī . 7 dimi .ѵɪɪɪ.
uillani .xɪ. bor .xѵɪɪɪ. cotarii .ɪ. mol̄ .

Heuow̄ 7 t̄ra suā potuer̄ dare &
uendere.

Domesday
Book, vol.
i. p. 202, a.
col. 2.

Iɴ Eʀɴɪɴɢꜰoʀᴅ HD̄.

In Tadelai teñ Picot de comitissa
.ɪ. hid̄ 7 .ɪ. uirg̃ 7 diñi . T̄ra . ē .ɪɪ.
car̄ 7 diñi . In dn̄io potest fieri .ɪ.
car̄ . Ibi diñi uil̄ls cū .ѵɪɪ. bord̄ hn̄t
.ɪ. car̄ 7 diñi . Silua ad sep̄ reficiend̄ .
Val 7 ualuit .xxx. sol . T.R.E꞊ xʟ.
sol . Hanc t̄ra tenuit Torchil pbr̄
Tosti coñi . 7 uende potuit.

Domesday
Book, vol.
i. p. 202, b.
col. 1.

Azᴇʟɪɴᴀ uxor Radulfi tallgebosc
In Tadelai teñ de rege .ɪ. hid̄ 7 .ɪ.
uirg̃ T̄ra . c̄ .ɪɪ. car̄ . 7 ibi sunt cū .ѵ.
bord̄ . pᵃtū .ɪɪ. car̄ . Past̄a ad pecuñ
uillæ . Val xʟ. sol . Qd̄o recep̄꞊ x.
sol . T.R.E꞊ xʟ. sol . Hanc t̄ra tenuit Vlmar de Ettone . teign⁹ regis .
E . Nc̃ teñ Walter⁹ monach⁹ de
pdi&ta Azelina.

Domesday
Book, vol.
i. p. 200, a,
col. 2.

In Mordunc teñ Picot .ɪɪɪ. hid̄ 7
diñi . T̄ra . ē .ѵɪɪ. car̄ . In dn̄io . ē .ɪ.
hida . 7 ibi .ɪ. car̄ . 7 alia pot̄ fieri .
Ibi .ѵɪɪɪ. uil̄li cū .xɪ. bord̄ 7 xѵɪɪɪ.
cot̄ hn̄t .ɪɪɪ. car̄ 7 diñi . 7 ɪᵃ. 7 diñi
pot̄ fieri . Ibi .ɪ. moliñ de .ɪɪɪɪ. sol .
pᵃtū .ѵɪɪ. car̄ . Pastura ad pecuñ
uillæ.

Tib. A. vi.
de .IIII. soł . Praŧ .VII. c̆ . Pastura ad
pecuñ . uille . Inŧ toŧ ual .VI. li . 7
.X. soł . 7 q̃ñ recep̃ .VIII. liɃ . t. r. e
.X. li . Hanc ŧ̃ra tenuer̃t .VIII. soche-
f. 101, a.
col. 2.
manni . Osgot⁹ homo archiep̃i . stigandi .I. hidam tenuit 7 dimi . potuit
recede . sȝ soca remansit in morduna .
Et gotman⁹ & aluuin⁹ tenuer̃t .III.
¹ Sic, pro
homines.
uirgas homities¹ comitis algari . 7
potuer̃t recede . sȝ socam eorũ habuit comes . Et almar⁹ tenuit dimiđ
uirgã hō Ædiue pul . Goduuin⁹ 7
Wiłłs homĩes Stigandi archiep̃i .I.
uirgã tenuer̃t . Et Ælnod⁹ . 7 Al-
uuard⁹ sochemanni . .re. e . tenuerunt .III. uir . Et isti .II. inueniebant
.II. inuuardos uł .VIII. đ . Et isti homines potuer̃t dare uł uende cui uo-
luer̃t ꝟ . suã . t. r. e. Et de .V.
ħ . tenet comes rog̃ . dimiđ . ħ . 7
dimiđ . uir .I. c̆ . 7 .II. boƀȝ c̄ ŧ̃ra .II.
boues . 7 .I. uirga in dominio .I.
car̃ . uillanis .IIII. bor . Praŧũ .I. car̃ .
De hac ŧ̃ra occupauit hō hardeuuini
Aluredus .IIII. ac̃ . sup comitem Rog̃ .
ut Homines de hundr testantur . Inŧ
totũ ual 7 ualuiŧ꞉ XX. soł . Hanc
ŧ̃ra tenuit goda homo comitis algari .
Et ħ ŧ̃ra ptinet in scenegeia . Et de
his .V. ħ . tenet Ric̃ . de gaufrido
magne uille dimiđ . ħ . 7 .I. uirgã
.II. car̃ . c̄ ibi ŧra .I. c̆ . in dominio .
7 .I. car̃ uillanis .I. uillanus .V. cotarii . de .V. ac̃ . Et .III. cotarii de .III.
ac̃ . Praŧ .IIII. boƀȝ . Pastura ad pecu
uille .II. anᵃ . ociosa .L.III. oues .XXXV.
f. 101, b.
col. 1.
porci . Inŧ totũ ual .XX. soł . 7 q̃ñ
recepit .XV. soł . .t. r. e .XXI. soł .
Hanc ŧram tenuit godwinus Wabe-

Inŧ toŧ ual .VI. liɃ . 7 X. soł . Q̃đo
recep̃꞉ VIII. liɃ . T.R.E꞉ x liɃ . Hanc
ŧ̃ra tenuer̃ .VIII. sochi . Hoᵴ .III. hōēs
Stig̃ Archiep̃i .I. hiđ 7 III. uirg̃ ha-
buer̃ . 7 dare 7 uende potuer̃ . sȝ
Soca remansit in Mordune . 7 alij
.II°. hōēs Algari .III. uirg̃ habuer̃ com . 7
uende potuer̃ . Soca comiti remansit .
7 alij .II°. hōēs regis . E .III. uirg̃ tenu-
er̃ . 7 II°ˢ. jneuuard inuenieɃ . 7 dare
7 uende poterant . 7 un⁹ hō Eddeue
diñi uirg̃ habuit . 7 uende potuit .
Domesday
Book, vol.
i. p. 200, b.
col. 1.

In alia Mordune teñ | dim̃ hiđ 7
diñi uirg̃ . Tr̃a . ē .I. car̃ . 7 II. boƀ⁹ .
In dñio .I. uirg̃ ŧræ . 7 ibi sunt .II.
boues . Ibi .IIII. borđ . cū .I. car̃ .
Pᵃtū .I. car̃ . Val 7 ualuit sc̄p .XX. soł .
Hanc ŧ̃ra tenuit Goda sub Algaro com .
7 ptinet ad Scelgei . De hac ŧ̃ra occupauit Harduin⁹ de Scalers .IIII.
acᵃs . sup comitē . ut hunđ testaŧ .
comes . R .
Domesday
Book, vol.
i. p. 193, a.
col. 2.

IN ERNINGFORD HĐ.

In Mordune teñ Ricard⁹ de Gois-
frido .III. uirg̃ ŧræ . Tr̃a . ē .II. car̃ .
In dñio .I. car̃ . 7 un⁹ uiłłs cū .V.
coŧ hñt .I. car̃ . Ibi alij .III. coŧ sunt .
7 pᵃtū .IIII. boƀ⁹ . Pasŧa ad pecuñ .
Val XX. soł . Q̃đo recep̃꞉ XV. soł .
T.R.E꞉ XL. soł . Hanc ŧram tenuit
Goduin de Asgaro ˢᵗᵃˡʳ . 7 uende potuit .
Domesday
Book, vol.
i. p. 197, a.
col. 2.

Tib. A. vi. strang . homo esgari . Potuit dare 7
uende cui uol . .t. r. e . Et de his .v.
ħ . tenet Alured⁹ de Hardeuuino de
scal . dimi . uir . Dimiđ . carruce ibi
ē . Ꝑ . Vn⁹ cotari⁹ de .iii. ać .i. ać .
prati . Inꝓ totū ual . .v. sol . 7 qñ
recepit .v. sol . Tempore . r. e. x.
sol . Hanc . Ꝑ . tenuit Winīled⁹ de
comite algaro . Et ñ potuit dare neꝗ
uende ꝑrā suam tem . r. e . Hec ꝑra
ptinet in litelingetona.

In hoc hundꝛ cloptona ꝑ .v. ħ .
se . defendit . t. r. c . Et m° ꝑ .iiii.
Et de his .v. ħ . tenet epc Wintoniensis .iii. ħ . 7 dimi . Quinꝗ . c̃ . ibi
ē ꝑra .i. cař . 7 una . ħ . in dominio .
Et .iii. uirge ī dominio .iii. cař . uillanis . 7 .iiii. carruca poꞇ fieri .vi.
uillani .v. bor . Pratū .v. c̃ . Pastura
ad peć . uille . Inꝓ totū ual .lx. sol .
7 qñ rece .xl. sol . Tempꝛ . r. e. iiii.
li . Ħ ꝑra iacet 7 iacuit in ecctia . s̃ .
peꞇⁱ apłi de Wincestre . Et de his .v.
ħ . tenet hunfreid⁹ de eudone dapifero unam . ħ . 7 dimi .ii. c̃ . ibi ē
ꝑra . 7 carruce ibi sunt .vii. bor .
Pratū .ii. c̃ . Silua ad sepes refitien .
.ccc. oues .vii. minus . Vn⁹ herce-
rari⁹ . Inꝓ totū ual .iiii. li . 7 qñ
receꝑ .xl. sol . .t. r. e. xl. sol . Hanc
f. 101, b. Ꝑ . tenuit gûrd comes . In his .v. ħ .
col. 2. hꝛ picot⁹ uiccē q᷎ndam ortum de
soca . regis . e . 7 reddebat unū inuuardū uicecoñ . regis.

In hoc hundꝛ hateleia ꝑ .v. ħ . se
defendit .t. r. e. 7 m° ꝑ .iiii. Et de
his .v. ħ . tenet pic̃ . uicecomes q᷎nđ
ortum de rege .ii. hide .iii. carrucis
ibi ē ꝑra . una cař 7 dimi . ē . ibi .

In Mordune teñ Aluerad⁹ de harđ Domesday
diñi uirg̃ . Tra̅ . ē diñi cař . Ibi . ē .i. i. p. 198, a.
coꞇ 7 i. ać pᵃti . Val 7 ualuit .v. sol . col. 2.
T.R.E⸵ x. sol . Hanc ꝯra tenuit Win-
terled de Algaro . ñ potuit uende .
Ħ ꝯra jacet in Litingtone.

In Cloptune teñ isdē eꝑs .iii. hiđ Domesday
7 diñi . Tra̅ . ē .v. cař . In dñio .i. i. p. 190, a.
hida 7 iii. uirg̃ . 7 ibi . ē una cař . col. 2.
Ibi .vi. uiłłi 7 v. borđ cū .iiiᵇ⸵. cař .
7 iiiⁱᵃ. poꞇ fieri . Pᵃtū .v. cař . Pastura ad peć uillæ . Val .lx. sol . Qđo
receꝑ⸵ xl. sol . T.R.E⸵ iiii. lib . Ħ
ꝯra jacuit in dñio æcctæ S̃ PETRI Wintoniensis.

IN ERNINGFORD HĐ. Domesday
Book, vol.
In Cloptune teñ Hunfrid⁹ de Euđ i. p. 197, b.
.i. hiđ 7 diñi . Tra̅ . ē .ii. cař . 7 ibi col. 1.
sunt . cū .vii. borđ . Pᵃtū ii. cař .
Silua ad sepes refić . Val .iiii. lib .
Qđo receꝑ⸵ xl. sol . 7 tñtđ T.R.E .
Hanc ꝯra tenuit Guerd comes.

In Cloptune teñ Picot unū hortū Domesday
Book, vol.
de soca regis . E . qui reddeꞇ .i. i. p. 200, b.
jneuuarđ uicecomiti regis . col. 1.

In Hatelai teñ Picot .ii. hiđ . Tra̅ . Domesday
Book, vol.
ē .iii. cař . Ibi est una cař 7 diñi . 7 i. p. 200, b.
totiđ posš fieri . pᵃtū .ii. cař . 7 ii. col. 1.
borđ . Silua ad sepes reficienđ . Val
7 ualuit .xl. sol . T.R.E⸵ lx. sol .

.vi. Et una . c̃ . 7 dimi . poť fieri . Pratū
.II. c̃ . c̃ ibi . Pastura ad pec̃ . uille .
Silua ad sepes refici . .II. boř . Hanc
t̃ram tenent 7 tenuerunt .VIII. sochemanni .t. r. e. 7 m° sub picoto . Inť
totū ual .XL. sol . 7 qñ recep̃ .XL. sol .
Tem . re . cad . .LX. sol . Et de his
p̃dictis . sochem̃ . .II. fuerunt homines . re . e . inuenerunt .II. inuuardos . Et .III. istorū᷒ homines archiep̃i
fuerunt . Soca eorū iacuit in mordona . Et q̊idā istorum hō robti filii
Wimari .t. r. e. Et septim᷒ istorū
fuit homo comitis gurdi . 7 octauus
homo ulmari de etona . & oñis isti
potuer̃t dare 7 uende cui uoluer̃t᷒
.t. r. e. Et de his duab; p̃dictis Hiđ
reclamat picot᷒ uicecoñi .I. hidā habe
de escambio p t̃ra de enulesberia . 7
dicit quia Ilбtus de hereforda ei li-
бauit ut ip̃e dicit . Et aliā . h̃ . re-

a. clamat ip̃c picot᷒ pro escambio de
risendena . Et p̃dict᷒ ilбtus ei li-
бauit ut dicit picotus . Et de his
v. h̃ . tenet Almarus de Brunna de
comite alano .I. h̃ . 7 dimi . 7 unā
uir .III. c̃ . c̃ ibi t̃ra . 7 .IIII. cař sunt
ibi . una . c̃ . ī dñio .III. carruce uillanis .II. uillani .VI. bor .III. ser . Pratū .I. c̃ . Silua ad sepes refi .II. animal ociosa .CC. oues .IIII. min᷒ .XIIII.
por. I᷒. runc̃ . Inť totū ual .XL. sol .
7 qñ recepit .XL. sol . t. r. e. LX. sol .
Istemet tenuit hanc . t̃ . t. r. e. Potuit receđe 7 uenđe cui uoluit . Et
h̃ t̃ra reddebat īuuardū uicecomiti
reg̃ . Et de his v. h̃ . tenet unfridus
de eudone dapifero .I. h̃ . 7 unam
uir. I. carruce ibi ē t̃ra .II. boues ᷒

Hanc t̃rā tenuer̃ .VIIIᵗᵒ. sochi . 7 dare
7 uende potuer̃ . Hoᴣ .II. hōēs . R.E.
fuer̃ . 7 II. jneŵ inuener̃ . 7 III. hōēs .
S . Archiep̃i fuer̃ soca eoᴣ jacuit in
Mordune . 7 I᷒. hō Guerd comitis . 7
I᷒. hō Robti . f . Wimare . 7 I. hō
Vlmæri de Ettone . Vnā hidā de hac
t̃ra dic̃ Picot se habe p excābio de
Einuluesberie . 7 aliā p excābio de
Risedene . q̊ia Ilбt᷒ de Hertford ei
liberauit.

IN ERNINGFORD HĐ.
Domesday Book, vol. i. p. 194, a. col. 2.
In Atelai . teñ Almar᷒ de comite
.I. hid 7 III. uirg̃ Tra . ē .III. cař . In
dñio . ē una cař . 7 II. uilli 7 v. borđ
cū .III. cař . Ibi .III. serui . P̃ᵃtū . I.
cař . Silua ad sepes . Val 7 ualuit
.XL. sol . T.R.E.᷒ LX. sol . Istemet
tenuit T.R.E. sub Eddeua . 7 I. ineuuarđ inueñ . 7 receđe potuit.

In Hatelai teñ Hunfrid᷒ de Eu-
Domesday Book, vol. i. p. 197, b. col. 1.
done .I. hiđ 7 I. uirg̃ . Tra . ē .I. cař .
7 ibi .II. borđ . P̃ᵃtū .I. cař . Val 7

Tib. A. vi. Praȶ .I. carru . Inꝑ totum uaȴ .XX. soȴ . 7 qñ recep̃ꞩ totidem . Tem . r. e. XXX. soȴ . Hanc . ꝑ . tenuit almar⁹ homo Roƀti filii Wimarci . potuit dare uȴ uende ȶrã suam cui uoluit . t. r. e.

IN hoc hundr Crauedena .p .X. .ħ. se defen . t. r. e. & mᵒ p .VIII. Et de his .X. ħ . tenet Almar⁹ de Brunna de comite alano dimi . ħ . 7 dimiȡ . uir. VI. bobȝ ȶra ē. Et sunt boues . un⁹ bor . 7 .I. coȶ . Ħ . ȶra uaȴ .X. soȴ . 7 qñ recep̃ totidem . Tem . r. e. f. 102, a. col. 2. XV. soȴ . Hanc ȶram tenuit Godeua homo ediue pulcre . Potuit receȡe .t. r. e. Et de his .X. ħ . tenet fulcheus de comite ala .I. uir . Inꝑ toȶ ualet 7 ualuit .V. soȴ . Hanc ȶrã tenuit lefhese hō ediue . Potuit dare uel uende cui uoluit . Et de his .X. ħ . tenet Anschillus de picoto uicecomite .II. ħ . dim̃ . uirgã minus .II. carruȶ . ibi ē ȶra . ñ sunt carruce nⁱ sex boues .I. uillan⁹ .II. bor . Inꝑ totũ uaȴ .XXX. soȴ . 7 qñ recep̃ .XL. t. r. e. totidem . Hanc ȶrã tenuit gotmar⁹ homo esgari . potuit receȡe qᵒ uoluit .t. r. e. Et de his .X. .ħ. tenet alured⁹ de picoto uiceco . .I. ħ . 7 .I. uir .II. carrucis ibi ē . ꝑ . Et sunt carruce . î dñio .Iᵃꞩ 7 alȶa uillanis .V. bor .II. cotarii . Pratũ .II. caȓ . Nem⁹ ad sepes refiti . .XX. animaȴ . ocio .CCC. o . XXIII. por . Due eque cũ pullis . Inꝑ toȶ uaȴ .IIII. 7 qñ recep̃ .XL. soȴ . t. r. e. totiȡ . Hanc ȶram tenuit Eluuard⁹ hō Roƀ filii Wimarci . Potuit . rece . cũ uoluit . sȝ soca ei⁹ remansit Roberto . Et de

ualuit .XX. soȴ . T.R.Eꞩ XXX. soȴ . Hanc ȶrã tenuit Almar⁹ hō Roƀti f . Wiñ . 7 dare 7 uende ȶrã suã potuit .

In Crauuedene . teñ Almar⁹ sub Domesday Book, vol. i. p. 194, a. col. 2. comite .II. uirg̃ 7 dim̃ . ȶra . ē .VI. boũ . 7 ibi sunt cũ .I. borȡ 7 I. coȶ . Vaȴ 7 ualuit .X. soȴ . T.R.Eꞩ XV. soȴ . Hanc ȶrã tenuit Godeue sub Eddeua . 7 receȡe potuit .

In eaȡ uilla teñ Fulchei⁹ de co- Domesday Book, vol. i. p. 194, a. col. 2. mite .I. uirg̃ ȶræ . Vaȴ 7 ualuit .V. soȴ . Hanc tenuit Leueue sub Eddeue . et receȡe potuit .

In Crauuedene . teñ Anschil de Domesday Book, vol. i. p. 200, b. col. 1. picot .II. hiȡ dim̃ uirg̃ min⁹ . ȶra . ē .II. caȓ . sȝ ñ sunt ibi nisi boues . cũ .I. uilȴo 7 II. borȡ . Vaȴ .XXX. soȴ . Qᵈo recep̃ꞩ XL. soȴ . 7 tñtȡ T.R.E. Hanc ȶrã tenuit .I. hō Asgari . potuit dare 7 uende.

In eaȡ uilla teñ Aluered⁹ de Picot Domesday Book, vol. i. p. 200, b. col. 1. .I. hiȡ 7 I. uirg̃ . ȶra . ē .II. caȓ . 7 ibi sunt . In dñio .Iᵃ. 7 V. borȡ cũ alia . č . 7 II. coȶ . pᵃtũ .II. caȓ . Nem⁹ ad sepes reficienȡ tantũ . Vaȴ .IIII. liƀ . Qᵈo recep̃ꞩ XL. soȴ . 7 tñtȡ T.R.E . Hanc ȶrã tenuit .I⁹. hō Roƀti . f . Wimarc . dare 7 uende potuit . Soca ů Roƀto remansit.

ib. A. vi. his .x. ħ . tenet unfrid⁹ de eudone dapifo .II. ħ .II. carr̃ . ē t̃ra . 7 st̃ carruce ibi .VI. uillani 7 dimidius . Prat̃ .II. carrucis . Int̃ totū ual 7 ualuit .XL. sot . Hanc .t̃. tenuit gurd comes.

.102, b. ol. 1. Et de his .x. ħ tenent .II. milites de hardeuuino de scal .III. ħ . 7 .I. uirgā .IIII. carr̃ . ē . t̃ . .III. carr̃ . ibi sunt . 7 .IIIIᵗᵃ. pot̃ fieri .VIII. bor . Pratū .I. carr̃ . Int̃ totū ual .LXV. sot . 7 qñ recep̃ʹ totidem . t. r. e. totidē . De hac . t̃ . tenuit lefleda hō stigandi archiepī .I. ħ . Potuit . da . 7 . uen . cui uoluit . Et .IIII. sochemanni tenuerunt .I. ħ . sub rege . e . Potuert̃ dare uel uende cui uolu . 7 inuenert̃ .IIII. inuuardos . Et Aluric⁹ hō Esgari tenuit .v. uirgas de ip̃o esgaro stauro . potuit dare cui uot . Et de his .x. ħ . tenet rog̃ . comes .III. uirgas de rege .VI. bob₃ . ē . t̃ . Pratū .VI. bob₃ .I. bor . Int̃ totū ual .x. sot . 7 qñ recep̃ totid . Tem . re . e . totidē . Hanc t̃ram tenuit almarus hō Waldeui comitis . Potuit recedere cum uoluit.

IN hoc hundr Wendeie p̃ .v. ħ . se defendit .t. r. e. 7 m⁰ʹ p̃ .IIII. Et de his .v. ħ . tenet odo camerarius de com̃ . alano .IIII. ħ . 7 .III. uirgas .VI. c̃ . est ibi t̃ra .IIᵉ. c̃ . in dominio . Et .IIII. c̃ . uillanis .VI. uillani .v. bor .IIII. serui .II. mot . de .XLV. sot . Prat̃ .VI. c̃ . Silua ad sepes refitiendas .XII. animat . ocio .LXIX. oues .x. por . Int̃ totū ual .VIII. li . 7 qñ rece .VI. li . .t. r. eʹ x. lib . Hanc

.102, b. ol. 2. t̃ra tenuit Ædiua . In hoc man̂io fuert̃ .VI. sochem̃ . 7 .I. ħ . tenuerunt

In Crauuedene teñ Hunfrid⁹ de Eud .II. hid . T̃ra . ē .II. car̃ . 7 ibi sunt cū .VI. uiłłis 7 dñi . Pᵃtū .II. car̃ . Vat 7 ualuit sēp XL. sot . Hanc t̃ra tenuit Guerd comes. *Domesday Book, vol. i. p. 197, b. col. 2.*

In Crauuedene teñ .II. milites de Hard .III. hid 7 I. uirg̃ . T̃ra . ē .IIII. car̃ . Ibi sunt .III. c̃ . 7 IIIIᵗᵃ. pot̃ fieri . Ibi .VIII. bord . 7 pᵃtū .I. car̃ . Vat 7 ualuit sēp .LXV. sot . De hac t̃ra tenuit Alflet .I. hidā . cõm̃data . S . Arcħ . 7 dare et uende potuit . De rege . E . tenuer̃ .IIII. sochi .I. hidā . 7 IIIIᵒʳ. ineū inuener̃ uicecomiti t̃ra ũ suā darc t uende potuer̃ . 7 un⁹ hō Asgari stalri .v. uirg̃ tenuit . 7 darc 7 uende potuit. *Domesday Book, vol. i. p. 198, a. col. 2.*

In Crauuedene teñ comes . R .III. uirg̃ t̃ræ . T̃ra . ē .VI. bob⁹ . 7 pᵃtū totid bob⁹ . Vat 7 ualuit sēp .x. sot . Hanc t̃ra tenuit Almar⁹ hō Wallef comitis . 7 uende potuit. *Domesday Book, vol. i. p. 193, a. col. 2.*

In Wandrie teñ Odo de com̃ . A .IIII. hid 7 .III. uirg̃ . T̃ra . ē .VI. car̃ . In dñio sunt .II. 7 .VI. uiłłi 7 v. bord cū .IIII. car̃ . Ibi .IIII. serui . 7 II. molini de .XLV. sot . Pᵃtū .VI. car̃ . Ncm⁹ ad sepes . Int̃ tot̃ uat .VIII. lib . Qd̃o recep̃ʹ VI. lib . T.R.E.ʹ x. lib . De hac t̃ra .I. hid tenuer̃ .VI. sochi sub Eddeua 7 recede potuer̃. *Domesday Book, vol. i. p. 194, a. col. 2.*

Tib. A. vi. hi sochemanni .t. r. e. potuerunt receđe . Et de his .v. ħ . tenet alured⁹
de hardeuuino .i. uir .iii. bobȝ ibi ē .
Ꝑ . sunt boues . ii. borđ . Inꝑ totū
uaɫ 7 ualuit .v. soɫ . Hanc ꞇram tenuit goda homo comitis algari . Potuit dare uɫ uenđe cui voluit.

IN hoc hunđr . Sceningeie . ꝑ .v.
ħ . se . de . t. r. e. 7 m°⸍ ꝑ .iiii. Has
.v. ħ . tenet coñ Roꝗ .vi. carrucis ē
i¹ Ꝑ .iiᵉ. č . 7 .iii. ħ . in dominio .iiii.
cař . uillanis .xi. bor .vii. cotarii .
unū moɫ . de .x. soɫ . Pratū .vi. č .
Et de redita⸍ ii. soɫ . Pastura ad
pecuñ . uille .c. 7 .xl. oues . lx. por.
In totis ualentiis uaɫ .vii. li . Et qñ
receꝑ totiđ . t. r. e. xiiii. li . Hanc
ꞇram tenuit goda homo comitis alga.

IN hoc hunđr Litlingetona ꝑ .v.
ħ . se . de . t. r. e. 7 m°⸍ ꝑ .iiii. Et
de his .v. ħ . tenet Wiɫɫs camerari⁹ 7
oto aurifaber ad firmā de rege .iiii.
ħ . 7 dim̄ . 7 dimiđ . uir .x. č . ibi ē
ꞇra .iii. č . 7 .ii. hide in dominio .
Et .vii. č uillanis .xxvi. uillani . 7
.x. bor .vi. ser . Pratū .ii. č . Silua
.xxx. por .ccc.7.vi. oues .xviii. por .
vn⁹ runč . In totis ualentiis uaɫ
.xxii. liɫ . 7 qñ receꝑ totiđ . t. r. e.
f. 103, a. col. 1. xxii. ɫ . Ħ mañiū tenuit coñ . algar⁹ t. r. e. De ħ mañio reddebant
Warpennos uicecomiti regis . uɫ custodiā faciebant . Et de his .v. ħ .
tenet adelulfus de hardeuuino de
scaɫ diñ . ħ . 7 diñ . uir . ad firmam .
.i. carruce ē ꞇra . 7 dimid . č . ē ibi .
7 diñ . č . potest fieri .i⁹. bor . 7 .i⁹
cotari⁹ . Pratū .iiii. bobȝ .xiii. o. vi.

In Wandei teñ Alured⁹ de Harđ
.i. uirꝗ . Ꞇra . ē .iii. bob⁹ . Vaɫ 7 ualuit sēp .v. soɫ . Hanc ꞇra tenuit
Goda cōm̄data ᷓᶜᵒᵐᵈ Algari . potuit dare 7
uenđe cui uoluit. ·
Domesday Book, vol. i. p. 198, a. col. 2.

Scelgei teñ Roꝗ comes . ꝑ .v. hiđ
se defđ . Ꞇra . ē vi. cař . In dñio .iii.
hidæ . 7 ibi sunt .ii. cař . Ibi .xi.
borđ . 7 vii. coꞇ cū .iiii. cař . 7 i.
moliñ de .x. soɫ . Pᵃtū .vi. cař . 7 de
reddita pᵃti .ii. soɫ . Pasꞇa ad peč
uillæ . In totis ualenꞇ uaɫ 7 ualuit
.vii. liɫ . T.R.E⸍ xiiii. liɫ . Hanc
ꞇra tenuit Goda sub ᷜᶜᵒᵐⁱᵗᵉ Algaro.
Domesday Book, vol. i. p. 193, a. col. 2.

IN Erningford Hvnđ.
In Lidlintone teñ Wiɫɫs camerarius 7 Otho aurifaɫ de rege ad firmā
.iiiiᵒʳ. hid | ᷓ ᵈⁱᵐ' 7 diñ uirꝗ . Ꞇra . ē .x.
cař . In dñio .ii. hid 7 iii. cař . Ibi
xxvi. uiɫɫi 7 x. borđ cū .vii. cař . Ibi
.vi. serui . Pᵃtū .ii. cař . Silua .xxx.
porč . In totis ualenꞇ uaɫ 7 ualuit
semp .xxii. liɫ . Hoc ₥ tenuit ᷜᶜᵒᵐ' Algar⁹.
Hōes huj⁹ ₥ reddeɫ Warpennā uicecomiti regis . aut custodiā faciebant.
Domesday Book, vol. i. p. 190, a. col. 1.

In Lidtingtone teñ Adelulf⁹ de
Harđ ad firmā .iiᵃˢ. uirꝗ 7 diñ . Ꞇra ᷜᶜᵃ⁻ʳ
ē .i. cař . Ibi . ē diñ . 7 diñ poꞇ
fieri . Ibi .i. borđ . Vaɫ 7 ualuit xv.
soɫ . T.R.E⸍ xl. soɫ . De hac ꞇra
tenuit Algar hō Stigand Arcħ . diñ
Domesday Book, vol. i. p. 198, a. col. 2.

Tib. A. vi.
por .ı. runc͠ . Int͡ tot͡ ual .xv. sol . 7
qn̄ recep̃⸴ totid . t. r. e. xl. sol .
Hāc dimid . ħ . tenuit algar⁹ hō
archiep̃i stigandi . potuit rece . t. r. e.
Et Aluui tenuit diñ . uir . hō comit͡
algari . Nō potuit dare nec uende
extra mañiū Litlingetona.

IN ħ hundr Abintona ꝑ v. ħ . se .
de . t. r. e . Et m°⸴ ꝑ ıııı . Et de
his .v. ħ . tenet hugo pincerna de
ep̃o Walkelino Wintoniensi .ıı. ħ . 7
diñ . 7 diñ . uir .v carr̃ ē ibi t͡ra
.ııı. c͠ . in dominio . 7 .ıı. c͠ . uillanis .
.ıx. bor .ııı. cotarii . un⁹qⁱsꝗ .v. acⁱs .
Prat͡ .v. c͠ . 7 .ıı. sol . ıııı. auiñ .
ocio . .lıı. o .xxxı. por .ı. runc͠ . In
totis ualentiis ualet .vıı. ħ . 7 qn̄
recep̃ .lx. sol . t. r. e .vııı. lib̃ . H
mañiū iacet 7 iacuit ī ecclia . s̃ . petⁱ
Wintonie . Et ī ħ mañio fuit qⁱdā
socheñ . qⁱ tenuit diñ . uir⸴ sub
archiep̃o stigando .t. r. e . Potuit re-
f. 103, a.
col. 2.
cede 7 uende cui uol⸴ absꝗ ei⁹ licentia . Et de his .v. ħ . tenet rex
diñ .ħ. qᵉ iacet in litlintona .ı. carruce ē ibi . ꝑ . 7 ē carruca . Et ħ dimid .ħ. ē apꝓtiata cū litlintona . &
de his .v. ħ . tenet Rad̃ . 7 Rob̃ . de
Hardeuuino .ı. ħ . 7 uirgā 7 diñ .ıı.
carrucis ē ī t͡ra . 7 sunt ibi carruce
.v. bor . Prat͡ .ıııı. bo .ı. animal ociosū
qᵃt͡ .xx. o . .lx.vııı. porci .ı⁹. runc͠ .
Int͡ tot͡ . ual .l.v. sol . 7 qn̄ recep̃⸴
xxv. sol . t. r. e. lx. sol . Hanc t͡ra
tenuerunt .ıı. soche . homines comitis alga . fuerunt . potuert͡ dare 7
uen . cui uoluerunt . t. r. e . Et .ııı⁹.
sochemann⁹ hō . re. e. ı̃. uirgā . 7
inueniebat .ı. auerā uicecomiti regis.

hid . 7 Aluui hō Algari diñ uirg̃ . n̄
potuit foras mittere de Inchelintone.

In Abintone teñ Hugo de . W . Domesday
Book, vol.
ep̃o .ıı. hid 7 diñ 7 diñ uirg̃ . T͡ra . i. p. 190, a.
ē .v. car̃ . In dñio .ııı. car̃ . 7 ıx. bord col. 2.
un⁹qⁱsꝗ de .v. acris . cū .ıı. car̃ .
Pᵃtū .v. car̃ . 7 ıı. solid . Val .vıı.
lib̃ . Qd̃o recep̃⸴ ııı. lib̃ . T.R.E⸴
vııı. lib̃ . Hoc m̄ jacuit 7 jacet in
æcclia S̃ Petri Wintoñ . 7 ibi un⁹
socħs tenuit diñ uirg̃ sub archiep̃o
Stigando . 7 potuit absꝗ licentia ej⁹
recedere.

In Abintone teñ Rex diñ hid Domesday
Book, vol.
quæ jacet in Lidlingtone . T͡ra . ē .ı. i. p. 190, a.
col. 1.
car̃ . 7 ibi est . atꝗ cū eod̃ m̄ ap-
ꝓciata.

In Abintone teñ .ıı. milit͡ de hard Domesday
Book, vol.
.ı. hid . 7 ı. uirg̃ . 7 diñ . T͡ra . ē .ıı. i. p. 198, a.
col. 2.
car̃ . 7 ibi sunt . cū .v. bord̃ . Pᵃtū
.ıııı. bob⁹ . Val lv. sol . Qd̃o recep̃⸴
xxv. sol . T.R.E⸴ lx. sol . De hac
t͡ra tenuit .ı. uirg̃ un⁹ hō . R.E. 7
unā Auerā inueñ uicecomiti.

Tib. A. vi. Et de his .v. ħ . comes Roḡ .I. uirgā q̃ iacet in sceningeie ī ꝑꝑio suo man̄io .XIII. sot . 7 .IIII. đ . uat 7 semp ualuit . Hanc t̄ra tenuit goda homo com̄ . algari. Et de his .v. ħ . tenet picot⁹ uiceč . diñi . uirgā .II. bobȝ c̄ t̄ra . Ħ t̄ra ualuit 7 ualet .II. sot . Hanc t̄rā tenuit osgot⁹ de archiep̄o stigando . 7 iacet semp 7 iacuit in morduna. De his .v. ħ . tenet aluuin⁹ hamelecoc bedellus Regis diñi . uirgā de rege . .IIII. bobȝ c̄ t̄ra ibi . Et sunt ibi .I⁹. por . .v. sot uat : t. r. e. x. sot . & istemet tenuit .t. r. e. f. 103, b.
col. 1. n̄ potuit dare nec. uenđe ꞊ extª Litlintonam.

(Sic.) In hoc hundr Basingeburna ꝑ .X. sot . se . de . t. r. e. 7 m°꞊ pro octo . Et de his .X. ħ . tenet comes alan⁹ .VII. ħ . 7 unam uir꞊ 7 dim̄ . de rege . .XVIII. carrucis ibi c̄ .t̄. .v. č . ī dñio . Et .IIII. ħ . 7 .IIᵉ. č . possunt fieri .XI. č . uillanis .VIII. uillani .XI. bor .X. cotarii꞊ de suis ortis .III. ser . .II. mot . de .XX. sot . Pratū .v. č .c. 7 XL. oues . .LXII. por .I⁹. runč . In totis ualenciis uat .XXX. sot . Et qñ recepit꞊ .XXVI. li . tem . r. e. totidem . Hoc maneriū tenuit ædiua pulchra . Et ī ħ mañio fuerunt .X. socheman. Octo istorum꞊ Homines ediue fuer̄t . Potuer̄t receđe 7 dare t̄ram suam absqᷓ ei⁹ licentia . sȝ ei⁹ remansit ædiue . Et alii duo sochemanni homines comitis algari fuerunt . 7 Iᵃ. uir . tenuerūt . Potuerunt receđe 7 dare t̄rā suā absqᷓ eius licentia .IIII. innuardos inuener̄t . De his .X. ħ . ep̄c Wītoniensis .I. ħ .

In Abintone teñ com̄ Roḡ .I. uirḡ t̄ræ quæ jacet in Scelgei suo ꝑꝑio m̄ . Vat 7 ualuit sēp XIII. sot 7 IIIIᵒʳ. deñ . Hanc t̄rā tenuit Goda sub Algaro comite. Domesday Book, vol. i. p. 193, a. col. 2.

In Abintone teñ Picot diñi uirḡ . T̄ra . c̄ .II. bobȝ . Vat 7 ualuit sēp .II. sot . Hanc t̄rā tenuit Ansgot hō . S . Archiep̄i . jacet 7 jacuit in Mordune. Domesday Book, vol. i. p. 200, b. col. 1.

In Abintone teñ Aluuin⁹ bedell⁹ diñi v̄ de rege . T̄ra . c̄ diñi car̄ . 7 ibi est . Vat .v. sot . T.R.E꞊ x. sotlid . Isđ tenuit . T.R.E. nec dare nec uenđe potuit . In Ichelintone jacuit. Domesday Book, vol. i. p. 190, a. col. 1.

m̄ Ipse . A . comes teñ IN BASINGBORNE .VII. hiđ 7 I. uirḡ 7 diñi . T̄ra . c̄ .XVIII. car̄ . In dñio .IIII. hiđ . 7 ibi sunt .v. car̄ . 7 adhuc .IIᵉ. poss̄ . c̄c̄ . Ibi .VIII. uiłłi 7 XI. borđ 7 X. coṫ . cū .XI. car̄ . Ibi .III. serui . 7 II. molini de .XX. sot . Pᵃtū .v. car̄ . In totis ualent̄ uat .XXX. liƀ . Qđo recep̄꞊ XXVI. liƀ 7 tñtđ T.R.E. Hoc m̄ tenuit Eddeua . 7 ibi fuer̄ X. sochi . 7 VIIIᵗᵒ. eoᷢ hōc̄s Eddeue t̄rā suā potucr̄ uenđe sȝ soca ei remansit . 7 alij .II. hōc̄s Algari .IIII. jnewarđ uicecom̄ inuener̄ . 7 ipsi t̄rā suā uenđe potuer̄. Domesday Book, vol. i. p. 194, a. col. 2.

In Basingborne teñ isđ ep̄s .I. hiđ . Domesday

Tib. A. vi.

7 dimiđ . 7 diñi . uir . de rege .iii.
c̃ . ē ibi . Ꝑ . vna . c̃ . 7 . iᵃ . ħ. in
dominio .iᵃ. c̃ . uillanis . 7 altera poꞇ
fieri .i. uillan⁹ .iiii. bor . qᵇq, đe .v.
ac̃ . duo moꞇ . de .xx. soꞇ . Praꞇ .i.
carruce . Inꝶ toꞇ uaꞇ .l.x. soꞇ . Et qñ

f. 103, b. col. 2

receꝑ .xl. soꞇ . t. r. e. lx. soꞇ . H̃ ꞇra
iacet et iacuit ī ecclia . sⁱ . petⁱ Wintonie . Et in hac ꞇra fuit quidã sochemann⁹ hō archieꝑi stigandi . tenuit
diñi . uir . potuit dare . 7 receđeꞏ q°
uoluit . De his .x. .ħ. tenet Liuinz
de hardeuuino .i. ħ .i. carruce ē ibi
ꞇra . Et ē caꞃ . .i. bor .ii. cotarii .
Praꞇ .ii. bobȝ .lx. oues . Inꝶ totũ uaꞇ
.xxx. soꞇ . Et qñ recepitꞏ totidem .
t. r. e .xl. soꞇ . Hanc .Ꝑ. tenueꞃt .ii.
soche . homīēs comitis algari . po-

(Sic.)

tueꞃt qᵃ parte uoluerunt ꞏ absqᷓ eiꝰ
licentia.

IN hoc hundꞃ Wadona ꝑ .x. ħ .
se de . t. r. e. m°ꞏ ꝑ octo . Et de his
.x. ħ . tenet hardeuuin⁹ de scaꞇ . de
rege .iᵃ. ħ . 7 dimiđ . 7 .iᵃ. uir .ii. c̃ .
ē ibi . ꞇra. vna . c̃ . 7 una .ħ. in diñio
.i. c̃ . uillanis .ii. uillani .v. cotarii .
de suis ortis . Praꞇ .i. carruce . Pastura ad pec̃ . uille .xiiii. anᵃ . oci .
lx. o . xl. por . un⁹ runc̃ . Inꝶ totum uaꞇ .iiii. liꞇ . 7 xv. soꞇ . qñ receꝑ .lx. soꞇ . t. r. e. iiii. ꞇi . 7 .xv.
soꞇ . Hanc . Ꝑ. tenueꞃt .ii°. sochemanni. i. istorum turꞇb⁹ ꝑꞇb . hō fuit
archieꝑi sti . Et alius homo comitis
algari . Potuerunt 7 receđe q° uolue .
De his .x. ħ . tenet Hardeuuin⁹ sub
Ricardo filio comitis gilleꞇbti unã .
uir . dimiđ . c̃ . ē ibi . H̃ . ꞇra uaꞇ .v.

f. 104, a. col. 1.

soꞇ . 7 qñ receꝑꞏ totidem . t. r. e. xv.

7 ii. uirg̃ 7 diñi . Tꞃa . ē .iii. caꞃ . In
diñio .i. hiđ . 7 ibi . ē .i. caꞃ . Ibi un⁹
uiꞇis 7 iiii. borđ cũ .i. caꞃ . 7 altera
poꞇ fieri . Ibi ii. molini de xx. soꞇ .
Pᵃtū .i. caꞃ . Vaꞇ .lx. soꞇ . Qđo receꝑꞏ xl. soꞇ . T.R.E.ꞏ lx. soꞇ . H
ꞇra jacuit 7 jacet in æcclia S̃ petri
Wintoñ . 7 ibi fuit .i. sochs hō . S .
Archieꝑi . dimiđ uirg̃ tenuit . 7 dare
7 uenđe potuit.

Book, vol. i. p. 190, a. col. 2.

In Basingborne teñ Leuing⁹ de
Harđ .i. hiđ . Tꞃa . ē .i. caꞃ . 7 ibi
ē cũ .ii. borđ . Pᵃtū .ii. boꞇb⁹ . Vaꞇ 7
ualuit .xxx. soꞇ . T.R.E.ꞏ xl. soꞇ .
Hanc ꞇra tenueꞃ .ii. sochi Algari .
potueꞃ dare 7 uenđe cui uolueꞃ.

Domesday Book, vol. i. p. 198, b. col. 1.

In Wadone teñ Harđ .i. hiđ 7 iii.
uirg̃ . Tꞃa . ē .ii. caꞃ . In diñio .i.
hida . 7 ibi . ē .i. caꞃ . 7 iii. uiꞇli cũ
.v. coꞇ hñt .i. caꞃ . Pasꞇa ad pecuñ
uillæ . Pᵃtū .i. caꞃ . Vaꞇ .iiii. liꞇb . 7
xv. soꞇ Qđo receꝑꞏ lx. soꞇ . T.R.E.ꞏ
iiii. liꞇb 7 xv. soꞇ . Hanc ꞇra tenuerunt .ii°. sochi . un⁹ hō Stigandi
arcħi . alꞇ hō Algari comiꞇ . 7 receđe
potueꞃ.

Domesday Book, vol. i. p. 198, b. col. 1.

In ERNINGFORD HD.
In Wadune teñ Harduin⁹ de Ri-
cardo .i. uirg̃ ꞇræ . Tꞃa . ē .iiii. boꞇb⁹ .
Vaꞇ 7 ualuit v. soꞇ . T.R.E.ꞏ xv. soꞇ .
Hanc ꞇra tenuit Sageua sub Eddeua

Domesday Book, vol. i. p. 196, b. col. 2.

Tib. A. vi. soł . Hanc t̃ram tenuit sauia h̄ō
ediue pulcre . Potuit receđe . 7 dare
cui uoluit . De hac t̃ra fuit Rađ .
comes sai[si]tus q̃n erga regem foris-
fecit . 7 nūq̃ª añcessor Ricardi habuit
neꝗ saisitꝰ inde fuit . ut homines de
hunđ . testantur . t. r. e. Et de his
.x. ħ . tenet hardeuuinꝰ .ii. ħ . 7
diñ . de . re . iii. carrucis ē ibi . t̃
.i. c̃ . 7 .i. ħ . in dominio . una . c̃ .
7 dimiđ uillanis . 7 dimiđ poħ fieri
.vi. uillani .xv. cotarii de suis ortis .
Praħ .ii. car̃ . Pastura ad pec̃ . uille
.vii. animał ocio . xxiii. por .xxv.
oues . Int̃ totū uał .l.x. soł . 7 .x.
Et q̃n recep̃ totiđ̄ . .t. r. e .iiii. liƀ .
De hac t̃ra tenuit turƀtꝰ .i. ħ . sub
aƀbe de eli . Et in morte . ita꞉ q⁰d
n̄ potuit dare neꝗ separare ab ecctia
extª dñicam firmam monacho⅁ .t. r. e.
Et .xii. sochemanni homines p̃dic̄i
aƀƀ . fuerunt . Habuer̃t .i. ħ . 7 dimiđ . 7 potuer̃t eam uenđe 7 dare
cui uoluerunt . absꝗ licentia aƀbis .
S₃ soca eorum remansit ī ecctia . s̃ .

æđel . Et de his .x. ħ . tenet colsuci-
nus de comite alano diñ . ħ .i. caruce 7 diñ . ē . ibi . t̃ . Et ē ibi
car̃ . 7 . dimidia .i. c̃ . in dominio .
7 diñ . .c̃. uillanis .iꝰ. uillanus .l. o .
Int̃ totum uał .xx. soł . q̃n recep̃꞉
totidem . .t. r. e. xl. soł . Istemet te-

pulc̃ . 7 potuit dare cui uoluit . H̃ n̄
ptinuit ad Antecessor̄ Ricardi . nec
unꝗ de ea saisitꝰ fuit . sed Radulfꝰ ^{Waders}
eā tenebat die quó c̃tra reḡē deliq̃ⁱt.

In Wadone . teñ Harduinꝰ .ii. hiđ
7 diñ . T̃ra . ē .iii. car̃ . In dñio .i.
hiđ . 7 i. car̃ . Ibi .vi. uiłłi 7 xv. cot̃
cū .i. car̃ 7 diñ . 7 alia diñ potest
fieri . Pªtū .ii. car̃ . Pasħa ad pecuñ
uillæ . H̃ t̃ra app̃ciata . ē cū t̃ra
Harduini . De hac t̃ra ten Turbern ^{uit}
.i. hiđ de aƀbe . n̄ poterat separare
ab æcc̃ta extª firmā monacho⅁ .T.R.E.
nec in die mortis ejꝰ . 7 xii. sochi
habuer̃ .i. hiđ 7 dimiđ . uenđe po-
tuer̃ . sed soca remansit aƀbi.

In Wadone teñ Harđ .ii. hiđ 7
diñ . T̃ra . ē .iii. car̃ . In dñio .i.
hida . 7 ibi . ē .i. car̃ . Ibi .vi. uiłłi 7
xv. cot̃ hñt .i. car̃ 7 diñ . 7 adhuc
diñ poħ fieri . Pªtū .ii. car̃ . Pasħa ad
pec̃ uillæ . Vał | ^{7 ualuit} lxx. soł . T.R.E.꞉
iiii. liƀ . De hac t̃ra tenuit Turbernꝰ
.i. hiđ sub aƀbe de Elẏ . ita qđ n̄ poterat dare nec ab æcc̃ta separare .
extª dñicā firmā monacho⅁ . t̄pore .
R.E. 7 in morte ejꝰ . 7 xii. sochi
hōēs aƀbis de Elẏ .i. hiđ 7 diñ te-
nuer̃ . potuer̃ dare 7 uenđe cui uo-
luer̃ . sed soca remansit æcclæ.

In Wadune teñ Colsuan de . A .
coñi diñ hiđ . T̃ra ē .i. car̃ 7 diñ .
In dñio .i. car̃ . 7 i. uiłłs h̃ diñ car̃ .
Vał 7 ualuit xx. soł . T.R.E.꞉ xl.
soł . Istemet tenuit de Eddeua .
T.R.E. 7 uenđe potuit.

Tib. A. vi. nuit .t. r. e. Homo ediue . Potuit .
rece . 7 dare cui uoluit . Et de his
.x. ħ . tenet Rad . p̄rb de comite . ala .
II. ħ . 7 unā uir . 7 diñi . .IIII. carr̄ .
c̄ ibi t̄ra .II. c̃ . in dominio . 7 .II. c̃ .
uillanis .II. uillani .I. bor .IIII. .ser. .I.
mol . de XII. đ . Pratum .I. c̃ . Pastura ad pec̃ . uille .VII. animal . ocio .
.C. 7 XII. oues .XVIII. por .I. runc .
Int̂ totum ual .VI. liƀ . 7 qn̄ receꝑ꞉
totiđ . .t. r. e .VIII. li . Hanc t̄ram
tenuit Leuui . hō esgari . stauri . Potuit receđe 7 dare cui uoluit . t. r. e.
Et de his .x. ħ . tenent .II. homines
.I. uir . de comite ala . Dimiđ . c̃ . c̄
ibi t̄ra . .IIII. sol . 7 qn̄ receꝑ totiđ .
t. r. e .v. sol . hanc . ꝑ . tenuerunt
.II. soche .I. homo colsueni tenuit
dimiđ . uir . Et alter fuit de soca .
s̃ . Æđel . Potuer̄t dare 7 receđe . s3
soca remansit in eccłia . Et de his
.x. ħ . tenet odo camerariꝯ de comite
alano .II. ħ . 7 .I. uir .III. c̃ . est ibi .
ꝑ̂ .I. c̃ . 7 dimidia in dominio .Iᵃ.
c̃ . 7 diñi . uillanis .II. uillani 7 dimiđ .IIII. bor . .II. ser . Pratum .I.
carr̄ . Int̂ totū ual .c. sol . 7 qn̄ receꝑ .XXX. sol . t. r. e .VI. liƀ . Hanc .ꝑ̂.
tenuit ediua pul . In hac .ꝑ̂. fuit qⁱđ
sochemannꝯ 7 diñi . uir . tenuit . .II.
boƀ3 c̄ . t̄ra .II. sol . ual 7 semp ualuit . Et istemet sochemannꝯ erat
f. 104, b.
col. 1. homo ediue . Et de his .x. ħ . tenet
hardeuuinꝯ diñi . uir . de rege .II.
boƀ3 c̄ t̄ra .II. sol ual 7 ualuit semp .
Hanc t̄ram tenuit Danemundus homo
esgari stalri . Potuit uende t. r. e.

IN hoc hundreto Melreda ꝑ .X.
ħ . se defendit .t. r. e. 7 m⁰ ꝑ .VIII. ħ .

In ead̄ uilla teñ Radulfꝯ de coñ Domesday
Book, vol.
i. p. 194, b.
col. 1.
.II. hiđ 7 I. uir͠g . t̄ræ . T̄ra . c̄ .IIII.
car̄ . In dñio sunt .IIᵉ. 7 II⁰. uilłi 7 I.
borđ cū .II. car̄ . Ibi .IIIIᵒʳ. serui . 7
I. moliñ de XII. deñ . Pᵃtū .I. car̄ .
Pasta ad pec̃ uillæ . Int̂ tot̄ ual 7
ualuit .VI. liƀ . T.R.E꞉ VIII. liƀ .
Hanc t̄ra tenuit Leuui . hō Asgari .
stalre . 7 cui uoluit dare 7 uende
potuit.

In ead̄ teñ .II. hōc̄s de comite .I. Domesday
Book, vol.
i. p. 194, b.
col. 1.
uir͠g . T̄ra . c̄ diñi car̄ . Val 7 ualuit
.IIII. sol . T.R.E꞉ VI. sol . Hanc t̄ra
tenuer̄ II. sochi . unꝯ hō Colsuan fuit .
alt̄ de soca S̃ Edeldriđ . 7 uende potuit . soca u⁰ æccłæ remansit.

In ead̄ teñ Odo de coñ .II. hiđ 7 Domesday
Book, vol.
i. p. 194, b.
col. 1.
I. uir͠g . T̄ra . c̄ .III. car̄ . In dñio . c̄
.I. car̄ 7 diñi . 7 II. uiłti 7 diñi cū
.IIII. borđ hn̄t .I. car̄ 7 diñi . Ibi .II.
serui . Pᵃtū .I. car̄ . Val c. sol . Qđo
receꝑ꞉ XXX. sol . T.R.E꞉ VI. liƀ .
Hanc t̄ram tenuit Eddeua . In ipsa
t̄ra fuit 7 est .I. soctĩs . tenens diñi
uir͠g . T̄ra . c̄ .II. boū . Val 7 ualuit
.II. sol . Hō Eddeue tenuit.

In ead̄ uilla teñ Harđ diñi uir͠g . Domesday
Book, vol.
i. p. 198, b.
col. 1.
T̄ra . c̄ .II. boƀꝯ . Val 7 ualuit sc̄ꝑ
.II. sol . Hanc tenuit Danemundꝯ hō
Asgari stalri . 7 uende potuit.

In Melrede teñ aƀƀ de S̃ Ebrulfo Domesday
Book, vol.
i. p. 193, b
col. 1.
de coñ Rogerio II. hiđ . T̄ra . c̄ .v.

Tib. A. vi. Et de his .x. h̃ . tenet abb̃ . de sc̃o Ebrulfo sub comite Rog̃ . .II. h̃ . v. carrucis ē ibi t̃ra . .IIe. c̃ . in dominio .III. c̃ . uillanis .v. uillani .III. bor .II. serui .II. mol . de .xv. sol . 7 .IIII. d . Pratum .II. c̃ .v. ana . ocio . .c. 7 .XXIIII. o .XXVI. por . Int̃ totum uał .VI. li . 7 qñ recep̃ : XL. sol . t. r. e. VI. lib . Hanc t̃ram tenuit goda homo comitis algari . Potuit dare cui uol . 7 recede. Et de his .x. h̃ . tenet colsuen' de comite alano unam uirgā .I. car̃ . ē ibi t̃ra . 7 ē carruca . 7 .II. cotarii .II. mol . de .XVIII. sol . Pratum .II. carr̃ . .III. animal . ocio .L. o .XL.II. porci . Int̃ totum uał .XXX. sol . 7 qñ recep̃ .XX. sol . t. r. e. XL. sol . Istemet tenuit sub ediua potuit dare . Et de his .x. .h̃. tenet Wido de reb̃curt .IIII. h̃ . 7 .I. . uir . de rege .v. c̃ . ē ibi t̃ra . carruce s̃t 7 dimid . h̃ . in dominio . 7 una .c̃. IIII. .c̃. uillanis .xv. bor .III. cotarii .I. ser .II. mol . de .x. sol . 7 .VIII. d . Pratum .v. c̃ . Pastura ad pec̃ . uille .XXIIII. por . Int̃ totū uał .III li . 7 f. 104, b. col. 2. .x. sol . 7 qñ recepit : totidem . t. r. e. C. sol . Hanc t̃rā tenuerunt .XV. sochemanni .x. istorꝝ abuerunt de soca . s̃ . Ædel .II. h̃ . 7 dim̃ uirgam de elẏ . t. r. e. Et de his .II. h̃ . 7 dimid uirgā tenuit .I'. istorum unam uirgam 7 dimid . Nō potuit dare neq, uende absq, licentia abb̃is . sȝ alii nouem potuerunt recedere 7 uende cui uoluerunt . Sȝ soca eoꝝ remansit in ecc̃ia . Et .v. alii soche . homines comitis algari tenuer̃t .Ia. h̃ . 7 dimid . uirgā . Potuerunt . re . car̃ . In dñio .II. car̃ . 7 v. uill̃i 7 III. bord . cū .III. car̃ . Ibi .II. serui . 7 II. molini de .xv. sol 7 IIII. deñ . Patū II. car̃ . Int̃ totū uał .VI. lib . Qdo recep̃ : XL. sol . T.R.E : VIII. lib . Hanc t̃rā Goda sub Algaro comite . pot̃ uende.

In Melrede teñ Colsuan de coñi .I. uirg̃ . T̃ra . ē .I. car̃ . 7 ibi . ē . cū .II. cot̃ . 7 ibi .II. molini de .XVIIIto. sol . patū .II. car̃ . Vał .XXX. sol . Qdo recep̃ : XX. sol . T.R.E : XL. sol . Istemet tenuit sub Eddeua . 7 dare potuit. Domesday Book, vol. i. p. 194, b. col. 1.

WIDO de Rainbuedcurt teñ In Melrede .III. hid 7 I. uirg̃ de rege . T̃ra . ē .v. car̃ . 7 ibi sunt . In dñio diñi hida . 7 ibi . ē .I. car̃ . 7 XV. bord cū .III. cot̃ hñt IIII. car̃ . Ibi un' seruus . 7 IIo. molini de .x. sol 7 VIII. deñ . patū .v. car̃ . Pas̃ta ad pecuñ . Int̃ tot̃ uał LXX. sol . 7 tñtd qdo recep̃ . T.R.E : C. sol . Hanc t̃rā tenuerunt XVI. soc̃hi . De his .x. habuer̃ .II. hid 7 diñi uirg̃ de soca S̃ Edeldride de Ely . quoꝝ un' t̃rā suā nec dare nec uende potuit . alij ů noue potuer̃ cui uoluer̃ . sȝ soca oīm remanebat æcclæ . 7 v. alij soc̃hi tenuer̃ .I. hid 7 diñi uirg̃ . de comite Algaro . potuer̃ dare ł uende. Domesday Book, vol. i. p. 199, b. col. 2.

A. vi. qᵒ uoluerunt . t. r. e. sʒ soca remansit comiti algaro. Et de his .x. ħ .
tenet hardeuuin⁹ de rege .i. uirgā .
dimiđ carruce c̄ ibi t̃ra . Et abest
carruca .ii. soł . uał 7 semp ualuit .
Hanc t̃ram tenuit Almar⁹ pƀr hō
aƀbis de ely . potuit receđe . sʒ soca
remansit eccłie ely . Et de his .x.
ħ . tenet aƀb de ely .ii. ħ . 7 .iii. uir.
vii. car̃ . ibi c̄ t̃ra . una . c̃ . 7 dimi .
7 una . ħ . 7 dimiđ . in dominio . 7
dimiđ poŧ fieri .v. carruce uillanis .x.
bor .iii. cotarii .iii. serui . unum moł
đe .iii. soł . Pratum .v. c̃ . In totis
ualentiis uał .c. soł 7 qn̄ receꝑ totiđ .
t. r. e. vi. li . H̃ t̃ra iacet 7 iacuit
scmp in eccłia . s̃ . Ædel . đe ely .

Et de his .x. ħ . tenet hugo pedeuolt
de hardeuuino .iᵃ. ħ . 7 dimiđ . 7
unam eccłiam .ii. car̃ . c̄ ibi t̃ra . Et
sunt ibi .iii. cotarii .i⁹. ser . unum
moł . đe .v. soł . 7 iiii. đ . Pratum
ii. c̃ . Pastura ad pec̃ . uille .iii. animał .l.xii. oues .xviii. porci . Inŧ totum uał .xl. soł . Et qn̄ receꝑ .t. r. e.
iiii. liƀ . Hec t̃ra iacuit ī eccłia . s̃ .
Ædel . đe ely . t. r. e. 7 in morte .
iu dñica firma ut homines de hundreto testantur.

In hoc hunđr . Meldeburna ꝑ .x.
soł . se defenđ . t. r. e. 7 mᵒ ꝑ .viii.
Et de his .x. ħ . tenet ꝓdict⁹ aƀb .ii.
ħ . 7 .iᵃ. uirgam .v. carrucis c̄ ibi
t̃ra . una . c̃ . 7 dimiđ . 7 una . ħ . 7
una uirga in dominio . 7 dimiđ . c̃ .
potest fi̅ . .iii. c̃ . uillanis .vi. uillani
.ix. bor . .iii. cotarii . dimidium moł .

In Melrede teñ Harđ .i. uirg̃ . *Domesday Book, vol. i. p. 198, b. col. 1.*
Tra . c̄ diñi car̃ . Vał 7 ualuit sēp
.ii. soł . Hanc tenuit Almar⁹ sub
aƀbe de Elẏ . 7 uenđe potuit . sʒ
soca æcclæ remansit.

In Melrede . teñ Harđ .i. uirg̃ de *Domesday Book, vol. i. p. 191, a. col. 2.*
soca aƀbis.

In eađ uilla teñ aƀb .ii. hiđ 7 .iii.
uirg̃ . Tra . c̄ .vii. car̃ . In dñio .i.
hiđ 7 diñi . 7 i. car̃ 7 diñi . 7 diñi
poŧ fieri . Ibi   .x. borđ . cū
.iii. car̃ . Ibi .iii. serui . 7 i. moliñ
.iii. soł . Pᵃtū .v. car̃ . Vał 7 ualuit
.c. soł . T.R.E.ꝶ vi. liƀ . H̃ t̃ra jacet
7 jacuit sēp in dñio æcclæ.

In eađ uilla teñ Harduin .i. hiđ 7
diñi . 7 i. monasteriū.

In eađ uilla teñ Hugo de Harđ .i. *Domesday Book, vol. i. p. 198, b. col. 1.*
hiđ 7 diñi . Tra . c̄ .ii. car̃ . 7 ibi
sunt cū .iii. coŧ 7 i. seruo . Ibi .i.
monasteriū 7 i. moliñ de .v. soł 7
iiii. deñ . Pᵃtū .ii. car̃ . Pasta ad pecuñ uillæ . Vał 7 ualuit xl. soł .
T.R.E.ꝶ iiii. liƀ . H̃ t̃ra jacuit in
æccła de Elẏ in dñio monachoʒ . 7
in uita 7 in morte regis . E . ut
hōēs de hunđ testanŧ.

In Melleburne teñ aƀb de Elẏ .ii. *Domesday Book, vol. i. p. 191, b. col. 1.*
hiđ 7 i. uirg̃ t̃ræ . Tra . c̄ .v. car̃ .
In dñio .i. hiđ 7 i. uirg̃ . 7 ibi .i. car̃
7 diñi . 7 diñi potest fieri . Ibi .vi.
uiłłi 7 ix. borđ cū .iii. car̃ . Ibi .iii.
coŧ . 7 i. moliñ de .ii. soł 7 viii. deñ .
Pᵃtū .v. car̃ . Pasta ad pecuñ uillæ .
Vał 7 ualuit .c. soł . T.R.E.ꝶ vi. liƀ .

Tib. A. vi. de .III. soł . 7 .VIII. đ . Pratum .V. carrucis . Pastura ad pec̃ . uille .CCC. o .III. min⁹ .XXXIIII porci . Int̃ totū ualet .C. soł . 7 q̃n recepit totidem . t. r. e. .VI. li . H̃ t̃ra iacet 7 iacuit ī eccłia . ŝ . ædel . de eli in dominio . Et de his .X. h̃ . tenet Wido de Reb̃curt de rege .V. h̃ . 7 unam uirgam 7 dim̃ . 7 q̃rtam partem unius uirge .XI. carruč . ē ibi t̃ra .IIᵉ. č̃ . 7 IIᵉ. h̃ . 7 dim̃ uirga 7 .IIᵉ. č̃ . poss̃ f̃i in dominio . .VII. č̃ . uillanis .VI. uillani .XVIII. cotarii . dimidium moł . de .II. soł 7 .VIII. đ . Pratum .VI. carrucis .

f. 105, a.
col. 2. Pastura ad pecuñ . uille .VII. animał . ocio . .CCC.L. oues . 7 .III. XXX. VIII. por . Int̃ totum uał .X. lib̃ . 7 .X. soł . 7 q̃n recepit .VI. lib̃ . tem . r. e. XIIII. li . De hac t̃ra tenuit edric⁹ pur .II. h̃ . 7 dimiđ . tegnus re . e . potuit dare 7 uenđe cui uoluit . Et .VIII. sochemanni tenuerunt .II. h̃ . 7 dimiđ . 7 dim̃ . uirgam . Homines ab̃bis de elẏ fuerunt . Potuerunt dare 7 uen . sine soca . Et .IIº. sochem̃ . homines regis fuerunt . Tenuer̃t .II. partes uirge . potuer̃ut dare 7 rece . cui uolue . s₃ tam̃ inueniebant .II. inuuardos uicecomiti regis . Et de his .X. h̃ . tenet colsuen⁹ de comite alano .III. uir .I. carruce 7 dim̃ . ē ibi t̃ra . Et ē carruca 7 dim̃ . .III. bor . unus ser . Pratum .IIII. bob₃ . Int̃ totum uał .XX. soł . Et q̃n rccep̃ .XV. soł . t. r. e .XL. soł . Istemet tenuit t. r. e . sub ediua pulcra . Potuit dare & uenđe cui uoluit⸴ absq₅ eius licentia . & de his .X. h̃ . tenet de hardeuuino durandus .I. h̃ . 7 dimi-

h̃ t̃ra jacet 7 jacuit sc̃p in dñio æccłæ de Elẏ.

In ead uilla teñ Wido .V. hiđ . 7 Domesday Book, vol. i. p. 200, a. col. 1. I. uirg̃ 7 dim̃ . 7 IIIIᵗᵃ. part̃ uni⁹ uirg̃ . T̃ra . ē .XI. car̃ . In dñio .II. hiđ 7 dim̃ . 7 ibi sunt .II. car̃ . 7 adhuc .IIᵉ. poss̃ fieri . Ibi .VI. uiłłi cũ XVIII. borđ 7 X. cot̃ hñt .VII. car̃ . Ibi dim̃ moliñ de .II. soł 7 VIII. deñ . p᷑tū .VI. car̃ . Past̃a ad pecuñ uillæ . Int̃ tot uał .X. lib̃ 7 X. soł . Qđo recep̃⸴ VI. lib̃ . T.R.E.⸴ XIIII. lib̃ . De hac t̃ra tenuit Edric spur .II. hiđ 7 dim̃ . teign⁹ R.E . potuit dare ł uenđe . 7 VIII. soc̃hi hõēs ab̃bis de Elẏ tenuer̃ .II. hiđ 7 dim̃ uirg̃ . 7 alij .IIº. soc̃hi hõēs regis . E . tenuer̃ .IIᵃˢ. part̃ .Iᵒ. uirg̃ . 7 II. jneẽ᷑ inuenieb̃ . Hi õm̃s t̃ras suas uenđe potuer̃ . Soca de .VIIIᵗᵒ. soc̃his remansit ab̃bi de Elẏ.

In Melleborne teñ Colsuan de co- Domesday Book, vol. i. p. 194, b. col. 1. mite .III. uirg̃ t̃ræ . T̃ra . ē .I. car̃ 7 dim̃ . 7 ibi sunt cũ .IIII. borđ 7 I. seruo . p᷑tū .IIII. bob⁹ . Vał XX. soł . Qđo recep̃⸴ XV. soł . T.R.E.⸴ XL. soł . Istemet tenuit sub Eddeua . 7 receđe pot̃ ab ea.

In Melleburne teñ Durand⁹ de Domesday Book, vol. i. p. 198, b. col. 1. Harđ .I. hiđ 7 I. uirg̃ . T̃ra . ē .I. car̃

Tib A. vi.

diã uirgã de feudo regis .I. carruce & dimidie ibi ē .t. 7 ē carruca . 7 diñ carř . potest fieri . unus uillanus .II. bor. I:I. cotarii . Pratum .I. carř . Pastura ad pecuniã uille .IIII. animᵃ . .ocio. XL.VI. oues .X. por. II. runcini . Inť totum ual .XXV. sol . 7 qñ re-

f. 105 b.
col 1.

cep̃꞉ .XXX. sol . t. r. e .XL. sol . Hanc ťram tenuit sired⁹ homo comitis al-gari . Potuit . rece . cũ uoluit . t. r. e. Et de his .X. h̄ . tenet abb . de sčo ebrulfo dimiđ . h̄ . qᵃrtã partem "uirge" unius . diñ . carruce ē ťra . Et ē ibi .I⁹. uillanus . Pratũ diñ . carruce . Inť totũ ual .V. sol . 7 qñ recep̃ totiđ . t. r. e. totiđ . Hanc ťra tenuit goda h̄o comitis algari . Po-tuit dare uel uenđe cui uoluit . t. r. e.

[W]erleie
[h]undř.

In hundř de Werleia iurauerunt homines Scil . sefrid⁹ p̃positus . Rađ . de scannis . Fulco Waruhél . Ru-mold⁹ de cotis . Seuuard⁹ de harle-tona . Turbt⁹ de oreuuella . Bricter de bertona . Almar⁹ Blachesona . & oñis franci 7 angli.

In hoc hundř somm̃tona p .VI. .h̄. se . de . t. r. e. 7 m̄ᵒ . De his .VI. h̄ . tenēt .II. milites picoti uič . de ip̃o .II. h̄ . 7 .II. acras .IIII. č . ē ibi ťra .IIᵉ. č . i dñio . IIᵉ. č . uillanis .VII. uillani .XI. bor . Pratũ .I. carruce .IIᵒ. ani . ocio .C. 7 .IX. .O. XXXII. porci . Inť totũ ual .LX. sol . 7 qñ rece . to-tiđ : Tem . r. e. IIII. li . Da hᵃ ťra .VII. sochemanni regi .I. h̄ . 7 .Iᵃ. uirgã . Et inuen̄unt .V. aueras . 7 .IIII. inuuardos uicecomiti regis . Et alii .II. sochemanni .I⁹. h̄o Walleui co-mitis . 7 alť h̄o archiepī stigandi te-

7 diñ . Ibi . ē una . 7 diñ poť fieri Ibi est .I. uills cũ .II. borđ 7 III. coť . Pᵃtũ .I. carř . Pasťa ad peč . Val XXV. sol . Qđo recep̃꞉ XXX. sol . T.R.E꞉ XL. soliđ . Hanc ťra tenuit Sired h̄o com̃ Algari . 7 dare 7 uenđe poť.

In Melleburne teñ isđ abb de co-mite R . diñi hiđ . IIIIᵗᵃ. parť uni⁹ uirř min⁹ . Třa . ē diñ carř . 7 ibi . ē cũ .I. uillo . pᵃtũ diñ carř . Val 7 ua-luit sēp .V. sol . Hanc ťra Goda te-nuit de Algaro com̃ꞌ . 7 uenđe potuit.

Domesday
Book, vol.
i. p. 193, b.
col. 1.

In Cũbertone teñ .II. h̄oēs de Picot .II. hiđ 7 .II. acᵃs . Třa . ē .IIII. carř . In dñio .IIᵉ. 7 VII. uilli cũ XI. borđ hn̄t .II. carř . pᵃtũ .I. carř . Val 7 ualuit .LX. sol . T.R.E꞉ IIII. lib . De hac ťra . tenueř VII. sochi regis . E. I. hiđ 7 I. uirř . 7 V. Aueras 7 III. jnew̃ inuenieb . 7 alij .II. sochi .III. uirř habueř . 7 receđe potueř . Hoᷤ un⁹ h̄o . S . archiep̃i . 7 alť h̄o Wallef com̃ fuit.

Domesday
Book, vol.
i. p. 200, b.
col. 1.

.vi. nuerunt iii. uirgas . potuerūt dare uł
b.
uenđe cui uolue . Et de his .vi. ħ .
tenet Wiłłs de Kahannes .i. uirgā .
7 dim̄ i. carr̄ . ē ibi . Ꝕ . Et carruca
abest . Pratū dimi . c̃ . .i. uillan⁹ .
H̃ ꝑra uał .x. soł . 7 qn̄ recepit꞉
totiđ . Hanc . Ꝕ . tenuit Areli . homo
comitis Walleui . potuit . da . uł uen .
cui uoluit . t. r. e . Hanc ꝑrā liɓauit
ei baioccnsis c̃p̄c p̄dc̄o Wiłło sīc homines đe hunđ . testantur . sⱬ nesciunt qᵃ ratione . Et de his .vi. . ħ .
tenet Erchingari⁹ pistor regis .iā. ħ .
xx. ac̃ . minus . de rege .ii. c̃ . est ibi
. Ꝕ . una . c̃ . 7 una uir . 7 .x. acre in
dominio .i. c̃ . uillanis .iiii. uillani .
.viii. bor . .ı⁹. seruus . Praꞇ . iiii.
boɓⱬ .xi. por . Inꝉ toꞇ uał .xxx. soł .
7 qn̄ re .xx. soł . t. r. e. xl. soł .
Hanc ꝑram tenue . .iiii. soche . 7 .ı⁹.
istorum hō reg̃ . e . fuit . iā. uir . ħuit .
7 inueniebat dim̄ auerā 7 .iiii. đ .
Et alius fuit hō archiepī stigan . unā
uir . 7 dim̄ . habuit Et ꝑci⁹ homo
comitis Walleui . tenuit .i. uir . 7
dim̄ . Et hii potue ᵢ da . uł uen . cⁱ
uoluerunt.

In ħ hunđr Bertona . ꝑ .vii. ħ . se
. de . .t. r. e. 7 m° . Et de his .vii. ħ .
tenet Wiłł de Rahamnes .ii. ħ . 7
dim̄ . H̃ ꝑra erat de firma comitisse
iudetc . qn̄ Wiłłs de Rahamnes recep̄
a.
ut homines de . hun . testanꞇ . ad
eunđ modū supᵃ .v. carr̄ . ē ibi ꝑra
.iiii. c̃ . in dn̄io . .iiᵉ. c̃ . uillanis .
un⁹ uilla .viii. bor . .ii. ser . Pratū
.ii. c̃ . qᵃꝔ .xx. o . 7 .v. xxiiii . por .
.ii. runc̃ . Inꝉ totū uał .viii. li . et qn̄
rece .x. li . t. r. e. totiđ . Hanc . Ꝕ .

WILLELM⁹ de Cahainges ten̄ in
Bertone .i. uirg̃ 7 dim̄ . Tr̃a . ē .i.
car̄ . sⱬ n̄ est ibi car̄ . Pᵃtū .i. car̄ 7
un⁹ uiłłs . Vał 7 ualuit sēp .x. soł .
Hanc ꝑrā tenuit .i. hō Wałłef comitis
. 7 dare 7 uenđe potuit . Hanc liɓauit Wiłło c̃p̄s baiocensis . sⱬ hōēs de
Hund nesciunt qua ratione.

Domesday Book, vol. i. p. 201, b. col. 2.

ERCHENGER Pistor ten̄ de rege In
Cūbertone .i. hidā .xx. ac̃s min⁹
una car'.
Tr̃a . ē .ii. car̄ . In dn̄io | dim̄ hida
.xxᵗⁱ. acᵃs min⁹ . Ibi .iiii. uiłłi cū
.viiitᵒ. borđ hn̄t .i. car̄ . Ibi .i. seru⁹ .
7 pᵃtū .iiii. boɓ⁹ . Vał .xxx. soł . Qđo
recep̄꞉ xx. soł . T.R.E꞉ xl. soł .
Hanc ꝑrā tenuēr .iiiᵉˢ. sochi . Hoⱬ
un⁹ hō regis .i. uirg̃ habuit . 7 diꝰ
auerā inueñ . 7 alꞇ hō . S . Archiep̃i
.i. uirg̃ 7 dim̄ . 7 ꞇcius hō Wałłef .i.
uirg̃ 7 dim̄ . 7 uenđe 7 receđe potueꝛ̄.

Domesday Book, vol. i. p. 202, b. col. 1.

In Bertone ten̄ ipse Wiłłs ad eunđ
modū .ii. hiđ 7 dim̄ . Tr̃a . ē . v . car̄ . In
dn̄io sunt .iiiiᵒʳ. 7 un⁹ uiłłs cū .viiitᵒ.
borđ hn̄t .ii. car̄ . Ibi .iiᵒ. serui . Pᵃtū
.ii. car̄ . Vał .viii. liɓ . Qđo recep̄꞉
x. liɓ . 7 tn̄tđ T.R.E. Hanc ꝑrā tenuēr .iiiiᵒʳ. sochi hōēs Wałłef comitis .
Hoⱬ .ii. tenuēr .i. hiđ 7 .ii. uirg̃ 7
dim̄ . sⱬ receđe sine lic̃tia ej⁹ n̄ po-
tueꝛ̄ . Alij uᵒ duo dare 7 uenđe
ꞇrā suā
potueꝛ̄.

Domesday Book, vol. i. p. 201, b. col. 2.

vi. tenuerunt .iiii. soche . homines comitis Walleui fueřt . Et .iiᵒ. tenueř
.iᵃ. ħ . 7 diñi . 7 diñi . uir . Isti ñ potueřt dare neq̃ recede absq̃ ciᵒ
licentia . Et .iiiᵒ. tenuit ." ħ . 7 " diñi .
7 dimi . uir . potuit dare 7 uende cⁱ
uoł . t. r. e. Et iiiiᵒ soche . tenuit
.i. uir . sub comite Walleuo . potuit
dare uł uen . cⁱ uoł . t. r. e. Et de
his .vii. ħ . tenet Roƀ . fafiton de comite moritoniensi .iᵃ. ħ .i. carruce ē
ibi . ť . Et ē carruca .ii. bor .iᵒ. ser .
Pratum .i. cař . Inť toť uał .xl. soł .
q̃ñ rece . totiđ . t. r. e. l. soł . Hanc
ťram tenuit iudicaelis uenator . Re .
e . Potuit da . 7 uen . cⁱ uoluit . Et
de his .vii. ħ . tenet Wido de Reim-
ƀcurt .iiii. ħ . 7 diñi de rege . Et
hunfridᵒ de ansleuilla tenet sub eo
.vi. c̃ ibi ē ťra . Et st . cař . 7 .iii.
uillani .xiii. bor .iᵒ. ser . Pratū .iiii.
cařř .iiᵒ. animał ocio .c. 7 .v. o .
.xxii. por . Inť totum uał .vi. liƀ . 7
q̃ñ recepit .x. ħ. t. r. similiť . In hac
ťra st .iii. milites francigene . Hāc
ťra tenueř. xxiiii. socheñ . Et unᵒ
istorum fuit hõ ediue . pul . tenuit
diñi . ħ . potuit . da . uł uen . cⁱ uoluit . Et oñis alii fueř socheñ . Re .
iii. ħ . abueřt . Potueřt dare uł ucn .
cⁱ uo . Et isti inueñunt .vi. aueras .
7 .xvii. inuuardos . uiceč . reg̃ de consuetudine.

In hoc . hun . Grenteseta p .vi. ħ .
se . de . t. r. e. 7 mᵒ . Et de his .vi.
ħ . tenent de Widone de Remƀcurt
.ii. milites .iii. uir .i. cařř . ē ibi ťra .
7 carruca⸵ ab⸴ . Pratum .iiii. boƀӡ
.iii. bor . Inť totū uał . l .v. 7 q̃ñ rece .

In Bertone teñ Roƀtᵒ de comite .i.
hiđ . Třa . ē .i. cař . 7 ibi . ē cū .ii.
borđ 7 i. seruo . Pᵃtū .i. cař . Vał 7
ualuit .xl. soł . T.R.E.⸍ l. soł . Hanc
ťra tenuit Judichel uenator . E.R. 7
cui uoluit dare poť.

Domesday Book, vol. i. p. 193, a. col. 2.

In Bertone teñ Hunfridᵒ de Widone iii. hiđ 7 diñi . Třa . ē .vi. cař .
In dñio .iii. cař . 7 iii. uiłli cū .xiii.
borđ hūt .iii. cař . Ibi unᵒ seruᵒ . Pᵃtū
iiii. cař . Inť totū uał .vi. liƀ . Qđo
recep⸍ x. liƀ . 7 tñtđ T.R.E. In hac
ťra sunt .iii. miliť francig̃ . Hanc ťra
tenueř xx.iiiiᵒʳ. sochi . Hoӡ unᵒ dimiđ
hiđ tenuit sub Eddeua pulchra . 7
uende potuit . 7 oñs alij sochi regis
. E . fueř .iii. hiđ tenueř . 7 dare 7
uende potueř . 7 vi. Aueras 7 xvii.
jnewarđ uicecomiti inueneř.

Domesday Book, vol. i. p. 200, a. col. 1.

In Grantesete teñ .ii. milites de
Widone .iii. uirg̃ . Třa . ē .i. cař . sӡ
ñ est ibi . Pᵃtū .iiii. boƀᵒ . 7 iii.
borđ . Vał .lv. soł . Qđo recep⸍ xl.
soł . T.R.E.⸍ iiii. liƀ . Hanc ťra te-

Domesday Book, vol. i. p. 200, a. col. 1.

Tib. A. vi. .XL. soł . t. r. e. .IIII. li . Hanc . P̃ . te-
nuerunt v. sochemanni homines . re .
IIII. iuuar . reddebant uiceč . re . S₃
tam̃ potueřt dare uł uen . cui uolue .
Et de his .VII. ħ . tenent .II. milites
de comite eustachio .II. ħ . 7 .III. uir .
VI. carř . ē ibi ťra .III. č . in dominio
.III. č . uillanis . .III. uillani . 7 dimi
.XIII. bor .XVI. cotarii . unum moł .
de .XL. soł . Praŧ .IIII. č .III. animał .
ocio .C.L.III. oues . .XXX.II. por .
Inł totum uał .VIII. liħ . 7 q̃n recep̃ .
x. t. r. e. similiř / Hanc . P̃ . tenueřt
.III. soche .II. istorum / hõies .r. e.
fueř .II. ħ . 7 .I. uirgā tenuerūt . Potueř dare . P̃ . suam cui uoluerunt .

(Sic.) Et IIIᵍ homo esgari stabri fuit . tenuit
dimiđ . ħ . Et hic aucrā uiceč . Reg̃
f. 106, b.
col. 1. inuenit . Potuit dare ťra suā cui
uoluit . Et de his .VII. ħ . tenet Roħ .
fafiton .II. ħ . 7 .III. uir . de rege .
.IIII. č . ē ibi ťra .II. č . 7 una . ħ . 7
dimi . in dominio .II. č . uillanis .IIII.
uillani .VII. bor .XXIIII. coŧ unū moł .
de .XL. soł . Dimidiū gordum reddit dim̃ mille anguillař . Inł totum
ualet .VII. li 7 q̃n recep̃ totiđ t. r. e.
x. li . Hāc ťra tenuerunt .IIII. soche .
Iᵍ. istorum tenuit .III. uir . Hõ comitis alga . fuit . Et .III. soche . tenueřt .II. ħ . homines comitis Walleui fueřt . Potuerunt rece . 7 da . cⁱ
uoł . Et de his .VII. ħ . tenet Godlamb de comite ala .I. uirgā . 7 dimiđ . 7 .I. č . ē ibi ťra . 7 ē carruca .
Iᵍ. uillanᵍ .III. cotarii . unus ser .
Pratū .IIII. boƀ₃ .II. runč . Inł totum
uał 7 ualuit scmp XX. soł . Hanc . P̃ .
tenuit gomanus homo ediue puł .

ñueř .v. socħi hõēs regis . E. 7 uende
potueř . 7 IIII. jncw̃ inuenieƀ uicccomiti regis.

In Grantesete teñ .II. miliŧ de com̃ Domesday
Book, vol.
i. p. 196, a
col. 1.
.II. hid 7 III. uirg̃ . Třa . ē .VI. carř .
In dñio sunt .III. 7 III. uilłi 7 dim̃
cū .XIII. borđ 7 XVI. coŧ hñt .III. carř .
Ibi .I. moliñ de XL. soł . Pᵃtū IIII. carř .
Inŧ toŧ uał .VIII. liħ . Qđo recep̃ /
x. liħ . 7 tñtđ T.R.E. Hanc ťra tenueř
.III. socħi . quoₓ .II. hõēs regis . E.
uende potueř . 7 IIIᶜⁱᵘˢ. hõ Asgari
stalri dim̃ hiđ habuit . 7 auerā inueñ
. uende tam̃ ťra suā potuit.

In Grantesete teñ Roħtᵍ .II. hiđ . Domesday
Book, vol.
i. p. 202, a
col. 1.
7 III. uirg̃ . Třa . ē .IIII. carř . In dñio
.I. hida . 7 ibi sunt II. carř . Ibi .IIII.
uiłłi cū .VII. borđ . hñt .II. carř . Ibi
XXII. coŧ 7 I. moliñ de XL. soł . De
dim̃ Gortħ / dim̃ miłł Anguiłł . Inŧ
toŧ uał 7 ualuit .VII. liħ . T.R.E. / x.
liħ . Hanc ťra tenueř .IIII. socħi .
Hoₓ unᵍ hõ Algari com̃ . tenuit .III.
uirg̃ . 7 alij hõēs Wałłef com̃ . tenueř
.II. hiđ . 7 dare 7 uenđe ťras suas
potueř.

In Grantesete teñ Gollan sub com̃ Domesday
Book, vol.
i. p. 194, b
col. 1.
.I. uirg̃ 7 dim̃ . Třa . ē .I. carř . 7 ibi
ē cū .I. uiłło 7 III. coŧ . 7 I. seruo .
Pᵃtū .IIII. boƀᵍ . Vał 7 ualuit .XX.
soł . Hanc ťra tenuit Gogan hõ Eddeue . ñ potuit sine lictia receđe.

A. vi. nō . potuit rece . sine . li . ei⁹ . Et
de his .VII. ħ . tenet Roƀ . fafiton
unam uirgā sub comite moritoniensi .
IIII. bobȝ ē ƭra . iⁱ . unus uillanus .
Praƭ .II. bobȝ . H̃ ƭra ual 7 ualuit
semp .V. sol . Hāc ƭram tenuit iudi-
cael . uenator . r. e. potuit rece . cum
uoluit . Et de his .VII. . ħ . tenet ip̃e
Roƀ dimid . uir . de picoto uicecomite .IIII. bobȝ ē ibi ƭra . unus uillanus . H̃ ƭra ual 7 ualuit .V. sol .
Hanc . ƭ . tenuit uluric⁹ homo . re .
e . Potuit dare cui uoluit .

06, b.
2.
In ħ hun . tenet comes alanus .II.
mol . de .C. sol . q⁰s recep̃ p .VIII.
liƀ . Et . t. r. e. ualebant .VI. li . Hec
mol . tenuit ediua pul . añcessor comitis alani .

In ħ hund heslingefelda p .XX. ħ .
se defendit . t. r. e. 7 m⁰ facit . Et
de his .XX. ħ . tenet Seifridi⁹ de
picoto uicec̃ . .IIII. ħ . 7 dimiđ . 7
unā uir .IIII. c̃ . est ibi ƭra .IIᵉ. c̃ .
in dominio .IIᵉ. c̃ . uillanis .IIII.
uillani .XXII. bor . unum mol de
.II. sol . Pratum .II. c̃ . unū animal
ocio .C. 7 .XL.VII. oues . qᵃƭ .XX. 7
.IIII. por .III. asini . Inƭ toƭ ual .IIII.
liƀ . 7 q̃n recep̃ .XL. sol . t. r. e. IIII.
liƀ . Hanc ƭram tenue .VI. sochemāni .
.V. istorum⸕ homines . r. e. fuerunt .
III. ħ . habuerunt . Et hii .II. aueras
7 .III. inuuardos inueñunt . Et un⁹
istorum hō fuit esgari stalri . 7 hūit
.Iᵃ. ħ . 7 .III. uir . Et hii omnes po-
tueᷢ . da . ul uen . ƭram suā cⁱ uoluerunt . Et de his .XX. ħ . tenet Roƀ
pƀr đe comite ala .I. ħ . 7 dimid . uir .
I. carruce 7 dim̃ . ē . ibi . ƭ . Et ē

Domesday
Book, vol.
i. p. 193, a.
col. 2.

In Granteseta teñ isđ Roƀt⁹ de
comĩ .I. uirg̃ . T̃ra . ē .IIII. bob⁹ . 7
cū uno uillo
ibi sunt . p̃tū .II. bob⁹ . Val 7 ualuit
.V. sol . Hanc ƭra tenuit Judichel
uenator . 7 cui uoluit dare potuit .

Domesday
Book, vol.
i. p. 200, b.
col. 1.

In Grantesete teñ Roƀt⁹ de Picot
dim̃ uirg̃ . T̃ra . ē III. bob⁹ . 7 ibi . ē
.I⁹. uills . Val 7 ualuit .V. sol . Hanc
ƭra tenuit Wluric⁹ de soca regis .

Domesday
Book, vol.
i. p. 194, b.
col. 1.

In hoc eođ Hund teñ Alan⁹ comĩ .II.
moliñ de .C. sol . quos recep̃ p .VIII.
liƀ . T.R.E. ualeƀ .VI. liƀ . Eddeua
tenuit.

Domesday
Book, vol.
i. p. 200, b.
col. 1.

In Haslingefeld teñ Sæifrid⁹ de
Picot .IIII. hiđ 7 III. uirg̃ . T̃ra . ē
.IIII. cað . In dñio .IIᵉ. cað . 7 IIII.
uilli cū XX.II. borđ hñt .II. cað . 7 I.
moliñ de .II. sol . p̃tū .II. cað . Val
.IIII. liƀ . Qđo recep̃⸕ XL. sol . T.R.E⸕
IIII. liƀ . Hanc ƭrā tenueᷢ .VI. sochi .
Hoȝ un⁹ hō Asgari tenuit .I. hiđ 7
III. uirg̃ . 7 potuit uendere . 7 alij
.V. hōēs . R.E. tenueᷢ .III. hiđ . 7 IIᵃᵃ.
Aueras 7 III. jneẘ inueneᷢ . ƭra suā
dare 7 uenđe potueᷢ .

Domesday
Book, vol.
i. p. 194, b.
col. 1.

In Haslingefelde teñ Roƀt⁹ de comite .I. hiđ 7 dim̃ uirg̃ . T̃ra . ē .I.
cað 7 dim̃ . In dñio . ē .I. cað . 7 IIII.

Tib. A. vi.

carruca 7 dimiđ in dominio . 7 dimiđ . č . uillanis . .iiii. uillani .i. bor . Pratum .iiii. bobȝ ⋏ .xiiii. o. xiiii. por . Iĩ ꝑra ualet .xx. soł . 7 qũ receꝑ . xii. soł . t. r. e. totiđ . Hanc ꝑram tenuit Aldred⁹ homo ediue pulcre . Ñ potuit receđe absꝗ eius licen .

f. 107, a.
col. 1.

Et de his .xx. ħ . tenet comes alan⁹ dimiđ . ħ . q̃ ptinet ad suaueshâm . Dimiđ . č . est ibi ꝑra . 7 ualet 7 ualuit .viii. soł . IIāc ꝑ . tenuit ediua pulcra . Et de his .xx. ħ . tenȝ Roꝡ de sumereio de gaufrido de magna uilla .v. ħ . vi. carrucis ibi ē ꝑra .ii. č . in dominio .iiii. carr . uillanis .viii. uillani .xviii. coꝑ . Praꝶ .iibȝ. č . v. animał . ocio .lx. 7 .xiii. oues .xx. por . Inꝶ totum ualet .vii. liħ . 7 qũ receꝑ .vi. li . t. r. totiđ . Hanc . ꝑ . tenuit sigar⁹ homo esgari . stalri . potuit receđe q° uoluit . s; socam habuit esgar⁹ . Et de his .xx. ħ . tenet hunfrid⁹ de Widone de remƀcurt .i. ħ . 7 .i. uirgā . 7 .iii. ač .ii. carrucis ē ꝑra . una č . ē ibi . 7 alꝶa potest fĩ .ii. uillani . Praꝶū .iii. bobȝ . Inꝶ totum ual .xx. soł . 7 qũ receꝑ ⋏ totidem . t. r. e. xxx. soł . Hanc ꝑram tenuerunt .ii. soche . . re . e . 7 inueñunt .ii. auras . potuerunt receđe q° uoluc . Et de his .xx. . ħ . tenet Roƀ . de comite ala .xii. ač .ii. soł . ual . 7 semp ualuit . Hāc ꝑra tenuit mereuin⁹ hō ediue pul .

In hoc hundr Harletona ꝑ .v. ħ . se . de . t. r. e. 7 mᵒ . Et de his .v. ħ . tenet walꝶ⁹ filius albici de waltero giffardo .iiii. ħ .vi. č . ibi ē ꝑra . .iiᵉ.

uiłłi cū .i. borđ hñt diꞥ car . ꞏ Pᵃtū .iiii. bob⁹ . Vał .xx. soł . Qđo receꝑ ⋏ xxii. soł . 7 tñtđ T.R.E. Hanc ꝶ̃ra tenuit Eldred⁹ sub Eddeua . ñ potuit receđe sine licentia ej⁹.

In eađ uilla teñ ipse coꞥ diꞥ hidā in dñio . quæ ptiñ ad Suauesy . ꞱΞ suũ Tꝶ̃a . ē diꞥ car . Vał 7 ualuit .viiitᵒ. soł . Eddeua pulchra tenuit.

IN WEDERLAI HVND.

Domesday
Book, vol.
i. p. 197, a.
col. 1.

In Haslingefelde teñ Roger⁹ .v. hiđ de Goisfrido . Tꝶ̃a . ē .vi. car . In dñio sunt .iiᵉ. 7 viii. uiłłi cū .xviiitᵒ. coꞇ hñt .iiii. car . Pᵃtū .ii. car . Inꝶ totū ual vii. liƀ . Qđo receꝑ 7 T.R.E. ⋏ vi. liƀ . Hanc ꝶ̃ra tenuit Sigar hō

stalri.

Asgari . 7 potuit dare ł uende . sȝ soca dño remansit.

7 dare potuit

⸏Meruin⁹ tenuit de Eddeua. In eađ uilla teñ Roƀꞇ⁹ de coꞥ

Domesday
Book, vol.
i. p. 194, b.
col. 1.

soł.

.xii. acᵃs ꝶ̃ræ . Vał 7 ualuit .ii.

IN WEDERLAI HD.

Domesday
Book, vol.
i. p. 196, a.
col. 2.

In Herletone teñ Walter⁹ . f. al-

gifard

ƀici de Walterio .iiii. hiđ . Tꝶ̃a . ē . vi. car . In dñio sunt . iiᵉ. 7 vii. uiłłi

.vi.
a.
č . in dominio .IIII. č . uillanis .VII.
uillani .IX. bor .II. ser . dimiđ . moł .
de .XIII. soł . 7 .IIII. đ . c . anguille .
Pratum .IIIᵇ⅓. č . Silua ad sepes reſi-
tiendas .VI. animał . ocio .XX. o .XXII.
por . Inᵗ totū uał .VII. liƀ . 7 qñ
receꝑ .VI. li . t. r. e. VIII. . li . Hanc .
ꝉ . tenuit achillus . Et ī hac . ꝉ . fuerunt .V. sochemanni .IIII. istoꝛ homines achilli fuerunt . 7 tenueřt
unam uir . 7 diñi . Et qⁱⁿtꝰ fuit hō
ernulfi . tenuit diñi . uirgā . potucřt
rece . qᵒ uoluerunt . 7 .V. inuuardos
uicecoñi . re . inucñunt . Et de his
.V. ħ . tenet seifridꝰ de picoto uiceč
.I. ħ . I. cař . c̄ ibi ꞇra . ñ c̄ carruca .II.
bor . Pratū .IIIᵇ⅓. bobꝛ . Ħ ꞇra uał 7
ualuit sēp .XX. soł . Hanc . ꝉ . tenuit
Gomanus hō esgari stalri . Potuit
receđe qᵒ uoł .

In hoc hunđr Barentôna ꝑ .X. ħ .
se . de . t. r. e. 7 mᵒ . Et de his .X. ħ .
tenet Roƀ . gernun .VII. ħ . 7 .I. uirgā
7 dimiđ .XI. č . c̄ ibi ꞇra .I. carruca 7
.III. . ħ . 7 dimiđ . 7 duc partes uniꝰ
uirge in dominio . Et .I. č . potest ſi .
IX. č . uillanis . .XX. uillani .VII. bor .
III. cotarii de .I. acᵃ . .II. ser . unum
moł . 7 dimidiū꞉ de XXXII. soł . Praꞇ
.VI. cař . unum aĩal ociosū . .LXI. oues
.X. por . unꝰ runč . Inᵗ totū uał .XII.
li . 7 qñ receꝑ꞉ VIII. li . t. r. e.꞉ .XVI.
li . De hac ꞇra tenuit edricꝰ pûr .III.
uir . tegnꝰ . re . c . Potuit receđe .

b.
Et .XV. sochemanni homines . re . e .
tenuerunt .IIII. ħ . 7 uirgā 7 dimiđ .
7 .XII. ač . 7 dimiđ . inuenerunt . 7
.IIII. inuuardos uicecomiti regis . Et
alii .IIII. sochemanni homines coñi .

cū .IX. borđ hūt IIII. cař . Ibi .II. serui . 7 diñi moliñ de XIII. soł 7 IIII.
dcñi . 7 c. anguiłł . Pᵃtū .III. cař . Inᵗ
toꞇ redđ .VII. liƀ . Qđo receꝑ꞉ VI. liƀ .
T.R.E.꞉ VIII. liƀ . Hanc ꞇra tenuit
Achi teignꝰ regis . E . 7 ibi .V. socħi
fueř . 7 v. ineuuarđ inucneř . 7 ꞇra
suā uenđe potueř .

Domesday
Book, vol.
i. p. 200, b.
col. 2.

In Herletone teñ Seifridꝰ de Picot
.I. hiđ . Tᷓa . c̄ .I. cař . sed ñ est .
pᵃtū .IIII. bobꝰ . 7 II. borđ . Vał 7
ualuit sēp .XX. soł . Hanc ꞇra tenuit
Godman sub Asgaro stalre . 7 potuit
recede .

IN WEDERLAI HVNĐ.

Domesday
Book, vol.
i. p. 196, b.
col. 2.

In Barentone teñ Roƀt̃ꝰ VII. hiđ 7
II. uirg̃ 7 diñi . Tᷓa . c̄ XI. cař . In
dñio .III. hiđ 7 diñi . 7 II. parꞇ uniꝰ
uirg̃ . 7 ibi . c̄ .I. cař 7 alꞇa poꞇ fieri .
Ibi XX. uiłłi cū .VII. borđ 7 III. coꞇ
hñt .IX. cař . Ibi .II. serui . 7 I. moliñ
7 diñi de XXX.II. soł . Pᵃtū .VI. cař .
In totis ualeñꞇ uał .XII. liƀ . Qđo
receꝑ꞉ VIII. liƀ . T.R.E.꞉ XVI. liƀ . In
hac ꞇra fueř .XV. socħi teneñ de rege .
E .IIII. hiđ 7 I. uirg̃ 7 diñi . 7 inueñ
uicecomiti .XII. aueras 7 diñi . 7 IIII.
Ineuuarđ . 7 alij .IIII. hōc̃s Algari
tenueř .II. hiđ 7 diñi ṽ . 7 alij .III.
hōc̃s Asgari . teñ .I. hiđ . Oñs hi
potueř ꞇra suā dare 7 uenđe . De hac
qᵒq̄ ꞇra tenuit Edricꝰ pur III. uirg̃
sub rege . E . 7 uenđe potuit . 7 diñi ṽ

algari . tenuert .II. ħ . dimidiā uir .
min⁹ . Et alii .III. tres soche . homines
esgari stalri . tenuert .I. ħ . Et oms isti
potuert . da . uel uen . t̃ra suam cui uo-
luert absqᷓ dñoᷓ suorū licentia . t. r. e.
Et edric⁹ pur tenuit adhuc dim̃ . uir .
q̃ iacuit in ecclia . S̃ . Marie . de cetio .
t. r. e. Et in obitu . Hanc . P̃ . Roħ .
gernun sup abbatissam de cetio occupauit . ut homines de hund . tes-
tant̃ . Et de his .x. ħ . tenet . S̃ .
Maria de cetio .II. ħ .III. carru . ē ibi
t̃ra . una c̃ . 7 .I. ħ . in dñio .II. c̃ .
uillanis .VIII. bor .v. cotarii . qᷓsqᷓ de
.v. acris .III. ser . unum mol̃ . de .xx.
7 .v. sol̃ . 7 .IIII. đ . Pratum .III. . c̃ .
XII. por . II. runc̃ . Int̃ totum uat̃
.LX. sot̃ . 7 ualuit . t. r. e. IIII. liħ . ĪI
terra iacet 7 iacuit in abbacia . S̃ .
Marie de cetereio . Et de his .x. ħ .
tenet Rađ de bans de picoto uicec̃ .
.xx. ac̃ . III. bobᷓ ē ibi t̃ra . Et st̃
boues . .I. bor . Pratū .III. bobᷓ . Int̃
totum uat̃ 7 ualuit semp .IIII. sot̃ .
Hanc . P̃ . tenuit Ethsi homo Roħti

Wimarci filii . potuit dare cui uot̃ .
Et de his .x. ħ . tenet Walt̃us fili⁹
Alberici de giffardo .XL. ac̃ .VI. bobᷓ
ibi ē t̃ra . Et sunt boues .II. cotarii .
Pratum .VI. bobᷓ . Int̃ totū uat̃ 7 ualuit semp .x. sol̃ . Hanc t̃ram tenuit
achillus danau⁹ hō comitis haroldi .
potuit receđe cū uoluit Et de his
.x. ħ . tenet picot⁹ . uic̃ . de comite
ala . dimiđ . uir .II. bobᷓ t̃ra ē ibi . 7
sunt .III. cot̃ . Pratū .II. bobᷓ . H̃ .
t̃ra uat̃ .II. sot̃ . 7 q̃n recep̃ . totiđ .
Tem . r. e. II. sot̃ . 7 VIII. đ . Hāc t̃ra
tenuit .I. sochem̃ . re . e . 7 inuenit

tenuit isđ Edericus . quæ die mortis .
E . regis jacebat in æccta de Cetriz .
Hanc inuasit Roħt⁹ gernon sup ab-
batissā . ut testant̃ hões de hundret.

Domesday
Book, vol.
i. p. 193, a.
col. 1.

ℂIN WEDRELAI IIVNĐ.

In Barentone teñ æcclia de Cietriz
.II. hiđ . Tr̃a . ē .III. car̃ . In dñio .I.
hida . 7 ibi .I. car̃ . Ibi .VIII. borđ . 7
v. cot̃ cū .II. car̃ . Ibi .III. serui . 7 I.
moliñ .XXV. sot̃ . 7 IIII. deñ . Pᵃtū
.III. car̃ . Vat̃ 7 ualuit .III. liħ T.R.E℣
IIII. liħ . H̃ t̃ra jacuit 7 jacet in dñio
æcclæ de Cietriz.

Domesday
Book, vol.
i. p. 200, b.
col. 2.

In Barentone teñ Radulf⁹ de Picot
XX. ac̃ˢ . Tr̃a . ē III. boħ⁹ . 7 ibi sunt .
cū .I. socħo 7 I. borđ . pᵃtū .III. boħ⁹ .
Vat̃ 7 ualuit sēp .v. sot̃ . Hanc tr̃a
tenuit Ezi sub Roħto . f . Wimarch .
7 potuit dare.

Domesday
Book, vol.
i. p. 196, a.
col. 2.

In Barenton teñ isđ Wat̃ de
Walterio .XL. ac̃ˢ . Tr̃a ē .VI. boħ⁹ . 7
ibi sunt . cū .II. cot̃ . Pᵃtū .VI. boħ⁹ .
Vat̃ 7 ualuit sēp .x. sot̃ . Hanc tr̃a
tenuit Achi hō Heraldi . 7 dare 7
uenđe potuit.

Domesday
Book, vol.
i. p. 194, b.
col. 2.

In Barentone teñ Picot de com̃
dim̃ uirg̃ . Tr̃a . ē .II. boħ⁹ . 7 ibi sunt
cū .II. borđ . pᵃtū .II. boħ⁹ . Vat̃ 7
ualuit II. sot̃ . T.R.E℣ XXXII. deñ .
Hanc tr̃a un⁹ hō regis . E . tenuit .
unū ineuuarđ uicecom̃ inueñ . 7 cui
uoluit dare potuit.

.vi. unum Heuuarđ . Potuit receđe cum
uoluit . t. r. e.

In hoc hunđr . sepeia . p .v. ħ . se
defenđ . t. r. e. 7 m⁰ . Et de his .v. ħ .
tenet harđeuuin⁹ .ıı. ħ . 7 dimiđ .
uirgam .ıı. carruč . 7 .ıı. bobȝ ē tra
ibi . 7 sunt carruce ibi .ıı. uillani .
.ıx. cotarii . Pratū .ıı. c̃ . un⁹ seruus .
Hanc tram tenet q'đā miles . 7 . ıı⁰.
angli sub eo . unum moł . de .vıı. sol.
ıı. đ . min⁹ . Inł totum ualet .xlıı.
sol . Et qū receꝑ totiđē . t. r. e. .l.
sol . Hanc tra tenuert .v. soche .
.ıııı. istorum fuerunt sochemañ . re .
e . tenuert .ı. ħ . 7 dimiđ . Et isti
inuenerunt uicecomiti regis .ıı. aueras
7 .ıı. inuuardos . Et q'ntus homo comitis algari tenuit diñi . ħ . 7 dimi .
uir . potuerunt dare oñis isti . Et de
his .v. hid tenet . S. Maria de catareio
.ı. ħ . 7 .ı. uirgā 7 diñi .ı. carruce 7
diñi ꞙ ē terra . 7 dimidia . c̃ . 7 dimiđ .
ħ . in dominio .ıª. c̃ . uillanis unus
uillanus .ııı. bor .ıııı. cotarii . q'sqꝫ
de .ıx. ac̃ .ı. seruus . unum moł . de
.v. sol . 7 .ıııı. đ .ı. runč . Pratū .ı.
cart̃ . 7 dimiđ . Inł totum uał .xxx.
sol . 7 qū receꝑ .xl. sol . t. r. e. totiđ .
Ħ tra iacet 7 iacuit ī ecctia . S̃ .
Marie de cetereio . Et de his .v. . ħ .
tenet sigar⁹ de gaufrido magne uille .
unam . ħ .ı. cart̃ . ē ibi . ł . 7 ē carruca .ı. uillanus 7 .ıı. bor . .ıı. moł .
de .x. sol . 7 .vııı. đ . Prał .ı. cart̃ .ıı.
runč .xx. por . Inł totum ualet .xx.
sol . 7 qū recepit ꞙ .xxııı. sol . t. r. e.
xxv. sol . Istemet tenuit hanc ł .
t. r. e. hō esgari stalri . potuit dare
cui uoluit . Et de his .v. ħ . tenet

In Esceprid teñ Harđ .ıı. hiđ 7
diñi uirg̃ . Tra . ē .ıı. cart̃ . 7 ıı. bob⁹.
7 ibi sunt cū .ıı. uiłłis 7 ıx. cot̃ . 7 ı.
seruo . P꙼tū om̃ibȝ cart̃ . Hanc tra
teñ .ı. miles 7 ıı. Angli sub eo . Ibi
.ı. moliñ de .vıı. sol .ıı. deñ min⁹ .
Vał 7 ualuit xl.ıı. sol . T.R.E꞉ l.
sol . Hanc tra tenuert̃ .v. sochi . un⁹
coñ
hoȝ hō Algari . 7 alij hōes regis . E.
fuert̃ . 7 ıı. Aueras 7 ıı. Ineuuarđ
inuenert̃ . 7 tam tra suā uende potuert̃.

In Esceprid teñ eađ æcc̃a .ı. hid . 7
ı. uirg̃ 7 diñi . Tra . ē .ı. cart̃ 7 diñi . In
dñio diñi hida . 7 ibi diñi cart̃ . Ibi .ı.
uiłłs 7 .ııı. borđ 7 .ıııı⁰ʳ. cot̃ . cū .ı. cart̃ .
Ibi .ı. seru⁹ . 7 ı. moliñ de .v. soliđ .
7 ıııı. deñ . P꙼tū .ı. cart̃ . 7 diñi . Vał
7 ualuit .xxx. sol . T.R.E꞉ xl. sol .
Ħ tra jacet 7 jacuit sēp in æccte
dñio de Cietriz.

In Esceprid teñ Sigar de Goisft̃ .ı.
hiđ . Tra . ē .ı. cart̃ . 7 ibi . ē cū .ı.
uiłło 7 ıı. borđ . 7 ıı. molini de .x.
sol 7 .vııı. deñ . p꙼tū ı. cart̃ . Vał 7
ualuit .xx. sol . T.R.E꞉ xxııı. sol .
Istemet de Asgaro tenuit . 7 dare ł
uende potuit.

In Escepride . teñ Rainalđ⁹ de

i. Rainald⁹ de comite alano unam uirgā 7 dimiđ . Dimiđ c̄ . ē ibi P̃ra . Et ē un⁹ uillanus . Sexta pars uni⁹ moł . de .XIIII. đ . Pratum .IIII. bobȝ . Int̃ totum uał .VIII. soł . Hanc . P̃ . tenuit hemming⁹. homo . r. e. 7 inuenit unū inuuardū . Potuit dare cui uoluit . De his .v. ħ . tenet hugo pedeuolt de hardeuuino dimiđ uirgam .II. bobȝ ē P̃ra . Pratum .II. bobȝ uał 7 ualuit

scmp .II. soł . Hec . P̃ . iacet 7 iacuit in ecclia . S̃ . Æđel . de elẏ . t. r. e. 7 in obitu . in dominica firma . ut homines de hunđ . testantur.

In li hundr Oreuuella . p IIII. ħ . se . de . t. r. e. 7 m⁰ . Et de his .IIII. ħ . tenet comes Rog̃ . unam . ħ . 7 .I. uir̃ . 7 t̃ciam partem unius uirge .I. car̃ . 7 diñ . ē ibi P̃ra . Dimiđ . c̄ . 7 dimidia . ħ . in dominio .I. car̃ . uillanis .II. uillani .IIII. bor . q͡ısqȝ de .v. ac͡ıs . unus . ser . Pratum .I. car̃ . Silua ad sepes refici . Int̃ totum uał .XX. soł . 7 qn̄ recep̃ XXX. soł . t. r. e. L. soł . Hanc . P̃ . tenuerunt .VI. sochemanni . 7 .II⁰. istorum fuer̃t homines ediue . Habuerunt .II. partes uirge . Et .III⁹. soche . homo stigandi archiep̃i . Habuit unā uir̃ . 7 .IIIᵃ. par . unius uirge . Et IIII⁹⸴ homo Rob̃ti filii Wimarci . tenuit .I. uir̃ . 7 P̃ciam . par . uni⁹ uirge . Et q͡ınt⁹ homo . r. e. tenuit .II. partes uni⁹ uirge . 7 unum inuuardum inuenit iste . Et .VI⁹. homo comitis algari tenuit unam uir̃ . 7 t̃ciā par . unius

coñi .I. uirg̃ 7 diñ . T̃ra est diñi car̃ . 7 ibi . ē cū .I. uillo . 7 VI. par̃t .I. moł redđ .XIIII. deñ . p̃atū .IIII. bob⁹ . Vał .VIIIᵗᵒ. soł . Qđo recep̃⸴ v. soł . T.R.E.⸴ VIIIᵗᵒ. soł . Hanc t̃ra tenuit Haminc hō regis . E . jneuuarđ inuenit . 7 uenđe t̃ra suā potuit .

In Esceprid teñ Hugo de Harđ diñ uirg̃ . T̃ra . ē .II. bob⁹ . 7 p̃atū .II. bob⁹ . Vał 7 ualuit sc̄p .II. soł . H̃ T̃ra jacuit in dñio æcclæ de Ely 7 in uita 7 in morte . R. E. ut hōēs de hunđ testantur .

In Esceprid diñ uirg̃ teñ Harduin⁹ . que die mortis . E. regis erat in æccła de Elẏ .

In Orđuuelle teñ . R . comes .I. hiđ 7 I. uirg̃ . 7 IIIᶜⁱᵃ. par̃t uni⁹ uirg̃ . T̃ra . ē .I. car̃ 7 diñ . In dñio dim̃ hida 7 ibi diñ car̃ . 7 II. uilłi 7 III. borđ cū .I. car̃ . Ibi un⁹ seruus . 7 p̃atū .I. car̃ . 7 nem⁹ ad sepes reficiendas . Vał .XX. soł . Qđo recep̃⸴ XXX. soł . T.R.E.⸴ I. soliđ . Hanc t̃ra tenuer̃ .VI. sochi . 7 dare 7 uenđe t̃ra suā potuer̃ . Vn⁹ eoȝ hō regis . E . fuit . 7 inuuardū inuenit uicecomiti . T̃res istoȝ sochoȝ accōmodauit picot⁹ Rogerio comiti . p̃p̃t placita sua tenenda . sȝ postea occupauer̃ eos hōēs comitis 7 retinuer̃ cū t̃ris suis⸴ sine lib̃atore . 7 rex inde seruitiū n̄ habuit nec h̃t . sic ipse uicecomes dicit .

Book, vol.
i. p. 194, b.
col. 2.

Domesday
Book, vol.
i. p. 198, b.
col. 1.

Domesday
Book, vol.
i. p. 191, b.
col. 1.

Domesday
Book, vol.
i. p. 193, b.
col. 1.

uirge . Et oīs isti potuc̄t recede . Tres istorum sochemannoʒ p̄dictorū acomodauit picotus uicecoñi Rogerio coñi . ppt̄ placita sua tenenda . Post occupauerunt seruientes eius ita . atq̄, retinuerunt eos sine liβatore cum t̃ris suis q°d rex inde nicħ habuit꞉ neq̄ habet . sicut iр̄e picot⁹ testatur . Et de his .IIII. ħ . tenet durandus de hardeuuino .III. uirgas . 7 t̃ciā partē unius uirge .I. carr̄ ibi ē t̃ra .VI. boues ibi sunt .IIII. cotarii . q꞊sq̄, de .V. ac꞊s . unum moł . de VIII. soł . Pratum .I. carr̄ . Silua ad sepes refi . Int̄ totum ual .XX. soł . 7 qn̄ recepit totid . Tem . r. e. XL. soł . Hanc t̃ram tenuerunt .II. sochē . un⁹ istorum homo comitis Walleui tenuit III. uirgas . Scds erat sochemannus . re . e . tenuit t̃ciam partem unius uirge .II. inuuardos inuenit uicecomiti regis . Potuerunt ambo recede . Et de his .IIII. ħ . tenet sigarus de gaufrido magne uille . unam uir . 7 t̃ciā par . unius uirge .IIII. bobʒ ē t̃ra . 7 sunt ibi . Pratum .II. bobus . unus uillanus . Hec . t̃ ual .VIII. soł . 7 qn̄ receр̄ totidem . t. r. e. X. soł . Istemet tenuit t. r. e.

Hō fuit esgari stalri . Potuit recede . Et de his .IIII. ħ . tenet picot⁹ uiceconi de consule alano .III. uirgas . 7 q̄rtā par . uni⁹ uirge . 7 .V. ac̄ .I. carruce 7 dimid . ē ibi t̃ra . Et sunt i꞊ .I. carr̄ . in dominio . 7 dim̄ . c̄ . uillanis .VI. bor . Pratum .I. carruce . una uacca ociosa .XXX. oues .XII. por .I. runc̄ . Int̄ totum ual .XX. soł . 7 qn̄ recepit꞉ totidē . Tem . r. e. XXX. soł . Hanc . t̃ . tenuit t̄bert⁹ homo ediue

In Orduuelle teñ Durand⁹ de Hard .III. uirg̃ 7 IIIciā. part̄ unius uirg̃ . T̃ra . ē .I. car̄ . 7 VI. boues ibi sunt . cū .IIIIor. cot̄ . 7 I. moliñ de .VIII. soł . Pᵃtū .VI. boβ⁹ . Nem⁹ ad sepes cland . Val 7 ualuit XX. soł . T.R.E꞉ XL. soł . Hanc t̃ra tenuer̄ .II. socħi . un⁹ hō Wallef .III. uirg̃ tenuit . alt̄ hō regis .IIIci. part̄ .I. uirg̃ tenuit . Duos Ineward̄ inuener̄ . 7 recede potuerunt.

Domesday Book, vol. i. p. 198, b. col. 2.

In Ordeuuelle teñ Sigar de Goisf .I. uirg̃ . 7 IIItiā. part̄ uni⁹ uirg̃ . T̃ra . ē .IIII. boβ⁹ . 7 ibi sunt . pᵃtū .II. boβ⁹ . cū .I. uiłło . Val 7 ualuit .VIII. soł . T.R.E꞉ X. soł . Istemet tenuit sub Asgaro . 7 uende potuit.

Domesday Book, vol. i. p. 197, a. col. 2.

In Oreduuelle teñ picot de coñ .III. uirg̃ 7 IIIItā. partē uni⁹ uirg̃ . 7 V. ac̄s . T̃ra . ē .I. car̄ 7 diñi . 7 ibi sunt cū .VI. bord . pᵃtū .I. car̄ . Val 7 ualuit .XX. soł . T.R.E꞉ XXX. soł . Hanc t̃ra tenuit Turβn⁹ sub Eddeua . 7 recede potuit ab ea.

Domesday Book, vol. i. p. 194, b. col. 2.

Tib. A. vi. pulcre . potuit . rece . Et de his .IIII.
ħ . tenet Walťus filius Alƀici de
Waltero giffardo unam . uir .II. boƷ
ē ťra .III. bor . Ħ ťra uaƚ .II. soƚ . 7
qñ recepit totiđ . .t. r. e. II. soƚ . 7 VIII.
đ . Hanc ťram tenuit achillus homo
comitis haraldi . potuit dare cui uoluit . Et ħ ťra iacet in herletona . Et
de his .IIII. ħ . tenet Roƀ . gernun .I.
ũ . .III. boƷ ē ťra . 7 sunt ibi .II.
borđ . Pratum .II. boƷ . de uno molenđ . .XII. soƚ . Inť totum uaƚ .XVIII.
soƚ . 7 .VIII. đ . 7 semp . Hanc ťram
tenuit unº sochmannº . r. e. 7 unā
auerā inuenit uiceč . r. e. Potuit recede . Et de his .IIII. ħ . tenet Radulfus de bans de rembercurt ťciā
partem[1] uniº uirge .I. boui ē ibi ťra .

f. 109, a.
col. 1.

7 ē bos . Vaƚ 7 ualuit sēp .XII. đ . Ħ
ťra iacet 7 iacuit in ecclesia . Ŝ. Marie
de cetereio.

In hoc hunđr Wretewurda . pro
.IIII. ħ . se defendit . t. r. e. 7 mº . De
his .IIII. ħ . tenet comes Roᵹ .II. ħ .
7 .II. partes uniº uirge .III. carrucis ē
ťra ibi . Dimidia . č . 7 una . ħ . 7
.II. partes unius uirge in dominio . 7
dimiđ . č . potest fieri . due . č . uillanis . .XV. bor .II. serui . Pratum .II.
carȓ . Inť totum uaƚ .XL. soƚ . t. r. e.
XL. soƚ . Hanc ťram tenuerunt .V.
soche . vnº istorum habuit .III. uirgas . 7 ťciam partem unius uirge .

In Orduuelle teñ Walť de Walterio ^giɸard
.I. uirᵹ . Ťra . ē II. boƀº . Ibi sunt
.III. borđ . Vaƚ 7 ualuit sēp .II. soƚ .
Hanc ťrā tenuit Achi hō Heraldi ^conuť .
Ħ ptiñ ad herletone.

In Orduuelle teñ Roƀť º .I. uirᵹ .
Ťra . ē .III. boƀº . 7 ibi sunt cū .II.
borđ . pᵃtū .II. boƀº . 7 I. moliñ de
.XII. soƚ . Vaƚ 7 sēp ualuit XVIII. soƚ
7 VIII. deñ . Hanc ťra tenuit .I. socħs
regis . E. 7 unā Auerā inueñ . 7 tañ
ťrā suā uenđe potuit.

In Orduuelle teñ Radulf º de Widone .IIIᶜⁱᵃ. parť .I. uirᵹ 7 ibi . ē bos .
Vaƚ 7 ualuit .II. soƚ . 7 uenđe potuit .
7 IIIIᵗᵃ. parťē uniº Auere uicecoƀ
inuenit.

In Oreuuelle teñ eađ æccƚa .IIIIᵗᵃ.
parť uniº uirᵹ . Ťra . ē diñ boui . 7
uaƚ XII. deñ . Ad æccƚam | ^sēper ptinuit.

In Werateuuorde teñ Comes .II.
hiđ . 7 II. parť uniº uirᵹ . Ťra . ē
.III. caȓ . In dñio .I. hida 7 II. parť .I.
uirᵹ . 7 diñi caȓ ē ibi . 7 alia diñi poť
fieri . Ibi .II. coť 7 XV. borđ cū .II.
caȓ . Ibi .II. serui . 7 pᵃtū .II. caȓ . Vaƚ
7 ualuit .XL. soƚ . T.R.E.꞉ LX. soƚ .
Hanc ťra tenueȓ .VI. socħi . 7 cui uo-
lueȓ ťra suā uenđe potueȓ .

---

[1] It would seem that our MS. in this instance confounds two separate entries. The extract from 'Domesday Book,' 200, a. col. 1, occurs under the title "Terra Widonis De Rainbuedcurt;" the extract from 193, a. col. 1, under the title "Terra Æcctæ De Cetriz."

A. vi

Hō ediue pul . & scđs tenuit .iii. uir .
homo stigandi archiẽpi . Et .iii⁹. habuit unam uirgā 7 t̃ciā par .i⁹. uir .
homo comitis Algari . Et .iiii⁹. tenuit
.ii. par . unius uirge . Homo . r. e.
Et q̃nt⁹ homo Rođti filii wimarci .
tenuit partem unius uir . 7 potuerunt
recede . uel dare ꞉ cui uoluer̃t . Et de
his .iiii. h̃ . tenent .ii. milites de hardeuuino .iii. uir .i. carruce ē ibi t̃ra
.vi. cotarii . Pratum .i. carruce . Int̃
totum ual .xx.v. sol . 7 q̃n recep̃ totidem . t. r. e. l. sol . Hanc t̃ra tenuerunt .ii. socheñi . un⁹ istorum erat

09, a.
2.

homo comitis walleui . tenuit dimiđ .
h̃ . 7 .ii. partes uni⁹ uirge . Et scđs
fuit hō Rođti filii wimarci . tenuit
t̃ciā part̃ unius uirge . Et hi potuerunt rece . q° uoluerunt . Et de his
.iii. h̃ . tenet comes alanus unam uir .
7 t̃ciā par . unius uirge . Dimidie .
c̃ . ē ibi t̃ra . Et est . Pratum diñi .
c̃ . un⁹ uillan⁹ . Il t̃ra ual .viii. sol .
7 q̃n recepit totid . t. r. e. .x. sol .
Hanc . t̃ . tenuit .i. sochemān⁹ .
homo ædiue fuit . potuit . rece . cū
uoluit . Et de his .iiii. h̃ . tenet Rađ
de bans unam uir . de picoto uiceč .
.iii. bob꜔ ē t̃ra ibi . 7 sunt boues .ii°.
cotarii . Pratum .iii. bob꜔ . Il t̃ra ual
.iiii. sol . 7 q̃n recep̃ totiđ . t. r. e. v.
sol . Hanc t̃ram tenuit .i. sochemann⁹
.re. e. 7 inuenit inuuardū uiceconi
regis . Potuit dare ul uen . Et de his
.iii. h̃ . tenet Rađ debâns de widone
de Rembcurt dimiđ . h̃ . Dimiđ carruce ē ibi t̃ra . Et ē .ii. uillani .ii.
cotarii . Pratum diñi . c̃ . Silua ad
sepes refitiendas .lx. oues . 7 .xv. Н̃

In Warateuuorde teñ .ii. milit̃ de Domesday Book, vol. i. p. 198, b. col. 2.
Hard .iii. uirg̃ . T̃ra . ē .i. car̃ . Ibi
.vi. cot̃ 7 pᵃtū .i. car̃ . Val 7 ualuit
xxv. sol . T.R.E ꞉ l. sol . Hanc t̃ra
tenuer̃ .ii. socħi . un⁹ hō Wallef 7
alt̃ hō Rođti filij Wimarc . 7 dare 7
uende potuer̃ .

In Warateuuorde teñ ipse coñi .i. Domesday Book, vol. i. p. 194, b. col. 2.
uirg̃ 7 iiiᵃ. part̃ .i. uirg̃ T̃ra . ē diñi
car̃ . pᵃtū .iiii. bob⁹ . cū .i. uillo .
Val 7 ualuit .viii. sol . T.R.E ꞉ x. sol .
Hanc t̃ra tenuit .i. socħs sub Eddeua .
7 dare 7 uende potuit .

In Warateuuorde teñ Radulf⁹ de Domesday Book, vol. i. p. 200, b. col. 2.
Picot .iii. uirg̃ . Ibi . ē .iiiᵇ꜌. bob⁹
t̃ra . 7 ibi sunt . cū .ii. cot̃ . pᵃtū .iiii.
bob⁹ . Val 7 ualuit .iii. sol . T.R.E ꞉
v. sol . Hanc t̃ra tenuit un⁹ socħs .
R.E. 7 i. jncm̃ inueñ uiceč . 7 t̃ra suā
uende pot̃ .

In Warateuuorde teñ Radulf⁹ de Domesday Book, vol. i. p. 200, a. col. 1.
Widone diñi hiđ T̃ra . ē diñi car̃ . 7
ibi . ē . cū .ii. uilłis 7 ii. borđ . pᵃtū
diñi car̃ . Nem⁹ ad sepes reficienđ .
Val xx. sol . Qđo recep̃ ꞉ x. sol .
T.R.E ꞉ xx. sol . Hanc t̃ra .ii°. socħi

Tib. A. vi. t̃ra ual̃ .xx. sol̃ . 7 qñ recep̃ .x. sol̃ .
t. r. e. xx. sol̃ . Hanc t̃ram tenuerunt
.ii. sochemanni . Homines r. e. 7 .ii.
aueras uicecomiti . re . inuenerũt .
Potuerunt . rece . q° uoluerunt .
t. r. e.

In hoc hundr̃ Wurteuuella p .iiii.
ħ . se . de . t. r. e. 7 m° . Et de his
.iiii. ħ . tenet Rad̃ . de bâns de picoto
uicecomite .i. ħ . 7 .ii. partes .i⁹. ũ .

f. 109, b.
col. 1.
.i. carruce 7 dimid̃ ē ibi t̃ra. iᵃ.
car̃ ĩ dominio . 7 dĩm . uillanis .
unus uillanus .ii. cotarii . Pratum .i.
carruce 7 dimid̃ . Nemus ad sepes
reficiendas . H̃ t̃ra ual̃ .xxx. sol̃ . Et
qñ recep̃ .xx. sol̃ . t. r. e. iiii. lib̃ .
Hanc . t̃ . tenuerunt .iii. sochemanni . vn⁹ istorum fuit hõ comitis
algari . dimidia . ħ . t̃cia pars uni⁹
uir . minus . Et scds homo Rob̃ti filii
Wimarci fuit . Tenuit unā uir . Et
iii⁹. homo Re . e . fuit . tenuit di-
mid̃ . ħ . 7 uicecomiti reg̃ . aueram
inuenit . potuerunt recede . Et de
his .iiii. ħ . tenet comes rog̃ .i. uir .
7 t̃ciam partem unius uirge . .iii.
bob₃ ē ibi . t̃ . H̃ t̃ra ual̃ .ii. sol̃ . 7
semp ualuit . Hanc . t̃ . tenuerũt
.iii. sochemanni . un⁹ istorum hõ
stigandi archiep̃i fuit . tenuit dimid̃ .
uir . 7 scds⸝ homo ædiue pul . fuit .
tenuit t̃ciam partem uni⁹ uir . potuerunt recede . Et de his .iiii. ħ .
tenet rob̃t⁹ de hardeuuino .ii. ħ .ii.
carrucis ē ibi t̃ra . .iᵃ. c̃ . in dominio . una . c̃ . uillanis . unus bor .iiii.
cot̃ . Pratũ .i. carruce . Silua ad
sepes refici .xxxviii. o .xxv. por .
H̃ t̃ra ualet .xxx. sol̃ . 7 qñ recepit⸝

regis . E. tenuer̃ . 7 ii. Aueras inue-
ner̃ . 7 uende potuer̃ .

In Witeuuella teñ Radulf⁹ de Pi-
cot .i. hid̃ 7 iiᵃˢ. part̃ .i. uirg̃ . T̃ra
ē .i. car̃ 7 dim̃ . In dñio . ē .i. car̃ . 7
un⁹ uitḷs cũ .ii. cot̃ hñt dim̃ car̃ .
pᵃtũ .ii. car̃ . Nem⁹ ad sepes clau-
dend̃ . Val̃ .xxx. sol̃ . Qd̃o recep̃⸝
xx. sol̃ . T.R.E.⸝ iiii. lib̃ . Hanc t̃ra
tenuer̃ .iii. sochi . Ho₃ un⁹ hõ Algari . 7 alter hõ Rob̃ti . F . Wimarch . 7 t̃cius hõ . R.E . Iste
Auerā inueñ . 7 pot̃ uende .

Domesday
Book, vol.
i. p. 200, b
col. 2.

In Witeuuelle teñ R . com̃ .i.
uirg̃ t̃ræ . 7 iiiᶜⁱᵃ. part̃ uni⁹ uirg̃ .
T̃ra . ē .iiii. bob⁹ . Val̃ 7 ualuit .ii.
sol̃ . Hanc t̃rā .iii. sochi tenuer̃ . 7
cui uoluer̃ uende potuer̃ .

Domesday
Book, vol.
i. p. 193, b
col. 1.

M

A. vi.
09, b.
2

xx. soł . t. r. e. xl. soł . Hanc t̃ra tenuerunt .viii. soche .vi. istorū . homines re . e . fuerūt . tenuerunt .i.
ħ . 7 .i. uirgā . 7 uicecomiti regis .iii.
aueras 7 .iii. inuuardos inuenerunt .
Et septimus꞉ homo Roḃti Wimarci
filii fuit . tenuerunt dimiđ . ħ . 7 oc-
tauus꞉ homo comitis algari fuit .
tenuit unam uirgā . Potuerunt receđe . Et de his .iiii. ħ . tenet consul
alanus diñi . ħ .i. carruce ē t̃ra . 7 ē
car̃ ibi . Et fulcuin⁹ tenet de comite
alano .iii. cotarios . Pratū . diñi .
car̃ . Silua ad sepes refitien . unum
animal ociosū ..cc. 7 .iii. o .xxxv.
por .i. runč . Int̃ totum uał .x. soł .
7 qñ recep̃ totiđē . .t. r. e. xx. soł .
Hanc t̃ram goduuinus homo ediue
tenuit . Potuit receđe absqᷠ eius licentia.

In hoc hundr winepola . ꝑ .iiii.
. ħ . se . de . t. r. e. 7 m° . Et de his
.iiii. . ħ . tenet consul alan⁹ .ii. ħ . 7
diñi . 7 dimiđ . uirgā . tribᶾ . č . ē
ibi t̃ra . .i. car̃ . 7 .ii. ħ . in dominio . 7 dimiđ . č . potest fieri . una .
č . 7 diñi . uillanis .ii. uillani . un⁹
bor . de .xv. ač .vi. cotarii . Pratum
diñi . car̃ . .ii. ser .c. o . Int̃ totum
uał .vii. liḃ . 7 qñ recep̃ .vi. liḃ .
t. r. e. viii. liḃ . Hāc t̃ram tenuit
ediua pulcᵃ . Et de his .iiii. ħ . tenet

110, a.
l. 1.

hunfrid⁹ dansleuilla de eudone dapifo . unā . ħ . 7 .iᵃ. ũ . 7 diñi .ii. carrucis ibi ē . t̃ . Ambe . č . in dominio . unus uillan⁹ .i. ser . Pratū .i.
car̃ . Silua ad se . refici ..c. o .vi.
por .ii. runcini .iiii. asini . Int̃ totum
uał .c. soł . 7 qñ rece ..c. soł . t. r. e.

In Witeuuelle teñ Fulcui⁹ de coñi
diñi hiđ . T̃ra . ē .i. car̃ . 7 ibi . ē cũ
.iii. coł . Pᵃtū diñi car̃ . 7 nem⁹ ad
sepes . Vał 7 ualuit .x. soł . T.R.E꞉
xx. soł . Hanc t̃ra tenuit Goduui sub
Eddeua . 7 receđe potuit ab ea.

Domesday
Book, vol.
i. p. 194, b.
col. 2.

In Winepole teñ ipse coñi .ii. hiđ
7 ii. uirg̃ 7 diñi . T̃ra . ē iii. car̃ . In
dñio .ii. hide . 7 ibi .i. car̃ . 7 adhuc
diñi potest fieri . Ibi .ii. uilli cũ .i.
borđ hūt .i. car̃ 7 diñi . Ibi .vi. coł .
7 ii. serui . Pᵃtū diñi car̃ . Int̃ toł
uał vii. liḃ . Qđo recep̃꞉ vi. liḃ .
T.R.E꞉ viii. liḃ . Hanc t̃ra tenuit
Eddeua pulchra.

Domesday
Book, vol.
i. p. 194, b.
col. 2.

IN WEDERLAI HD.
In Winepol teñ Hunfrid⁹ de Eu-
done . .i. hiđ . 7 i. uirg̃ 7 diñi . T̃ra .
ē .ii. car̃ . 7 ibi sunt in dñio . 7 un⁹
uiłłs 7 i. seru⁹ . Pᵃtū .i. car̃ . Silua ad
sepes . Valet 7 ualuit sēp c. soł .
Hanc t̃ra tenuit Guerd comes.

Domesday
Book, vol.
i. p. 197, b.
col. 2.

vi. c. 7 .x. soł . Hanc ťram tenuit comes
gurd.

In hoc hundr . Erlingetona ꝑ .IIII.
ħ . se defend . t.r.e. 7 m° . Et de his
.IIII. ħ . tenet comes Roḡ .III. ħ . 7
diᵐ . VIII. carrucis ē ibi ťra .III. č . 7
IIᵉ. ħ . 7 una . č . potest fieri in dominio . IIII. č . uillanis .VI. uillani .VI.
coť . .III. serui . Pratū .II. carř . Silua
ad . se . refi .CC. o .V. minus . In
totis ualentiis uať .IX. li . Hoc ma-
ᵽium tenuit aluric⁹ tegn⁹ . re . e . Et
ī hoc maᵽio tenuit iste aluric⁹ .I. ħ .
7 unam uir . 7 ꝑciam parte .I⁹ .
uir . Et in ħ maᵽio .III. sochemanni fuerͬt . vn⁹ istorum homo
cōsuł walleui tenuit unam . ħ . 7
scđs homo aƀƀis de elẏ tenuit .II. ħ .
Et .III⁹⸖ homo Roƀti filii wimarci
tenuit .II. partes uni⁹ uirge . Potuerunt recede . Et de his .IIII. ħ . tenet
fulco de comite alano dimiđ . ħ .
dimiđ . carř . ē ibi ťra . 7 ē carruca
.II. uillanis . Praͬ .IIII. boƄȝ . Silua
a. ad . se . refiti . Ħ ťra uať .X. soł . 7
qᷠ receꝓ totiđ . t. r. e xx. soł . Hanc
ťram tenuit Leshusa . homo ediue
pul . potuit recede quo uoluit.

In hoc hundr de stouuc Jurauc-
runt homines . scilićet Wiłłs Thiel-
lus . ꝓposit⁹ abbatis elẏ . Warin⁹
pƀr . Wido homo aƀƀis . s̃ . Benedicti . Godric⁹ de crocestona . Aluric⁹ ꝓpositus eudonis . Wlwi de do-
esse . Almar⁹ Scild . Et omnes alii
franci & angli iurauerunt.

In hoc hundr . eueresdona ꝑ .VIII.
ħ . 7 .XL. ač . se . de . t. r. e. 7 m°⸖
ꝑ .VI. ħ . Et de his .VIII. ħ . 7 .XL. ač.

ᵯ In ERNINGTVNE teñ Roḡ coᵐ
.III. hiđ 7 diᵐ . Tͬra . ē .VIIIᵗᵒ. carͬ .
In dᷠnio .II. hidæ . 7 ibi sunt .III. carͬ .
7 IIIIᵗᵃ. poͬ fieri . Ibi .VI. uiłłi 7 VI.
coͬ . cū .IIIIᵒͬ. carͬ . Ibi .III. serui . 7
pᵃtū .II. carͬ . 7 nem⁹ ad sepes . Inͭ
totū uať .IX. liƀ . Qđo receꝓ⸖ x. liƀ .
T.R.E⸖ XI. liƀ . Hoc ᵯ tenuit Aluric⁹ teign⁹ . R.E. 7 ibi fuerͬ .III. sochi
un⁹ eoᷤ hō Wałłeͬ coᵐ . 7 ałͭ hō
aƀƀis de Elẏ . 7 IIIᶜⁱ’. hō Roƀti . f .
Wimarc . 7 recedͤe potueͬr quo uo-
lueͬr.

Domesday
Book, vol.
i. p. 193. b.
col. 1.

In Erningtone teñ Fulcui⁹ de coᵐ
diᵐ hiđ . Tͬra . ē diᵐ carͬ . 7 ibi . ē cū
.II. uiłłis . Pᵃtū .IIII. boƄ⁹ . Silua ad
sepes . Vał 7 ualuit .X. soł . T.R.E⸖
XX. soł . Hanc ťrā tenuit Leueue
sub Eddeua . 7 potuit recedͤe ab ea.

Domesday
Book, vol.
i. p. 194. b.
col. 2.

Tib. A. vi.

tenet vnfrid⁹ 7 picot⁹ uiceč . de Widone de rembcurt .VI. ħ . 7 .X. ač .
Picot⁹ uiceč . dimid . ħ . Et unfrid⁹
.v. ħ . 7 dimid . ħ . 7 .X. ač .X. carrucis ibi ē ťra .IIII. carř . in dñio . 7
vᵃ. pᵗ fieri . Et .v. carruce uillanis .v.
uillani .II°. boř un⁹qⁱsꝗ de .v. ač .IX.
coť . .I. ser . Pratū .II. carř . 7 .II.
bobꝫ . Silua ad sepes refič .III. aïaɫ .
ocio .C. 7 .L. VI. oues .XXVI. por .I⁹.
runč .IIII. asini . Inť totū uaɫ .IX.
li . 7 qñ rečeꝑ .VI. li . 7 .v. soɫ .
t. r. e. XVI. li . Hanc ťrā tenueřt
.XXIII. socheñ .II. istoꝫ homïes stigandi archieꝑi fuerunt . tenuerunt
.I. ħ . 7 .III. uirgas . Et potueřt dare .
Et .VI. istorū⸴ homines coñ . algari
f. 110, b.
col. 1.
fueřt .III. uir. habuerunt⸴ 7 dare potueřt . Et qⁱda istoꝫ hō edine pulcre
fuit .I. ħ . habuit . 7 dare potuit . Et
.XIIII. istorum⸴ homïes . re . e . fuerunt .I. ħ . 7 diñi . 7 .X. ač . habuerunt . Et oms isti potueřt . da . uɫ
ucn . ťrā suā . cui uoɫ. t. r. e. Et
isti .XIIII. reddebant .IX. aueras 7 .v.
inuuard . uiceč . reꝗ . Et de his .VIII.
ħ . 7 .XL. acⁱs tenet Roħt⁹ 7 .II°.
angli .I. ħ . de comite Alano .IIᵇꝫ.
carř . ē ibi . ť . 7 sť carruce . .II. uillani .III. bor . de .v. ač .I⁹. coť . Prať
.IIᵇꝫ. č̄ . Nem⁹ ad sepes .VII. animaɫ .
ociô .LX. 7 .XVII. oues .XXVII. por .
IIᵉ. eque . Inť totū uaɫ .XXV. soɫ . 7
qñ receꝑ .X. soɫ . t. r. e. XX. soɫ .
Hanc . ť . teñ .II°. soche . homiñ
ediue puɫ . 7 potueřt recede . Et de
.VIIII. ħ . 7 .XL. ač . tenet Hugo de
Bneres de rege .I. ħ .I. carruce ē
ťra . 7 ē carř .I. uillan⁹ .I. suus .

IN STOV HVND.

Domesday
Book, vol.
i. p. 200, a.
col. 1.

In Euresdone teñ Wido .VI. hid 7
X. acᵃs ťræ . Ťra . ē .X. carř . In dñio
sunt .IIIIᵒʳ. 7 vᵗᵃ. poť fieri . Ibi .v.
uiɫɫi cū .II. bord 7 IX. coť hñt .v. carř .
Ibi .I. seruus . pᵃtū II. carř . 7 II.
bob⁹ . Nem⁹ ad sepes . Inť toť uaɫ
.IX. liħ . Qdo receꝑ⸴ VI. liħ 7 v. soɫ .
T.R.⸴ XVI. liħ . De hac ťra tenet
Picot dīm hid . 7 totā aliā ťra teñ
Hunfrid⁹ de Widone . Hanc ťra
tenueř .XXIII. sochi . Duo hoꝛ hōēs
Stiꝗ archieꝑi .I. hid 7 III. uirꝗ tenueř . 7 VII. hōēs Algari III. uirꝗ
habueř . 7 un⁹ hō Eddeue .I. hid
habuit . 7 alij XIIII. hōēs . R.E. unā
hid 7 diñi 7 .X. acᵃs tenueř . 7 IX.
Aueras 7 v. jneꝯ uicecomiti inuenerunt . Oms ū terras suas dare ɫ uendere potuerunt .

IN STOV HVND.

Domesday
Book, vol.
i. p. 194, b.
col. 2.

In Aueresdone teñ Roħt⁹ 7 II°.
Angli de coñ .I. hid . Ťra ē .II. carř .
7 ibi sunt cū .II. uiɫɫis 7 III. bord 7
I. coť . pᵃtū .II. carř . 7 nem⁹ ad
sepes . Vaɫ .XXV. soɫ . Qdo receꝑ⸴ x.
soɫ . T.R.E.⸴ xx. soɫ . Hanc ťra tenueř .II. sochi . hōēs Eddeuæ . 7 potueř dare 7 uendere .

TERRA HVGONIS DE BERNERES.
IN STOV HVND.

Domesday
Book, vol.
i. p. 199, a.
col. 2.

HVGO de Berneres teñ de rege In
Euresdone .I. hid . Ťra . ē .I. carř . 7

Tib. A. vi. Pratū .I. carr̄ . Nem⁹ ad sepes . H̄
t̄ra uat .XIII. sot . 7 qn̄ recep̄ .X. sot .
t. r. e. .XX. sot . Hanc . ꝑ . tenuit
Æduui hō aƀƀis elẏ . Potuit dare
absꝗ . ei⁹ licē . sʒ socā comes algar⁹

huit . Et de his .VIII. ħ . 7 .XL. ač
tenet durand⁹ de Hardeuuino .I.
uirgā .III. bobʒ ē iⁱ ꝑ . 7 sunt ibi .
Pratū .III. bobʒ .I. uillan⁹ . H̄ t̄ra uat
.VIII. sot . 7 qn̄ recep̄ totidē . .t r. e.
totid . Hanc . ꝑ . tenuit .I. soche . hō
comitis algari fuit . 7 potuit dare ut
(Sic.)
f. 110, b.   uen . cui uotꝿ aƀƀꝗ ei⁹ licentia.
col. 2.
In hoc hund̄ Kingestona ꝑ .VIII.
ħ . 7 .XL. ač . se . def . .t. r. e. 7 m⁰ ꝑ
.VI. 7 dīm̄ uirge . Et de his .VIII.
ħ . 7 .XL. ač . ht̄ rex .I. ħ . 7 .III. uir .

ī breui suo . Et de his .VIII. ħ . 7
.XL. ač . tenet Rad . de bans de pi-
cotō uicec̄ . .V. ħ . 7 dīm̄ . 7 .XVI. ač .
7 VII. carr̄ 7 dīm̄ ibi ē . ꝑ .IIᵉ. c̄ . in
dn̄io .V. carr̄ . 7 dīm̄ . uillanis . 7 .III.
uillani .II. bor .V. co . Pratū .III. carr̄ .
Nem⁹ ad sepes .IIII. ser .II. animat .
ociō .XL. o .XLIIII. por .III. runc̄ .II.
asini . Int̄ꝿ totū uat .V. liƀ . 7 qn̄
recep̄ .VIII. li . t. r. e. XII. liƀ . Hanc .
ꝑ . tenuert̄ .XIIII. sochem̄ .X. istorumꝿ
sochemanni fuert̄ . r. e. Habuert̄ .II.
ħ . 7 .I. uirḡ . 7 dīm̄ . de soca . re . ē .
Potuerunt recede cui uot . Et isti
.VII. aueras 7 .III. inuuardos uicec̄ .
re . inueñunt . Et .II. istorum hōīes

ibi est . cū .I. uitto 7 I. seruo . Pᵃtū
.I. car̄ . Nem⁹ ad sepes . Val .XIII.
sot . Qđo recep̄ꝿ X. sot . T.R.E.ꝿ XX.
sot . Hanc t̄ra tenuit Eduui hō aƀƀis
de Elẏ . potuit dare t uende sine
li͂ctia ej⁹ . sʒ socā habuit Algar⁹
                                    com'

In Stov hvn̄d̄.

In Auresdone teñ Durand⁹ de Domesday
Hard̄ .I. uirḡ . Tr̄a . ē .III. bob⁹ . 7 Book, vol.
ibi sunt . cū .I. uitto . pᵃtū III. bob⁹ . i. p. 198, b.
Vat 7 ualuit sēp .VIII. sot . Hanc t̄ra col. 2.
tenuit .I. soħs Algari . 7 recede
          c
          com̄
potuit.

In Stov h̄d̄.

In Chingestone teñ Rex .I. hid̄ 7 Domesday
III. uirḡ . Tr̄a . ē .II. car̄ . In dn̄io . Book, vol.
una . 7 un⁹ uitts 7 III. borđ cū .I. i. p. 189, b.
car̄ . Ibi un⁹ seru⁹ . Redđ .XL. sot ad col. 2.
numer̄ T.R.E.ꝿ LX. sot reddeƀ H̄
t̄ra fuit de firma regis sēp.

In Stov hvn̄d̄.

In Chingestone teñ Radulfus de Domesday
Picot .V. hid̄ 7 dīm̄ . 7 XVI. acᵃs . Book, vol.
Tr̄a . ē .VII. car̄ 7 dīm̄ . In dn̄io .IIᵉ. i. p. 200, b.
car̄ . 7 VIIIᵘʳᵐ. uitti cū .II. borđ 7 V. col. 2.
cot hūt .V. car̄ 7 dīm̄ . pᵃtū .III. car̄ .
Nem⁹ ad sepes . Ibi .IIII. serui . Int̄ꝿ
tot uat .VI. liƀ . Qđo recep̄ꝿ VIII.
liƀ . T.R.E.ꝿ XII. liƀ . Hanc t̄ra te-
nuert̄ XIIII. sochi . Hoʒ .X. habuert̄ .II.
hid̄ 7 I. uirḡ 7 dīm̄ de soca regis . 7
VII. Aueras 7 III. jnewarđ inueñt̄ .
                              comit'
7 IIᵒ. alij hōēs Algari .I. uirḡ ha-
buert̄ . 7 un⁹ hō Stiḡ archieꝑi .III.
uirḡ tenuit . 7 qⁱdā istoʒ hō aƀƀis
de Elẏ .I. uirḡ habuit de soca aƀƀis .

ri· comitis alḡ . habueř .i. ħ . Potuerunt receđe . Et .i. istorū homo
archiep̄i stigandi fuit . Habuit .iii.
uir . potuit rece . Et q'dā ex istis
homo aƀbis de elÿ fuit . tenuit .i.
uirgā de soca aƀbis de eli . Potuit
receđe absq̨ ci⁹ licenč . Et alii .ii.
homines comitis Alga . fueřt . Ha-
bueřt .ii. ħ . Potueřt uen . uł dare .
Et de his .viii. ħ . 7 .xl. ac̃ . tenet
Almar⁹ de brona de coñ . alano .i.
uirgā .ii. bobȝ ē řra ibi . Pratū .ii.
bobȝ . 7 ibi sunt . Ħ řra uał 7 ualuit
sēp .ii. soł . 7 .viii. đ . Hāc . ꝶ .
Aluiet gaest hō comitis algari fuit .
Potuit receđe . Et de his .viii. . ħ . 7
.xl. ac̃ . tenet Roḡ . comes .xx. ac̃ .
de rege .ii. bobȝ ē ibi řra . Ħ řra uał
.ii. soł . 7 qñ recep̄ totidē . .t. r. e.
totidem . Hanc . ꝶ . tenuit Almar⁹
Godinci filius homo comiī walleui .
Potuit dare cui uoluit . Et de his
.viii. ħ . 7 .xl. ac̃ . tenet Vnfrid⁹ de
Eudone .x. ac̃ .i. boui ē řra ibi . 7
uał .viii đ . 7 semp ualuit . Hanc .
ꝶ . tenuit almar⁹ . godinci fili⁹ hō
coñ . Walleui . potuit dare cui uoł .
Et de his .viii. ħ . 7 .xl. ac̃ . tenent
.ii. milites sub hardeuuino .i. uirgā
.iii. bobȝ ē řra ibi . Pratum .iii.
bobȝ . 7 uał 7 ualuit semp .ii. soł .
Hanc . ꝶ . tenuit ƀƀt⁹ homo ediue
pulč . Potuit receđe . Et de .viii. ħ .
7 .xl. ac̃ . tenet Roƀ . caluus de Hardeuuino .ix. ac̃ . dimiđ boui ē řra .
7 uał 7 ualuit sēp .vi. đ . Hanc . ꝶ .
tenuit Vlmar⁹ hō Roƀti filii Wimarci . potuit receđe .

7 alij .ii°. hōēs Algari .ii. hiđ habueř . oñs potueř receđe .

In Chingestone teñ Almar⁹ de Domesday Book, vol. i. p. 194, b. col. 2.
coñ .i. uirḡ . Třa . ē .ii. bob⁹ . 7 ibi
sunt . p̄ªtū .ii. bob⁹ . Vał 7 ualuit .ii.
soł . Hanc řra tenuit Aluiet hō
comiī Algari . 7 uenđe potuit .

In Stov iiđ.

In Chingestone teñ comes .ii. parƭ Domesday Book, vol. i. p. 193, b. col. 1.
uni⁹ uirḡ . Třa . ē .ii. bob⁹ . Vał 7
ualuit .ii. soł . Hanc řra tenuit Almar⁹ hō Wallef coñ . 7 dare potuit
cui uoluit .

In Stov iivnđ.

In Chingestone teñ Hunfrid⁹ de Domesday Book, vol. i. p. 197, b. col. 2.
Euđ x. acªs řræ . Třa . ē .i. boui . Vał
7 ualuit sēp .viii. deñ . Hanc řra tenuit Almar⁹ hō Wallef . 7 receđe
potuit .

In Chingestone teñ .ii. miliƭ de Domesday Book, vol. i. p. 198, b. col. 2.
Harđ .i. uirḡ . Třa . ē .iii. bob⁹ .
7 p̄ªtū . Vał 7 ualuit sēp .ii. soł .
Hanc řra tenuit Goding⁹ . hō Eddeuæ pulchræ 7 poƭ receđe .

In eađ uilla teñ Roƀt⁹ caluus de
Harđ ix. acªs . Třa . ē diñ boui . Vał
7 ualuit sēp vi. deñ . Hanc řra tenuit
Wlmer hō Roƀti filij Wimarc . 7 dare
potuit .

b. A. vi. In hoc hunđr Tosta . ꝑ .VIII. ħ . 7
.XL. ac̃ . se . de . t. r. e. 7 m° ꝑ .VI.
. ħ . Et de his .VIII. ħ . 7 .XL. ac̃ .
tenet Aƀƀ de elẏ .III. ħ . 7 .I. uirgā
7 .XII. ac̃ .VI. carr̃ . ē ibi . ꝑ̊ .IIᵉ. c̃ . 7
.I. ħ . 7 diñi . 7 .XII. ac̃ . ī dñio .IIII.
c̃ . uillanis .VII. uillani .IIII. serui .

111, a. Pratū .IIII. c̃ . Ncm⁹ ad sepes .XX.
il. 2. por . In̊ꝑ totū ual .c. soł . 7 q̃n
receꝑ̊ . totiđ . t. r. e. VI. ħ . H̃ ꞇra
iacet 7 iacuit semp in eccłia . S̃ .
ÆDel . de elẏ . Et de his .VIII. ħ . 7
.XL. ac̃ . tenet comes alan⁹ .II. ħ . 7
.I. uirgā . 7 .VIII. ac̃ .LIII. car̃ . ē ibi .
ꝑ̊ .I. carruca . 7 .I. ħ . 7 .VIII. acre ī
dominio .III. carr̃ . uillanis .V. uillani . .II. cot̊ .II. ser . Pratū .II. carr̃ .
Ncm⁹ ad sepes . In̊ꝑ totum ual .IIII.
ħ . 7 q̃n receꝑ̊ .LX. soł . t. r. e. XL.
soł . H̃ ꞇra ē berewica ī suauesheda .
Et hanc . ꝑ̊ . tenuit ædiua pul . Et
de .VIII. ħ . 7 .XL. ac̃ . tenent .II. milites de picoto uiceč .I. ħ . 7 diñi . 7
.X. acᵃs .IIII. carrucis ē ibi . ꝑ̊ .IIᵉ.
carr̃ . in dominio . 7 ꝑ̊cia pᵗ fieri .Iᵃ.
c̃ . uillanis .II. uillani .VI. cot̊ . Pratū
.I. carr̃ . 7 dimiđ . Nemus ad sepes
.XLVIII. oũ . .XXI. por . In̊ꝑ totū ual .
IIII. li . 7 q̃n receꝑ̊ .XX. soł . t. r. e.
VI. liƀ . De hac ꞇra tenuit q̃dam
sochemann⁹ .I. ħ . 7 .IIII. acᵃs . hõ
re . e . potuit receđe . Et scđs sochemann⁹ tenuit dimiđ . ħ . 7 .VI. acᵃs .
hõ aƀƀis de elẏ fuit . potuit receđe .
s₃ socā ei⁹ aƀƀ habuit . Et de his
.VIII. ħ . 7 .XL. ac̃ . tenet erchingar⁹
de rege .I. ħ . .II. carrucis ē ibi . ꝑ̊ .
iᵃ . c̃ . pᵗ fieri in dñio .Iᵃ. c̃ . uillanis
.I⁹. uillan⁹ .V. cot̊ . Pratū . .IIII.

IN STOV HVNĐ.

Domesday Book, vol i. p. 191. b col. 1.

In Harduic teñ aƀƀ de Elẏ .III.
hiđ 7 I. uirg̃ . 7 XII. acᵃs . Tr̃a . ē .VI.
car̃ . In dñio .I. hiđ 7 diñi 7 XII.
acræ . 7 ibi sunt .II. car̃ . Ibi .VII.
uiłłi cū .IIII. car̃ . Ibi .IIII. serui . pᵃtū
.IIII. car̃ . Nem⁹ ad scpes . Val .c.
soł 7 ualuit . T.R.E꞊ VI. liƀ . ħ ꞇra
jacet 7 jacuit sēp in dñio æcctæ de
Elẏ.

In Tosth teñ coñ .II. hiđ 7 I. uirg̃ .
7 VIII. acᵃs . Tr̃a . ē .IIIIᵒʳ. car̃ . In
dñio .I. hiđ 7 VIII. acᵃ . 7 ibi . ē .I.
car̃ . Ibi .V. uiłłi cū .II. cot̊ . hñt .IIII.
car̃ . Ibi II. serui . Pᵃtū .II. car̃ . 7
nem⁹ ad sepes . In̊ꝑ tot̊ ual IIII. liƀ .
Qđo receꝑ̊꞊ III. liƀ . T.R.E꞊ XL. soł .
H̃ ꞇra . ē Beñ in Suaucsẏ Eddeua
tenuit.

Domesday Book, vol. i. p. 191, b. col. 2.

In Tosth . teñ .IIᵒ. milites de Picot .I. hiđ 7 diñi . 7 xᶜᵉ. acᵃs . Tr̃a . c̃ꞏ
.IIII. car̃ . In dñio sunt .IIᵉ. 7 IIIᶜⁱᵃ
potest . c̃ē . 7 II. uiłłi cū .VI. cot̊ hñt
.I. car̃ . Pᵃtū .I. car̃ 7 diñi . Nem⁹ ad
sepes . Val .IIIIᵒʳ. liƀ . Qđo receꝑ̊꞊
XX. soł . T.R.E꞊ VI. liƀ . De hac ꞇra
tenuit .I⁹. hõ regis . E .I. hiđ 7 IIII.
acᵃs . 7 dare potuit . 7 un⁹ hõ aƀƀis
de Elẏ tenuit diñi hiđ 7 VI. acᵃs . 7
cū ꞇra receđe potuit . s; soca aƀƀi
remansit.

Domesday Book, vol. i. p. 200, b. col. 2.

IN STOV HĐ.

Erchenger

In Tosth teñ | de rege .I. hidā .
Tr̃a . ē .II. car̃ . In dñio pot̊ fieri .I.
car̃ . 7 I⁹. uiłłs cū .V. cot̊ hñt .I. car̃ .
Pᵃtū .IIII. bob⁹ . Nem⁹ ad sepes 7 ad

Domesday Book, vol. i. p. 202, b. col. 1.

vı. bobȝ . Nemᵍ ad sepes ⁊ ad focum .
.xlıı. oues . Inᵗ totū uaƚ .xl. soƚ . ⁊
qñ receꝓ .x. soƚ . t. r. e. ıııı. liƀ .
Hanc . t̾ . teñ . .v. sochemanni . homines aƀbis de elẏ fueɍt . Nō potuerunt dare neq̄ uende sine eiᵍ
licentia . ⁊ ī obitū . re . e . Et de his
.vııı. ħ . ⁊ .xl. ač . tenet Raď . Lati-
maɪᵍ de aƀbe de eli .x. ač . .ı. boui
ē t̾ra . Nemᵍ ad sepes . Ĩ t̾ra uaƚ ⁊
ualuit .vıı. ď . Hanc . t̾ . tenuit
algarᵍ cappe . homo aƀbis elẏ . nō
potuit recedē.

In hoc hundr Grentedena . ꝑ .v.
ħ . se . de . t. r. e. ⁊ mᵒ⸝ aƀb de elẏ
tenet .ıx. carɍ . e ibi t̾ra .ı. č . ⁊ .ııͤ.
ħ . ⁊ dimiď⸝ ⁊ .ıı. carɍ . poš̃s fieri in
dominio .vı. carɍ . uillanis .vııı. uillani .ıııı. bor . qⁱsq̄ de .x. ač .ıııı.
serui . Pratū .ıııı. carrucis . Pastura
ad pecuniā uille . Silua .lx. porcis .
De consuetudine siluė⸝ ıı. soƚ ꝑ
annū .ıı°. animaƚ . ociosa .lxvııı. oū .
xxx. por .ı. runcinus . In totis ualentiis uaƚ .vııı. liƀ . qñ receꝓ .ıx. li .
t. r. e. xv. Hoc mañiū iacet ⁊ semp
iacuit ī ecclia . Š . Æđel . de eli⸝ in
dominica firma.

In hoc hunď . Brunna . ꝑ .xx. ħ .
se de . t. r. e. ⁊ mᵒ⸝ ꝑ .vıı. ħ . Et de
his .xx. . ħ . tenet picotᵍ uiceč .xııı.
ħ . de rege .xv. carruč . ē ibi t̾ra .ııͤ.
č . ⁊ .v. ħ . ⁊ .ııͤ. č . poš̃s fi in
dominio .ıııı. č . uillanis . ⁊ .vıı. č .
possunt fieri .vııı. uillani .ıııı. bor .
quisq̄ de .v. ač .xııı. coɫ .vıı. sochemanni st̃ ī hoc manerio . tenentes .
ıııı. ħ .vı. serui . Praɫ .xv. carɍ .
Pastura ad peč . uille Silua ad

focū . Vaƚ xl. soƚ . Qđo receꝓ ⸝ x.
soƚ . T.R.E⸝ lx. soƚ . Hanc t̾ra
tenueɍ v. sochi aƀbis de Elẏ . Non
potueɍ dare nec uende extᵃ æcclam
Š Æld . T.R.E. ⁊ in morte ipsius
regis.

In eaď uilla[1] teñ Radulfᵍ de aƀbe
.x. ačˢ T̾ra .ı. boū . Vaƚ ⁊ ualuit
xıı. deñ . Ĩⁿᶜ t̾ra tenuit Cabe sub
aƀbe . nec potuit ab eo recedere.

Domesday
Book, vol.
i. p. 191, b.
col. 1.
[¹ Hard-
uic.]

ᴍ̄ GRATEDENE ꝑ .v. hiď se defđ .
T̾ra . ē .ıx. carɍ . In dñio .ıı. hidæ ⁊
diñı . ⁊ ibi . ē .ı. carɍ . ⁊ ıı. poš̃s fieri .
Ibi .vııı. uiƚƚi ⁊ ııı. borď cū .vı. carɍ .
Ibi .ıııı. serui . Pᵃtū .ııı. carɍ . Pasɫa
ad pecuñ uillæ . Silua ad .lx. porč .
⁊ de čsuetuď siluæ .ıı. soƚ . In totis
ualenɫ uaɫ vııı. liƀ . Qđo receꝓ ⸝ ıx.
liƀ . T.R.E⸝ xv. liƀ . Hoc ᴍ̄ jacet ⁊
jacuit sēp in dñio æcclæ de Elẏ.

Domesday
Book, vol.
i. p. 191, b.
col. 1.

ᴍ̄ Ipse Picot teñ BRVNE . ꝑ xııı.
hiď se defđ . T̾ra . ē xv. carɍ . In dñio
.v. hide . ⁊ ibi sunt .ıı. carɍ . ⁊ alie
ııͤ. poš̃s . ēē . Ibi .vııı. uiƚƚi cū .ıııı.
borđ ⁊ vıı. sochis qui tenent .ıııı.
hiď⸝ h̄nt .ıııı. carɍ . ⁊ adhuc vıı. poš̃s
fieri . Ibi .xııı. coɫ ⁊ vı. serui . pᵃtū
xv. carɍ . Pasɫa ad pecuñ uillæ .
Nemᵍ ad sepes ⁊ domos reficiendas .
In totis ualenɫ uaɫ xııı. liƀ . Qđo
receꝓ ⸝ xvıııᵗᵒ. liƀ . T.R.E⸝ xxıı. liƀ .

Domesday
Book, vol.
i. p. 200, b.
col. 2.

Tib. A. vi. sepes⸝ et ad domos refitiendas .xx. por . In totis ualentiis ual .xiii. lib . 7 q̅n̅ recep̅ .xviii. lib . .t. r. e. xxii. li . Et de his .xiii. ħ . tenēt .ii. mi-lites de picoto uiceĉ .ii. ħ .ii. carr̃ . c̅ ibi . Ꝕ . 7 ibi s̅t̅⸝ iiii. coĩ . Pratū .ii. carr̃ . Nemus ad sepes 7 ad doĩ . In̅Ꝕ totū ual 7 ualuit semp .xl. so[l.] Ħ man̅liū tenuer̃ .xxii. sochemañ . 7 q̓dā tegn⁹ . re . e . Et iste tegnus habuit .iii. ħ . sub . re . e . Et .iii. istorum socheñ . homines archiepĩ stigādi fuerunt . 7 .iiii. ħ . habue-runt . Et .ii. p̃bri habuerunt .i. ħ . homines h⁹ tegni p̃dicti⸝ fuer̃t . Et isti .ii°. n̅ potuerunt mittẽ neꝗ, sepa-rare ab ecclia . Et q̓dā ex istis soche-mann⁹ hō esgari stalri habuit .i. ħ . 7 .ii°. istorū p̃dictorū homines abbis de Rameseia fuerunt . Habuer̃t .i. ħ . 7 dĩ . Et .i. sochemann⁹ hō comiĩ Algari habuit dĩ . ħ . Et .xiii. sochemanni .vi. aueras 7 .vii. inuuardos uiceĉ . reg̃ p annū inuene-runt . Et isti om̅s potuerunt dare uel uen . Ꝕ . suā cui uoluerunt . Hanc . Ꝕ . tenuit picot⁹ uiceĉ . p .ii^b꠱. ma-neriis de rege ut ip̅emet dicit . Et de his .xx. ħ . tenet almar⁹ de Bronna de comite Alano .iiii. ħ .

. . . .*

De hac ꝑra teñ .ii. milites sub Picot .ii. hid . Tr̃a . c̅ .ii. car̃ . 7 ibi sunt . cū .iiii. coĩ . p^atū .ii. car̃ . Nem⁹ ad sepes 7 domos . pasĩa ad peĉ uillæ . Valuit sep̅ 7 ual .xl. soĩ . De ꝑra huj⁹ m̅ T.R.E. tenuit un⁹ teignus sub rege . E .iii. hidas . 7 ii°. p̅bri .

Isti n̅ potuer̃ separare ext^a eccĩam . hōes huj⁹ teigni .i. hiđ habuer̃ . 7 iii. sochi . S . archiep̅i .iiii. hiđ . 7 un⁹ hō Asgari stalre .i. hiđ habuit . 7 ii. hōes abbis de Ramesẏ .i. hiđ 7 dĩ habuer̃ . 7 un⁹ hō Algari dĩ hiđ habuit . 7 xiii. hōes regis . E .ii. hidas habuer̃ . 7 ipsi .vi. aueras 7 vii. jneuuard uicecomiti inuener̃ . Om̅s itaꝗ, xxii. ꝑras suas dare 7 uenđe potuer̃ . Hanc ꝑra diĉ Picot se recepisse p duob꠱ manerijs.

In Brunam teñ Almar⁹ de coĩ **Domesday Book, vol.** .iiii. hiđ 7 i. uirg̃ . Tr̃a . c̅ .v. car̃ 7 **i. p.195,a.** dĩ . In dn̅io . c̅ .i. car̃ 7 adhuc dĩ **col. 1.** poĩ fieri . Ibi .ix. uiĤi cū xiii. borđ hn̅t .iii. car̃ . 7 iiii^ta. poĩ fieri . Ibi .ii. serui . P^atū .v. car̃ . 7 dĩ . Pasĩa ad suā pecuñ . Nem⁹ ad domos 7 sepes . Val 7 ualuit iiii. lib . T.R.E.⸝ c. soĩ . Hanc ꝑra 7 alias .iii^es. quæ secuñ . tenuit Almar⁹ qui nĉ tenet . hō Ed-deue fuit . 7 i. inewarđ inueñ . 7 receđe sine licentia potuit . 7 dare 7 uenđe ꝑra suā cui uoluit.

* A leaf missing here from MS. Tib. A. vi.

i. . . . .
.x. ħ . tenent .v. sochemanni de
comite Alano .IIII. ħ . 7 diñi .II^bɜ.
c̃ . c̄ ibi t̃ra . Et car̃ . sunt .I.
uillan⁹ .II. borđ .III. co̅t . Pratū
.II. carruc̃ . pastura ad pecuñ . uille .
Int̃ to̅t ual .xx. sol . 7 qñ recep̃
totidem . t. .r. e. xvII. sol . Istimet
p̃dicti sochemanni tenuerunt hanc .
t̃ . hoīes [edi]ue pulcre fuerunt . Potuerūt uende uel dare . Et de his .x.
ħ . tenet abb de Rameseia .III. uirgas . IIII. bobɜ c̄ ibi t̃ra . 7 sunt ibi
in dñio .III. bor . Pratum diñi . car̃ .
.II. s̃ui . Pastura ad pecuñ uille . Int̃
totum ual .III. sol . 7 qñ recep̃ totidem . t. r. e. totiđ . H̃ t̃ra iacet 7
iacuit in eccłia S̃ . Bñdicti de . Ra .
Et de his .x. ħ . tenet picot⁹ uicec̃ .
.I. ħ . Dimiđ . c̃ . c̄ ibi t̃ra . 7 .II.
boues sunt ibi . Pratū .IIII. bobɜ . H̃
t̃ra ual .III. sol . 7 qñ recep̃ totidem .
.t. r. e. v. sol . Hanc . t̃ . tenuerunt
.II. socheñ .I⁹. istorū homo abbis de
ely fuit . t̃ra potuit dare sine soca .
Et alius sochemann⁹ ho̅ . r. e. fuit .
7 uicecoñ . reg̃ .I. iuuardū inuénit .
Receđe potuit . Et de his .x. ħ .
tenent .II. socheñ . de rege dimiđ .
ħ .IIII. bobɜ c̄ ibi . t̃ra . Et ibi sunt .
Pratū .IIII. bobɜ . H̃ . t̃ . ual .II. sol .
7 ualuit . Istimet . teñ . . . . Reg . . . .
[fuer]unt . Et de his .x. ħ . tenet
gilleb[er]t⁹ de gánt .III. ħ . 7 .I.
uirgā .I. carruce 7 dimiđ . c̄ ibi t̃ra .
I. ħ . in dominio . Pratū .I. carruce 7
dimiđ .IIII. uillani . Pastura ad pecuniā uille . Et .I⁹. sochemann⁹ habens
.I. ħ . 7 .I. uirgā . H̃ t̃ra ual .x. sol . 7

Domesday Book, vol. i. p. 195, a. col. 1.

In Draitone teñ .v. sochi de coñi
.IIII. hiđ 7 diñi . T̃ra . c̄ .II. car̃ . 7 ibi
sunt cū .I. uiłło 7 v. borđ . 7 III. co̅t .
p̃tū .II. car̃ . pasta ad pecuñ uillæ .
Val 7 ualuit xx. sol . T.R.E꞉ xxvII.
sol . Ipsimet sochi tenuer̃ sub Eddeua . 7 potuer̃ uende cui uoluer̃.

Domesday Book, vol. i. p. 192, b. col. 1.

In Draitone teñ isđ abb .III. uir̃g .
T̃ra . c̄ .IIII. bob⁹ . 7 ibi sunt . p̃tū
.IIII. bob⁹ . Ibi .II. serui . Val 7 ualuit
sc̄p .III. sol . H̃ t̃ra jacet 7 jacuit sc̄p
in dñio æccłæ.

Domesday Book, vol. i. p. 201, a. col. 1.

In Draitone teñ Roger⁹ de Picot
.I. hiđ . T̃ra . c̄ diñi car̃ . 7 ibi sunt
.II. boues . P̃tū .IIII. bob⁹ . Val 7
ualuit III. sol . T.R.E꞉ v. sol . Hanc
t̃ra tenuer̃ .II. sochi . Ho̅ɜ un⁹ ho̅
abbis de Elẏ . t̃ra suā uende po̅t sine
soca . Alt̃ ho̅ regis E . inueñ .I. jnew̃
uicecoñ . 7 t̃ra | dare potuit.
^{suam}

Domesday Book, vol. i. p. 190, a. col. 1.

In Draitone teñ .II. sochi diñi hiđ
de rege . T̃ra . c̄ IIII. bob⁹ 7 p̃tū .
Val 7 ualuit sc̄p .II. sol . Idc̃ ipsi
tenuer̃ . 7 dare 7 uende potuer̃.

Domesday Book, vol. i. p. 197, b. col. 1.

In Draitone teñ Gislebt⁹ .III. hiđ
7 I. uir̃g . T̃ra . c̄ .I. car̃ 7 diñi . In
dñio .I. hida . 7 un⁹ sochs hñs .I. hiđ
7 I. uir̃g . 7 ibi .IIII. uiłti . P̃tū .I. car̃
7 diñi . Pasta ad pec̃ uillæ . Val 7
ualuit .x. sol . T.R.E꞉ xx. sol . Hanc
t̃ra tenuit Vlf teign⁹ . E . regis . 7

Tib. A. vi. qn̄ recep̄ totidē . t. r . e. xx. sot .
Hanc t̃ram tenuit Vlfus fenesce . Et
p̃dict⁹ sochemañ . fuit homo ei⁹ . Potuit recede q° uot sine eius licentia.

In hoc hundr Oura p .xv. ħ. se .
de . t. r. e. Et m° p .x. Et de his
.xv. ħ. tenet abb de Rameseia .xi. ħ.
.i. u'ga minus .x. carrucis 7 dimid c̄
ibi t̃ra .i. car̃r . 7 vi. ħ. in dominio .
Et alia . c̃ . pot fieri .vi. carruce uillanis . 7 .iiᵉ. c̃ . 7 dimid . possunt
fieri .xiiii. uillani .ii. bor .iii. cot .ii.
serui . Pᵃt̃ .x. car̃r . 7 dimi . Pastura
ad pec̃ . uille . De marisco .vi. sot . 7
.iiii. đn . .iiii. animat ociosa .vii. oũ
.x. por . In totis ualentiis ual . viiii.
lib . 7 qn̄ recepit .vi. li . t. r. e. x. li .
Hoc mañium iacet et iacuit in ec-
ctia . s̃. bñdicti de Rameš . Et de his
.xv. .ħ. tenet Rad. de hardeuuino .ii. .
ħ . 7 .i. uirgam .iiᵇ⅟₂. car̃r . 7 dimi . ē . iⁱ.
t̃. Et ibi sunt .iii. uillani . 7 .i⁹. bord
.iii. cot . Pratum .ii. c̃ . 7 dimidie .

f. 112, b. Pasta ad pec[uniam u]ille [unum
col. 1. animal oci]osum .iiii. xx. 7 .x. oues
.ii. runcini . Int̃ totū ual .xxx. sot . 7
qn̄ recepit totid . .t. r. e. lx. sot .
Hanc t̃ram tenuerūt .x. sochemanni .
t. r. e. Et .i⁹. istorum ⁊ homo Abbis
de ely fuit . Dimidiā . ħ . habuit . n̄
potuit dare neq, uen . Et .ii. istorum
homines p̃dc̃i abbis .iii. uirgas habuerunt . Vende potuerunt . soca remansit abbi . Et .vii. alii homines
abbis de Rameš . fuerunt .i. hidā
habuerunt . uende ut dare potuerunt ⁊ sine soca . Et de his .xv. ħ .
tenet . S̃. Maria de cereio .i. ħ .i.
car̃r . ē ibi t̃ra . 7 ē ibi . .car̃r .iiii.

ipse un⁹ sochs fuit hō ej⁹ . tam t̃ra
suā potuit dare 7 uende absq, licentia ej⁹.

m̄ Ovre teñ abb de Ramesẏ . Ibi
.x. hidæ . 7 iii. uirg̃ . T̃ra ē x. car̃ 7
dim̃ . In dñio .vi. hidæ . 7 ibi . ē .i.
car̃ . 7 altera pot fieri . Ibi .xiiii.
uitti . 7 .ii. bord . 7 iii. cot cū .vi.
car̃ . 7 adhuc .ii. car̃ 7 dim̃ poss
fieri . Ibi .ii. serui . pᵃtū .x. car̃
7 dim̃ . Pasta ad pecuñ uillæ . De
maresch . vi. sot 7 .iiii. deñ . In totis
ualent̃ ual .viiiᵗ⁰. lib . Qđo recep̃ ⁊ vi.
lib . T.R.E ⁊ x. lib . Hoc m̄ jacet 7
jacuit sēp in dñio æcctæ S̃ Benedicti.

Domesday
Book, vol.
i. p. 192, b.
col. 1.

In Oure teñ Radulf⁹ de Hard .ii.
hid̃ 7 i. uirg̃ . T̃ra . ē .ii. car̃ 7 dim̃ .
7 ibi sunt . cū .iii. uittis 7 i. bord . 7
iii. cot . Pᵃtū .ii. car̃ 7 dim̃ . Pasta
ad pecuñ . Val 7 ualuit .xxx. sot .
T.R.E ⁊ l. sot . Hanc t̃ra tenuer̃ .
De hac t̃ra tenuit .i. sochs sub abbe
de Elẏ dim̃ hid . n̄ potuit dare t
uende extᵃ æcctam sine lictia abbis .
7 alij .ii. sochi .iii. uirg̃ habuer̃ .
uende potuerunt . soca remansit abbati de Elẏ . 7 alij .vii. habuer̃ .i.
hid . hoēs abbis de Ramesẏ fuer̃ .
uende potuer̃ . sine soca.

Domesday
Book, vol.
i. p. 199, a.
col. 1.

In Oure teñ ead æccta .i. hid̃ .
T̃ra . ē .i. car̃ . 7 ibi . ē . cū .iiii.
uittis . Pᵃtū .i. car̃ . Pasta ad pec̃ .

Domesday
Book, vol.
i. p. 193, a.
col. 1.

N 2

Tib. A. vi

uillani . Pratū .I. carr̃ . Pastura ad
pecuñ . uille . H̃ t̃ra ualet 7 ualuit
semp .XVI. soł . H̃ t̃ra iacet 7 iacuit
in ecclia . S̃ MARIE. de cet̃io . Et de
his .XV. h̃ . tenet Seuuin⁹ de picoto
uicec̃ . dimid . h̃ . .IIII. bob꜋ c̃ ibi
t̃ra . 7 sunt ibi boues . Pratū dimid.
carr̃ . Pastura ad pecuniā . Int̃ totū
uał .V. soł . 7 qn̄ recep̃ .V. soł . t. r. e.
X. soł . Hanc t̃ram godric⁹ ancipi-
trari⁹ homo abbis de Rameseia fuit .
uende t̃rā suā potuit . soca abbi remansit . Et de his .XV. h̃ . tenet Roğ.
de iudeta comitissa dimid . h̃ .IIII.
bob꜋ c̃ ibi . t̃ . Et ibi sunt . Pratū
dimid . carruce . Pastura ad pecuñ .
III. cot̃ . Int̃ tot̃ . uał .XX. soł . 7 ualuit semp . Hanc t̃ram tenuit godeuuin⁹ scild . hō comitis Walleui
fuit . t̃rā suā dare uł uende potuit .
s꜋ abbas de Rameseia socam habuit.

f. 112, b.
col. 2.

In hoc hundr̃ Wiuelingeham p̃
.VII. h̃ . 7 dimid . se . de . t. r. e. 7
m°⁊ p̃ .V. Et de his .VII. h̃ . 7 dim̃ .
tenet abb de elẏ .VII. h̃ .VII. carrucis c̃
ibi t̃ . .IIᵉ. c̃ . 7 .IIII. h̃ . in dominio .V.
carr̃ . uillanis .XII. uillani .VIII. cotarii .I. seruus . Pratū .VII. carr̃ . Pastura ad pecuniā uille . de maris .VI.
soł . .IIII. XX. oũ .II. XX. por .I⁹. runc̃ .
In totis ualentiis uał .C. soł . 7 qn̄
recep̃ totid . t. r. e. VIII. li . Hoc mañiũ iacet 7 iacuit semp in ecclia . S̃.
Ædel . de elẏ in dominio . Et de his
.VII. . h̃ . 7 dimid . tenet .I. sochemann⁹ de comite alano .I. uirgā .II.
bob꜋ c̃ ibi t̃ra . Pratū .II. bob꜋ . Pastura .II. bob꜋ . H̃ t̃ra uał 7 ualuit .
semp .III. soł . Hanc t̃rā tenuit

Vał 7 ualuit XVI. soł . H̃ t̃ra jacuit
    _{cietriz.}
sep̃ 7 jacet in dñio æcclæ de

In Oure teñ Sauuin⁹ de Picot dim̃
hidā . T̃ra . c̃ dim̃ car̃ . 7 ibi . c̃ .
P̃tū dim̃ car̃ . Pasta ad pec̃ . Vał 7
ualuit .V. soł .T.R.E.⁊ X. soł . Hanc
t̃rā tenuit un⁹ hō abbis de Ramesẏ .
7 uende potuit sine soca.

IN PAPEWORD HD.

In Oure teñ Roger⁹ de comit̃ dim̃
hid . T̃ra . c̃ .IIIIᵒʳ. bob⁹ . 7 ibi sunt .
7 p̃tū ipsis bob⁹ ⹌ 7 IIIʳᵉˢ. cot̃ . Pasta
ad pecuñ uillæ . Vał 7 ualuit sep̃ XX.
soł . Hanc t̃rā tenuit Goduin⁹ hō
Wallef coñi . 7 dare potuit . sed soca
remansit abbi de Ramesẏ.

Ⓜ VIVELINGHĀ p̃ VII. hid se defd .
T̃ra . c̃ VII. car̃ . In dñio .IIII. hidæ .
7 ibi .II. car̃ . Ibi .XII. uilli cū .V.
car̃ . Ibi .VIII. cot̃ 7 I. seru⁹ . P̃tū
.VII. car̃ . Pasta ad pecuñ uillæ . De
maris⹁ VI. soł . In totis ualentijs uał
7 ualuit .C. soł . T.R.E.⁊ VIII. lib .
Hoc Ⓜ jacet 7 sep̃ jacuit in dñio
æcclæ de Elẏ.

In Wiuelinghā teñ .I. socĩs de
coñi .I. uirğ t̃ræ . T̃ra . c̃ .II. bob⁹ .
P̃tū .II. bob̃ . Vał 7 ualuit sep̃ .III.
soł . Hanc t̃rā tenuit Osulf⁹ hō
Eddeuæ . uende potuit . sed soca
remansit Abbatiæ de Elẏ.

Domesday
Book, vol.
i. p. 201, a.
col. 1.

Domesday
Book, vol.
i. p. 202, b.
col. 1.

Domesday
Book, vol.
i. p. 191, b.
col. 1.

Domesday
Book, vol.
i. p. 195, a.
col. 1.

(Sic.)

Tib. A. vi. Osulfus homo ediue pulcre . Potuit
recede . soca remansit abbi de eli .
Et de his .VII. ħ . 7 dimid . Roğus
tenet de picoto uicecomite .I. uirgā
.II. bobȝ ē ibi ħra . Pratum .II. bobȝ .

(Sic.) Pastura .II. bobȝ . H̃ ħra uat 7 ualuit
."III. sot . semp" . Hanc ħra tenuit

f. 113, a. Gold hō abbis de elẏ fuit . nō potuit
col. 1. recede sine eius licentia.

In hundreto de Nordstouua . Iu-
rauerunt homines . Scilicet . Walt̃ .
de cleis . Et Roger⁹ Morini filius .
Hugo Farsi . Robt⁹ Warini filius .
Godlid de stantôna . Godmar⁹ de
Grettôna . Azor . Vluric⁹ de gretôna .
Et om̃s alii franci 7 angli.

In hoc hundr̃ stantôna ꝑ .XII. ħ . se.
de . t. r. e. 7 mᵒ ꝑ .IX. Et de his
.XII. ħ . tenet hugo hubolt de gisle-
berto turoldi filio .IIII. ħ . 7 dim̃ . .VI.
cař . ē ibi ħra .IIᵉ. c̃ . in dominio .
.IIII. c̃ . uillanis .VII. uillani .IX. bor .
.XIII. cot .III. s̃ui . Pratū .II. c̃ . De
maresca .III. mit . 7 .CC. anguillař . 7
.II. sot 7 .VIII. đ .C. 7 XL. v. oues .
XXX. porci . Int̃ totū uat .VI. liƀ .
qñ recepit totid . .t. r. e. VIII. liƀ .
Hanc ħra tenuit Sexi homo . r. e. 7
tegnus . Potuit recede . Et de his
.XII. ħ . tenet picotus uicec̃ de comite alano .IIII. ħ . 7 .I. uirgam 7
dim̃ .V. carrucis ē ibi . t̃ . .IIᵉ. c̃ . in
dominio .VI. c̃ . uillanis . .IIII. uillani
.XII. bor . quisqₛ de .V. acⁱs .VI. cotař .
I. s̃uus . Pratū .II. carř .II. aĩat ociosa
.C. 7 LXVIII. oues .XXIX. porci .II.
runc̃ . Int̃ totum uat .V. li . 7 qñ
receꝓ totid .t. r. e. VIII. li . Hanc ħra
tenuer̃t XIII. sochemanni . 7 .X. ho-

In Wiuelinghā teñ Roger⁹ de Picot .I. uirg̃ . Tħa . ē II. bob⁹ . cū
pᵃto . Pasĩa ad pecuñ . Vat 7 ualuit
.III. sot . Hanc ħra tenuit Gold⁹ sub
abbe de Elẏ . ñ potuit dare ł uendere.

Domesday Book, vol. i. p. 201, a. col. 1.

TÉRRA GISLEBTI FILIJ TVRALDI.
IN NORESTOV HD̃.

Domesday Book, vol. i. p. 197, b. col. 1.

GISLEBERT⁹ fit Turaldi In Stan-
tone teñ .IIII. hid 7 dim̃ . Tħa . ē .VI.
cař . Hugo teñ de eo . In dñio sunt
.II^æ. cař . 7 VII. uitti cū .IX. bord 7
XIII. cot hñt .IIII. cař . Ibi .III. serui .
Pᵃtū .II. cař . De maresch .III. mitt 7
CC. angᵢtt 7 II. sot 7 VIII. deñ . Vat 7
ualuit .VI. liƀ . T.R.E⸖ VIII. liƀ .
Hanc ħra tenuit Sexi teign⁹ regis .
E. 7 dare ł uende pot̃.

de com'

In Stantune teñ Picot .IIII. hid . 7
I. uirg̃ 7 dim̃ . Tħa . ē .V. cař . In
dñio .II. cař . 7 IIII. uitti 7 XII. bord
7 VI. cot hñt .VI. cař . Ibi .I. seru⁹ 7
pᵃtū .II. cař . Vat 7 ualuit .C. sot .
T.R.E⸖ VIII. liƀ . Hanc ħra tenuer̃
.XIII. sochi . Ex his un⁹ hō fuit
Wluui eꝑi . reliqⁱ fuer̃ hōēs Eddeuæ.
om̃s ħra suā dare 7 uende potuer̃.

Domesday Book, vol. i. p. 195, a. col. 2.

ᵛⁱ· mines ed[iue pulcre] fuerunt . Oɱ̄s
ᴵ· recede potue[runt] Et .XIII. sochemannus homo ep̄i Wluui . tenuit
dim̄ . uirg̃ . Et iste potuit recede .
Et de his .XII. tenet picot⁹ uicecoɱ̄
de Wiƚƚo Ansculfi filio dim̄ . uirgā .
II. bobʒ c̄ t̃ra . Pratū .II. bobʒ .I. bor .
H t̃ra uaƚ 7 ualuit .II. soƚ . t. r. e. v.
soƚ . Hāc t̃rā tenuit Och⁹ homo comitis Walleui . Non potuit dare uƚ
uende sn̄ ei⁹ licentia . Et de his .XII.
ħ . tenet Wido de Rembcurt de picoto uicecoɱ̄ de feudo regis .III. ħ
.IIII. car̃ . c̄ ibi . ꝑ̃ . II°. c̃ . in dominio . Et .II. c̃ . posŝ fieri⸓ uillanis .
dimid . c̃ . uiƚƚ .VI. bord .V. cot .
Pratum .II. car̃ .IIII. XX. 7 .X. oũ .
.XX. porci . Inꝓ totū uaƚ .LX. soƚ . 7
.XX. soƚ . Et qn̄ receꝓ⸓ VIII. liƀ .
t. r. e. x. liƀ . Hanc t̃rā tenuerunt
.XIIII. socheɱ̄ . 7 .III. istorum .I. ħ .
sub aƀƀe de elẏ habuerunt . Potuerunt recede sn̄ soca . Et .XI. istorū
socħ . homines . re. e. fuerunt .I. ħ . 7
dim̄ . habuer̃t . Potuerunt recede . 7
uicecomiti reg̃ .II. aueras 7 .V. innuardos iueñ . Et .I⁹. istoʒ tenuit
dim̄ . ħ . Homo sexi fuit . recede non
potuit.

[I]n hoc hundr Ramtona ꝑ .VI. ħ .
se . de . t. r. e. 7 m̊ ꝑ .IIII. 7 dim̄ .
Et has .VI. ħ . tenet Roḡus de pic̃
uicecoɱ̄ . de feudo regis .VI. car̃ c̄
ᵇ· ibi . t̃ra . . . . r̃. 7 .II. . . . . possunt
fieri in dominio .III. [car]ruce uillanis .XII. uillani .VII. cotarii .I. scruus .
Pratū .VI. carr . Pastura ad pecuñ .
uille .I. animal ociosum .XIII. porci
.I⁹. runc̃ . In totis ualentiis uaƚ .C.

WILLELM⁹ filius Ansculfi teñ jn
Stantone dim̄ uirg̃ de rege . Tr̃a . c̄
.II. bobʒ . pᵃtū .II. bob⁹ . Vaƚ 7 ualuit
II. soƚ . T.R.E⸓ v. soƚ . Hanc t̃rā
tenuit Hoch sub comite Wallef . n̄
potuit dare . Nc̃ teñ Picot de Willelmo.

Domesday Book, vol. i. p. 201, b. col. 2.

In Stantone teñ Wido de Picot
.III. hid . Tr̃a . c̄ IIII. car̃ . In dn̄io
sunt .II°. 7 VI. bord cū v. cot posŝ
haƀe .II. car̃ . pᵃtū .II. car̃ . Vaƚ .IIII.
liƀ . Qdo receꝓ⸓ VIII. liƀ . T.R.E⸓
x. liƀ . Hanc t̃rā tenuer̃ .XV. socħi .
Hoʒ XI. hões regis . E . I. hid 7 dim̄
habuer̃ . 7 II. aueras 7 v. jnew̃ uicecoɱ̄ inuener̃ . 7 t̃ra suā dare 7 uende
potuer̃ . 7 alij .III. sub aƀƀe de Elẏ
.I. hid habuer̃ . 7 uende potuer̃ . soca
ū remansit aƀƀi . 7 un⁹ hō Sexi dim̄
hid habuit . nec dare potuit.

Domesday Book, vol. i. p. 201, a. col. 1.

Roger⁹ teñ de Picot RANTONE .
ꝑ VI. hid se defd . T.R.E. 7 m̊ ꝑ
IIII. hid 7 dim̄ . Tr̃a . c̄ .VI. car̃ .
In dn̄io . c̄ una . car̃ . 7 II. adhuc
posŝ fieri . Ibi .XII. uiƚƚi cū .VII. cot
hn̄t .III. car̃ . Ibi .I. seruus . 7 pᵃtū
VI. car̃ . Pasĩa ad pecuñ . In totis
ualent̃ uaƚ .C. soƚ . Qdo receꝓ⸓ VIII.
liƀ . 7 tntd T.R.E. Hoc m̄ tenuer̃ VI.
socħi . Hoʒ un⁹ hō Eddeue .I. uirg̃

Domesday Book, vol. i. p. 201, a. col. 1.

Tib. A. vi. soł . 7 q̅n̅ recep̅ .VIII. li . t. r. e. VIII.
li . Hanc t̅r̅a̅ tenuerunt .VI. soche-
manni . 7 . .v. istoru̅ homi̅es ab̅bis
de Elẏ fueř . Et unus istoru̅ .I. uir .
7 dim̅ . hu̅it . N̅o̅ potuit recede . Et
alii .IIII. habuerunt .v. ħ . 7 .I. uirga̅ .
potuerunt recede sine soca . Et .vi⁹.
sochemann⁹ homo ediue pul . fuit .I.
uirga̅ 7 dimiđ habuit . Potuit recede
uł uende t̅r̅a̅ suam ⸴ cui uoluit.

In hoc hundr Lolleswɪda p̅ .IX. ħ .
se . de . t. r. e. 7 m̅ᵒ ⸴ p̅ .v. ħ . Et has
.IX. ħ . tenet R̅ot̅ . de picôto uicecomite in feudo reg̅ .v. carř . ē ibi t̅r̅a̅
.II. carř . in dominio .III. carř . uillanis .IIII. uillani . 7 q̇ᶦda̅ francigena .
habens .I. ħ . 7 dim̅ . .IX. bor . q̇ᶦsꝗ
de .v. acᶦs .III. coꞇ .I⁹. s̃ . Pratum .I.
carř .I. moꞇ . nicħ reddit . Nem⁹ ad
sepes .C. 7 .XXII. ou̅ .IIII. porci .I.
runc̅ .IIII. asini . In totis ualentiis uaꞇ
.C. soł . 7 q̅n̅ recep̅ .XL. soł . Tempe .
r. e. VI. liꞇ . Hoc man̅iu̅ tenuit Sâ-
loua p̃bendaria . R̅ . e . tenuit .III.
f. 113, b.
col. 2. ħ . 7 dim̅ . Et ī . hoc man̅io fuerunt
.X. socheñi . Et .VII. istorum homines .
r. e. fueřt . .I. ħ . 7 dimiđ 7 .IIII.
hortos habueř . 7 uicecomiti reg̅ .II.
aueras 7 .IIII. Inuuardos reddebant .
Et .II⁰. hoꝣ homines ædiue fuerunt
.I. hiđ habuerunt . Et .xᵘˢ. homo
ab̅bis de elẏ fuit .I. ħ . 7 dimiđ habuit . Et om̅is isti recede potuerunt ;
7 uende t̅r̅a̅ suam cui uoluerunt.

In hoc hundr Matingeleia contᵃ
.xv. ħ . se . de . t. r. e. 7 m̅ᵒ . sꝫ n̅ c̅
tam̅ nisi .x. 7 m̅ᵒ p̅ .VII. 7 dimiđ . ħ .
Et de his .xv. ħ . tenet picot⁹ uiceč .

7 dim̅ habuit . 7 recede potuit . 7
alij hōēs ab̅bis de Elẏ fueř . 7 IIIIᵒʳ.
t̅r̅a̅ sua̅ uende potueř . soca u̅ remansit ab̅bi . 7 qᶦⁿtus .I. uirg̃ 7 dim̅ habuit . 7 recede n̅ potuit.

Domesday
Book, vol.
i. p. 201, a.
col. 2. In Lolesuuorde ten̅ Rot̅t⁹ de Picot .IX. hiđ . p̅ .I⁰. m̅ . Modo p̅ .v.
hiđ . T̅r̅a̅ . ē .v. cař . In dn̅io sunt .II.
7 IIIIᵒʳ. uiłłi cu̅ .IX. borđ 7 III. coꞇ hn̅t
.III. cař . Ibi .I⁹. francig̃ ħꞇ .I. hiđ 7
dim̅ . 7 un⁹ seru⁹. Pᵃtu̅ .I. cař . 7 I.
moꞇ nil redđ . Nem⁹ ad sepes . In
totis ualen̅ uaꞇ .C. soł . Qđo recep⸴
XL. soł . T.R.E.⸴ VI. liꞇ . Hoc m̅
tenuit una p̃bendaria .R.E. Ipsa .III.
hiđ 7 dim̅ habuit . 7 x. socħi ibi
fueř . Ex his .VII. hōēs . R.E. .I. hiđ
7 dim̅ 7 IIIIᵒʳ. | tenueřᵒʳᵗᵒˢ . 7 IIⁿˢ. Aueras
7 IIIIᵒʳ. Jneꝟ inueneř . 7 alij .II⁰.
hōēs Eddeue .I. hiđ habueř . Decim⁹
auꞇ hō ab̅bis de Elẏ .I. hiđ |⁷ ᵈⁱᵐⁱđ tenuit .
Hi om̅s t̅ras suas uende potueř .
Soca tantu̅ hōis ab̅bis de Elẏ remansit æccłæ.

Domesday
Book, vol.
i. p. 201, a.
col. 2. In Madingelei ten̅ Picot .XI. hid 7
II. uirg̃ 7 dim̅ . T̅r̅a̅ ē .VIII. cař . In
dn̅io .IIII. hide 7 III. uirg̃ . 7 ibi sunt
.IIᵉ. cař . 7 IIIᶜⁱᵃ. poꞇ fieri . Ibi .VII.

Tab. A. vi.

de . re .xi. ħ . 7 dimidiā 7 dim . uirgā .viii. carruč . ē ibi ťra . .iie. č . 7 .iiii. ħ . 7 .iii. uirge ī dominio . Et ťcia . č . poť fieri .iiii. carř . uillanis . 7 qᵉrta . č poť fieri .vii. uillani . .iiii. borđ . qⁱsq̷ de .v. acⁱs .vi. coť .iii. ŝui . Pratū .iiii. carř . Nem⁹ ad sepes . .xlvi. oũ .v. porci .ii. runč . Et de his .xi. ħ . tenent .ii. milites picoti uicecomitis .iii. ħ . 7 .iii. uirg̃ .iiᵒ. aīaɫ . ociosa . lxiiii. oũ .x. porci .ii. runč . In totis ualentiis uaɫ .vi. liƀ . 7 .v. soɫ . 7 qñ receƀ .ix. liƀ . 7 .ix. soɫ . t. r. e. .ix. liƀ . 7 .x. soɫ . Hoc maniū .xii. sochemañ . habue- runt . Et .vii. istoᵹ⁝ Homines . re . e . fueřt .viii. ħ . 7 .iᵈ. ũ . habue- runt . 7 vicecoñ . re .v. auras

uiɫɫi cū .iiii. borđ 7 vi. coť hūt .iiii. carř . 7 vᵗᵃ. poť fieri . Ibi .iii. serui . Pᵃtū .iiii. carř . Nem⁹ ad sepes . De hac ťra teñ .ii. miliť iii. hiđ 7 iii. uirg̃ . In totis ualenť uaɫ .vi. liƀ 7 v. soɫ . Qđo receƀ⁝ ix. liƀ . 7 x. soɫ . 7 tñtđ T.R.E. Hoc m̄ tenueř .xii. socħi . Hoᵹ vii. hōēs regis . E .viii. hiđ 7 i. uirg̃ tenueř . 7 v. aueras 7 v. jneẃ inueneř . 7 alij .vᵉ. hōēs aƀƀis de Ely iii. hiđ 7 i. uirg̃ 7 dim habueř . 7 iiiiᵒʳ. ex eis receđe po- tueř . quint⁹ ů dim hiđ teñ . sᵹ re- ceđe ñ potuit.

Here the MS. breaks off abruptly, the
concluding leaves being lost.

INQUISITIO ELIENSIS. ·

HIC subscꞮbitur inqꞮsicio ꬉrarum qᵒmᵒ barones regis inquirunt[1] ⁖ uidelicet p sacramentũ uicecomitis scire . & omniũ baronum . & eorum franci-
genarũ & tociᵍ centuriatus . p̃sbiti . p̃potĩ . VI. uillani uniuscuiᵍꝗ: uille .
Deinde qᵒmᵒ uocatur mansio . quis tenuit eam tempe ɴ. e. Quis mᵒ tenet .
Quot hiđ . quot carȓ̃[2] . in dominio . Quot hoĩm[3] . Qᵒt uiꞁꞁ . Qᵒt . coꞇ[4] . quot
serui . qᵒt liƀi homines . Quot sochemani . Qᵃntum silue ⁖ qᵃntum pratj .
quot[5] pascuorũ . qᵒt moꞇ[6] . Qᵒt piscine . qᵃntũ ĕ additum uꞇ ablatũ qᵃntũ
ualebat totum simul[7] ⁖ & qᵃntũ mᵒ . qᵃntum ibi[8] quisꝗ, liƀ homo . uꞇ soche-
manum habuit . uꞇ ꞙt . Hoc totum tripliciꞇ̃ sciꞇ tempe regis Æduᵃrdi[9] ⁖ &
qñ Rex Wiꞁꞁs dedit . & qᵒmᵒ sit mᵒ[10] . & si potest plus haberi ⁖ quam
habeatur . Isti homines iurauerunt[11].

Iɴ staplehoû . hunđ . Nicholaus de cheneta[12] . Wiꞁꞁs de chipenham[13] .
homo Gaufridi . Hugo de heselinge[14] . Warin[15] de sahâm . Rodƀtus anglicᵍ
de fordham . Ordmar[16] de billingeshā[17] Alanᵍ de bureuuelle[18]. Aluriʒ[19] de
sncileuuelle[20].

Isti homines[21] *iurauerunt*[22].

In cauelai[23] hunđ . iurauerunt . sciꞇ . RiꞭ̃[24] p̃fectus huiᵍ hundretj .
Æduuardᵍ²[25] homo Aꞁƀici de uer . Radulfus de hotot[26]. Wiꞁꞁs de mara[27].

---

[1] inqꞮsierꞇ, c. (MS. Trin. Coll. O. 2. 1). [2] caruce, c. [3] hoĩũ, B (MS.
Trin. Coll. O. 2. 42), c. [4] cothcethle, c. [5] Quantũ, c. [6] molendine, c.
[7] tunc, c. [8] *Omitted*, c. [9] ædwardi, B; sciꞇ ædwardi, c.
[10] qualiꞇ̃ mᵒ sit, B, c. [11] In comitatu Cantebrigie, c. [12] chenet, c.
[13] cipeham, B. [14] hexeninge, c. [15] Warinus, c. [16] Hordmerus, c.
[17] bellincgesham, B; bethlingeham, c. [18] burewella, B. [19] alfricus, c.
[20] sneillewella, B; sneillewelle, c. [21] homines *corrected into* omnes, B.
[22] iurauerunt de illo hundreto, c. [23] chauelæi, c. [24] Ricardus, c.
[25] Eaduuardus, B. [26] hoitot, c. [27] maræ, c.

standarđ[1] de scuerlaio[2]. Frawinus[3] de quetelinge[4]. Carlo de cauelaio[5]. Tib. A. vi. Wlmar͡ᵒ homo Wighen[6].

In hunđ . de stanas iurauerunt[7] . homines . sciƚ. Alerann͡ᵒ. Rogg̃ . homo Walťi giffardi[8]. Riɔ̃ . p̃fectus hui͡ᵒ hundretj . Farmannus[9]. huscarlo de suafham[10]. Leofuuin͡ᵒ[11]. Haralđ[12]. homo Harđ . de scalariis[13]. Aluric͡ᵒ[14] de Wiburgeham[15]. & alii omnes franci & angli . de hoc hū̃dreto iurauerunt[16].

In erningeford[17] hunđ . iuraueřt . Walťⁱˢ . Hunfridus de ansleuilla[19]. Hugo pedefolđ[20]. Riɔ̃ . de morduna[21]. Colsueẏn[22]. Alñi[23] eius filius . Turulfus . Alfuuinus[24]. odesune[25]. & om̃s alii franci & angli in hoc hunđ . iurauerunt.

In trepeslau[26]. hunđ . iuraucrū̃t homines[27]. sciƚ. Radulfus[28]. p̃posiť͡ᵒ hui͡ᵒ hunđ . Wiƚƚs de caleio[29]. Radulfus de barentona . Teodbalđ͡ᵒ[30]. homo harđ . Standarđ[31] de hauekestune[32]. Godriʒ[33] de fulmere[34]. Aluric͡ᵒ de treppeslau[35]. f. 38, b. col. 1. Sigar dapifer & omnes alii franci & angli . de hunđ[36] . iurauerunt.

In Radefelde hunđ . hii iuraueř[37]. Manfriđ͡ᵒ. Dauid de belesham . Wiƚƚs homo Walťj . Radulf͡ᵒ de cluneia[38]. Adestan[39] de Westuna . Grim[40] de Wrattincge[41]. Algar[42] de dollingeham[43]. Pinna[44] de belesham . & omnes alii angli et franci . de hoc hunđ . iuraueřt.

In flammigedic[45] hunđ . iurauerunt . Rodƀt͡ᵒ de Histona[46]. Osmundus paruus . Fulcolđ[47] hō aƀƀis de Elẏ[48]. Balđuuinus[49] cocus . Æduuin͡ᵒ[50] pƀr . Wlfuric[51] de teũsā[52]. Sẏla[53]. Goduuine[54] de fulburne[55].

---

[1] Stanharđ, B ; Stanhardus, C.　　　[2] seiluerleia, C.　　　[3] frauuis, C.

[4] chertelinge, C.　　　[5] cheleia, C.　　　[6] wigeni, C.　　　[7] stanes, C.

[8] gifardi, B ; iurauerunt *to* giffardi, *omitted,* C.　　　[9] fare mañus, C.

[10] suuafham, B ; huscard de sua, C.　　　[11] Leowinus, B ; Leoswinus, C.

[12] Herald, B ; Haraldus, C.　　　[13] escalariis, B ; eschaƚ, C.　　　[14] Alfricus, C.

[15] Wiborgeham, B ; Wilƀgchā, C.　　　[16] iurauit, C.　　　[17] erningaford, B.

[18] Walterᵐᵒ, D ; Walterus, C.　　　[19] hansleuilla, C.　　　[20] pedenfot, C.

[21] mordona, B ; mortuna, C.　　　[22] Colsuuegen, B ; Colsuuein, C.　　　[23] Ælmer, C.

[24] Alwinus, B ; Ælwinus, C.　　　[25] odesunu, B ; odðes sune, C.　　　[26] trepeslauue, B, C.

[27] iuraucrū̃t homines, *omitted,* C.　　　[28] Rodulfus, C.　　　[29] cheleia, C.

[30] Theodbaldus, C.　　　[31] Stanhard, B ; stanhardus, C.　　　[32] hauocestûn, B ; hauechestona, C.

[33] Godricus, C.　　　[34] fulemera, B ; fuelmere, C.

[35] trepeslau, B ; trepeslauue, C.　　　[36] li hund, C.　　　[37] hii iuraueř, *omitted,* C.

[38] clunei, B.　　　[39] Æðestan, C.　　　[40] Grimus, B.　　　[41] Waratincge, B ; Waratinge, C.　　　[42] Ælgar, C.　　　[43] dollincgeham, B ; dullingeham, C.

[44] Pinnæ, C.　　　[45] flammicgedic, B ; flammingedich, C.　　　[46] Histonona, C.

[47] Fulchold, B, C.　　　[48] eli, B ; ely, C.　　　[49] Balduinus, B.　　　[50] Edwinus, B ; Ælwinus, C.

[51] Wlfric, B ; Wluricus, C.　　　[52] teuueresham, C.

[53] Silac, B ; silacus, C.　　　[54] Godwinus, B, C.　　　[55] fulburna, B ; fuelburne, C.

In Witelesforda[1] hund . iurauerunt . Anschitellus[2] de herolfuilla . Paganus dapifer . Hard[3]. Girardus lotherensis . Herueus de salsitona . Leodñi . wittlesford[4]. Lefo[5] de dodesuurda[6]. Leofriz . filius Grimi[7]. Lemarais de haustitona[8].

In Wederlai[9] hund . iuř . Siurid[9][10] p̄posit[9] hund . Radulfus de bans[11]. Fulcheus homo uicecomitis . Rumold hō comitis . Eustachio . Saward[9][12]. de harlestona[13]. Turbert[14] de orduuelle[15]. Brixcet[16] de bton[17] . [Al]mar[18] blacsune[19] & alii omnes [Fran]ci[20] & angli de hoc hundreto iurauerunt.

In stouu[21] hund꞉ iurauerunt . Wiłłs . homo[22] picoti . uicecomitis . Tehel p̄positus abbatis ely . Warinus pbr . Wido homo abbatis de ramesio[23]. Godriȝ[24] de crocheꞇ[25]. Aluriz[26] p̄positus Eudonis . Wlwi de etelaie[27]. Almar cilt[28]. & oñis alii franci & angli de h̄ . h̄ . iuraū.

In Pampeworda[29] hund . Ric̄ . homo hard . Radulf[9] de felgeres . Albert hō abbatis de ramesio[30]. Thehard[31] homo abbis ely . Leofuuin[9][32] gric[9]. Osmund[9] hō gillebti[33] de gant . Briztan . hō gilleberti de[34] gant[35] Goduuin[9] pbr & omnes alii angli & franci de h̄ hund . iurauerunt.

In nordstouue[36] hund . iuraueřt . Walt[9] de cleis[37]. Roger[9] Maurini filius . Hugo farsit . Robt[38]. filius Warini[39]. Godliue . Azor . Godmar[9] de gretona[40]. Waluric[9][41] de Grettona[42]. & ōs alii francj & angli de h̄ . h̄ . iuraū.

In cestretona[43] hund iurauerunt . Roḡ . de cildlaia[44]. Giffard[45] de draitona[46]. Gillebt[47]. de histona[48]. sturmidus[49] de cotenhā[50]. Bruning[9][51] de cestretona[52]. Almar[53] de cotham[54]. Ledmar[9][55] de draitoñ[56]. Ernius[57] de cilderlaio[58]. & omnes alij franci & angli de hoc hund . iurauerunt.

[1] witlesforde, c.   [2] Anschecellus, c.   [3] hand, c.   [4] de witelesforda, B ;
Lemmer de Witlesforde, c.   [5] Lefue, c.   [6] dochesuurda, B ; dochesuurde, c.
[7] Leofriz grimi filius, B ; Leofuicus Grimi fiius, c.   [8] Lemma de hincstitona, c.
[9] wederlai, c.   [10] Sifridus, B, c.   [11] debancs, B ; desbans, c.   [12] sæwardus, c.
[13] harlestone, c.   [14] Turbern, c.   [15] ordwella, B ; horwelle, c.
[16] brixcecus, c.   [17] btona, B, c.   [18] Alm̄, B ; almer, c.   [19] Blacsuna, B.
[20] franci, B, c.   [21] stouue, c.   [22] homo, omitted, c.   [23] rameseia, c.
[24] Goddicus, c.   [25] crochestune, c.   [26] Æluricus, c.   [27] etelaia, B, c.
[28] chid, c.   [29] pampeswrda, c.   [30] rameseia, c.   [31] Tehard, B, c.
[32] Lewinus, B ; Leoswinus, c.   [33] gisleberti, B.   [34] de, omitted, B.
[35] Briztan . hō gilleberti de gant, omitted, c.   [36] nortstou, B, northstouue, c.
[37] cleris, c.   [38] Rodb, B, c.   [39] Warin, B, c.   [40] grettune, c.
[41] Wluicus, c.   [42] gretona, B ; grettune, c.   [43] cestertuna, B ; cestertune, c.
[44] cilderlaio, B ; childerlaia, c.   [45] Gifard, B, c.   [46] draitune, c.
[47] Gislebt, B.   [48] histune, c.   [49] Surmi, c.   [50] cotenham, B, c.
[51] brunnig, c.   [52] cestertuna, B ; cestretune, c.   [53] Almer, B ; Almarus, c.
[54] cotenham, c.   [55] Lemmarus, c.   [56] draitona, B ; draituna, c.
[57] Ernius, B ; Ærnius, c.   [58] childerlaiæ, c.

In duobus hundretis de elẏ . qᵢ conueniunt apud Wichfordam[1]. Juraue-Tib. A. vi.
runt homines . scił . Rainald[9]2 de dunham[3] . Gostrid[9]4 ꝑpositus hūdređ
horum . Tanccredus[5] de suttuna . Osmundus de stratham . Gilleħtus[6] de
lindona . Gosfridus[7] cunestabulius abbatis . Roħtus[5] camerari[9] . Bernard[9]
de Monte . Huna de elẏ . Alriz[9] wordepund . Alriz[9] serdere[10] . Osmund de
Wicheham[11] . Alnodd[12] . de suttuna[13] . Ledmar[14] de wichdford[15] . Leodmanus[16]
pħr . Alfuuinus[17] de Haningetuna[18] .

Hertford.[19]

In Wedwines[20] treu hund . iurauerunt homines . scił . Radulfus baiard[21] .
Riculfus homo eꝓi lundoniensis . Rodri[22] homo eꝓi . huart[23] de noderes .
Godwin[9] de horemera[24] . Lexius[25] . hō abbatisse de chatriz[26] . Siriz . homo
comiť Eustachii[27] . Siuuard[9] de Horemeda[28] . & omnes alii franci & angli de
hoc hundreto iurauerunt.

In duobȝ hund . de bradeuuatre[29] iurauerunt homines . sctcet Letard[9] hō f. 39, a.
abbis . Goisħt[9]30 beluacensis . Willelm[9] de lanceuuorda[31] . Liuet[32] homo . col. 2.
G . de berc[33] . Radulfus de stepchala[34] . hunfrid[35] de chenebna[36] . Goisfrid[37]
de ciuesfeld . Goisfrid de uuestbroc[38] . Alward[39] de Merdelaio[40] . Haldene .
Thorchill[41] . de digesuuelle[42] . Alriz de Winmodeslaio[43] . Alfuuin[9]44 de
werlaio . Alm̃ . de westuna[45] . Alward[46] framward . Alward[46] de mondena .
& omnes alii franci & angli de his duobȝ hund iurauerunt.

In odescia[47] hund . iurauerunt homines scł . Hugo homo eꝓi baioacensis[48] .
Fulcho homo Goisħtj beluacensis . Germundus de scō audoeno . Alfuuinus[49]
de riscedenc[50] . Boia homo eꝓi . Wlsi de teresfelda[51] . Alħ[52] . de samsona[53] .

---

[1] Wichefordam, B, C.   [2] Reinaldus, C.   [3] doncham, B.   [4] Goisfridus, B;
Gosfridus, C.   [5] Tancredus, B, C.   [6] Gislebert, B; Gilebertus, C.
[7] Goisfridus, B.   [8] Rodħ, B; Rodbertus, C.   [9] aluricus, C.   [10] sellere, C.
[11] Wicheam, B,   [12] ælnođ, C.   [13] suttona, B.   [14] Lemmer, C.
[15] Wiccheford, B; Wicheforde, C.   [16] Lemmannus, C.   [17] Alwinus, B;
Ælfwinus, C.   [18] Haningatuna, B; Hanningetuna, C.   [19] Hertfortd, B; *omitted*, C.
[20] edwines, B, C.   [21] baiart, B, C.   [22] Rodrius, C.   [23] Huard, C.
[24] horemere, C.   [25] Leofsi, C.   [26] cætriz, B; chateriz, C.   [27] Eustachius, C.
[28] hormeda, C.   [29] brađewatre, C.   [30] Goisebertus, C.   [31] laceuuorda, B;
lachewrđa, C.   [32] liuiet, C.   [33] berch, B, C.   [34] stepchalla, B, C.
[35] Hundfrid, B; Hunfrius, C.   [36] chenebernæ, C.   [37] de ciuesfeld .
gosfrid de uuestbroc, *omitted*, C.   [38] uuesbroc, B.   [39] Ælward, C.
[40] merdelaiæ, C.   [41] Torchill, B; Thurchill, C.   [42] digeswella, B; dicheswelle, C.
[43] æluricus de winmodeslaiæ, C.   [44] Alwinus, B; ælwinus, C.   [45] westune, C.
[46] Ælwardus, C.   [47] odeseio, B; odeseiæ, C.   [48] baiocensis, C.
[49] Alwin[9], B; ælwinus, C.   [50] riscedena, B; rischedena, C.   [51] teresfelde, C.
[52] Ælbert, C.   [53] sansona, B, C.

Tib. A. vi. Wigar[9] de horeuuella[1] . & omnes alii franci & angli de hoc hundreto iurauerunt.[2]

In comitatu Grantebrugge.[3]   *In staplehoû*[4] *hund'*. Sneilleuuelle[5] p . v. ħ . se defendebat tempĕ Reg Æduuardi . & m° . decem carucaꞃ ibi est terra . Due caruce in dominio . & adhuc potest una restaurari . & VIII. č . uillanorum . VIII. uillani . tres cottarii . tres serui . Moł . IIIIᵒʳ . de XIIIIᶜⁱᵐ . soł . Praꞇ ad . II. č . In silua ceauelai[8]⸴ habent p consuetudinē duas[7] . č . ad[8] closturā . c. XIꝫ⸴ oues . XVI. porci . & unum runcinū . ualet . XIIII. liɓ . Qñ . recep̃ . XII. liɓ . Tempore Regis . e . XV. liɓ . In eadem uilla . VI. socħ[10]. homines aɓɓis fuerunt p̃ᵘ eius licenč . potuerunt dare uel uende ꞇram suam ⸴ sač remansit abbati . Hoc maꞃiū iacuit in ecclia sče Adeldreꝺe[11]. t. ꞃ. e. in dominicū firma[12] monachorum . S ; aɓɓ . Leofsi acomodauit[13] illud stig archiep̃ . & modo aɓɓ symon[14] reclamat sⁱ habere . ut homines hunꝺ testantur per antecessores suos.

In Saham tenet aɓɓ de elẏ . ꝺm . ħ IIᵉ. č . ibi est ꞇra . una caꞃ . ī dñio .
uiꞇ coꞇ
& . I. č . uiłł . III. x. Pratum . II. č . Pastura ad pecč uille . In hac uilla piscatur una nauis in mara p consuetudinē . III. p ; & m° ualet . XXX. soł . qᵃnꝺ . reč . xx. s ; . t. ꞃ. e. xxx. s ; hec ꞇra semp iacuit in ecclia ī dominio.

In cauelai[15] *hund'*. Dictune[16] p . x. ħ . se defendebat . tempĕ Reg . e . & m° p . I. ħ . manet archiep̃o . S . fuit . xvi. č . ibi est ꞇra . due . č . in dominio . III. č . uiłł . XI. č . possunt fieri . VII. III. III. Pastura ad pecora[17] uille .
uiꞇ b s
Silua ad . ccc. p ; De herbacio[18] uille . VI. s ; III. aⁱalia oč . dxx. o . In totis ualentiis ualet . XII. liɓ q̃n reč⸴ xv. liɓ . t. ꞃ. e. xv. liɓ . Hoc manerium iacuit in ecclia Sče Æꝺeldreꝺe[19] ī elemosina . t. ꞃ. e. S ; . S . Archiep̃č sumpsit illud de aɓɓa elẏ ; homines de hundreto nesciunt qᵒm° sũpsit . Hoc tenet Wiłłs de noderes de rege ad firmam.

In stane hundreꞇ.   In Suafham[20] tenuit Alwi[21] harpearius[22] . III. ħ . &

---

[1] horewella, c.

[2] After "juraverunt" in ᴍs. ᴄ, occurs the rubric commencing "Hic subscribitur inquisitio," which in ᴍss. ᴀ and ʙ, and, consequently, in this edition, commences the 'Inquisitio Eliensis' (p. 97).

[3] Grantebrûg, ʙ ; cantebrigie, ᴄ.   [4] staplehou, ʙ ; stapelhowe, ᴄ.

[5] Sneillewelle, ʙ, ᴄ.   [6] cheueleie, ᴄ.   [7] duab⁹, ᴄ.   [8] 7 ad, ᴄ.

[9] Centū 7 xɪ., ᴄ.   [10] sochemãs, ᴄ.   [11] Æðeldryðe, ʙ.   [12] in dñīcᵃ firma, ʙ ; ad elemosinā, ᴄ.   [13] accomōdauit, ᴄ.   [14] Sẏm̃, ʙ ; Symeon, ᴄ.

[15] caueleic, ᴄ.   [16] Dictune, ʙ ; Dittune siluatica, ᴄ.   [17] pecč, ʙ, ᴄ.

[18] erbatio, ʙ, ᴄ.   [19] Æðeldryð, ʙ ; Æðeldreðe, ᴄ.   [20] Suafam, ʙ.

[21] alwi⁹, ᴄ.   [22] horpeari⁹, ᴄ.

unā[1] Mot . de dñic[a] . firm̄ . abbatis de elẏ . t. ʀ. e. & in morte . & m⁰ tenet .
Hugo de bolebec[2]. de . W . giffardo[3] . In eadem uilla . III. soch̄[4]. huscarle[5].
Briztuine[6]. Alsi . homines aƀƀis de elẏ fuerunt . II. hiđ . 7 dimiđ . & . x.
ā . habuerunt . ñ poⁱ[7] receđe ꞏ̷ uel uende. sine licentia abbatis elẏ . cui⁹[8]
homines erant . t. ʀ. e. & in morte . ualet[9]. ʋ̄ɪɪ. liƀ.

In eodē hund'.   In Suafham[10]. aƀƀ. elẏ . ħt.ꞏ̷ɪɪɪ. ħ . quinꝗ caruc̄ . ibi ē
                                                uiłłi b   s
t̃ra . II[as]. c̃ . in dominio . & . I. ħ . 7 . III. v[11]. III. c̃ . uiłł . v. II. II.

De thelonco Rete[12]. VI. s . & de marisca[13]. VI. đ . o . XXX. II. ᴘ . XXX. II.
semp ualuit ꞏ̷ & ualet . c . s . Hec t̃ra semp iacuit & iacet in dominio
ecctie.

Harduuin⁹[14] de istis . ħ . ɪ[ᵃᵐ]. ṽ . ħt de dñio . Iꝑe in eadē . duas . ħ . & .
III. ṽ . sub aƀƀe elẏ . III. c̃ . ibi ē t̃ra . una . c . in dominio . 7 .II. c̃ . hoñı .
II.[15] pratū . II. bobȝ . ᴘ . IX.[16] o . LXXI. semp ualuit & ualet . LXX. s . Hāc
t̃ram tenueřt . IIII. soch̄ . t. ʀ. e. de aƀƀ . elẏ . non potuerunt receđe uel
uenđe ꞏ̷ absꝗ ei⁹ licētia.

Walⱦ[17] giffarđ[18] . in eadem uilla tenet . III. ṽ . I. c̃ . ibi est t̃ra ꞏ̷ & . c̃ .
ibi . ē . IIII[bor]. o . LXX. ᴘ . XXII. p[a]tum . I. c̃ . Inⱦ totum ualet . x. s . q[a]ndm[19]
rēc . ṽ . s ; . t. ʀ. e. xx. s . hanc t̃ram tñ Wlswine[20]. in morte . ʀ. e. & erat
homo aƀƀis elẏ . nō potuit etiam uenđe nec[21] receđe ꞏ̷ absꝗ eius licentia.

In coeia . Picot⁹ uicecomes tenet de aƀƀe ꞏ̷ III. ħ . 7 . III. ṽ . IIII[or]. c̃ . ibi
                                      uiłłi   s.
est t̃ra . II. c̃ . in dominio . & . II. c̃ . Wiłł[22]. v. & I.   Pratum IIII. c̃ . &
diñi . Moⱦ ꞏ̷ de . XL. đñ . o . XXVI. ᴘ . XIII.   Inter totum ualet . VI. libras .
qñ rec̄ . IIII. lib . t. ʀ. e. IIII.[23]   Hanc t̃ram tenuerunt duo socheñı ꞏ̷
Briȝwinc[24] & aluriz[25]. homines aƀƀis elẏ . non potest[26] receđe uel uende
absꝗ ejus licentia abbatis elẏensis[27].

In Flāminedic hundreto[28].   In fuleburne[29] ꞏ̷ abbas de elẏ ħt . IIII. ħ . &
diñi . VI. c̃ . ibi . ē . t̃ra . ñ . ē . c̃ . in dominio . sȝ . III. possunt fieri . III.
                 uil   b
c̃ . uiłł . III. ħ . in dñio . VIII.[30] VI. pratum . c̃[31]. Inⱦ totum ualet . XX. soⱦ.

---

[1] .ɪ., c   [2] bolebech, c.   [3] gifardo, ʙ ; gifard, c.   [4] sochemans, c.

[5] huscarl, c.   [6] brithwine, c.   [7] posst', c.   [8] cui, c.

[9] ualuit et uaⱦ, c.   [10] In eadē uilla de Swafham, c.   [11] u^gaⱦ, c.

                                                   uiłłi   uiⱦ
[12] reche, c.   [13] marisco, c.   [14] Harduinus, ʙ.   [15] .II., ʙ ; .II., c.

[16] VIII., c.   [17] Walter⁹, c.   [18] gifard, ʙ, c.   [19] q[a]nđ, ʙ ; qū, c.

[20] Wlwine, ʙ ; wlwin⁹, c.   [21] uel, c.   [22] viłł, ʙ, c.   [23] IIII. lib., ʙ, c.

[24] brithwi⁹, c.   [25] ælwric⁹, c.   [26] poⱦ, ʙ ; potueřt, c.   [27] eli. ʙ.

                                                                 uiⱦ
[28] flāmedigedig hundređ, c.   [29] fuulburne, c.   [30] .VII., c.   [31] .ɪ. c̃., c.

Tib. A. vi. qñ reč . xx. s ; . t. ʀ. e. vi. liƀ . Hec ᵗra semp iacuit in eccłia sc̃e Æᴅᴇʟᴅʀᴇᴅᴇ[1] . ad firmam.

In teūsam[2] emit aƀƀ de elẏ antecessor istius sẏmonis[3] . uñ . h . de comite
Algaro[4] . in qua . ħ[5] . est . ıᵃ. in[6] eccłia . Et reclamat iꝥe abbas sup iohannē
filium Walᵗi se haƀe eam . ħ[7] ut testimonium hundreti ꝑhibet & affirmat .
Tunc aurâ[8] inuenit꞉ pᵍea non . & ualet uiginti soł . In eadem uilla꞉ abbas
ħt in dominio . ıᵃ. ħ . & . viii. ag̃⁹ . ı. č . 7 dimiđ꞉ ibi ē ᵗra . ı. č . in domi-
uił b
nio . ıı. ıı. o . qᵃᵗ uigintj . ᴘ . v . Inᵗ totum uał uiginti soł . qᵃnd reč . xx.
s . t. ʀ. e. xʟ. s . Hec ᵗra semp iacuit in eccłia.

Horningeseie[10] . ħt iꝥe abƀ꞉ que defend[11] se t. ʀ. e. ꝑ. vii.[12] ħ . & mᵒ ; xvii.
č . & diñ̃ . ibi ē terra . viii. č . & đm . & iii. ħ . & đm . in dominio . ıx. č .
uił b
hōm ; xxıı. xiiii. de suis ortis[13] . xvˢ. & ı. moł . de . x. s. & unā moł
x. soł . 7 ꟽ[14]
de ᴧ anguillis . Pratum ad oñ̃s[15]. č . uille . vi. animalia . oč ; o . c. ʟx ; ꝑ .
c ; & unum runcinum . In totis ualentiis꞉ ualet . xviii. liƀ . qᵃnd reč .
xiiii. liƀ . t. ʀ. e. xiiii. liƀ . Hoc manerium semp iacuit ı̃ eccłia elẏ.

f. 40, b. *In cildeforde[16] hund'.* Ipse abbas tenet in uuichehâm & stratleie[17] . uñ .
col. 1. ħ . & diñ̃ . iiii. č . ibi ē ᵗra . ıı. č . & diñ̃ . ħ . in dominio . & . ıı. č . hoñ̃ .
uił b s
&[18] . vi. ıı. ıı. & . iiiiᵒʳ. ag̃¹⁹. ꝑᵃtj . Silua ad . ʟ. ꝑ ; o . ʟx. ꝑ. xiiii.[20] ıı. runč .
Inᵗ totum ualet . v. liƀ . & qᵃnđ . reč . ııı. li . t. ʀ. e. xʟ. s . Hec ᵗra semp
in monasᵗio[21] iacuit . & jacet in dñ̃io sc̃e Æᴅᴇʟᴅʀᴇᴅᴇ[22].

In berchehâm[23] unᵍ socheman sub abƀe elẏ ħt dimidiā uirgatā . &[24] ualet
inᵗ totum . xʟ. đ . Istemet habuit de abƀe elẏ . t. r. e. & inueniebat inguardum vicecomiti.

In Badburgeham iꝥe abƀ tenæt[25] unam uirg̃ . & ualet xʟ. đ . & harduuinus[26] hanc . ṽ[27] . de abbate elẏ tenet . duo sochemani tenueᵗ eam sub abƀe
elẏ ꞉ non potuerunt dare neq̣ recedere.

In Pampeworda[28] abƀ . elẏ[29] tenet . ııᵃˢ. ħ . & diñ̃ . ṽ . &[30]. ııı. ṽ . vi.

---

[1] Æðelð. ʙ ; Ædeldreðe, c.   [2] theueresham, c.   [3] Sẏ., ʙ ; Symeonis, c.
[4] ælfgaro, c.   [5] h., *omitted*, c.   [6] in, *omitted*, c.   [7] illā hidā se haƀe, c.
[8] aurā, c.   [9] acᵃs, c.   [10] Horningeseie, ʙ.   [11] defendit, c.   [12] .viii., c.
[13] hortis, c.   [14] .ı. ꟽ., ʙ ; .ı. miłł, c.   [15] ōs, c.   [16] childeford, c.
[17] Strattleie, ʙ ; ı̃ stratleie, c.   [18] et, *omitted*, c.   [19] ač, c.
[20] ꝑ. xiiii., *omitted*, c.   [21] in monasᵗio, *omitted*, c.   [22] Æðelðryð, ʙ ; Ædcldreðe, c.
[23] bercham, c.   [24] et, *omitted*, c.   [25] tenet, ʙ.
[26] harwinus (a contemporary rubric, on the margin, adds "Harđ de eschalers"), c.
[27] uirgā, c.   [28] Pāpeworða, c.   [29] de ely, c.   [30] et, *omitted*, c.

c̄ . ibi ē t̄ra .ii͡e. c̄ . &. ı̄ . h̄ . & dimiđ . ṽ . & unā uirg̃[1] . in dominio . iiii. c̄ . Tib. A. vi.
uił b s
hon̄ı . xii. v. iii. Mol . xx. soł . p͂tum . unum[2] . c. xii.[3] animalia . oc̄ . o .
q͗t[4] uiginti & . xv. p . xxiii. Int͡ totum ualuit & ualet vii. lib̄ . H̄ t̄ra
semp iacuit in đnio ecclie sc̄e ÆDELD̄[5] . uirgin̄[6].

Harđuin͡[7] in eađ uilla tenet sub eodem abb̄e . x. ag̃ .i. boui ibi ē t̄ra . & f. 40, b. col. 2.
.xii. đ . ualet꞉ & semp ualuit . hanc t͡ram tenuit Snelling[8] sub abb̄e ely͡ .
nō pot̄ receđe absqͅ eius licentia.

In radefelde hund'. In stiuichesuurda[9] tenet p͂dic̄t͡ abb̄ . que . t. r. e.
defend . se p . viii. h̄ . & din̄ı . & din̄ı . ṽ . & m͞o . xii. c̄ . ibi ē t̄ra . iii͡es. c̄ .
& . iii͡es. h̄ . & dimiđ . & dimiđ . ṽ . ı̄ . đnio . 7 adhuc possunt . ii͡e. c̄ . fı̄ .
uił b s
vi. c̄ . hon̄ı[10] . & . i. c̄ . pot̄ . fı̄ . xvii.[11] v. de . v. ag̃ . iiii͡or . Silua . cc. lx. p ;
pastura ad pec̄c̄ . uille . o . cc. & . vii. p . xiiii. 7 .i. runc̄ . In totis ualen-
ter[12]꞉ ualet . x. lib̄ . q͗nđ rec̄ . x. lib̄ . t. r. e. xii. lib̄ . Hec t̄ra iacuit in (Sic.)
ecclia semp . & iacet.

Harwinus[13] in hac uilla sub abb̄e ely͡ tenet . i. ṽ . ii. bobꝫ ibi ē t̄ra . Int͡
totum ualet & ual͡꞉ v. s. Hanc t͡ram tenuit godwin͡[14] homo abb̄is nō potuit
recedere . Predic̄tus abb̄[15] dimiđ . h̄ . prati ı̄ dominio . De hoc manerio
absumpsit seric̄ de odburuilla[16] unam uirg̃ . 7 din̄ı . de đnica firma꞉ p͂dic̄ti
abb̄is . & misit ı̄ manerio q͞od tenet abbas . Ŝ . Wandregisili[17]꞉ ut homines
de hunđ testantur . valet .x. soł.

Westlai dominica uilla abb̄is . iii. h̄ . v.[18] c̄ . ibi . ē . t̄ra . i. h̄ . 7 . iii. ṽ . f. 41, a. col. 1.
in dominio . ii͡e. c̄ sunt ibi . Adhuc ē . i. h̄ . 7 . ṽ[19]. uiłł .iii. c̄ . possunt fı̄ .
uił b s
iiii.꞉ v. de . v. ag̃ . ii. ii͡os. ag̃ de prato[20]. ii͞o. runcini . Int͡ totum ualet . x. ŝ .
qn̄ . rec̄ . x. s . t. r. e. c. s . Hec t̄ra iacuit semp in monastio . sc̄e ÆDELDR̄[21].
ely͡ . in dominica firma ut homines de hunđ testantur.

In eod' hund'.[22] Westone . tenet Will̄s[23] đe Wara[24] de Rege . vii. h̄ .
uił b s
xv. c̄ . ibi . ē . t̄ . iiii͡or. c̄ . 7 . iiii͡or. h̄ . in dominio . xii. c . hon̄ı xix. vii. v.
iiii͡or. ag̃ . prati . Silua . ccc. p . xvi. animalia ; o . b̄ . &[25]. xxxv. xviii. prat̄[26]. (Sic.)
iii. runcini . Int͡ totum ualet . xvi. li . & unā untiam[27] auri . & q̃n rec̄ . x.

---

[1] 7 inv., c.   [2] .i., B, C.   [3] xiii͡cum., B, C.   [4] q̃ntū, c.

[5] Æðelðryð, B; Ædeldreðe, c.   [6] uirgin̄, *omitted*, B, C.   [7] Harduinus, B.

[8] Snellinc, B; Sneling, c.   [9] stiuiceswurda, B'; steuechesworde, c.   [10] ad hoies, c.

[11] xvi, B, c.   [12] ualent̄, B, c.   [13] Harduinus, B ; Hardwinus, c.   [14] Gadwin͡, c.

[15] abb̄ h̄t, B, c.   [16] assūpsit Siric͡ de orburvilla, c.   [17] Wandrigisili, c.

[18] ad v., c.   [19] .i. ṽ., c.   [20] prati, c.   [21] Æðelðryð, B ; Æðelð, c.

[22] In eod hund, *omitted*, c.   [23] W., B.   [24] uuar, B; Ware, c.   [25] et, *omitted*, c.

[26] p̄, B, c.   [27] unctiā, B, c.

Tib. A. vi. li . t. r. e. x. liƀ. Ĩ terra iacuit⋇in ꝺnica . f². in abbatia sc̃e Æꝺelꝺreꝺe³.
t. R. e. ut homines de hunꝺ testantur . S₃ Tochi⁴ añcessor isti⁹ Willelmi
tenebat eam de abƀe . die qᵃ rex Æduuard⁹ fuit uiuus & mortuus⸴ ita q°d
non potuit dare nec separare ab ecclia⸴ sine licentia abƀis . In hac t̃ra
cild
fuerunt duo sochemani homines Goduuine⁵. fuerunt . un⁹ inueniebat
auram⁶⸴ & alⁱ⁹ inguardum⁷. Nō potest⁵ receꝺe absꝗ licentia.

f. 41, a. Waratinge⁹. iꝑe abbas habet . IIII. &¹⁰ ħ . & dimiꝺ in dominio . VII. c̃ .
col. 2. e̅¹¹. t̃ra . IIᵉ. c̃ . 7 . III. ħ . in dominio . & adhuc possunt due¹² fieri . IIIᵉˢ.¹³
uiꞇ b s
c̃ . hoᵐ̃ . VI. III. de . III. ag̃¹⁴. III. p . III¹⁵. c̃ . Silua . XX. p . o . LVI. p . XXII.
Pastura ad . pec . uille . In totis ualentiis ualet . IIII. li . q̃n . rec̃ . XL. s .
tempe regis Æduuardi . c . s₃¹⁶. hoc manerium iacuit in monast̃ium sc̃e
æꝺel¹⁷. semp in dominio.

In eaꝺ uilla harduuin⁹ tenet sub abƀe elẏ . III. hunꝺ¹³. IIII. c̃ . ibi . e̅ .
uiꞇ b
t̃ra⸴. IIᵉ. c̃ . in dominio . & . IIᵉ. hoᵐ̃ . V. IIII. IIIIᵒʳ.¹⁹ & . IIIIᵒʳ. ag̃²⁰. pᵃti. Silua .
XII. p²¹. X. animalia . oc̃ . o . CCCLX. p; . XVIII. Int̃ totum uat⸴ IIII. ħi . q̃n .
rec̃ . uigiti soꞇ . t. R. e. . XL. s . Hanc t̃ram tenuert̃ . X. soc̃ . homines
abƀis elẏ²². fuerunt . absꝗ eius licentia uenꝺe t̃ram suā ñ potuerunt . VI.
istorum auras inuenerunt . & alii . IIIIᵒʳ. inguardos inuenerunt . in hoc uicecomitatu si rex adueniret . Si ñ⸴ VIII. ꝺ . pro aura²³. & IIIIᵒʳ. ꝺ . ꝓ inguardo²⁴.
reddebant ī seruicio Regis.

Bæleshaᵐ²⁵. Ht̃ supᵃdic̃t⁹ abbas in dominio⸴ & semp ecclia de elẏ habuit .
IX. ħ . XIX. c̃ . ibi est t̃ra . V. c̃ . & . V. ħ . in dominio . & . IIᵉ. c̃ . adhuc
uiꞇ b s
possunt fi . XII. c̃ . hoᵐ̃ . XII. XII. de . X. ag̃ . qⁱsꝗ II. & . L. moꞇ . de . IIII.
f. 41, b. s; pᵃtū [de]²⁶. XII. ac̃. Silua . CC. p . animalia oc̃ . X; o . CCCC. IX. minus.
col. 1. De pastura . IIᵃˢ. oras²⁷; ꝓ LXVII. In totis ualentiis ualet . XVII. liƀ . & q̃i
rec̃. X. liƀ tempe R. e. XII. liƀ . Hoc manerium semp iacuit in ecclia Sc̃e
Æꝺelꝺ̅²⁸. ut testantur homines de hundreto.

In eadem uilla tenet Harduuin⁹²⁹ sub eodē abƀe qᵃꞇ⁹ . XX. ag̃³⁰. I. c̃ . ibi .
e̅ . ꞇ⁹ . & est³¹ ibi qᵃꞇ⁹ . XX. o . XI. p; Int̃ totum ualet . & semp uat: XIII.

---

¹ iac̃, c.   ² firma, E.   ³ Æꝺeldryꝺ, B; Æꝺelꝺ, c.   ⁴ thochi, c.
⁵ Gowine, B.   ⁶ auurā, c.   ⁷ inwardū, c.   ⁸ poꞇ, B; poterant, c.
⁹ Waratincge, B.   ¹⁰ &, omitted, B, c.   ¹¹ ibi est, B, c.   ¹² duo, c.   ¹³ .II., c.
¹⁴ ac̃s, c.   ¹⁵ pratū .I., B, c.   ¹⁶ s., B; soꞇ, c.   ¹⁷ Æꝺeldryꝺ, B; Æꝺeldreꝺe, c.
¹⁸ .ħ., c.   ¹⁹ IIIIˢ, B, c.   ²⁰ ac̃., c.   ²¹ Silua . XII. p ., omitted, c.
²² de eli, B; de ely, c.   ²³ auro, c.   ²⁴ incquardo, B.   ²⁵ Bælessam, B.
²⁶ the corner of the vellum torn off, A; de B ., omitted, c.   ²⁷ horas, c.
²⁸ Æꝺeldryꝺ, B.   ²⁹ Harduinus, B; Hardwin⁹, c.   ³⁰ acᵘ, B; acᵘs, c.   ³¹ št, c.

P

s . & . IIII. đ. Hanc . t̃ . tenuerunt . III.: soch̄ . sub p̃dicto abb̄e elẏ . non potuerunt uendere t̃ram suam sine eius licentia. Isti tam̄ reddebant auram . & inguardum[1] vicecomiti Regis. Tib. A. vi.

In treppeslaue[2] hund'. IN treppeslaue[3] hunđ . ip̄e abbas elẏ tenet in treppeslaúe[4]. v. h̄ . & dim̄ . VIII. c̄ . ibi ē . t̃ . III. c̄ . & . III. h̄ . in dominio . v. c̄ . hom̄ . .XII. v. v. (uit b s) pratum . I. c̄ . pastura ad pecora[5] uille . o . c; p . XXIX. unū[6] runc̄ . de pastura duos sochos. In totis ualentiis ualet . XI. li . q̃n rec̄ . XI. lib̄ . t. R. e. XII. lib̄. H̃ t̃ra iacet & iacuit ī ecc̄lia . S̃ . Ædelđ̄[7]. in dominio.

IN eadem uilla h̄t harduuin[9][8] sub abb̄e . I. h̄ . p q[u]ddam respectū ip̄i[9] abbatis de dn̄ico uictu monachoꝝ. donec cū rege inde loquat[r] . I. c̄ . ibi est t̃ra . & ibi ē . car̄ . o . LXXVII.[9] Int̃ totū ualet & semp ualuit[10]. uiginti . s . H̃ . t̃ra iacuit in ecc̄lia sc̄e ÆDelđ̄e[11]. in dominio in morte Reg̃ Æduuardi . In eađ uilla tenebat ip̄e Harduuin[9] . II. ac̄ . de t̃ra p̃[12]. abb̄is . de quibꝫ ip̄e harduuin[9] non h̄t aduocatum aliquē . ut lib̄atorem . ut homines de . h . testantur. f. 41, b. col. 2.

IN Herlestona[13] tenet Pic . uicecomes . un̄ . h . & dimiđ . sub abb̄e elẏ iussu regis . & q[i]dam socheman[9] tenuit eam de[14] p̃dc̄o abb̄e . &[15] in tempe Regis Æduuardi . potuit recede cum t̃ra sua absq, eius licentia . s; semp remansit socha eius in ecc̄lia sc̄e ÆDel[16]. ut hunđ testantur.· Et h̄ t̃ra app̃tiata est cū Herlestona[17]. & ualet . XXX. sol.

IN Hauekestona[18] tenet ip̄e abbas elẏ . VIII. h̄ . & dim̄ . XII. c̄ . ibi ē t̃ra . IIII. c̄ . & . v. h̄ . in dominio . & . VIII. c̄ . hom̄ . XVI. IIII. III. IIe. (uit b s) Mol . de . l . s . pratum . IIII[or]. c̄ . Pastura ad peccor̄[19]. uille . II. oc̄ . animalia . o . c . p . XXXVIII. In totis ualentiis ualet . XIII. lib̄ . q̃n rec̄ . XIII. li[20]. t. R. e. XIIII. lib̄. Hoc maneriū semp iacuit & iacet in ecc̄lia sc̄e . ÆDelđ̄[21]. in dominio. In hac uilla tenet Harduuin[9] . IIIes. ṽ . id est t̃ra c[9]dam sochem̄ . nomine bunda . qui t. R. e. tenet de[22] abb̄e elẏ[23].· potuit recede . absq, licentia sine soca . & ual . XL. sol. f. 42, a. col. 1.

---

[1] incguardum, B. [2] trepeslauue, B; trepeslawe, C. [3] trepeslauue, B; trepelaue, C. [4] trepeslauue, B; trepelaue, C. [5] pecc̄, B, C. [6] .I., C. [7] Æðelð, B; Ædeldreðe, C. [8] Harduin[9], B; Hardwin[9], C. [9] .LXXVIII., C. [10] ualuit 7 ualet, C. [11] Æðeldryð, B; Ædeldreðe, C. [12] p̃dicti, B, C. [13] erlestuna, C. [14] de eodē, B. [15] &, *omitted*, C. [16] Æðelð, B; Æðeldreðe, C. [17] Herelestona, B; H[9]lestuna, C. [18] hauecestone, B; hauechestune, C. [19] pecc̄, B, C. [20] q̃n rec̄ . XIII. li, *omitted*, C. [21] Æðelð', B; Ædelð', C. [22] ten', B, C. [23] eli, B.

Tib. A. vi.

IN esceldford[1]. p̃dict̃[9] aƀƀ . tenet . IX. ħ . & . XIIII.[2] ac̃ . XI. c̃ . ibi est
uił b s
p̃ra . III. c̃ . & . v. ħ . in dominio . & . VIII. c̃ . hom̃ . & . XX. VIII. VII. II. Moł ⫽
de . XLV. s ; & . II°. por̃ . pascere . pratum . IIII°ʳ. c̃ . Pastura ad pecora[3]
uille . v. animalia . oc̃ . o . c.l; XXXVI. p. In totis ualentiis uał . XII.
libras . q̃n . rec̃ . XII. li . t. R. e. XIIII. liƀ. Hoc man̑ium semp iacuit & iacet
ĩ ecctia . s̃ . Ædel[4]. in dñio.

IN eadem uilla tenet Har[5] . II. ħ . & . dim̃ . & . IX. ac̃ . & . unum monas-
p̃ium de dñica firma monacoʒ Sc̃e Ædeld̃[6] . in tempe Reg̃ . Ædwar . & in
morte ⫽ fuerunt in ecctia . ut homines de hund . testant̃ . et ualet . III. libr̃.

Ipse Harduuin[9] adhuc tenet in ista uilla . I. ħ . & dim̃ . & . VI. ac̃ . qᵃs
tenuerunt . VI. sochemani . de socha aƀƀis ely[7]. de quibʒ ñ potuerunt dare
nec recede nisi . IIIe . ṽ . absqͱ ejus licentia. Et si alias uendidissent . IIIes.
uirgas ⫽ p̃dict̃[9] abbas semp socham habuit . t. R. e. & ualet XL. s.

f. 42, a.
col. 2.

[S]taplefordã[8] tenet aƀƀ ely[9] p . X. ħ . se defendit . t. e. R. & m° fac̃ .
XI. c̃ . ibi ē p̃ra . IIII°ʳ. c̃ . & . VI. ħ . & . dim̃ . in dominio . VII. c̃ . hom̃ .
uił b s
XVI. & . IIII. VII. pratum . v. c̃ . Silua ad sepes uille refitiendas . oues . CLXX.
p . l. In totis ualentiis uał . XII. liƀ . q̃n rec̃ ⫽ XII. li . & in . t. R. Æd. XIII.[10]
Hec p̃ra semp iacuit & iacet in . ec . sc̃e Ædeld̃[11]. in dominio.

IN trumpintone[12]. tenet Wiłłs de uuara[13]. IIII°ʳ. ħ . & dim̃ . v. c̃ . ibi ē .
uiłł b
p̃ra . II. c̃ . in dominio . III. c̃ . hom̃ . IX. IIII. & . I. Moł . de . XX. s . pratum .
v. c̃ . Pastura ad pecora[14] uille . 7[15]. IIII°ʳ. sochem̃ . 7 . X. animalia . oc̃ .
qᵃṽ . XX. 7 . IIII°ʳ. oues . XL. IIII°ʳ. p. In̑ totum ualet . VI. liƀ . q̃n . rec̃ . VI.
li . t. R. e. VII. liƀ. Hanc p̃rã tenuit Thorkillus[16] de ecctia s̃ Ædel[17]. t. R. e.
& in morte . ita qᵒd ñ potuit dare uel uende alicui[18] ⫽ nec ab ecctia separe .
absqͱ . monachorũ . licentia. Hoc man̑ium p . X. ħ . se defendit . t. R. Æd.
& m° . p . VIII. ħ.

In erminge forde[19] *hund'.* IN Wadunc[20]. tenet Harđ . de escał[21]. de rege .
II. ħ . & dim̃ . IIII°ʳ.[22] c̃ . ibi . ē . p̃ . I. c̃ . 7 . I. ħ . in dominio . I.[23] c̃ . 7 dim̃ . hom̃ .
uił b
7 dim̃ . c̃ . potest fieri . VI. XV. cũ suis ortis[24]. pratum . II. c̃ . Pastura ad pecora[25]

---

[1] scelford, C.   [2] XXIIII, B, C.   [3] pec̃, B, C.   [4] Æ∂eldry∂, B ;
Æ∂eldre∂e, C.   [5] Harđ, B, C.   [6] Æ∂eld̃, B ; Ædeld[9], C.   [7] eli, B.
[8] Staplefordã, B ; Stapelfordã, C.   [9] eli, B.   [10] XIII. lib., B, C.
[11] Æ∂eldry∂, B ; Ædeld[9], C.   [12] trompintone, B ; trumpintune, C.
[13] nuar̃, B ; war̃, C.   [14] pec̃, B, C.   [15] 7., *omitted,* C.   [16] Torchillus, B ;
Thurchill[9], C.   [17] Æ∂eld̃, B ; Ædeldrede, C.   [18] alicui, *omitted,* C.
[19] Ernincgaford, B ; ærningef', C.   [20] phwaddune, C.   [21] de escał., *omitted,* C.
[22] .III., B, C.   [23] – . I., C.   [24] hortis, C.   [25] pec̃, B, C.

uille VII. aīalia . oc̃ . XXV. o . XXIII. p. In totis ualentiis ual[1]. LXX. s. q̃n Tib. A. vi.
rec . LXX. s . t. r. c. IIII[or]. li. D[e][2] hac t̃ra tenuit turbert[9] . I. ħ . sub aƀƀe f. 42, b. col. 1.
elẏ[3] . ita q̃d non pot̃at dare n ;[4] ab ecctia separare . extra d̃nicam firmam
monachoʒ . t. r. e. & in morte ei[9] . 7 . XII. sochemani homīes abbatis elẏ[5]
fuerunt꞉ qui . I. ħ . & diñ . tenuerunt꞉ potuerunt eam dare uel uend̃e
cui . uoluerunt absqᷜ licentia aƀƀis . S ; · socha[6] eoʒ remansit in ecctia . S̃ .
ÆD[7] . eli[8]. In eadem uilla fuit quidam socheñ qui habuit diñ . ṽ . de
socha aƀƀis . t. R. Æd . & Sc̃e ÆDeld̃[9]. elẏ[10]. & m°. habet eam q̃idam homo
comitis Alauni[11]. & ualet . XL. s.

Melred̃e[12]. p . X. h . se defend̃it[13]. t. r. e. & m°. p. VIII. ħ . Melred̃e[14] tenet
Wido de ramburtcurt[15]. de rege . VI.[16] ħ . 7 . I. ṽ . ibi[17] ē . þ . & c̃ . ibi sunt .
IIII[or]. 7 . I. c̃ . & diñ . ħ . in dominio . IIII[or]. c̃ . hoñ . XV. III. I. ser . II. Mot .
de . X. s . 7 VIII. d̃ . pᵃtū . V. c̃ . Pastura ad pecora[18] uille . XXIIII. p . Int̃
totum ualet . LXX. s . q̃n . rec̃ . LXX. s . t. r. e. c. s. Hanc t̃ram tenuerunt .
XI. sochemani . & . X. istorum . II. ħ . diñ[19]. v. t̃[20]. de soca[21] abbatis & . S̃ .
æDeld̃ . elẏ[22]. tenuerunt . t. r. e. ita uocantur . scit . Grimm[9][23]. Alsi[24] cild .
Wenesi[25]. Alsi[26]. Leofwin[9][27]. pƀr . Ædricus[28] pƀr . Godwin[9] pƀr . almar[9][29] f. 42, b. col. 2.
p̃s . Aluric[9][30] frat̃ goduuini p̃s[31] ædriʒ[32] pur . Isti potuerunt dare ut . uend̃e
t̃ram suam absqᷜ . licentia aƀƀis[33]. S ; duo istorum dece᷍[34] p̃dicᷓoʒ &[35]. ṽ. 7
diñ . habuert̃ sub aƀƀe . non potuerunt reced̃e absqᷜ . eius licẽtia . Aliorumqᷜ
VIII[to]. p̃dicᷓoʒ . soca . 7 . sa . remansit ecctie elẏ.[36]

IN eadem uilla ħt hard̃ . I. ṽ . 7[37] diñ . c̃ . ibi ē t̃ra . Et quidam sochemanus tenuit eam sub aƀƀ . elẏ[38]. t. r. æd. & potuit dare absqᷜ . eius licentia꞉
s ; soca ei[9] remansit abbati . vat . III. s.

IN eadem uilla ħt elẏ[39]. II. ħ . 7 . III. ṽ . VII.[40] c̃ . ibi ē t̃ra . I. c̃ . 7
diñ . 7 . I. ħ . 7 diñ . in dominio . 7 diñ . c̃ . potest fieri . V. c̃ . hoñ .
X. III. 7 . III. & . I. Mot . de III. s . &[41] pratum . ad[42]. V. c̃ . In totis ualentiis

---

[1] ualet, B, C.   [2] De, B, C.   [3] eli, B,   [4] neqᷜ, B ; nec, C.   [5] eli, B.
[6] sacha, C.   [7] Æðeldryð, B ; Æðelð ., C.   [8] eli ., *omitted*, C.
[9] Æðelð, B ; Ædelð, C.   [10] eli, B.   [11] Alauni, B ; alani, C.   [12] Melreðe, C.
[13] defend ., C.   [14] Melreðe, C.   [15] rambutcurt, B ; rembecurt, C.   [16] .III., C.
[17] 7 . v. c̃ . ibi, B, C.   [18] pecc̃, B, C.   [19] et d̃m, B, C.   [20] t ., *omitted*, B.
[21] sach, C.   [22] Æðelð . eli ., B.   [23] grim, C.   [24] Ælsi, C.   [25] Wensi, C.
[26] Ælsi, C.   [27] Leowinus, B ; Leofwin[9], C.   [28] Eadicus, B.   [29] Ælmar[9], C.
[30] Æluric[9], C.   [31] p̃sƀi, B, C.   [32] Edriʒ, B ; Ædric, C.   [33] absq
licentia aƀƀis ., *omitted*, C.   [34] dece᷍, *omitted*, C.   [35] .II., C.
[36] eli, B ; de elẏ ., C.   [37] 7, *omitted*, B, C.   [38] elẏ ., *omitted*, B, C.
[39] abƀ eli, B, C.   [40] .VIII., C.   [41] &, *omitted*, C.   [42] ad ., *omitted*, C.

Tib. A. vi. ualet . c . s . & qñ rec̃ . c . s . t. r. e. vi. li . H̃ . P . jacuit 7 jacet i . ecc̃lia . S̃ . æɒel[1] . in dominio.

In eadem uilla tenet q'dam miles sub hard[2] . i. h . & diñi . 7 unã ecc̃iam . ii. c̃ . ibi . ē . P̃ra . 7 . c̃ . ibi sunt . iii. & . i. & .i. mot . de . v. s . 7 . iiii. d . pratum ii. c̃. Pastura ad peccora[3] uille . & . iii. vaccas cum uitulis suis. Oues . lxii. & . xviii. p. Int̃ totum ualet . xl. s . 7 qñ rec̃ . xl. s . t. r. e. iiii. li . H̃ . P . iacuit tp̃r . r . æd . & in morte in ecc̃lia sc̃e æɒel[4] . ely[5] ad dñicam firmam ut hoĩes de hunɒ testantur.

f. 43, a. col. 1. Meldeburne[6] . p . x . ħ . se defend꞉ in tempore . r . æɒ . 7 m° p . viii.[7] Et de his . x. hun[8] . tenet aħb de eli . ii. ħ . 7 . i. ṽ . v. c̃ . ibi . ē P̃ra . i. c̃ . 7 diñi . 7 . i. ħ . 7 diñi . in[9] dominio . & diñi . c̃ . potest fi . iii. c̃ . hoñi . uĩt b cot̃ vi. ix. iii. pratum . v. c̃ . i.[10] mot . de . ii. s . & viii. d . Pastura ad pecora[11] uille . o . ccc. iiies. minus . & xxxiiii. p. Int̃ totũ ualet . v. liħ . qñ rec̃ . v. liħ . t. r. e. vi. li . ñ P̃ra iacet 7 iacuit in ecca sc̃e æɒel[12]. ely in dominio.

In eaɒ uilla fit guido[13] de raimbecurt[14] de Rege . v. ħ . & . i. ṽ . , diñi . & q'rtam partem uirge . xi. c̃ . ibi . ē . P̃ra . & . ii. c̃ . 7 . ii. ñ . & diñi . ṽ . in b cot̃ dominio . 7 . ii. c̃ . poss̃ adhuc fi . vii. c̃ . hoñi . vi. uitti . xviii. x. 7 diñi . Mot . de . ii. s . 7 . viii. d . prat̃ . v. c̃. Pastura ad pecora[15] uille . vi. animalia . oc̃ . o . ccc.l.iii. p. xxxix. Int̃ totum ualet . x. li . 7 . x. s . qñ rec̃ . vi. liħ . t. r. e. xiiii. li. De hac P̃ra tenuit æɒric[9] púr . ii. ħ . 7 dñi . a rege . Æd[16]. potuit dare uel uenɒe . cui uoluit. Et octo socheñi homines aħbis . ely . fuerunt . ii. ħ . & diñi . 7 diñi . ṽ . habuerunt꞉ potuerunt dare f. 43, a. col. 2. uel uenɒe cui uoluerunt . s; saca eorum remansit eidem[17] aħbi. Et alii duo de soca regis æɒ[18]. duas partes uni[9] uirge habuerunt . 7 duas inguardos rediderunt uicecomiti regis . & hii oñis pot̃ant uenɒe P̃ras suas. Ista sunt . viiito. sochemanorum nomina. Alsi berd . Alric[9] godingessune . Wenestã . Alwinblondus . Alfuuin[9] p̃fect[9] aħb . Alured[9].[19]

---

[1] Æɒel . eli, B ; Æɒelɒ . ely, c.   [2] harduino, B ; ardwino, c.   [3] pecc̃, B, c.
[4] Æɒelɒ, B, c.   [5] eli, B.   [6] Meldeburna, B, c.   [7] viii. ħ., c.   [8] ħ., c.
[9] & . i. ħ . & dm꞉ in, B, c.   [10] 7 . i., c.   [11] pecc̃, B, c.
[12] Æɒelɒ, B ; Æɒeldreɒe, c.   [13] Wido, B, c.   [14] Rainbutcurt, B ;
rāburcurt, c.   [15] pecc̃, B, c.   [16] ædg̃, c.   [17] ibidem, c.   [18] ædw., c.
[19] Alsi . berd . Alricus . Godinegesune . Alriz . mus . Ordmar . Godinc boit .
Alsi beressune . Wenestã . Alwinblondus . Alwin[9] pfect[9] aħbis . Alueredus, B ;
Ælsi berd, Æluric[9] godinges sune, Æluric mus, Ordmer, Godinc bolt, Ælsi
beres sune, Wenestar, Ælwin[9] blōd[9], Ælwin[9], pfect[9] aħbis, Ælured[9], c.

In Wederlai hund'. In sceperia[1] Hugo pedesfot habet de Harduuino Tib. **A. vi.** dim̃ . ṽ . a[2] duobȝ bobȝ ibi . c̄ . t̃ . pᵃtum duobȝ bobȝ . ñ terra ualet 7 ualuit . II. s . 7 iacuit in ecc̃lia . S̃ . æꝺel[3] . elẏ . in dominio . t. r. e. & ī morte ⸴ ut homines de hund̃ tesĩ.

In Erningetone[4] fuit quidam sochemanus noīe Æduuard⁹[5]. & habuit . I. ii . hõ ab̃bis eli . fuit in obitu . re . æꝺuuardi . sȝ t̃ram suam uende potuit⸴ sȝ soca semp . S̃ . æꝺelꝺ[6] . remansit . & mᵒ tenet eam . Rog̃ . comes.

In stou hund'. In Neuueretona[8]. Hugo de berners[9]. I. ħ . I.[10] c̃ . ibi c̄ . t̃ra . atq̣ . c̃ . ibi . c̄ . I. uiĦ . I . pratum . I. c̃ . nemus ad sepes . Int̃ totum ualet . XIII. s . sȝ[11] q̃n rec̃⸴ .X. s . t. r. e. XX. s . Hanc t̃ram tenuit æꝺwi[12] sub ab̃be elẏ . potest[13] dare uel uende absq̣⸴ eius licentia . sȝ soc̃ habuit comes Algarus[14].

In Kingestuna[15] fuit q̃dam soche . de soca . S̃ . æꝺelꝺ̃[16] . & habuit . I. ṽ. t. e. r. f. 43, b. col. 1. pot̃ dare uel uende . sȝ soca ei⁹ remansit ab̃bi . elẏ Rod[17]. tenet de uicecomite . val̃ . II. s . Tost[18] p̃ . VIII. ħ . & XL.[19] se defendeb̃ . t. R. e. 7 mᵒ p̃ . VI. ħ .

Harduuic[20] tenet abb . elẏ . III. h . 7 . I. ṽ . & . XII. ac̃ . VI. c̃ . ibi est uiĦ s t̃ra . II. c̃ . 7 . I. ħ . 7 . XII. ac̃ . in dominio . IIII. c̃ . uiĦ . VII. IIII. p̃[21]. IIII. c̃ . nem⁹ ad sepes . XX. p . Int̃ tot̃ ualet . IIᶜ.[22] s . q̃n rec̃ . c. s. t. r. e. VI. lib̃ . H̃ t̃ra iacet & iacuit in ecc̃lia . S̃ . edeldrede[23] elẏ[24] in dominio.

In eadem uilla⸴ fuit q̃dam socheman⁹ Siuuardus nomine . Homo ab̃bis elẏ . qui habuit dim̃ . ħ . & . VI. ac̃ . sub ip̃o ab̃be . potuit dare uel uẽde cui uoluit . sȝ saca & soca eius[25] remansit eidem[26] ab̃bi . & mᵒ tenet hercheng̃ pistor . val̃ . X. s.

Ipse hercheng̃[27] tenet in ead̃ uilla . I. ħ . quam tenuerunt . v. sochem̃ . homines ab̃bis eli . Alric⁹ Brunesune[28]. Alware . Hunuꝺ . Hunwinus . Brizstanus[29]. Isti non potuerunt dare nec uende[30] alicui[31] extra ecc̃liã⸴ S̃ . edelꝺ[32]. elẏ[33]. t. r. Æd. & in morte ei⁹ ualet . XX. s.

---

[1] scepereie, c.   [2] a, *omitted*, c.   [3] Æꝺelꝺ, B; Æꝺeldreꝺe, c.

[4] erningetune, B; ærningetune, c.   [5] Eadwardus, B.   [6] Æꝺeldreꝺe, c.

[7] stowe, c.   [8] æuerdune, c.   [9] berneres tenet, B; berners teñ, c.

[10] 7 . I., c.   [11] sȝ, *omitted*, c.   [12] Eadwi, B; Ædwi⁹, c.   [13] pot̃, B, c.

[14] Ælgarus, B; Ælfgar⁹, c.   [15] chingestuna, B; chinchestune, c.

[16] Æꝺelꝺ, B; Æꝺeldreꝺe, c.   [17] Rodbt⁹, c.   [18] Toft, c.   [19] XL. ac̃, B, c.

[20] Harduic, B; Herdwich, c.   [21] pᵃtũ, c.   [22] .c., B, c.   [23] Æꝺelꝺ, B, c.

[24] ely, *omitted*, c.   [25] eius, *omitted*, c.   [26] eidem, *omitted*, c.

[27] ħcheng̃ pistor, c.   [28] Bronesuna, B.

[29] Alric⁹ Brunesune . Alware . Hunuꝺ . Hunwinus . Brizstanus ., *omitted*, c.

[30] receꝺere, B, c.   [31] alicubi, c.   [32] Ælꝺ, B; Æꝺelꝺ, c.   [33] ely ., *omitted*, c.

Iɴ eadem uilla tenet Rad[1]. Latimarus . đe aƀƀe elẏ . x. ac̃ . ɪ⁹ . boui⸗ ibi[2] est ƀra. Nem⁹ ad sepes. Hanc . ꝑ̃ . algar Chaba[3] tenuit sub aƀƀe eli . nō poꝷ dare . val . xɪɪ. đ.

Gʀantendene[4] ꝑ . v. ħ . se defend[5] . t. r. e. & m° qm̃ tenet aƀƀ eli . ɪx. c̃ . ibi ē ƀra . ɪ. c̃ . 7 . ɪɪ. ɪĩ . & dim̃ . in dominio . ɪɪ. c̃[6]. possunt fieri . vɪ. c̃ . hom̃ . vɪɪɪ. uitti . ɪɪɪ. de . xv. ac̃ . ɪɪɪɪ. pratum . ɪɪɪ. c̃ . Pastura ad pecora[7] uille. Silua ad . xʟ.[8] ꝑ . 7 de consuetudine silue . ɪɪ. s . ꝑ annū . & . ɪɪ. animalia . oc̃ . ʟxvɪɪɪ. o . xxx. p . & unum runcinum[9]. Iɴꝷ totum ualet . vɪɪɪ. li . qñ . rec̃ . ɪx. li . t. r. e. xv liƀ. Hoc man̄ium iacet & iacuit in eccƚia . S . Æᴅel[10]. eli[11]. in dominio.

Iɴ gmelingéé[12] iacet . ɪ. ṽ . que ē de[13] supradicta gntendena[14]. quam occupauit lisius de monastiis[15] suꝑ aƀƀem de[16] elẏ . ut homines de hund[17]. testantur . & m° tenet eudo dapifer . val . ɪɪɪ. s.

Pampeuuorde Hund'.[18] Iɴ pampeworda[19] tenet Walꝷ[20] de Helmes . ɪ. ṽ . 7 dim̃ . de eustachio de Huntendune . ɪɪɪɪ. boʒ . ibi . ē . ƀra . & ibi sunt . 7 ual . v. s . qñ . rec̃ . v.[21] t. r. e. a[22] x. s . Hanc ƀram tenuit[23] godwinus pƀr de aƀƀe elẏ . nō poꝷ receđe quia semꝑ remansit aƀƀi elẏ[24] . t. r. e. & in obitu[25] ƀram & socam[26].

Iɴ eadem uilla tenet Witts brito de Ric̃ . com̃ . gilleƀti[27] filio . ɪ. ṽ . ɪɪɪɪ. boʒ . ibi . ē ƀra . pratum . ɪɪɪɪ. boʒ . & ualet . ɪɪɪɪ. s . qñd reciꝑ̃[28]. ṽ . s . t. e. r. vɪɪɪ. s . Hanc ƀram tenuit aluric⁹[29] pƀr de Aƀƀe elẏ . de soc̃ . tempore reg̃ Æduuardi . ñ poꝷ dare nec uende absq . eius[30] licentia ƀram suam[31]. Hanc ƀram occupaũ Ric̃ . filius comitis gilleƀti[32] suꝑ regem . & sumpsit ex illa uiginti solidatas . pec̃[33]. ut homines de hund testantur.

Iɴ Draitone[34] tenet Rog̃[35]. de Picoto[36] uicecomite . ɪɪɪ. ṽ . de feudo regis . ɪɪɪᵇ. boʒ . ibi ⸲ ē . ƀra . & sunt ibi boues. Pratum . ɪɪɪᵇ. boʒ .

---

[1] Radulfus, ʙ. [2] ibi, *omitted*, ᴄ. [3] ælgar⁹ cloppa, ᴄ. [4] Grantedene, ᴄ.

[5] defendeꝷ, ᴄ. [6] c̃., *omitted*, ᴄ. [7] pec̃, ʙ, ᴄ. [8] ʟx., ʙ, ᴄ.

[9] .ɪ. runc̃ ., ᴄ. [10] Ælđ, ʙ ; Æðelð ., ᴄ. [11] eli, *omitted*, ᴄ.

[12] Gamelingee, ʙ ; Gamelingeie, ᴄ. [13] de, *omitted*, ᴄ. [14] Grantendena, ʙ ; Grantendene, ᴄ. [15] monastiis, ᴄ. [16] de, *omitted*, ᴄ. [17] hundreti, ᴄ.

[18] Pampeuuorda . hundreto, ʙ. [19] pappeworda, ᴄ. [20] Walꝷus, ᴄ.

[21] . v. s ., ʙ, ᴄ. [22] a, *omitted*, ʙ, ᴄ. [23] teñ, ʙ, ᴄ. [24] ely ., *omitted*, ᴄ.

[25] obitu, ei⁹, ᴄ. [26] ꝸra 7 socha, ᴄ. [27] Gisleƀti, ʙ ; gileƀti, ᴄ.

[28] rec̃, ʙ ; receꝑ̃, ᴄ. [29] ælfric⁹, ᴄ. [30] aƀƀis, ᴄ. [31] ꝸram suam ., *omitted*, ᴄ.

[32] gisleƀti, ʙ ; gileƀti, ᴄ. [33] peccoʒ, ᴄ. [34] draitune, ᴄ.

[35] Rogger⁹, ʙ ; Rog̃, ᴄ. [36] picot̃, ᴄ.

pastura[1] ad[2] pecora[3] . 7 ualet . III. s . q͠n . rec̃ . t. r. e. v. s.   Hanc t̃ram Tib. A.
tenuit . gold[4] . sub aƀƀe ely̆ . potẹ[5] dare absq̃ . eius li . s͠n soca.

In oúro[6] fuit q'dam sochemanꝯ nomine standardꝯ[7] qui din͠i . ħ· . habuit
sub aƀƀe . ely̆ . non potuit ire ab eo nec separare ab ecclia . & ualet uiginti .
s . & m° Harduuinꝯ[8] & ualet xv. s.

Wiuelingeham[9] ꝑ . VII. ħ . 7 din͠i . se defendit . t. r. e. 7 m° ꝑ . v. ħ.
In hac uilla tenet . abbas ely̆ . VII. ħ . VII.[10] c̃ . ibi ē t̃ra . II. c̃ . 7 . IIII.
                                     cot̃ s
ħ . in dominio . v. c̃ . hon͠i . XII. uiħi . VIII. I. p^atum ad . VII. c̃ .   Pastura
ad pecc̃ . uille . de Marisca[11] . VI. s . q^ar̃ . uiginti . o . XXII. p . 7 . unum f. 44, a.
col. 2.
runcinum[12] . In totis ualentiis ualet . c. s . q͠n rec̃ . c. s. t. r. e. VIII. liƀ.
Hoc man͠ium iacet & iacuit in ecc^a Sc̃e ÆDEL͠D[13] . in dominio.

In hac uilla tenet unus socheñ[14] de comite alainio[15] unam uⁱg̃ . duobꝫ
bobꝫ . ibi est t̃ra . H̃ t̃ra ualet . III. s . q͠n . rec̃ . III. s[16] . t. e. r . III. s.
Hanc t̃ram tenuit Osulfus homo Ædeua[17] . pulcra pot̃ recede cum t̃ra sua
                   sꝫ[18]
tempe . r. e. d̃e saca[19] habuit aƀƀ elj.

In eadem uilla tenet Rog̃ picot[20] uicecomit̃ . I. v̆ . duobꝫ bobꝫ ibi ē t̃ra.
P^at̃[21] a duobꝫ . bo. Hec t̃ra ualet & ualuit . III. s. t. r. e. teñ[22] eam . Gold[23]
de aƀƀe ely̆ 7 non potuit uende.

In nordstoue'[24] *hundred.* . IN stantune fuerunt . III. sochemani . t. r. e. qui
uñ . ħ sub aƀƀe ely habuerunt . uende tam͠ potuer̃ . & m° ħt picotus
uicecom͠ de aƀƀe ely̆ . & ualet uiginti . s.

In ramtune[25] fuerunt[26] quinꝗ . sochemani . t. r. e. unꝯ istoꝫ sugga
nomine . habuit uñ . v̆ . 7 . di . sub aƀƀe ely̆ . non pot̃ recede . 7 ualet . X. s.
Et alii . IIII^{or}. sochemani . v. ħ . 7 . I. . v̆ . tenuerunt de aƀƀe eli꞉ pot̃ dare .
pot̃[27] licentiam aƀƀis & sine socha[28] & m° tenet eam . Picotꝯ uicecomes de
aƀƀe ely̆ . & ualet . III. liƀ.

---

[1] 7 past̃a, c.   [2] ad, *omitted*, c.   [3] pecc̃, B, c.   [4] golde, c.
[5] pot̃, B, c.   [6] ouuere, c.   [7] Stanhardꝯ, B, c.
[8] et m° ħt . Harduinus . Et alii . II°. sochm͠ ꞉ III. v̆ . habuer̃ potuer̃ dare ł uende
sine soc^a . cui uoluer̃ . et m° ten7 . Harduinꝯ., B ; 7 m° ħt hardwinꝯ . alii uero .
II. soch . III. v̆ . ibi habuer̃ . potuer̃ dare ł uendere s͠n soch . cui uoluer̃ . 7 m°
teñ hardw'., c.   [9] Wiuelincgaham, B ; Wuiuclingehā, c.   [10] .VIII., c.
[11] marisco, c.   [12] .I. ruc̃, c.   [13] Ælđ, B.   [14] sochemanꝯ, B.
[15] alainio, B ; alano, c.   [16] s . &, B, c.   [17] Aideua, B ; Æideve, c.
[18] sed, B, c.   [19] sachā, c.   [20] Rog̃ . de picot., B ; rog̃ de pic̃., c.
[21] a, B ; ā, *omitted*, c.   [22] tenuit, c.   [23] golde, c.   [24] nortstou, B ;
norstowe, c.   [25] ramtuna, B ; rāptune, c.   [26] fuerunt, *omitted*, c.   [27] p͠t, c.
[28] saca, c.

Tib. A. vi.
f. 44, b.
col. 1.

IN lolesuuorda[1] fuit q'dā sochem̄ . sub abbe eli . I. ħ . 7 dimid[2]. t. r. e. potuit dare poī[3] licentiam eius . sine sochem̄[4]. Et m° . pi . vicecomes tenet eam sub abbe elẏ . valet . X. s.

IN maddingeleá[5] tenet . pi . uicecom̄ . III. ħ . 7 . I. ṽ . 7 dim̄ . de Sc̄a ǼDELÐ[6]. elẏ. Q^am tenuerunt . V. sochemani de . S̄ . ǼDEL[7]. elẏ . 7 . IIII^or . potuerunt dare sine socha . valet . XL. s. Et quint[9] dim̄ . ħ . habuit . non poĩ . dare . val . X. s.

IN Hokintona[8] fuit q'dam sochemanus . I. ħ . 7 dim̄ . hūit uñ abbas elẏ[9]. t. re. e. socam habuit . & m° ħt eam uxor Boselini de diua . val uiginti . s.

IN eadem uilla tenet aluict[10] pbr . I. ṽ . de soca abb[11]. elẏ. Solo boui ꝯ ibi . ē . ꝑra . valet 7 semp ualuit . III. s. Istemet tenuit sub abb eli . & dare potuit sine soca.[12]

IN ead uilla tenet roḡ[13]. fraꝓ. pi . uicecomitis . I. ħ . 7 dim̄ . q^am siuuard[9] tenet de abb elẏ . & poĩ dare[14]. Soca u° remansit abbi de[15] eli . & ualet uiginti sol.

Empintona[16]. ꝑ . X. ħ . se defenđ . t. re. æduuardi . & m° pro . V. ħ . De his ħt[17] abb eli . VI. ħ . 7 dim̄ . VI. c̃ . ibi ē ꝑra dim̄ . C. 7 . III. ħ . 7 dim̄ . ī dominio . IIe. c̃ . possunt fi . II. c̃ . hom̄ . 7 . II. c̃ . posš fi . I. uill . II.[18] q'sꝗ de . VII. ac̃ . .III. de ortis[19]. & . IIII.[20] quisꝗ de . V. ac̃ . & . I. pratum . ī. c̃ . Inꝓ totum ualet . XL. s;[21] q̃n rec̃ . XL. s . t. r. e. VIII. li. Hoc manⁱium iacet & semp iacuit ī eccłia S̄ . ǼDEL[22]. eli . in dominio.

IN eadem uilla tenet . pi . uicecomes . III. ħ . & dim̄ . III. c̃ . ibi ē ꝑra . 7 . c̃ . ibi sunt . II. I ꝯ quisꝗ . de . X. ac̃ . IIII. pratum . I. c̃ . 7 IIII^or. anⁱalia . oc̃ . q^aꝑ uiginti . 7 IX. o . XVII. p . 7 . I. q^am[23]. Inꝓ totum ualet . LX.[24] s . q̃n rec̃ . L. s . t[25]. eaduuardi . IIII. li. De hac ꝑra tenuit[26] Ailbt[9] sub abbe de[27] elẏ . II. ħ . 7 I. ṽ . non poĩ[28] uenđe. Et alii duo sochemani . I. ħ . 7 I.[29] ṽ . soc^a de eodem abbe tenuerunt . poĩ uenđe sine soca . 7 ual . uiginti sol.

Middeltona[30] q^am tenuit[31] picot[9] uicecomes ꝯ se defenđ . t. r. e. ꝑ . XII.

---

[1] losewrða, C. [2] đm ꝯ tenuit, B ; dim̄ . teñ., C. [3] sine, C.
[4] socħm̄, B ; socħ., C. [5] madineglea, B ; maddingeleæ, C. [6] Ǽlð, B ; ǼÐelð., C. [7] Ǽlð, B ; ǼÐelð., C. [8] Hocchintona, B ; hocchintuna, C.
[9] de ely, C. [10] Aluictt, B ; ælfgiet, C. [11] abbi, B. [12] socam, B ; socha, C.
[13] Rogger[9], B ; rogus, C. [14] dare ł ueđe, C. [15] de, omitted, C.
[16] Impintuna, C. [17] st̃, C. [18] II^b., B, C. [19] hortis, C. [20] IIII^b., B, C.
[21] sed, B. [22] Ǽlð, B ; ǼÐeldreð, C. [23] eq^am, B, C. [24] XL., C.
[25] t . r., B, C. [26] teñ, C. [27] de, omitted, C. [28] potuit, C.
[29] dim̄ ., C. [30] Mideltona, B ; Mildeltuna, C. [31] teñ, B, C.

Q

ħ . 7 m̃ pro . vi . ħ . vii.[1] c̃ . ibi ē t̂ra . ii^e. c̃ . in dominio . 7 . ii. c̃ . posŝ .
b   coͭ s
fi . 7 . iiii. c̃ . hoñi . x. uillani . 7 . xii.[2] 7 . ix. v. pra . ad . iiii. c̃ . pastura
ad pecora[3] uille. De marisca . d . c . l. anguiłł . 7 . xii. đ . iiii^or. animalia .
oc̃ . oucs . cc. 7 uiginti . iiij^or. 7 . xx. p . vi. runc̃. Int̂ totum ualet . vii.
liɓ . 7 q̃n rec̃꞊ viii.[4] t. r. e. xii. liɓ. De h^a t̂ra tenuit Ailɓt̂ dapifer sub
abɓe elẏ . vi . ħ .ꞏ7 . iii. ṽ . ñ pot̂ ucn . nec separare ab eccłia . & p̂ mortem
eius dapifer[5] rediret ad eccłiā Sc̃e Ædel[6]. elẏ. Et alii . iiii. sochema . sub
eodem abɓe elẏ habuer̃t . iiii. ħ[7] . 7 diñi . ṽ . s; uende pot̂ absq̨ soca.

In beche fuit quidam socheñi qui habuit . i. ṽ . de soca . S̃. ædel[8]. elẏ[9] .
& m° ħi unalt̂us de comite Alauno[10]. valet . v. s.

In vtbeche[11]. Mucellus[12] de . pi . uicecomit̃ . i. ṽ . de socha . S̃. ædel[13].
elẏ potuerunt uende sine soca . valet . iii. s. Et in eadem uilla tenuer̃
Ailɓtus de sc̃a Ædel[14]. eli[15] . i. ħ . ñi . pot̂ . uende . nec ab eccłia separare .
& m° ħt p̃dictus mucellus de picoto uicecomite . val . x. s.

In eadem uilla tenent duo carpet̃arii . iii. ħ . 7 diñi . q^am tenuit osuui
de . S̃. Ædel[16]. eli . non pot̂ uende nec ab eccłia separare ꞊ ut totus hunđ .
testatur in t. r. æd. 7 . in morte eius . vał . iii. liɓ[17].

In Cesĩtune hund'. Cotenham tenet abɓ eli . x. ħ . viii. c̃ . ibi ē t̂ra . i. c̃ .
coͭ
7 . vi. ħ . in dominio . aliaq; . pot̂ . fi . vi. c . hoñi . x. uiłłi . i.[18] ix. de ortis
s
suis . ii. pratum ꞊ viii. past̃a ad pecora[19] uille. In totis ualentiis . c. s .
q̃n rec̃ . c. s. t. r. æduuardi . viii. liɓ. Hoc mañium iacet 7 iacuit in
eccłia S̃. ædel[20]. in dominio.

In eadem uilla . tenet pi . uicccoñi . v. ħ . xiiii. ac̃ . min̂ . iii. c̃ . ibi ē
coͭ
t̂ra . i. c̃ . in dominio . & alia pot̂ . fieri . i. c̃ . hoñi . vi. uiłłi . viii. pratum .
iii. c̃. Pastura ad pecora[21] uille . de marisca ꞊ c . l. anguiłł . & . uiginti .
v.[22] p. Int̂ totum ualet . xl. s . q̃n rec̃ . l. s. t. r. e. iii. liɓ. Hanc t̂ram
tenuerunt . ii. sochemani . unus istorum osuui . iii. ħ . 7 diñi . xiiii. ac̃ .

---

[1] .viii., c.   [2] ii^b., c.   [3] pecc̃, ʙ, c.   [4] viii. ł., c.
[5] dapifer, *omitted*, c.   [6] Ælđ, ʙ ; Ædeldreðe, c.   [7] .iiii^or. ħ . & đm ., ʙ, c.
[8] Ælđ . de, ʙ ; Ædeldreðe, c.   [9] de ely ., c.   [10] alano, c.
[11] Vt bece, ʙ ; vthbeche, c.   [12] michell̂ tenet, c.   [13] Ælđ, ʙ ; ædeldreðe, c.
[14] Ælđ, ʙ ; ædeldreðe, c.   [15] eli ., *omitted*, c.   [16] Ælđ, ʙ ; ædeldreðe, c.
[17] Over this word "liɓ," in a hand of the fourteenth century, occurs the following note: "pretium acræ iii^d. ut in inquisitione capta tempore R. Henrici."
[18] i., *omitted*, c.   [19] pecc̃, ʙ, c.   [20] Ælđ, ʙ ; ædeldreðe, c.
[21] pecc̃, ʙ, c.   [22] xxv., ʙ, c.

Tib. A. vi. minus . habuit de dominio . Ŝ. Ædel[1] . & nō potest[2] uendere. Et alƚ . ɪ. ħ . 7 dim̃ . poƭ dare sine soca. Hi fuerunt homines aƀƀ elẏ[3] . & unus autem[4] potuiť 7 alƚ nō potuit.

In eadem uilla teñ pi[5] . uicecom̃ . xʟ. ac̃ . & unum ortum de dominio . sc̃e Ædel[6] . 7 vaƚ . x. s.

In Westuuica[7] teñ rod[8] . ostiarius de dauid arḡ . ɪ. ħ . ad . ɪ. c̃ . ibi ē ƭra . pratum . ɪ. c̃ . o . c . 7 ɪɪɪ xxvɪɪ. p . n̄ ƭra ualet uiginti . s . q̃n rec̃ x. s . t. e. r. xx. s. Hanc ƭram tenuit[9] godmundus hō comitis Walteui[10]. soca uᵒ remansit aƀƀi . elẏ.

In eadem uilla teñ pi . uicecom̃ . xʟ. ac̃ . qᵒs tenuit leofuuin[9,11] sub abbe de[12] eli . potuit uende s; soca remansit . eidem aƀƀi . 7 vaƚ . ɪɪɪ. s.

f. 45, b. col. 1. In Histone[13] tenet remigius ep̃c . ɪ. ħ . 7 . ɪ. ṽ . & duas partes . ɪ. ṽ . ɪ. c̃ . ibi ē . terra . non ē car̃ . ɪ. uiƚƚi[14] . 7 . ɪ. pratum . ɪ. c̃ . Inƭ coƭ totum uaƚ . v. s. q̃n sumsit[15] . x. s . t. r. e. uiginti . s . Hanc ƭram teñ[16] Wlfuuin[9,17] me-darius de eli[18] . & unoqᵒ; anno reddebat unum[19] sextariũ mellis plenum abbati. Hanc ƭra inuasit p̃dic̃tus ep̃c sup aƀƀem de elẏ ut homines de hund testant[r] . & mᵒ, pi . uicecomes eam de eod ep̃o. ħt

In ead uilla tenet aƀƀ elẏ . ɪ. h . 7 ɪɪɪ. ṽ . n̄ ƭra appretiata est in Empintona.[20]

In dratona[21] tenuit[22] harduuin[9] . ɪ. hidam q̃m tenuerunt q̃nq sochemani de aƀƀe eli . & . ɪɪɪɪᵒʳ. poƭ uende sine socha . & q̃ntus q̃ dim̃ . ṽ . habuit non poƭ uendere . Inƭ totum ualet uiginti soƚ.

In duobȝ hund'. Ely. Wittleseia[23] defenđ se . t. r. eaduuardi p . vɪ. hund[24]. & mᵒ facit de his . vɪ. h . tenet . Ŝ. Ædel[25]. ɪɪ. ħ . ɪɪɪɪᵒʳ. c̃ . 7 dim̃ ibi est ƭra . ɪ. c̃ . 7 dim̃ . 7 . ɪ. ħ . in dominio . ɪɪɪ. c̃ . hom̃ . oc̃to uillani . coƭ s quisq; . de . xɪɪ. ac̃ . ɪɪɪɪ. ɪɪɪ. pratum . ɪ. c̃ . Pasƭa ad peccora[26] uille. De gurgite . ɪɪ. s . p annum . xxxvɪ. animalia . oc̃ . x. p . & unum runcinum.[27]

f. 45, b. col. 2. Inƭ totum ualet . ɪɪɪɪ. liƀ . q̃n rec . ɪɪɪ. li . t. r. e. c . s. Hoc mañium iacet & iacuit in dominio eccƚie elẏ.

---

[1] Ælđ, B ; Ædeldreðe, c. [2] poƭ, B, c. [3] de eli, B. [4] au', B, c.

[5] ipse pi ., B, c. [6] Æðeldryð, B ; Æðelð ., c. [7] Westwica, B, c.

[8] rodƀt, c. [9] tenet, c. [10] Waltheui, B ; Waltewi, c.

[11] Leouuinus, B ; Leofwin[9], c. [12] de, *omitted*, B, c. [13] Histona, c.

[14] uill[9], c. [15] sūpsit, B, c. [16] tenuit, B. [17] Wlwinus, B, c.

[18] aƀƀ eli, B ; ely, c. [19] unum, *omitted*, c. [20] empintuna, c.

[21] Draitona, B, c. [22] teñ, c. [23] Witteleseia, B ; Wuithleseia, c.

[24] ħ [*for* 'hidis'], B, c. [25] Ædeldreda, c. [26] pecc̃, B, c. [27] .ɪ. rūc̃, c.

In eadem uilla tenet aƀƀ de Thorneia[1]. IIII^{or}. ħ. unde abbas elẏ ħt socham.

Doddintona[2] qᵃm tenuit[3] aƀƀ de[4] eli . ᵽ . v. ħ . se defend . t̃ . r. e. & mᵒ facit . VIII. c̃ . ibi ē t͡ra . III. c̃ . 7 . II. ħ . 7 dim̃ . ħ . in dominio . 7 . v. c̃ . hon̅i . uiginti . IIII^{or}. uiℏi . quisq; de VII. ac̃ . 7 dim̃ . VIII. oc̃to sochem̃ . habent un̅i . ħ . 7 . I. pratum oc̃to . c̃ . pastura ad pecc̃ . uille. Silua . CCL. ᵽ. De piscariis[5] uiginti septem milia anguillarū . 7 . C. L. anguillas . 7 . XX.IIII^{or}. s. de p̃sentis piscium . 7 . C. 7 uiginti sex animalia . oc̃. XXVI. o . LX. IIII. ᵽ. III. runc̃ . & uiginti . IIII^{or}. equas siluaticas. In totis ualcn̅t. ual̅ . XVI. li . q̃n . rec̃ . X. li . t. r. Æduuar . XII. liƀ. Hoc man̅ium iacet & iacuit . t. r. e. in ecc̅lia eli[6] ī din̅io.

In hoc man̅io iacet una bereuuicha. MERCC[7]. que cum eo app̃tiata ē. Et ī illa Bereuuica sunt . XII. uillani . quisq; de . XII. ac̃. Et in eadem uᵒ uilla⸵ tenet aƀƀ S̃ . Ædmundi . XVI. ac̃ . un̅is aƀƀ eli⸵ habet socam.

Chateriz[9] ᵽ. v. ħ . se defend . t. r. e⸵ & mᵒ. Et de his . v. hidis⸵ tenet[10] duas . ħ . 7 dim̃ . ṽ . III. c̃ . ibi ē terra . VI. boues 7 dim̃ . ħ . in dominio . II. c̃ . 7 due boues uiℏis . VI. uillani . II. quisq; de . VIII. ac̃ . II. 7 . II. pᵃtum . III. c̃. Silua uiginti . ᵽ. De piscina . IIᵉ.[11] mille . 7 . dim̃ . anguiℏ . IIII. aīalia . oc̃ . VI. ᵽ. 7 unum runcinum.[12] Int̅ totum ualet . XL. s . 7 q̃n rec̃ . XXX. s . t. r. e. L. s. Hec t͡ra iacet 7 iacuit in ecc̅lia de eli⸵ in dominio. Et de his . v ħ . tenet aƀƀ de Rameseia[13]. III. ħ . 7[14] dimid . ṽ . minus . III. c̃ . ibi ē . t͡ra I. c̃ . 7 . I. ħ . 7 din̅i in dominio . III. c̃ . uillanorum . X. uiℏi . v. pratū . III. c̃ . 7 . II. Silua ad . c. ᵽ. 7 . IIII. animalia . oc̃. III. ᵽ. De piscina . IIIᵉˢ.[15] mille anguillarum . & de p̃sentis piscium uiginti . VII. dn. Int̅ totum ualuit[16]. III. li . & q̃n rec̃ . uiginti . s . t. regis æduuardi . IIII. li. Ĩ t͡ra iacet & iacuit in ecc̅lia sc̃i benedicti de Ramesio[17] in dominio . & aƀƀ de elẏ ħt socam.

Litclport qᵃm tenet aƀƀ elẏ ᵽ duobȝ . hid 7 dim̃⸵ se defend . t. r. e. 7 mᵒ. VI. c̃ . ibi ē t͡ra . II. c̃ . 7 . I. h[18]. in dominio . IIII. c̃ . hon̅i . XIII. uiℏ . q'sq; . de nouem ac̃ . 7 . IIᵒ. uillani q'sq; . de . XII. ac̃ . VIII. de[19] una acᵃ . VIII. pᵃ[20]. VI. c̃. Pastura ad pecora[21] uille. De piscinis⸵ XVII milia anguilla͡r &

---

[1] Tornei, B; Thorneie, C.   [2] Dodintone, B; Dutintune, C.   [3] tenet, B, C.

[4] de, *omitted*, C.   [5] piscinis, B, C.   [6] S̃ . ædelð . ely, C.   [7] Merc, C.

[8] Vnde, B.   [9] Chetriz, B; Cateriz, C.   [10] ten̅ aƀƀ de eli, B; ten̅ aƀƀ . ely, C.

[11] .I., B, C.   [12] rūc̃, C.   [13] Ramesei, B; rameseie, C.   [14] 7, *omitted*, C.

[15] .IIII., C.   [16] ual̅, B; ualet, C.   [17] rameseie, C.   [18] ħ & đm, B, C.

[19] de, *omitted*, C.   [20] Pᵃtū, C.   [21] pecc̃, B, C.

Tib. A. vi.
f. 46, a.
col. 2.

XII. s . 7 IX. dñ. de p̃sentis piscium . XVIII. animalia . oč . o . centum . 7 XXVIII. p . II.[1] runč.   In totis ualentiis ualet . x. li . q̃n reč . VII.[2] li . t. r. ædwardi . VI. li.   Hoc mañium iacet 7 iacuit ī ecčia sče ÆDel[3] . eli . in dominio.

Stonteneia est dnium elẏ . 7 defend . se p . una hida . 7 dim̃ . t. re. æduar̃ . & m° . facit . III. č . est[4] t̃ra . 7 . I. č . 7 . I. ħ . in dominio . II. č . hoñ . VI. uillani q'sq; . de . x. ač . v. III. coť s   De piscinis uiginti . IIII°ʳ: milia anguillarum . 7 . XVIII. s . de p̃sentis piscium . nouem animalia . oč . o . x. 7 unum runcinum.[5] Int totum ualet decem liƀ . 7 . XIIII. s . q̃n reč . x. liƀ . t. r. e. XII. ħi.   H̃ est t̃ra Bereuuica de manerio elẏ.

Littleteodford teñ aƀƀ elẏ . p . I, ħ . se defnd . t. r. e. 7 m° facit . I. č . coť ibi ē t̃ra . I. č . 7 . I. ħ . VI. ač . minus in dominio . I. uiħ . de . VI. ač . IIII. pratum . I. č . Pas . ad pecora[6] uille . De piscina . D. ang'llarum 7 . IIII. d . 7 dim̃ . d p̃sente . L. oues . IX. p . Int totum ualet . XL. s . q̃n reč . xx. s . t. r. e. xxx. s; ħ ē Bereuuica de elẏ.

Stratham teñ ip̃e aƀƀ . p . v. ħ . se defend . t. r. e. 7 m° facit . IX. č . ibi est t̃ra . IIII°ʳ. č . 7 . III. ħ . in dominio . v. č . hoñ . XII. uillani . q'sq; . coť s de . x. ač . & . XI. uillani de . I. ħ . x. quisq; . de una ač[ᵃ] . 7 . II. pratum . IX. č . Pastura ad pecora[7] uille . De piscinis . III. milia & . CCL. anguilla- rum . 7 . VII. s . 7 . VII. d . de p̃sentis piscium . o . CC. 7 . VII. 7 .[8] XXVII. p . 7 unam eq'm . Int toť ualet . IX. liƀ . qñ[9] recep̃ . VI. li . t. r. e. XII. liƀ. Hoc mañium iacet & iacuit in ecčia elẏ in dominio.

f. 46, b.
col. 1.

Wilbertona[10] aƀƀ de Ely[11] tenet p . v. ħ . se defend . t. r. æduuardi 7 m° facit . VI.[12] č . ibi est t̃ra . IIII°ʳ. č . 7 . III. ħ . 7 unā . v̄ . in dominio . IIII. č . hoñ . IX. uillani . quisq; . de . x. ač . 7 . IIII°ʳ. alii uiħi . de una coť s uirgata . x. VIII. pratum . VII. č . Pastura ad pe[13]. uille . dc iunccis[14]. XVI. d . o . CC. 7 . VII. XVII.[15] p . 7 una eq'ᵃ clauda . Int totum ualet . VII. li . q̃n reč . IIII. li . t. r. e. x. liƀ.

Lẏndona[16] aƀƀis elẏ[17] . p . IIII. ħ . se . de . t. r. e. 7 m° facit VI. č . ibi ē t̃ra . IIII. č . 7 . II. ħ . 7 dim̃ in dominio . 7 . II. c. hoñ . XIIII. uillani quisq; . de . VIII. ač . 7 . II°. sochemanni qui hñt unam . v̄ . 7 di . ñ possunt neꝗ . potuerunt[18] dare uel uende sine licentia aƀƀis . 7 unum bouem[19] dc

---

[1] .I., C.   [2] VIII, C.   [3] Ældryð, B; Ædeldreðe, C.   [4] ibi est, B, C.

[5] .I. rūč, C.   [6] pecč, B, C.   [7] pecč, B, C.   [8] 7 ., omitted, C.

[9] q'nd, B.   [10] Wuilbertona, C.   [11] eli, B.   [12] VII., B, C.

[13] pecč, B, C.   [14] iuncis, B, C.   [15] XVIII, B, C.   [16] Lindona, B, C.   [17] eli, B.

[18] neꝗ . potuerunt, omitted, C.   [19] .I. ƀ . [for 'unus bordarius'], B, C.

IIII^{or}. ač . IX. 7 . X.   De piscinis . III. mill anguillarum ✓ & . CCC. 7 XXXIII. ^{Tib. A. vi.} anguill . & de p̄sentis . IIII. s; pratū✓ .VI. č . XII. animalia . oč . oues . CC. 7 q^{a}t̃ uiginti . LX. p; . II. runcinos[1].   Int̃ tot̃ ualet . VIII. li . q̃n rč✓ IIII. lib . t. r. e. IX. lib.   Hoc man̄ium iacet & iacuit . t. r. e. in dominio . ecclie ^{f. 46, b. col. 2.} s̃ . æd²·. elẏ.

Heilla[3] p duab; . ħ . se defend . t. r. e. & m° facit . predictus[4] abb de[5] elẏ✓ tenet eam . v . č . ibi . ē . t̃ra . III. č . 7 . I. ħ . 7 . I. v . & . X. ač . ī dnio . II. č . hom̃ . X. uillani quisq; . de . VIII. ač . IIII. v. de portu✓ III. soccos[6]. prat̃ ad . v. č.   Pastura ad pecora[7] uille . o . C. L. XXXVIII.[8] p; III. runč. Int̃ tot̃ ualet centum . s . q̃n . rec̃ . XL.[9] t. r. e. VI. lib . H̃ . t̃ra[10] est bereuuica de lindona.

Haddreham[11] tenet abb p . III. ħ . se defend . t. r. æduuardi . & modo facit.   Hanc t̃ram tenēt septem sochemanni & ñ possunt neq; . potuerunt dare uel uende sine licentia abbis . quinq; . č . ibi ē . P̃ . & car̃ . ibi sunt .VIII. uillani . quisq; de dim̃ . uir . 7 . IIII. quisq; de v. ač . VI. pratum q̃nq; .č. Int̃ totum ualet✓ VIII. lib . q̃n rec̃ . VIII. lib . t. r. e. XII. lib.

Explicit hoc Hundretum incipit aliud.[12]

Wisbeche[13] tenet abb elẏ p . X. ħ . se defend . t. r. e. 7 m° facit . X. č . ibi est t̃ra . II. č . 7 . I. ħ . 7 . I. v̆ . ī dnio . VIII. č . hom̃ . XV. uillani quisq; de . X. ač . 7 . XIII. sochemanni . q^i hñt . II^{as}. ħ . 7 dimidiā . non[14] possunt . neq̨ . potuerunt uende ul dare sine licentia abbis . & . X. VIII. II°. serui. De ^{f. 47, a. col. 1.} piscinis mill . 7 d . anguillarum . 7 . XII. d . de p̄sentis piscini.   Pratum ad . X. č.   Pastura ad pecora[15] uille . XII. animalia . oč . XXVIII. p . III. runč. Int̃ tótum ualet centum . s . q̃n rec̃ . centum . s . t. r. eaduuardi   lib[16]. Hoc man̄ium iacet 7 iacuit in ecclia elẏ in dominio.

IN Wisbeche[17] ħt abbas de rameseie[18]. VIII. piscatores[19] unde abb de elẏ ħt . socam.

IN eadem uilla habet abbas de croilond[20] tres piscatores[21]. unde abbas elẏ habet socam.

Tib. A. vi.
IN eadem uilla Wilłs de uuar̄ . ħt . VI. piscatores[1]. unde abbas de elẏ ħt socam.

IN eadem uilla aɓɓ sc̄i ædmundi ħt unum piscatorem[2]. unde aɓɓ elẏ ħt socam. Et[3] adhuc iƥe[4] aɓɓ elẏ ħt in eadem uilla duos piscatores[5] qui reddunt ei . XIIII. mił . anguillarum . 7 . XIII. s . 7 . IIII. đ . de ƥsentis piscium.

Elẏ tenet aɓɓ que defenđ se pro . x. ħ . t. r. e. 7 m° facit . XX. c̄ . ibi ē Ꝃra . v. c̄ . 7 quinq; . ħ . in dñio . & . VI. c̄ . potest fieri . &[6]. XIIII. c̄ . hom̄ . XL.[7] uillani . quisq . de ., v.[8] ac̄ . XVIII. XX. De piscinis[9]. IIIa. milia . 7 . D . CC. L. anguillarum . de ƥsentis pisciū꞉ II. s . 7 . III. đ . pratum uiginti . c̄. Pastura ad pecora[10] uille . LXXV. anīalia . oca. oues . CC. LXVIII. XXXVIII. p . IIII. runc̄ . tres arpendos꞉ uinee. In totis ualentiis ualet . XXX. li . qñ rec̄ . XX. li . t. r. e. XXXIII.[11] liɓ. Hoc mańium iacet 7 iacuit in eccłia sc̄e Æᴅeldređ[12] in dominio eli[13].

Haneia est qᵉdam . insula de dimidia . ħ . qᵃm tenuit[14] quidam seruiens de[15] aɓɓe in ƥsto. Nunqᵃm se defenđ . t. r. e. neq; . geldum deđ꞉ nec modo facit.[16]

Dunham[17] ipse aɓɓ elẏ tenet ꝑ . IIII. ħ . se de . t. r. e. 7 m° facit . VIII. c̄ . ibi ē . Ꝃra . IIII. c̄ . 7 . II. ħ . 7 dīm . in dominio . IIII. c̄ . hom̄ . XV. uiłłi quisq; . de. XII. ac̄ . VIII. cot̄ . VIII.[18] prat̄ . VIII. c̄. Pastura ad pecora[19] uille. De piscina[20]. CCC. anguillarum . 7 . II. s. Silua . c. p . XXXII. animalia . .c̄. oca . L. o . XXX. p . IIII. runciñ. Inꝉ totum ualet . x. li . qñ rec̄ . II. s.[21] tempe . re Æd . XII. liɓ. Hoc mańium iacet & iacuit in eccłia elẏ in dominio.

Wichforda[22] aɓɓ elẏ ꝑ . III. ħ . se . de . t. r. e. 7 m° facit . VII.[23] c̄ . ibi ē Ꝃra . II. c̄ . 7 . I. ħ . 7 dimiđ . in dominio . & . tercia . c̄ . potest fi . IIII. c̄ . hom̄ . XVII. uillani . quisq; . de VII. ac̄ . & . v. sochemanni dim̄[24]. h . & non possunt neq ; . potuerunt dare ucl uenđe sine[25]. licentia abbatis . VII. cot̄ VIIIˢ. pᵃꝉ . VII. c̄. Pastura ad pecora[26] uille . c. LX. VIII. oues . uiginti . p . & unum runc̄[27]. In totis ualentiis ualet . x. liɓ . qñ rec̄ . octo liɓ .

f. 47, a. col. 2.

f. 47, b. col. 1.

---

[1] pisc̄, C.   [2] pisc̄, C.   [3] Et, omitted, C.   [4] iƥe, omitted, C.

[5] pisc̄, C.   [6] & ., omitted, C.   [7] LX, C.   [8] .XV., B, C.   [9] pisc̄, C.

[10] pecc̄, B, C.   [11] .XXIII., C.   [12] Æðelð, B.   [13] Æðelð ely in đnio, C.

[14] tenu, B, C.   [15] ab, C.   [15] nota de henney quod est parcełł villæ de Ely, B.

[17] Donham, B.   [18] VIIIˢ., B, C.   [19] pecc̄, B, C.   [20] pisc̄, C.

[21] c. s., B, C.   [22] Wieceforda, B ; Wicheforda, C.   [23] VIII, C.

[24] de đm ., B, C.   [25] absq, C.   [26] pecc̄, B, C.   [27] .I. runc̄., C.

t. r. Æduuardi . XII. liƀ.   Hoc manͫium iacet & iacuit ī ecctia sc̄e ÆDel[1] . Tib. A. vi.
ın dominio.

Wẏnteworda[2]. iƥe aƀƀ eli se defen . ƥ III. h . 7 diñi . t. r. e. & m° facit .
VII. c̄ . ibi c̄ . ꝓ . . I. c̄ . 7 una . h . ī domiñ.   Et in.[3] c̄ . poꞇ fī . v. c̄ .
hoñi . nouem uitti q'sꝗ; . de decem ac̄ . duo sochemanni de[4] una . h . &
noucm uillani quisꝗ; . de[5]. x. ac̄ sub istis sochemannis q' ñ posꞩ neꝗ; potuerunt dare uel uende sine licentia aƀƀis . 7 ꝓcius sochemannus unam
uirgatā fit ad eundem modum . XVIII.[6] coꞇ. pratum . VII. c̄.   Silua uiginti .
ƥ; septem animalia . oc̄ . c. x.[7] oues . XIIII. ƥ . 7 unum runcinum[8].   In
totis ualentiis ualet . x. li . 7 x. s. ꝗ̄n . rec̄ . tantundem . t. r. æduuardi .
XII. liƀ.   Hoc manͫium iacet & iacuit in ecctia sc̄e ÆDel[9]. elẏ in dominio.

Wiccheham[10] ƥ . IIII°ᴿ. ħ . 7 una . uir . se defend . t. r. e. & m° facit . Aƀƀ
elẏ fit eam . VII.[11] c̄ . ibi est . ꝓ . II. c̄ . 7 . II. h . in dominio . & . III. c̄ . f. 47, b.
potest fī . IIII. c̄ . hoñi[12] . duo uillani[13] quisꝗ; . de . xv. ac̄ . 7 ꝓcius de . x.   col. 2.
ac̄ . & . XII. sochemanni de duabꝫ . h . 7[14] dimid . v̄ . minus . & non posꞩ
nec potuerunt nec[15] dare n° uende[16] absꝗ; . licentia aƀƀis . II. bord . q'sꝗ; .
                             ᶳ
de . v ac̄ . IIII°ᴿ. coꞇ . v. pastura ad pecora[17] uille . ƥᵃtum . VII. c̄ . VIII.
aïalia . oc̄ . c. xxx. o . xxxvi. ƥ . & unum runc̄[18]. Inꞇ totum ualet . c. s.
ꝗ̄n rec̄ . c. s. t. r. æduuardi . VII. li.   Hoc manͫium est de dominio⸴
ecctie[19] elẏ.

Suttona[20]. aƀƀ[21]. elẏ ƥ . v. ħ . se . de . t. r. æduuardi . & m° facit . x.
c. ibi c̄ ꞇra . III. c̄ . 7 . II. ħ . 7 diñi . in dominio . & . IIII. c̄ potest fī . VI.
c̄ . hoñi . octo uillani . q'sꝗ; . de septem ac'ˢ⸴ 7 diñi . xv. coꞇ[22]. & nouem
socheñi . dc duabꝫ . ħ . & non potuerunt uende sine licentia abbatis
ᶳ
VII. praꞇ . x. c̄ . pastura ad peco[23]. uille.   De piscinis . XL. IIII. s.   Silua ·
v. ƥ . oues . c. LX. XVIII.[24] ƥ . II. II.[25] runc̄.   In totis ualentiis ualet . XII.
li . ꝗ̄n rec̄ . XII. li . t. r. e. XVI. liƀ.   Hoc manͫium iacet & iacuit in
ecctia sc̄e ÆDel[26]. elẏ . ī dominio.

Hoc[27] cst de ʙurgo Grantebrige[28] ƥ . uno . hund . se defend . t. r. e.

---

[1] Ældryð̆e, ʙ; Ædeldrȣ̆e, c.   [2] Winteworda, ʙ; Winteworð̆a, c.

[3] .I., ʙ, c.   [4] de, *omitted*, c.   [5] de, *omitted*, c.   [6] .XVII., c.

[7] 7 . x., c.   [8] .I. rūc̄, c.   [9] Æld, ʙ; æð̆elð̆ ., c.   [10] Wicceham, ʙ;
Wichehā, c.   [11] VI., c.   [12] hoñi ., *omitted*, c.   [13] uillani, *omitted*, c.

[14] 7, *omitted*, ʙ, c.   [15] nec, *omitted*, ʙ, c.   [16] n° uende, *omitted*, ʙ, c.

[17] pecc̄, ʙ, c.   [18] .I. runc̄ ., c.   [19] ecctie, *omitted*, c.   [20] Suttuna, ʙ, c.

[21] aƀƀis, ʙ, c.   [22] coꞇ, *omitted*, c.   [23] pecc̄, ʙ; pec̄, c.   [24] .VIII., c.

[25] II., *omitted*, ʙ, c.   [26] Æð̆eldryð̆ ., ʙ; æð̆eldreð̆e, c.

[27] Before "Hoc" is the following rubric, "Q'd hm̄s de uilla canteb'giȩ ., c.

[28] Grantebrugge, ʙ; granteb'gie, c.

Tib. A. vi.　In p'ma custodia de grantebrige[1] abbas[2] elẏ duas mansuras.

f. 48, a.
col. 1.　In secunda . c⁹ . q̃ . uocat᷈ bruggewarde.[3]

In . iii. c⁹ . duas mansuras una uacua est ex istis.

In quarta custodia⸴ una mansura & una eccłia sedet intus & . ii^e. uacue domus.

In q'nta custodia⸴ una mansura non est uacua.

In . vi. custo .

. n[4] . vii. custodia.

In octaua . cu.

. n[5] nona custodia una mansura uacua.

In . x. custodia⸴ iii. ort⁹ non sunt uacue[6] . & adhuc unum ortum uacuum.

In puincia grantebrigge[7] . reclamat abbas q^artum nummum . ut carte sue testantur . & homines de sẏra.[8]

De toto q°d habemus in tota scira Grantebrigge[9] . ccc. & . xviii. lib . 7 tres . s.

Abb elẏ in Grantebrigge sire[10] in dominio h᷈ . iiii.[11] Mañ . de . c . 7 q^a᷈t . xx. 7 . xiiii. ħ . q^a᷈t . xx. &. v. ca᷈r 7 dimid . in dominio . ъ . & uiginti . ii°. uillani . cc. & q^a᷈t . xx. 7 xviii. bord . c. lxi. se᷈r . habentes . c. 7 q^a᷈t . xx. 7 . v. ca᷈r . & dim̃. Hoc totum ualet . ccc. & . xviii. lib . & . iii. s. Hec ᷈tra sufficit . cc. & q^a᷈t . xx. & xviii. ca᷈r . emendata in manu abbis . Sẏ . liiii. lib.

f. 48, a.
col. 2.　In eodem comitatu . h᷈nt . pi . vicecoc̃[12] . & harduuinus de escalariis & Wido de raimbecurt[13] & alii homines de Thainlandis eccłie elẏ . de quibȝ seruiunt abbi concessione regis[14] Manerium[15] de . xxxii. ħ . & dim̃ . ṽ . xiii. ca᷈r . 7 dim̃ . in dominio . xxxvii.[16] uillani . xxxvi. b . ix. sc᷈r . habentes . xi. c̃ . 7 dim̃ . & ualent uiginti . vi. lib . 7 . v. s . 7 . viii. đ. Hec ᷈tra sufficit . xxviii. ca᷈r . 7 . ii. b.[17]

Istimet in eodem comitatu & alii plures h᷈nt de socha eccłie elẏ[18] mañium de[19] xxxi. ħ . & dim̃ . xiii. ca᷈r . & est app̃tiata . xxx. lib. Hec ᷈tra sufficit . xxviii. ca᷈r . & illi qui hanc ᷈tram tenuerunt de soca⸴ t. r. e.

---

[1] grantebrigie, c.　　　[2] h᷈t abb, c.　　　[3] braggewarde tres mansuras, c.

[4] In, b, c.　　　[5] In, b, c.　　　[6] uacui, c.　　　[7] g^ntebrigie, c.

[8] scira, b; scyra, c.　　　[9] g^ntebrigie, c.　　　[10] Grantebgescira, b; g^nte-
b'gie scyra, c.　　　[11] xxx. iiii., c.　　　[12] uicecom̃ ., b; uicec̃ ., c.

xiijij

[13] Rainbucurt, b; reinbecurt, c.　　　[14] regis . xl., b.　　　[15] regis .xv. Mañia, c.

xv. to

[16] xxxvi, b, c.　　　[17] boбȝ, b, c.　　　[18] eli⸴ lviii., b.　　　[19] ely .xv. Mañia, c.

R

uende potuerunt . s; saca & soca & cñid & seruitium sep remanebat eccłie <small>Tib. A. vi.</small>
elẙ. Et de hac itum seruiunt atbi꞉ concessiõe & iussu regis . Willelmi.[1]

In hereford syra[2] hī abbas elẙ in dominio . III. Man͠ . de XLIX. ħ . VIII.
car̃ . in dominio . L. uillani . LV. b . XX. scr̃ . habentes . XXXIIII. car̃ .
app̃tiatur . L. liƀ. Hec t͡ra sufficit LIII. c̃.

Idem aƀƀ[3] in essexe[4] hī in dominio . V. mañ de . XLIX. h . 7 dimiđ .
XIIII. c̃ . in dominio . C. & duo uillani . XLV. ƀ . XLIIII. ser̃ . habentes .
XXXIX. c̃ . & hoc totum ualet . LXIIII. liƀ . & decem soł. <small>f. 48, b.
col. 1.</small>

Milites eius in eodem comitatu hñt . II. Man͠ium[5] de . V. ħ . III. c̃ . in
dominio . VI. uillani . VII. b . VII. ser̃ . habentes . VI. c̃ . p̃cium . VIII. liƀ.
Hec t͡ra sufficit . LXI. c̃ . emendata de[6] nouē li. in manu. Symeonis aƀƀis.

Idem aƀƀ in Nordfolc[7] hī in dominio . XV. Man͠ium[8] de .LXVII.[9] c̃ . t͡re .
& . XXXIII. ac̃ . XXXIIII. c̃ . & dimiđ . in dominio . CC. 7 . XV. uillani . CCC. 7
.XXX. ƀ . LIIII. ^s LVII. sochemanni . habentes . LXVIII. c̃ . & hoc app̃tiatur . C.
& . V. liƀ . & . VII. s[10] . & . VI. đ . Milites eius in eodem comitatu hñt
IXVIIII.[11] Man͠ium[12] de . XVI. c̃ . t͡re . VII. c̃ . ī dñio . uiginti duo uillani[13] .
LXI. ƀ[14] . LIII. sochemanni habentes . XIII. c̃ . & app̃tiat꞉ hoc . XII. liƀ . 7 .
X. s. Hec t͡ra sufficit . C. L. XLI. c̃ . emendatas[15] de . XVII. liƀ . in manu
sẙmeonis aƀƀis.

Idem aƀƀ hī in sudfolch[16] ī dominio . XVI.[17] Man͠ium[18] de . LXIX. c̃ .
t͡re . 7 XXXII. ac^a . XLVI. car̃ . in dominio . C. LXXXVIII. liberos homines .
LXXX. burgenses . X. sochemanni . CC. 7 XII. uillani . CC. 7 LX. & . XIII. ^b LV. ^s
habentes . C. & . XV. car̃ . &[19] appretiatur . CLXXXIX. liƀ . & . II.[20] soł. Milites sui hñt in eodem comitatu XIIII.[21] Man͠ium[22] de . XL. c̃ . t͡re . 7 . X.
ac̃ . XXXVI. car̃ . iu dominio . C.XIIII. liberos homines . uiginti septem soche- <small>f. 48, b.
col. 2.</small>
manni . uiginti . VI. uillani . XXXV . ƀ . IIII. ser̃ . hñites uiginti duo . c̃ . 7 .
di . appñtiata ē[23] uiginti . li. 7 . VIII. s . 7 . VI. đ. Hec t͡ra suffic̃ . CC. XLVIII.
c̃ . eñidata de septem li . in manu sẙmeonis aƀƀ & de q꞉nꝗ . hunđ 7 dim͠ de
eodem comitatu . X. liƀ p annum.

---

[1] viłłmi, c.   [2] hertfortscira, B ; herefordscire, c.   [3] aƀƀ ely ., c.

[4] Essesse, B ; esexe, c.   [5] man͠ ., c.   [6] de, omitted, c.   [7] Nort-
folch, B ; norfolca, c.   [8] man͠a, c.   [9] LXVIII, C.   [10] . VIII . s . , c.
.VIII.

[11] .IX., B.   [12] octo man͠ia, c.   [13] uillani ., omitted, c.   [14] ƀ ., omitted, c.
                                           .XVI.

[15] C. XLI. c̃ . eñidata, B, C.   [16] sutfolche, c.   [17] .XXX., B.   [18] man͠ ., c.
                                        XIII.

[19] &, omitted, c.   [20] XII, B, C.   [21] XVII., B, C ; XIII., C.   [22] man͠ ., c.

[23] c̃, omitted, c.

Tib. A. vi. IDem aƀƀ in Huntindona[1] sẏra[2] hĩ in dominio . ̅IIII̅.[3] Man̂ium[4] . de . XXXIX. ħ . 7 dĩm . X. cař . in dominio . C. & . XII. uillani . uiginti septem . ƀ . habentes . XLIIII. c̃ . p̃cium . XL. liƀ . ꝑra . XLV. cař.

PICOTUS uicecomes hĩ in Grantebrigge sẏra[5] ĩ dnĩo . XXX.[6] Man̂ium[7] de . LVIII. ħ . 7 dĩm . ṽ . XII. cař . & dimi . in dominio . LXIII. uillani . C. 7 . ᵇ ˢ IIII. XII. habentes . XXXI. cař . 7 dimiđ . ap̃tiatur . LVII.[8] liƀ . & octo . s . & duo molendina⸴ ĩ burgo de grantebrigge . de . VIII. liƀ . Milites eius in eodem[9] comitatu habent . XXX.[10] Man̂ . de LIIII. ħ . & . III. ṽ . XVII.[11] c̃ . 7 dĩm . in dominio . .XXXIIII. uillani . C .XLII. ƀ . VII. hñtes uiginti septem . ˢ c̃ . p̃cium . L. liƀ . XIII. soł . 7 . IIII. đ . emendata de uiginti sex . s . ꝑra[12] . C. & . XII. cař.

f. 49, a. col. 1. IDem picot⁹ in eođ comitatu hĩ de Thainland[13] ecctie elẏ . de quib₃ concordatus est cum aƀƀe concessione regis . X . Man̂ . de . XXI. ħ . & unā uirgatam & dĩm . VIII. c̃ . in dominio uiginti uillani . uiginti octo . ƀ . ˢ ṽ . habentes . V. c̃ . p̃cium . XV. li . ꝑra⸴ XVI. cař . & . duob₃ . bob₃.

IN eodem comitatu iđ . pi . habet de socha ecctie elẏ . X.[14] man̂ . de ᵇ ˢ XIX. ħ . 7 dimiđ . ṽ . VI. c̃ . 7 dimiđ . ĩ dominio . XVIII. uillani . XXVII. II. habentes . V. c̃ . p̃cium XIIII. liƀ . VI.[15] s . 7 . octo . đ . ꝑra . XII. cař . 7 dimiđ . ñ ꝑra p̃dicta de Thainland . & soca est sc̃pta & ap̃tiata in breue aƀƀ . de elẏ . & illi qui hanc ꝑram de soca tenuerunt . tempore regis . e . uende potuerunt . s; saca 7 soca & comđ seruitium[16] semp remanebat ecctie . elẏ . & de hac seruit pi . aƀƀi concessione regis.

HARDUUINUS de escalariis hĩ in gᵃntebriggesẏre[17] in dominio . LX.XXX.[18] man̂ . de . XXIX. ħ . XIIII.[19] cař . 7 dimiđ in dominio . XLIIII. uillani . XLIIII.[20] b . habentes uiginti . cař . 7 dimiđ . pciũ . XXXV. liƀ . & . X. s . 7 octo . đ . Milites eius in eodem comitatu habent . XXX.[21] Man̂ . de XXXIII. ħ . & dimiđ . & dimiđ . ṽ . XXIX.[22] c̃ . & dimiđ . in dominio . XVIII. uillani . qᵃ꜡ ˢ XX 7 . I. ƀ . IX. habentes . XVII. cař . 7 dĩm . p̃tiũ uiginti quinꝗ . liƀ . & . XV. s . & . VI. đ.

f. 49, a. col. 2.

---

[1] 7 Huntendona, B.   [2] huntendunescyrę, c.   .XXX. [3] IJII., B.   [4] man̂ ., c.

[5] gᵃntebrigesyrę, c.   [6] LXXVIII, B.   [7] man̂ ., c.   [8] LVIII, c.

[9] illo, c.   [10] qᵃ꜡ xxetIII., B.   [11] 7 XVII., c.   [12] ħ ꝑra . suffic̃ ., c. .XXX. .X.

[13] theinlande, c.   [14] .XXII., B; .X., c.   [15] 7 VI., c.   [16] 7 seruitiũ, c. .XXX.

[17] grantebrigie scyra, c.   [18] .LX., B; .XXX., c.   [19] 7 XIIII., c. .XXX.

[20] LXIIII., B, c.   [21] qᵃ꜡ .XX. 7 I, B.   [22] .XIX., B, c.

IDem harduuinus h̄ in hertforda sire[1] in dominio . x.[2] Mañium[3] de . Tib. A.
XXII. ħ . & . III. ṽ . 7 diñi . VIII. c̃ . 7 dīm̃ . in dominio . XLII. uiłłi . uiginti
octo . b . IIII. habentes . XVI. c̃ . & dimid̃ . p̃tium uiginti t̃um librar̄ . 7
.VIII. s.   Milites eius in eodem comitatu habent . dec̄e . mañium[4] de .
XVIII. ħ . & diñi . VI.[5] car̄ . in dominio . XVII. uillani . LXXII. b . x. s.
hñtes . XIII. c̃ . pretium . XVI. lib̄ . & quinq̄ .s. em̄data . de . XV. lib̄ . sub
HARDuuino[6] . t̄ra ad . LIII. car̄.

Harduuinus p̃dic̃t[9] in Granteb̄ sṙa[7] h̄ de Thainlandis elẏ . de quib;
concordatus c̃ cum ab̄be concessione regis . IIII.[8] mañium[9] de . VIII. ħ . & .
III. ṽ . v. car̄ . in dominio . XVI. uiłłi . VIII. b̄ . IIII. habentes . VI. c̃ . &
dimid̃ . p̃tium decem lib̄ . 7 . XV. s . 7 . VIII. d̃ . t̄ra . XI. c̃ . emendata . de .
t̃b; lib̄ . ı̃ı̃ t̄ra est sc̃ipta & app̃tiata in breue ab̄bis elẏ. Et illi qui hanc t̄ram tenuerunt de
soc̃ t̄p̃r . re . Æduuardi uend̄e pot̄ s; saca 7 soca & c̃m̃d . & seruitium sēp
remanebat ecc̃ie de[12] elẏ. Et[13] de hac seruit harduin[9] ab̄bi . iussu regis.

WIDO de rambutcurt[14] in grantebrigge sire[15] h̄ de Thainlandis ecc̃ie de
elẏ . unum mañiũ de . I. ṽ . 7 dimid̃ . pretium . x. s. & de soca h̄ ipse in
eodem comitatu ꞏ' .XVIII. mañ . de . IIII[or]. ħ . & . I. ṽ . 7 diñi . III. c̃ . in
dominio . II. uillani . XVI. b̄ . habentes . II. c̃ . 7 dimid̃ . pretium . v. lib̄ .
t̄ra . VII. c̃ . ı̃ı̃ t̄ra est sc̃ipta & app̃tiata ꞏin breue ab̄bis de[16] elẏ. Et inde ꞏ'
WIDO seruit ab̄bi iussu regis.

Herchford[17] *in Ædwinestreu*[18] *Hund'*. HADDAM[19] p̄ . IIII. h . se defend̄ .
t. r. Æd. & m°[20] ꞏ' XIII. c̃ . ibi c̃ t̄ra . III. c̃ . & . II. ħ . in dominio . & IIII. c̃ .
pot̄ fieri . VIII[to]. c̃ . hoñi . & nona potest fī . unus uillanus de . I. ṽ . XIIII.
uillani quisq̄ . de dimid̃ . ṽ . VII. de diñi . ṽ . VIII.[21] pratum . II. car̄ . Pastura
ad . pe[22] . uille. Silua ad[23] . c . p . & . XII. animał . oc̃ᵃ . l . oues . l . p;
In totis ualentiis ualet . XV. libr̄ . q̃ñ rec̄ . x. li . t. r. Æduuar̃di ꞏ' .XII. lib̄.

---

¹ hcrtfortsyra, B; herefordscire, C.   ² .XVII., B.   ³ maꞃ ., B, C.

⁴ mañ ., B, C.   ⁵ v., C.   ⁶ ardwino, C.   ⁷ g̃ntebrigescyra, C.

⁸ .XXVIII., B.   ⁹ mañ ., B, C.   ¹⁰ .XVIII., B.   ¹¹ mañ ., B, C.

¹² de, *omitted*, B, C.   ¹³ Et, *omitted*, C.   ¹⁴ rāb̄ucurt, C.   ¹⁵ syre, B.

¹⁶ de, *omitted*, B.   ¹⁷ Hertfortd, B; Hertford, C.   ¹⁸ ewinestrev, C.

¹⁹ Haddham, B.   ²⁰ m° fac̄ ., C.   ²¹ VII., B, C.   ²² pecc̃, C.   ²³ ad, *omitted*, C.

Tib. A. vi. Hoc mañium. iacet & iacuit in ecclia S̃ . ædel[1] . elẏ in dominio ꞏ̓ die qua Rex . æd . fuit uiuus & mortuus ut sẏra[2] testatur.

f. 49, a. col. 2.

In duob; hund'. de Bradeũtre.[3] Hatfelda[4] tenet aƀƀ elẏ ꝑ . xl. ħ . se defenđ . t. r. e. & mº . xxx. c̃ . ibi ẽ ꞇ̃ra . ii.[5] c̃ . & . xx. ħ . in dominio . iii. c̃ . poss̃ fieri . xx. c̃ . hoɱ . & adhuc poss̃ . v. c̃ . fieri . xviii. uillani . quisꝗ . de . i. ṽ . & ꝑsƀ . diɱ . ħ . & . iiii. homines de . iiii. ħ . Et adam filius Roberti Wiłłi[6] . sub aƀbe . ii. ħ . xii. de[7] diɱ . ħ . 7 .[8] vi. alii de diɱ . ħ . xii. vi. iiiiᵒʳ. mołꞏ̓ de .xlvi. s . & . iiiiᵒʳ. đ . cot̃ s pratũ . x. c̃ . pastura ad pe[9] . uille . Siluas[10] . ii. miłł . p; De bosco & pastura ꞏ̓ x. s . &[11] uiginti . vi. animalia . ocᵃ . ccc. lx. oues . lx. p; In totis ualentiis uał uiginti . v. liƀ . q̃ñ rec̃ . xxv. li[12] . t. r. e. xxx. li . Hoc mañium iacuit & iacet in ecclia sc̃e æꝺel . elẏ[13] in dñio.[14]

In odeseie[15] *hundred.* Cнẏllessella[16] tenet aƀƀ elẏ ꝑ . v. ħ . se defenđ . t. r. e. & mº . x. c̃ . ibi est ꞇ̃ra . iii. c̃ . 7 ii. ħ . in dominio . & . iiiiᵗᵃ. c̃ . poꞇ̃ fieri . vi. c̃ . hoɱ . duo uillani de dimiđ . ħ . Alii . x. uillani de . v. b s. uirgaꞇ̃ . ix. de una uirg̃ . vii. pratum . i. c̃ . Pastura ad peco[17] . uille . ii. animalia . ocᵃ . ccc. viii. o . xviii. p; In totis ualentiis uał . x. liƀ . & semp ualuit . Hoc mañiũ iacet & iacuit in ecclia S̃ ædelꝺẽ[18] . elẏ in dominio.

f. 50, a. col. 1.

De toto qᵒd habem[9] in tota scira Hertford . 1 . liƀ.

De Essexe[19] *. in Hund' . de Dunham.*[20] Brochesseue[21] teñ semp[22] . S̃ ÆꝺEl[23] . pro uno[24] manerio . & pro . iii. ħ . semper[25] . ii. c̃ . in dominio . &[26] . iiiiᵒʳ. c̃ . hoɱ . xvi. uiłłi . tunc . ii.ꞏ̓ mº . qᴵñꝗ . & . v. b Silua . cc. l . s p; & . xxx. ac̃ . prata[27] sunt[28] & mº . xvi. animalia[29] . duo runc̃ . lxx. oues . duo uasa apum . Tunc uał . x. li . & mº octo . De hoc mañio ablate s̃ī nouem ac̃ . qᵃs tenuit[30] Eudo dapif . Et adhuc . ii. c̃ . ꞇ̃ . de dominio . qᵃs tenet idem eudo . & uał . iiii. liƀ.

---

[1] Æld̃, ʙ ; æeldreꝺe, c.   [2] scira, ʙ ; scyra, c.   [3] bradeuuatre, ʙ ; bᵃdewat⁹, c.   [4] Hædfelda, c.   [5] 7 . ii., c.   [6] rodb⁹t . f . wiłłmi, c.

[7] de, *omitted*, c.   [8] 7 ., *omitted*, c.   [9] pecc̃, c.

[10] Silua, c.   [11] &, *omitted*, ʙ, c.   [12] q̃ñ rec̃ . xxv. li ., *omitted*, c.

[13] Ældriꝺæ eli, ʙ.   [14] æeldreꝺe, c.   [15] odescio, ʙ ; odeseia, c.

[16] Chilleshelle, c.   [17] pecc̃, ʙ, c.   [18] Ældryꝺ, ʙ ; æedelꝺ ., c.   [19] esexe, c.

[20] dunemawa, ʙ ; dũmawe, c.   [21] Brochesseue, ʙ ; Brochesheued, c.

[22] semp ., *omitted*, c.   [23] Æld̃, ʙ ; æedelꝺ, c.   [24] uno, *omitted*, c.

[25] semper ., *omitted*, c.   [26] & ., *omitted*, c.   [27] prati, ʙ, c.

[28] tc̃, ʙ, c.   [29] aiãlia oc̃ ., c.   [30] teñ, ʙ, c.

Rodincgᵃsˡ tenet . Sᵃ . ᴁɴᴇʟ² . &³ . t. r. e. pro . ɪɪɪ. ħ . & . xʟ. v. ac̃ . & Tib. A. vi.
mᵒ pro . ɪɪ. ħ . & . xʟ.v. ac̃ . 7 t̃ciã . ħ . de dominio tulit uuiħs de Wara⁴
q̃ ibi iacebat . t. r. e.   Semp . vɪɪɪ. uillani & unus pƀr . & . ɪɪ. 7 . ɪɪɪɪ.   Tc̃
tres . c. in dominio . & mᵒ . ɪɪᵒ. semp . ɪɪɪɪᵒʳ. c̃ . hom̃ .   Silua ad . c. peco .
xx. ac̃ . prati . duo runcini⁵ . nouẽ aĩalia⁶ . & . xvɪɪɪ. p . xv . oues . & . ɪɪɪ.
sochemanni attinent huic man̂io . &⁷ . xɪ. & . ɪɪɪ.   Tunc ualet⁸ . ɪɪɪɪ. li .
& modo . vɪ. liƀ.⁹

Rattenduna¹⁰ tenet . Sᵃ . ᴁɴᴇʟ¹¹ . t. r. ᴁᴅ . p . uno man̂io & p . xx. ħ . &
mᵒ tenet pro . xvɪ. ħ . & dimid̃ .   Semp uiginti . vɪ. uillani . v.¹² tunc . vɪɪ.¹³ f. 50, a. col. 2.
& . mᵒ . vɪ.   Semp . ɪɪɪ. c̃ in dñio . & . xɪɪ. c̃ . hom̃ .   Silua . ccc. p . & .
ɪx. animalia . 7 xʟɪ. p . cʟx. o . 7 . ɪɪɪɪᵒʳ.   Tũc ualuit . xvɪɪ. li . & mᵒ
uiginti.   Et . ɪ. ħ . & . xxx. ac̃ . tenuit Siuuard⁹ de sc̃a . ᴁD̃¹⁴ . & modo
tenet.   Rannulf¹⁵ pipellus de Rege . s; hund testatur . ẽẽ . de abbatia .
& . ɪɪ. ħ . 7 . xxx. ac̃ . quod tenuit ecc̃ia & leuesunus de ea tem . r. e. &
mᵒ tenet.   Eudo dapifer de abbate . quia antecessor eiˢ tenuit¹⁶ eã t̂ram;
s; hund testat̂ q°d non potuit¹⁷ uend̃e eam sine licentia abbatis.

*Dimidium hũd' de frosseuuelle.*¹⁸ Cadehou¹⁹ teñ . S̃ . ᴁɴᴇʟũ²⁰ . p man̂ .
p . ɪɪ. ħ . t. re. e.   Tunc octo uillani & mᵒ . xɪ.²¹   Tunc . ɪɪɪɪ. b . & mᵒ .
xɪɪɪ. tunc ɪɪɪɪ. s . & mᵒ . ɪɪᵒ.   Semp . ɪɪ. c̃ . in dominio.   Tunc . ɪɪɪ. c̃ . hom̃ ?́
& mᵒ . ɪɪɪɪᵒʳ.   Silua . c . p . & . vɪ. ac̃ . prati . tunc una²² moł?́ mᵒ nulla²³ .
ɪ. runc̃ . ɪɪɪɪᵒʳ. animalia . xvɪ. p; xxxvɪ. oues . vɪɪɪ. capᵃ. tunc ualuit . vɪ. li ?́
& mᵒ decem . libras.

Hund' . de udelesforda.   Littleberi²⁴ . teñ semp S̃ . ᴁɴᴇʟ²⁵ . pro man̂ .
& p uiginti quinq . ħ.   Semp . xxxɪx. uillani . 7 . xɪx. b . 7 . vɪɪ.   Tunc .
v. car̃ . in dominio?́ mᵒ . ɪɪɪɪᵒʳ. tunc . xvɪɪ.²⁶ c̃ . hom̃ ?́ mᵒ . qˢindecim.
Silua . c. ʟx. p . & . ʟv. ac̃ . prati . sẽp . ɪɪɪɪᵒʳ. moł . 7 . ɪɪ. runc̃ . & . xxxɪɪ. f. 50, b. col. 1.
p . ʟxxx. o . ɪɪɪ. uasa apum . uał . uiginti . liƀ.

Est eciam una Bereuuica²⁷ que uocat̂ strathala²⁸ . qᵃm tenuerunt duo
hom̃es Wiħ . 7 alfꝑinus²⁹ p qˢnq̨ . ħ . & non pot̂ant reced̃e a terra . sine

---

¹ Roðinges, c.   ² Ælð, ʙ ; æðelð ., c.   ³ & ., *omitted*, c.
⁴ Wiħi . de uuar̃ ., ʙ ; warenñ., c.   ⁵ runc̃, ʙ, c.   ⁶ animalia occ̃ ., c.
⁷ & ., *omitted*, c.   ⁸ uał ., c.   ⁹ liƀ ., *omitted*, c.   ¹⁰ Ratenduna, ʙ.
¹¹ Ælð ., ʙ ; æðelð ., c.   ¹² .vɪᵇ, c.   ¹³ .vɪɪˢ., ʙ, c.   ¹⁴ Ælð, ʙ ; æðelð, c.
¹⁵ Rannul, ʙ ; rannulfˢ, c.   ¹⁶ tenet, c.   ¹⁷ poterat, ʙ, c.   ¹⁸ forssewelle, c.
¹⁹ Cadenhou, c.   ²⁰ Ælð ., ʙ ; æðelð, c.   ²¹ xɪɪ, ʙ, c.   ²² .ɪ., ʙ, c.
²³ nullˢ, ʙ ; nullũ, c.   ²⁴ Litelbyrie, c.   ²⁵ Ælð, ʙ ; æðelð.   ²⁶ .xvɪɪɪ., c.
²⁷ Bereuuicha, ʙ ; berewica, c.   ²⁸ strethala, c.   ²⁹ Alwinus, ʙ, c.

. licent̃ . abb̃is . & m° tenet hugo de b̃neres[1] sub abb̃e. Tunc septem uillani . 7 m° . VI. tunc . IIII^or. bor . 7 m° septem. Semp̃ VI. & . III. c̃ . in dominio. Tc̃ . IIII. c̃ . hom̃ : & m° q^inq; . Silua . X. p . 7 . XII. ac̃ . prati . 7 una[2] mol. Tũc ualuit septem . li . 7 m° . VIII°. In dominio . VI.[3] animalia . C. o . XXII.[4] p . & duo uasa apum.

Est eciam . I. Bereuuica q̃ uocatur haidene[5] q^am Alfpinus[6] tenuit p dimid . h̃ . 7 XV. ac̃. Tunc . II. c̃ . in dominio . &[7] m° . I. c̃ . tunc . IIII^cr. s̃ . & m° nullus . tunc . LV. oues : 7 modo. Tunc ualuit . LX. sol[8] . 7 m° . XXX. s. De h̃ manerio accep̃ Wilt cardon[9] ini^9te . homo GOYS[10] de mannauilla[11] . XXIIII^or. ac̃ . silue . qñ suuanus[12] erat uicecomes : ut hund . testatur.

Has t̃ras calumpniatur abbas[13] *de*[14] *ely : scd' breues*[15] *Regis.* Estram[16] teñ Asgar^9[17] . t. r. Æduuardi p mañ . & p . II. h̃ . t. r. e. semp IIII^or. c̃ . in dominio . & . XII. c̃ . hominũ.[18] Tunc . XLVI. uillani . & m° : XLVII. tunc . XIIII. 7 m° .XXXIII. semp IX. s̃. Silua . ꝺC. p; & . XXX. ac̃ . prati . & . V. c̃ . pot̃ . ñ in dominio. Tunc & post[19] : ual . uiginti . li[20]. Huic mañio adiacebat una . h̃ . 7 dimid . q^am tenebant . VI. sochemanni . t. r. e. Tunc . II. c̃ . 7 m° . I . 7 m° . III. 7[21] . VIII. c̃[22] . ac̃ . prati . tunc ualuit uiginti . s . m° . XXX.[23] Adiacent etiam huic mañio . II. h̃ . & una . ṽ . q^as tenuerunt . II. socheñ . t. r. Æ. in quib; sunt semp . IIII^or. car̃ . ĩ dominio . & . I. c̃ . 7 dimid hom̃. Tunc . VIII. uillani : m° . VII. tunc . VI. b : m° . VII. Semp . III. Silua ad[24] . LX. p; uiginti . IIII^or. ac̃ . prati. Tunc 7 post[25] ual . C. sol . m° . X. li. Et adhuc adiacebat illi manerio . dimidia . h̃ . q̃ ptinebat ad eccliam manerii . t. r. e. & m° tenet eã unus miles . semp . I. c̃ . 7 tunc un^9 . b . & m° . III.[26] 7 unus. Silua . XX. p; V. ac̃ . p^ati. Tunc ualuit uiginti . s : & m° . XXX. s. Et h̃ sup^adictũ mañium calumpniatur abb̃ de ely . & hund testat^r . q°d fuit in ecclia . t. r. Æduuardi . s; Asgar^9[27] tenuit h̃ mañium eo die q°[28] Æduuardus rex obiit.

---

1 berners, C. 2 .I., B, C. 3 VII., C. 4 .XXII., B, C. 5 Haidena, B, C.
6 Alwinus, B, C. 7 &, *omitted*, C. 8 sol ., *omitted*, C. 9 cardun, C.
10 godfrid^9 gosfrid^9 in marginal rubric, C. 11 Gois . de mannauillæ, B.
12 suan^9, C. 13 calũpniant̃ abb̃, B. 14 de, *omitted*, C. 15 breue, C.
16 Estrẽ, C. 17 Æsgar^9, C. 18 hõib^9, C. 19 & post, *omitted*, C.
20 .XX. lib̃ 7 m° . XXX. lib̃ ., B; .XX. lib̃ . 7 m° . XXX., C. 21 7 ., *omitted*, C.
22 c̃ ., *omitted*, C. 23 XXX . S ., B, C. 24 ad ., *omitted*, C.
25 7 post, *omitted*, C. 26 .III., C. 27 æsgar^9, C. 28 q^ã, B.

Fambrugge[1] teñ Rainold[2] arbalistarius de rege p . III . ħ . & dimidia . s°. Tib. A. vi
b;
I. uiłł . 7 . VII. due . car̃ . in dominio . & . IIe.[3] hoñ . pastura . c . o[4]. semp uał .
c. s . S; m° . de[5] elẏ eam calumpniatur[6] . & hund eis testat̃[7] . & dimidiã . f. 51, a.
ħ . que iuxta illam iacebat[8] saisiuit . Raind̃[9] sup regẽ Wiłł que p unum[10] col. 1.
annũ uał . XXX. soł.

Godzelmus[11] loremari[2] tenet unam . ħ . t̃re[12] ī Witham q[a]m calumpniantur monachi . S̃ . Ædelb̃[13] . de elẏ⸴ & hund testatur[14] eis de dimidia
parte[15] . & de alia parte nicħ sciunt . & . t. r . eaduuardi uał . c. s . 7 m°.
LX. s . 7 qñ gozelmus[16] recep̃⸴ uał . c. soł.

Ep̃c̃ Baiocensis teñ . II. ħ . t̃ . & . III. ṽ . in hammingefelda[17] . & Rad[18] .
filius turoldi tenet de ep̃o has . ħ . p̃ocupauit turoldus de rouecestre &
abbacia de elẏ⸴ calumpniatur . Hanc . t̃ram tenuerunt duo liberi homines . & hund testatur quod ipsi libe tenebant t̃ram suam⸴ & tantumm°
erant cõm̃dati abbi de elẏ.

Rodinges tenet . W . de uuatenuilla[19]⸴ de Wiłło de uuara[20] . qd̃ tenuit[21]
abb elẏ[22] . t. r . Æ.[23] p uno man̂io 7 p . II. ħ . & dimidia . semp . III. c̃ . in
dominio . 7[24] . III. c̃ . hoñ . & unus p̃sbr̃ . & . VIII. uillani . Tunc . XXII.[25]
bor . m° undecim . semp . VII.   Silua . CCC. p; & XLII. ac̃ . prati . semp . III.
runc̃ . octo animalia[26] . c. XX. oues⸴ &m° . VII. p3. Tunc ualuit . X. li .
7[27] qñ rec̃⸴ XII. li . & m° . XVIII. li.[28]   f. 51, a.
col. 2.

In alia rodinges[29] teñ[30] galt̃[31] de eodem . W . de uuara[32] . unam . ħ . q̃
addita est illi man̂io ⸴ & adiacebat . t. r . æduuardi . abbatie de elẏ ut hund
testatur.

Evdo dapifer tenet unum man̂iũ de . IX. ac̃ . q°d Brochesseuot[33] uocatur .
q°d tenuerunt duo sochemanni de abbe de[34] elẏ . t. r . Æduuardi . Tunc .
c̃ . III. in dominio . m°[35] . 7[36] . II. c̃ . 7 dimid . m° . I. c̃[37] . hoñ . & duo

---

[1] Fambruge, B; Famburge, C.   [2] semp, B; sẽp, C,   [3] II. c̃ ., C.
[4] ouib[2] ., C.   [5] abb is added in the margin before 'de' in a more recent
hand, B; abb de, C.   [6] calumpniantur, B.   [7] ei testant[2], C.
[8] iacet, C.   [9] reginald[2], C.   [10] unum, omitted, C.   [11] Godzelin, C.
[12] de t̃re, C.   [13] Æld̃, B; ædelð ., C.   [14] testant̃, C.   [15] de dimidia parte . & de alia parte nicħ sciunt ., omitted, C.   [16] Godzelm[2], B;
godcelin[2], C.   [17] Hanningafelde, B; ħamugefeld, C.   [18] radlf[2], C.
[19] watenuile, C.   [20] uuar', B; war̃, C.   [21] tenebat, C.   [22] de eli, B.
b.
[23] t. r. Æ., omitted, C.   [24] 7 ., omitted, C.   [25] .XII., B, C.
[26] animalia occ[r] ., C,   [27] 7, omitted, C.   [28] li., omitted, C.   [29] rodinges, C.
[30] tenuit, C.   [31] waltus, C.   [32] uuar̃, B; war̃, C.   [33] brocheseuod, C.
[34] de, omitted, C.   [35] et inserted in a modern hand before m°., B.   [36] 7 m°, C.
[37] hoïb[2] . m° . I. c̃ ;, C.

Tib. A. vi. uillani. Tunc III. bor. m° . v. Tc . III. m° unus. Silua . c . p; VI. ac . prati.[1] Tunc unûs runc . &[2] . III. animalia . &[3] . XVI. p . & m° . v. animalia . XXXIII.[4] p; Tunc & post ual . LX . s . & m° , IIII. libras.

Bedenestede teñ Rodb . de hugone . q°d tenuit Godmundus . t. r. e. p manio . &[5] . p . IIII. .ħ. Tunc unus uillanus ⁄ m° nullus . tunc nouem[6] . bor ⁄ &[7] m° . x. tunc & p°[8] . VI. &[9] m° unus. Tunc & p°[10] . II. c . in dominio . &[11] m° una . semp . I. c . hoñ . v. ac . prati. Tunc . III. runc ⁄ &[12] m° nullus . tunc . XXV. animalia[13] ⁄ &[14] m° una vacca. Tunc[15] . c. p . modo . XIIII. Tunc . c. 7[16] octo . o ⁄ modo uiginti . IIIIor . Tunc . LX. cap[17] ⁄ m° nulla. Tunc ualuit . VIII. li . & qñ rec . similr[18] . m° . IIIIor . li[19] . & . v. libi homines tenuert[20] unam . ħ . & dimid . & uiginti . III. aca .

f. 51, b. col. 1. q°d tenet idem rodb de hugone. Sep . v. bor . & . II. c . & diñ. Silua . XL. p . IIII. ac . prati . semp ual . l . s. Hoc maniium calumpniantur m° de eli . quod fuit in abbatia in dominio . & hoc[21] hund . testatur.[22]

Ranulf[23] pipellus tenet Ambredene[24] q°d tenuit Siuuardus . t. r. Æduuardi . pro manio & p q¹nq; . ħ. Semp . III. c . ī dominio . & . VI. c . hoñ. Tunc & post . XIII. uillani ⁄ m° . XIX. & unus sochemann⁹. Tunc unus . bor . p⁹ . II. 7[25] m° . VII. Semp . VI. tunc & post silua . CCL. p; & m° . CC. & . XXX. ac . pratj . ual . XII. li. S; Ranulfus[26] inde habuit p . III. annos unoquoq: anno . XVIII. lib. Hanc uillam calumpniatur abb de elý . & hund testatur q°d iacuit ad eccliam.

Goýs[27] de mannauilla teñ in Scelga[28] . XXX. ac . & Wills de eo q⁴ teñ. Samarus liber homo . t. r. e. Silua e ibi ad uiginti pe[29] . IIII. ac . pa.[30] Tunc ualuit . v. s ⁄ & m° . x. s . ħ tra adiacuit ad Rodincgs[31] mañ . Eudonis . t. r. e. & abb ely calumpniant[32] teste hund . & tram & maniium de Rodings.[33]

---

[1] de prati, B.   [2] & ., omitted, C.   [3] & ., omitted, C.   [4] antenuis . XXX., C. (instead of animalia . XXXIII.)   [5] & ., omitted, C.   [6] .XI., C.

[7] &, omitted, C.   [8] & p⁹ ., omitted, C.   [9] &, omitted, C.   [10] & p⁹ ., omitted, C.   [11] &, omitted, C.   [12] &, omitted, C.

[13] aïalia oc ., C.   [14] &, omitted, C.   [15] Tuncc originally.   [16] 7, omitted, C.   [17] capre, C.   [18] & qñ rec . similr ., omitted, C.   [19] li ., omitted, C.

[20] tenent, C.   [21] hoc omitted, C.   [22] testantur, B.   [23] Rannulf, B; Rannulfus, C.   [24] Ambredena, B.   [25] 7, omitted, C.   [26] rannulf⁹, B, C.

[27] Gois, B; Goisfer, C.   [28] seelga, C.   [29] p ., C.   [30] p*ti, B, C.

[31] Rodincgs, B; roding, C.   [32] de eli calūpniatr, B; de ely calūpniatr, C.

[33] Rodincgs, B; rodinges, C.

S

Eudon dapifer tenuit[1] Rodiñgs[2] . & de eo Turgis q^d[3] tenuit[4] . Samar[9] ^{Tib. A. vi.}
lib homo . t. r. e. p . una . ħ . 7 dimidia & . XLV. ac̃. Semp . II. c̃ . ī ^{f. 51, b.}_{col. 2.}
dominio. Tunc . II. c̃ . hoñ . & . m° . I. c̃. Tunc IX. uillani꞉ & . m° . III.
c̃.[5] Tunc[6] . I. bor . & . m° . III. c̃ . tunc . III. ser . & . m° unus. Silua . c. p .
XIX. ac̃ . prati. Tunc . I. runc̃ . & . m° . VII. Tunc decem animalia & . m°
uiginti q'nq̗. Tunc . VI. p . modo . LXXX. 7 nouem. Tunc . L. oues . 7
m°꞉ .CC. uiginti q'nq̗ . & . m° . LV. cap̃ . & octo uasa apum. Tunc ualuit .
c. s . & . m° . v. li . hoc mañium calumpniatur abb de ely꞉ teste hund̃.

In teodforda[7] tenet . S̃ . ÆDel[8] . un . . . lib^erã[9] . & . III. eccłias . & . duas
ma . . ras[10] in consuetudine.

In Clacheslose[11] *hund'* 7 *dim̃.* In Marham[12] tenet S̃ . ÆDeld[13] . IIII. c̃ .
ꞇre . semp . III. c̃ . in dominio. Tunc . VI. c̃ . hoñ . m° .III. semp . XIX.
uillani . & . XIII. bor . tunc . VII.[14] ser . m° . v. & uiginti . VI. ag̃[15] . p̃ti . &
una[16] mol. Tunc . X. runc̃ . m°꞉ .IIII^{or}. Tunc una . an^a . m° . VI. Tunc .
C. XXXI. oues꞉ m° . CCC. tunc uiginti . IIII^{or}. p . m° uiginti . III. Tunc
ualuit[17] . X. li . m° . similiꞇ. Huic manerio .t. r. e. adjacebant uiginti ꞏ
VII. socheñ . cum omni consuetudine. S; p°q^a rex . W . aduenit꞉ habuit
eos hugo de muntforti[18] p̃t unum . 7 . W . de uuara[19] . unũ soc̃ . cum . I.
c̃ . ꞇre & . VI. ac̃ de eccłia . ꞇ̃ tota ꞇra reddebat . XIIII. đ . qñ hund . 7 ^{f. 52, a.}_{col. 1.}
diñi . reddebat geldum[20]꞉ de uiginti sol . & . m° similiter. Et hi̅ unam
leugam . & . c. pc . in longo . & . diñi . leugam & . XL.[21] pc . in l
maresc[22] nescit m̃suram.

In bechesuuelle . tenet . S̃ . ÆDel[23] . I^a. c̃ . Ꝃ . & unam . c̃ . in dominio .
& . . . c̃[24] . hoñ . & . VII.[25] uillani . & unus . s . & . x. ac̃ . prati . semp ual .
uiginti . s.

In fincheaham[26] tenet S̃ . ÆDel . XXX꞉ ac̃ . Ꝃ . & decem ac̃ prati . semp .
III. bor . 7 . I. c̃ . ual . decem sol.

In Halingai[27] . IIII. bor . qui hñt . II. ac̃ . ꞇre . & ual . VI. đ.

---

[1] teñ, C.   [2] roðinges, C.   [3] qđ, B, C.   [4] teñ, C.   [5] c̃ ., *omitted*, C.
^{b.}
[6] tc̃ .III. 7 m° .I., C.   [7] Tedforda, B; teotforda, C.   [8] Ældreda, B;
æðelð, C.   [9] .I. libr̄ā, B; .I. domū libā, C.   [10] mansuras, B, C.
[11] clachelose, C.   [12] Mareham, B, C.   [13] Ælð, B; æðelð ., C.
[14] .VI., C.   [15] ac̃, C.   [16] .I., B, C.   [17] ualet, C.
[18] mūfort, C.   [19] war̄, C.   [20] geltum, B.   [21] .LX., C.
[22] Blank also in B.; latiñ . de marisco, C.   [23] Ælð, B; æðelð, C.
[24] .I. c̃ ., B, C.   [25] .VIII., C.   [26] fincheam, B, C.
[27] helingeie, C.

Tib. A. vi.

In fotestorp . ɪ. c̃ . t̃re . semp . ɪɪɪ. uiłł . & . ɪɪ. bor . & una . c̃ . in dominio . & dim̃ . c̃ . hom̃ . & . ɪɪ. "prati "ac̃[1] . & . ʟxxx. ouium[2] . & . vɪɪɪ. p; semp uał uigīti . soł . ɴec tota[3] t̃ra . ɪɪɪɪ. quadr̃ ĩ longo . 7 . ɪɪɪ. qᵃᵈ . in lato. Hanc . t̃ram calumpniatur꞉ c̃c̃ . lib̃am ulchetel[4] homo hemeri[5] . quocumq; . m° iudicetur uł bello uel iuditio.[6] Et alius homo p̃sto est p̃bare uel bello uel iuditio[7] quod iacebat ad eccłiam . S̃ . ædelð . die qᵃ rex æduuardus[8] obiit . 7 ut̃q; . dedit uadimonium suum. Et tot[9] hund̃ testatur q̧ . iacuit ad eccłiam . S̃ . æd . t. r. e.

f. 52, a.
col. 2.

In fordham . ɪɪɪ. bor . xɪɪ. ac̃ . t̃re . & . uał . ɪɪ. soł.

In Dunham[9] duo[10] uillani . x. ac̃ . t̃ . & una . ac̃ . prati . & uał . xɪɪ.[11] đ. Toṫ[12] dunham[13] hĩ . ɪɪɪ. quadr̃ in longo . & . ɪɪ. qᵃ[14] . in lato reddit . ɪɪɪɪ. đ . de xx. s . de gelto . quicumq̧ . ibi teneat.

In fridebrigge hun[15] & dim̃. Waltona[16] teñet . S̃ . æðel . t. r. e. ɪɪɪɪ. car̃ . t̃re . semp uiginti uillani & . xʟ. b̃ . tunc . xvɪɪɪ. ser . m° . xɪɪɪ. sep̄ . v. c̃ . in dominio . & . ɪɪɪ. c̃ . hom̃ . & . c. ac̃ . prati . & . ɪ꞉ piscina semp . vɪ. r̃ . tunc xvɪɪɪ. añ . m° . xɪ. semp miłł 7 ccc. oues . tc̃ . xxxɪ. p . m° uiginti .ɪɪɪ. tunc uiginti . ɪɪ. sał . m° uiginti . ɪɪɪɪ. Huic mañio p̃tinc̃t . vɪɪ. sochemanni . ɪ. c̃ . t̃ . 7 . xɪ. bor . 7 . ɪɪɪ. ser . & . ɪɪ. c̃.

In Singatona[17] iacent . xʟ. ac̃ . t̃ . de dominio꞉ huius uille. Tunc uał .ɪx. vɪɪɪ.[18] li . modo . xv. lib̃.

Achra[19] tenet sancta æðel . dim̃ . c̃ . t̃re . 7 . ɪɪ. bor . 7 . ɪ. s . 7 dim̃ . c̃ . 7 . ɪ. ac̃ . prati . & xxx. oues . semp uał . ɪɪɪ. soł.

In isingatona[20] tenet . S̃ . æðel . ɪ. c̃ . t̃re . tunc . ɪ. c̃ . in dominio . m° dim̃ . & duo uillani . & . ɪɪɪ. bor . & uiginti ac̃ . prati . & . ɪɪ. sał. Huic manerio p̃tinent . xvɪɪɪ. sochemanni . de[21] . xvɪɪ. ac̃ . t̃re . & dim̃ . car̃ . &[22] ualet . xvɪ. soł.

f. 52, b.
col. 1.

In Linna unus sochemann[9] de . xɪɪɪ. ac̃ . t̃re . & . ɪ. sał . semp uał . ɪɪɪɪ. soł. Sup̃ hanc t̃ram hĩ stigandus socham.

In Grimeshóu[23] hund'r. Feltuuclle[24] teñ . S̃ . æðel . t. r. e. vɪ.[25] c̃ . t̃re.

.[1] ac̃ . prati, ʙ, c. [2] ovium, ʙ; o꞉, c. [3] tota, *omitted*, c.
[4] vschetel, c. [5] hem̃i, c. [6] iudicio, ʙ, c. [7] iudicio, ʙ, c.
[8] Ead ., ʙ; æwar̃, c. [9] Doneham, ʙ. [10] .ɪɪ. originally, but altered by a contemporary hand into .xɪ., c. [11] .x., c. [12] Totum, ʙ, c.
[13] Doneham, ʙ. [14] qᵃ ., *omitted*, c. [15] Fridebrige hund, ʙ; Fredeb'ge hūd ., c. [16] Waltuna teñ, ʙ, c. [17] isingatona, ʙ; isingetona, c.
[18] vɪɪɪɪ, ʙ; .ɪx., c. [19] Achre, ʙ; Acre, c. [20] isingetona, c.
[21] de ., *omitted*, c. [22] &, *omitted*, c. [23] grimeshowe, c. [24] Felteuuelle, ʙ; Feltewelle, c. [25] .v., c.

Tunc . XL. uillani . m°⸴ uiginti . VIII^to. tunc . v. ƀ . m° decem.   Tc̃ . XIIII.
m° . XII. tunc . IIII. c̃ . in dominio⸴ modo q'nq̨ tunc . c̃¹ . hom̃ . m° VII. 7 .
XXX. ac̃ . prati . semp . II. r⁹ . & . X.I.² animalia . & . C. XL. oues tunc .
XXXIIII.³ p; m° . uiginti . II. & . I. mol . & due piscine . sẽp ual . XII. li.
Huic man̂io adiacebant . t. r. æduuardi . XXIIII.⁴ homines . cum omni
consuetudine . & alii . VII. erant liƀi homines qui pot̂ant uenđe t̂ras . s;
soca & comñd̃⁵ . remansit . S̃ æDel . hĩ unam leugā in longo⸴ & dimidiam
in lato . & reddit . XXX. đn . & đm de gelto.⁶

Norduualde⁷ tenet . S . æDelD̃ . t. r. e. VI. c̃ . t̂re . semp octo uiƚƚi & .
XVIII. bor . & . IIII.   Tunc . III. car̃ . in dominio⸴ m° IIII^or. II. mol . II.
pisc̃⁸ . undecim⁹ animalia.   Tunc . XXXI. p; m° uiginti . II. c . 7¹⁰ . XXX.
oues.   Tũc ual octo . li . m° nouem . li.¹¹   Huic man̂io adiacebant . t. r.
æd . XXX. sochemanni cũ omni consuetudine.   Et alii . IIII. liƀi homines q̂ⁱ
poterant uenđe t̂ras . s; saca & com̃d̃¹² remanebat . S̃ . æDel . & hĩ unam
leugam in longo & diñi . in lato & reddit . XXX. đn 7 diñi . de gelto.¹³

Mundeforda¹⁴ teñ . Sc̃a æDel . t. r. æduuardi . III. c̃ . t̂re . tunc .
XIIII. uillani . m° decem . tunc . IIII. b . m° . VIII^to. tunc . IIII. m° . II. semp .
II. c̃ . in dominio . tunc . III. homines¹⁵ m° II. & XVI. ac̃ . prati . 7 diñi mol .
semp . V. animalia¹⁶ . &¹⁷ . XXXIII. oues . tunc . II. p; m° . III. semp ual .
II. li.   Huic man̂io adiacebant . t. r. e. septem sochemanni cũ omni con-
suetudine . & hĩ dimidiam leugam in longo . & dimiđ . in lato . & reddit .
XI. đn de gelto.¹⁸

*In sereeham*¹⁹ *hund'r.*   Brugeham teñ . S̃ . æDel . t. r. e. IIII. c̃ . t̂re . sc̃p .
XII. uillani . tunc decem . bor . &²⁰ m° . XVII.²¹ semp . IIII. &²² . III. car̃ . in
domiñ . & . III. c̃ . hom̃ . & . IIII. ac̃ . prati . Silua . XV. p . & due²³ mol .
semp . II. r⁹ . & . V. animalia²⁴ . tunc . CC. o . m° . CLXXX.²⁵ seper²⁶ XV. p;
Huic man̂io ptinent . XXX. ac̃ . terre . in dominio . qui²⁷ sunt in Brethen-
hám . & . XXX. ac̃ . qui²⁸ sunt in Rudenhám.²⁹   Tunc ualuit . VI. li . m° .
VIII. & hĩ unā leugam in lōgo . & . IIII.^cr q̂ᵃdr̃ in lato . & reddit . XI. đn de

---

¹ VIII. C ., B, C.   ² XI, B, C.   ³ XXXIII, B. C.   ⁴ XXXIIII., B, C.   ⁵ com̃datū, C.
⁶ geldo, C.   ⁷ Nortuualde, B ; Northwolde, C.   ⁸ piscatᵘ, B.
⁹ .IX., C.   ¹⁰ 7 ., *omitted*, C.   ¹¹ li ., *omitted*, C.   ¹² com̃datū, C.
¹³ geldo, C.   ¹⁴ Mundeforde, C.   ¹⁵ III. c̃ . hōib⁹, C.   ¹⁶ anteñ ., C.
¹⁷ & ., *omitted*, C.   ¹⁸ geldo, C.   ¹⁹ sereehā, C.   ²⁰ &, *omitted*, C.
²¹ .XVI., C.   ²² IIII. & ., *omitted*, C.   ²³ .II., C.   ²⁴ anteñ ., C.
²⁵ m° . CLXXX., *omitted*, C.   ²⁶ sẽp, B, C.   ²⁷ q̃, C.   ²⁸ q̃, C.
²⁹ ruðehā ., C.

Tib. A. vi. gelto.[1] Et huic man̂io ptinet qᶦdam pͩr de . x. aͨ . & reddit . ii. soƚ . & non potest ſram suam uenͩe.

In gildecrose[2] hundred. In Benham[3] teñ . S̃ . Ædel . unum[4] sochemannum . t. r. e. ii. ͨ . ſre . tunc & post . x. uillani . m°[5]. modo . iiii. sēp . vi. bor . tunc . iiii. m° nullus . & . xxiiii. aͨ . prati . Silua . ͨ . p; tunc . ii. ͨ . in dominio . post . iii. boū . m° . i. ͨ . 7 . ͨ[6] . poss; restaurari . tunc & post . ii. ͨ . hoñ . & modo una & alia poss; restaurari . Tunc . iiii. animalia . m° . ii. tͨ . xvi. p; m° . ii. Hoc man̂ium teñ . W . de escodeies de aͪbe . & . iii. sochemanni . de uiginti aͨ . ĩ . semp dim̃ car̃ . 7 ii. aͨ . prati . tunc ualuit . lx.[7] soƚ . modo . xl. Et in eadem uilla . iii. liͪi homines de dim̃ . car̃ . ſre . &[8] . v. aͨ . de quib; aͪb non habebat nᶦ com̃ͩ. Soca in kaninghala[9] regis . & . vi. aͨ . prati . tunc . una ͨ . ſre[10] 7 dim̃ . m° . i.[11] semp uaƚ . x. s . hos liͪos homines tenet Ratfridᵓ . post ⸴ W . de scodies[12] . & abbas saisiuit eos ꝑpĩ com̃ͩ suam.[13]

In Rixeuurde[14] . i. ͨ . ſre . 7 dim̃ . teñ . S̃ . Ædel . t. r. e. semp . iii. uillani 7 . i. ser . & . viii. aͨ . prati . tunc . ii. car̃ . m° nullam[15] . s; possent restaurari . tunc dim̃ . ͨ . hoñ . m° unum boue & unum sochemannū[16] . ii. aͨ . ſre . tunc uaƚ[17] . uiginti . so . m° . viii. hanc ſram tenuit iohannes nepos. W . de aͪbe . & unus liͪ homo Vlfricᵓ . lx. aͨ . ſre . t. r. e. & . iiii. aͨ . prati . 7 . i. car̃ . Soca in Keninghala[18] regis . Tunc ualuit . x.[19] s . m° quinqͧ. Idem Vlfricᵓ forisfactus fuit erga regem . W . de . viii. li . & ideo remansit in manu regis . Hanc ſram tenet ioħs nepos . W . de aͪbe.

In nortuna unᵓ sochemannᵓ de . lxxx. 7 . i.[20] aͨ . ſre . 7 una aͨ . prati . & unᵓ uillanᵓ . & . vii. bor . & . i. ͨ . semp uaƚ . xv. soƚ . & iste fuit de liͪis hominib; . R . bigod[21] . 7 aͪb . diratiocinauit[22] eum.

In Gildecrose[23] hunͩr . i. socheñ . dim̃[24] . ͨ . ſre . & dimiͩ . ͨ . & uaƚ . ii. s . 7 iste fuit de liberis hominib; . R . bigot.

In lauuendice[25] hund'. Oxeuuike tenuit[26] . S̃ . Ædelͩ . t. r. e. i. ͨ . ſre . semp . iiii. bor . 7 . iii. socheñ . de . vi. aͨ . terre . semp . i. ͨ . in dominio .

---

1 geldo, c.   2 Gilcrosse, c.   3 beneham, b, c.   4 .i., c.
5 m° ., *omitted,* c.   6 7 i. ͨ ., c.   7 .xl., c.   8 & ., *omitted,* c.
9 keninghala, b ; cheningehala, c.   10 ſre, *omitted,* c.   11 .i. ͨ ., c.
12 de scodies, b ; de escodies, c.   13 com̃datū suū ., c.   14 Rixeuurda, b ;
rixeworða, c.   15 nulla, c.   16 .i. bos . 7 . i. socħ ., c.   17 ualet, c.
18 keningehala, c.   19 .xx., c.   20 7 . i., *omitted,* b, c. (having been erased).
21 bigot ., c.   22 dirationauit, c.   23 childecrosse, c.   24 7 dim̃ ., c.
25 lauēdice, c.   26 Oxeuuicha, b ; Oxeuuica teñ, c.

tunc . ii. c̃ . hom̃ . p⁹⸴ 7 m° dimiđ . c̃ . & dimiđ poss; restaurari . & . ii.
ac̃ . prati . silua ad uiginti . iiii. p; semp ual uiginti sol. Hoc tenet Rai-
noldus filius iuonis[1] de abbe⸴ s; p[i]us tenuit de rege.

In Hou tc̃ñ . S̃ . Ædel . t. r. e. i. c̃ . ꝑ̃ . semp . viii. uillani . & . x. ƀ . & .
viii. ac̃ . prati . semp . iii. c̃ . silua ad . c . p . i.[2] mol. Hoc iacet in dere-
hám cum omni consuetudine . soca in Meleham[3] regis . de duobȝ sochemannis[4] q[i] hñt uiginti . iiii. ac̃ . ꝑ̃ . iiii.[5] ac̃ . prati . Silua ad . iiii. p⸴ semp
diñ . c̃ . 7 ual . iiii. s . & abƀ . habuit tempore . rc. c. cōñđ tantũ 7 soc̃
fauldc.[6]

In mideforde[7] hund’ . 7 dim̃. Dereham tenuit . S̃ . Ædel . t. r. eaduuardi .

tunc[3] uiginti uillani . m° . xvi. tunc . xx. ƀ⸴ m° uiginti . v. & . ii. tunc . ii.
c̃[9] . in dñio . m° . iii. tunc . viii. c̃ . hoñ . m° . vii. silua tunc ad ƀ . c . p .
m° ad . ccc. semp . iii. mol . 7 . iii. r⁹[10] . & . xii. animalia . & . xx. p . & .
c . oues . 7 . vii. sochemanni . de . xxx. ac̃ . ꝑ̃re . 7 . ii. ac̃ . prati . & . iii.
ac̃ . silue . tunc ual . x. li . m° . xiii. & hĩ unam leugam in longo . &
dimiđ[11] & reddit . xv. dn de gelto.[12] Tota soca istius hunđ 7 dimiđ iacebat
ad S̃ . Ædelđ . t. r. eaduuardi . & ual . lx. s.

Torp tenuit . S̃ . Ædel . t. r. e. iii. c̃ . ꝑ̃re . semp . x. uillani & uiginti .
7 . iiii. tunc . i. c̃ . in dñio⸴ m° . ii. semp . vii. c̃ . 7 diñ . hominibȝ. Silua
tunc ad ƀ . ccc. p . m° . ad ƀ . c . & . viii. ac̃ prati . semp unum mol . & .
ii. r⁹[13] . & . xi. anim̃ . & . uiginti . vii. p . 7 . c . oues . iii. minus . 7
xxxviii. cap̃ . & . xii. sochemanni . xl. ac̃ . ꝑ̃re . sep̃ . v. car̃ . & . xii. ac̃ .
prati . silua ad . x[ii] . p . tunc ual . xlx.[14] s . m° . xi. liƀ . & hĩ unam leugam in[15] longo⸴ 7 . i. ĩ lato . & . reddit . xv. dn . de gelto . & super omnes
sochemannos de his duobȝ maneriis . xv.⸴ dñ de gelto.

Celucleia[16] . tenuit S̃ . Ædel . t. r. e. i. c̃ . ĩ . semp . iiii. uillani . & . xi.
bor . semp . i. c̃ . in dominio . 7 dim̃ . c̃ . hominñ . & tota poss; restaurari.
Silua ad uiginti . p . 7 uiginti ac̃ . p[17] . m° . i. r⁹ . 7 . iiii. anim̃ . & . v. p .
& . v. soche . de uiginti ac̃ . ꝑ̃re . & ual uiginti . s . & hĩ . iiii. q[a]đr . in
longo . & . iiii. ĩ lato . & . v. dn de gelto . Hanc ꝑ̃ram calumpniatur
godric⁹ ad feudũ . Radulfi comitis . q°d eam tenuit añq[a]m forisfaceret.
Hoc testatur hunđr . m° tenet eam Berner⁹ arbalistarius de abbc.

---

[1] yuonis, c.　　　[2] 7 . i., c.　　　[3] melcham, c.　　　[4] sochemanis, B.
[5] et . iiii., B, c.　　　[6] faulde, B.　　　[7] miteforde, B; miteforda, c.
[8] v. c̃ . terre . tc̃, B, c.　　　[9] ii. c., B, c.　　　[10] rūc̃., c.　　　[11] đm . in lato., B, c.
[12] geldo ., c.　　　[13] rūc̃ ., c.　　　[14] lx, B, c.　　　[15] in, *omitted*, c.
[16] Ceucleia, c.　　　[17] p[a]ti, c.

Tib. A. vi. IN tudeneham[1] . I. sochem̄ . S̃ . ÆDelð . I. c̃ . t̃re . 7 . VII.[2] & unum mol .
& . III. ac̃ . prati . semp . I. c̃ . 7 dimid . tc̃ . 7 pᵒ꞉ ual . uiginti . s . mᵒ³ .
XII.

IN Matesale . VIII. sochı̄ . de . XXX. ac̃ . t̃re . tunc . II. c̃ . mᵒ . I. 7 . VIII.
ac̃ prati . Tunc ualuit uiginti . s . mᵒ . XIII. s . & . VIII. đn . Hoc tenet .
R . de belfoú de abbate.

f. 54, a. IN torp & in Torstetuna . & in lachesham . v. sochemanni de . S̃ . Æ⁴ .
col. 1. l . ac̃ . t̃re . semp . I. c̃ . & ualet . VIII. s . hoc teñ . R . arbal⁵ . de abbe.

IN lacheshám . XIIII. sochemanni . LXXXX. ac̃ . t̃re . & ual⁶ uiginti . s .
πos tenet⁷ . R . bigod⁸ . de rege . s; abb . diratiocinauit eos coram eᵖo constantiesi . mᵒ . tenet eos p̃dictus . R . bigod⁹ . de abbe.

*In brodecrose*¹⁰ *hund'.* BRunestorp . teñ S̃ . ÆDel . I. sochı̄ . dim̄ . c̃ t̃ . .
semp . VIII. bor . & . I. c̃ . in dominio . & . I. c̃ . hom̄ . & . III.¹¹ ac̃ . prati .
& unum mol . semp . ual . XX. s.

IN Norduuicc¹² . teñ . sc̃a . ÆDel¹³ . unam mansurā.

*In Hersham*¹⁴ *dimidium hundr'.* Puleham¹⁵ teñ . S̃ . ÆDel . t. r. ead . XV.
c̃ . t̃re . semp . LX.¹⁶ uillani . & uiginti . v. b . & . VII. ser . semp . III.¹⁷ c̃ .
in dominio . tunc uiginti . car̃ . hom̄ . mᵒ . XVI. & . XVI. ac̃ . pᵃti . & . I.
mol . silua tunc ad . b . c . p . modo꞉ ad . CCC. Semp . III. r⁹ . & . XI.
animal . &¹⁸ XL. p . & . L. oues . & . XL. cap̃ . 7 . IIII. uasa apum . Tunc
ual . VIII.¹⁹ lib . mᵒ uiginti . & hı̃ . II. leugas²⁰ in lōgo & unam in lato²¹ .
& . XXX. đn de gelto.

IN prilestona²² . teñ Alsi . uñ . lib . homo sub sc̃a . ÆDel . t. r. e. I. c̃ .
f. 54, a. t̃re . mᵒ tenet eam Rog̃ de rannes²³ de abb . semp . v. bor . 7 . I. tunc . &
col. 2. post꞉ II. c̃ . t̃re²⁴ in dominio . mᵒ . I. semp dimid . c̃ . hominibȝ . Silua ad ·
XVI. p . & XVIII.²⁵ ac̃ . prati . tunc 7 post ual uiginti . sol . mᵒ . X. sol . &
hı̃ . v. qᵃđr . in longo . & . v. in lato . & de gelto . IIII. đn . s; plures ibi
tenent.

---

¹ tudenhā, c.   ² VI., c.   ³ 7 mᵒ ., c.   ⁴ Ælð, B; æðelð ., c.
⁵ Robt⁹ . arbalesⱦ, B; rodbt⁹ arbalesⱦ, c.   ⁶ LXXXX. ac̃ . t̃re . semp .II.
c̃ . 7 . IIII. ac̃ . prati . 7 . ual ., B, c.   ⁷ *tenet* originally written, but the
final *et* blotted out, and the word made to stand thus, teñ ., B, c.
⁸ bigot, B, c.   ⁹ bigot, B, c.   ¹⁰ brodrecrose, B; brodrecrosse, c.
¹¹ .IIII., c.   ¹² nortuuicc, B; norwich, c.   ¹³ Ælð, c.   ¹⁴ Arsam, c.
¹⁵ Pullehā, c.   ¹⁶ XL., c.   ¹⁷ .IIII., c.   ¹⁸ & ., *omitted,* c.
¹⁹ .VII., c.   ²⁰ leugam, B.   ²¹ alto, c.   ²² pⁱlestuna, c.
²³ Roger⁹ de raimis, B; rog̃us de ram̄, c.   ²⁴ t̃re, *omitted,* B, c.   ²⁵ .VIII., B, c.

In diepauuade[1] ʜundr'. Iɴ strattuna[2] . S̃ . ædel . ɪ. sochem̃ . de . xɪɪ. ac̃ . Tib. A. vi
꣸re . ptinet[3] ī puleham[4] . & uał . xɪɪ. đn.

Iɴ Harduuica[5] . unus socħ . de . xv.[6] ac̃ . ꣸re[7] . semp dimiđ . c̃ . & uał .
ɪɪ. s. Istc autem ptinet ad puleham.[8]

In disce dimidium hund'r. Teluetona[9] . tenuit . S̃ . ædel . t. r. e. ɪɪ. ṽ . ꣸.
    b.
Semp . vɪ. uillani . 7 . ɪ. tunc . ɪɪ. c̃ . in dominio . m°⸍ nulla[10] . semp . ɪ. c̃ .
hominib₃ . & . ɪɪɪɪ. ac̃ . pᵃti. Silua tunc ad[11] . ʟx. p . m°⸍ ad[12] . xxx. semp
uał . uiginti soł . & ħt . ɪ. unā leugam in longo . & . v. qᵃđr in lato . 7 .
vɪɪ.[13] đn de gelto.

Iɴ teueteshala[14] tenuit[15] . S̃ ædel . ɪɪ. sochemannos de dim̃ . c̃ . ꣸re . 7 . ɪɪ.
ac̃ . semp duo uillani & dim̃ . 7[16] . ɪɪ. bor . semp . ɪ. c . int꣸ se & homines .
silua ad[17] . xv. p . & . ɪ. ac̃ . 7 dimiđ . pᵃti . semper uał . x. s. Hi iacent
in puleham.[18]

In henestede[19] *hund'r.* Bereh teñet[20] S̃ . ædel . t. r. e. ɪɪɪɪ. c̃ . ꣸re . semp
    b.
. x. uillani . & . v. m° . ɪɪ. s̃[21] . semp . ɪɪ. c̃ . in dominio . & . ɪ. c̃ . homi- f. 54, b.
nib₃ . & . xxx. ac̃ . prati . m°[22] unum moł . silua . ad[23] . xvɪ. p . tunc . ɪɪɪɪ. col. 1.
animał . sēp . ɪɪ. r꣸. Huic man꣸io ptinent . xɪɪ. soche . qui sunt in lodinge[24]
ʜundr . & hñt . xxx. ac̃ . ꣸re . & . xɪ. b . & . ɪ. ac̃ . pᵃti . & . ɪɪ. car̃ . 7
dimiđ . & . vɪɪɪ. sochem̃ . qⁱ sunt in Henesteda[25] ʜundr . 7 hñt . xʟ. "꣸re .
"ac̃[26] . & semp . ɪ. c̃ . 7 unus liꝺ h꜀ de . xxx. ac̃ . ꣸re . semp dimiđ . c̃ . 7 .
ɪ. ꝺ . tunc . ɪɪ. liꝺ . m° . ɪɪɪɪ. li. Modo tenet Godric꜀ dapifer sub . S̃ .
ædel . ab antecessore suo.

De toto q°d habemus in Nortfulc[27] . centum . liꝺ . & . vɪɪɪ. soł.

Iɴ dereham est una eccłia de . xxx. ac̃ . liꝺe[28] . 7 . ɪ. c̃ . &[29] uał . ɪɪɪɪ. soł.

Iɴ torp una . eccᵃ . de . xɪɪ. ac̃ . libere ꣸re . & dimiđ . car̃ . ualet .
xvɪɪɪ. đn.

---

[1] depeuuade, ʙ; depewade, c.   [2] straituna, c.   [3] Quę ptinet, c.
[4] pullehā, c.   [5] harduuicha, ʙ; hardwica, c.   [6] .v., c.
[7] ꣸re ., *omitted*, c.   [8] pullehā, c.   [9] Teluetuna, ʙ; Teue-
letuna, c.   [10] nullā, ʙ.   [11] ad ., *omitted*, c.   [12] ad ., *omitted*, c.
[13] redđ .vɪɪ., c.   [14] teuetesale, ʙ; theüesthehale, c.   [15] tenuit ., *omitted* c.
[16] 7 ., *omitted*, c.   [17] ad ., *omitted*, c.   [18] pullehā, c.   [19] henesteda, ʙ;
henncstede, c.   [20] Bereh . tenet, ʙ; Berch teñ, c.   [21] s̃ ., *omitted*, c.
[22] m° ., *omitted*, c.   [23] ad ., *omitted*, c.   [24] loding, ʙ, c.
[25] hencstede, c.   [26] ac̃ ꣸rę, ʙ, c.   [27] Nortfulch, ʙ; northfolch, c.
[28] after ' liꝺe' *terræ* has been added, ʙ, in a hand apparently of the last century; liꝺe ꣸re, c.   [29] &, *omitted*, c.

Tib. A. vi.

In puleham[1] due ecctie[2] de . ɪɪ. acris . ualent[3] . ɪɪɪ. dñ.

In Brigeham[4] . una ecclia de xɪɪ. ac̃ . liƀe . ꝋre . ualet[5] . ɪɪ. soł.

In Felteuuella[6] . ɪ. ecc[a] . de xxx. ac̃ . libere ꝋre 7 ual . ɪɪɪɪ. soł.

In Nortuualda[7] . ɪ. ecc[a] . de xɪɪ. ac̃ . liƀe . ꝋre . 7 ual . xvɪɪɪ. đ.

In Waltona[8] dĩm . ecc[a] . de vɪɪ. ac̃ . liƀe . ꝋre . 7 ual . xɪɪ. dñ.[9]

f. 54, b. col. 2.

In clachelose[10] hundr' . 7 dĩm . ꝋre hugo de munford.[11] In mareham . xxvɪ. sochemanñ . q[o]s tenet S̃ . ÆDel . t. r. e. tunc . vɪɪɪ. bor . m[o] . ɪx.[12] tunc[13] . v. c̃ . m[o] . ɪɪɪɪ. ɪɪ. liƀi . ho . hanc[14] ꝋram recepunt ꝑ escangio . & ẽ mensurata in breui[15] . S̃ . ÆDel.

Terre Will'i[16] de uuara in clachelose hundr'. In Mareham dimiđ . c̃ . ꝋre qđ[17] sẽp tenuit[18] . t. r. e. semp . ɪɪɪɪ.[19] 7 . ɪ. c̃ . 7 . ɪɪɪɪ. ac̃ . prati . tunc ualuit uiginti soł . m[o] . uiginti . vɪ. soł . & . vɪɪɪ. dñ.

In Phinkeham[20] teñ Radulf[9] bainnard[21] ᴧilýd[22] liƀam feminā . ɪ. c̃ . ꝋre . semp . ɪɪɪɪ. semp . ɪɪɪ. ɪ. c̃ . xɪɪ. ac̃ . prati . qñ receꝑ duos eq[o]s . modo unum . tunc . vɪɪɪ. p. tunc . xʟ'. o . m[o] uiginti . ɪɪɪɪ[or]. tunc . ual . ʟ. soł . post. ʟx. .s . m[o23] . xʟ. soł . Hanc ꝋram calumpniatur . S̃ . ÆDel. in dominio . & hunđr testatur.

In Fordham uñ . socheñ . de . xxx. ac̃ . de[24] ꝋre . 7 . ɪɪɪ. semp dimiđ . c̃ . & ual . ɪɪɪɪ. soł . ꞯunc[25] tenet aƀƀ . s; ñ h̃i n[i] comñdationem.

In grimeshôu[26] hundr'. Medeluuolda[27] teñ . stigandus . t. r. e. uiginti . c̃ . ꝋ. tunc uiginti . vɪɪɪ[to]. uillani . p[9] . xxɪɪɪɪ[or]. m[o] . xvɪɪɪ. tunc . ɪɪɪɪ. bor . p[9] . vɪɪɪ. modo . xɪɪɪ. semp uiginti . ɪɪɪɪ. ser . & . xxx. ac̃ . prati . tunc . vɪ.

f. 55, a. col. 1.

c̃ . in dominio. & post . m[o] . v. tunc uillani[28] uiginti . ɪɪɪ. c̃ . p[9] . xɪɪɪ. m[o] . vɪɪ. semp . ɪɪ. moł . & dĩm . & . vɪɪ. piscine . in dominio . ɪɪɪɪ.[29] r[9] . xɪɪ. animał . ʟxxx. ɪɪɪɪ. p; . oũ . ƀ.ccc. uiginti . vɪɪ. uasa apum. Hic semp

---

[1] pulleh̄a, ᴄ.   [2] ꝗcctas, ʙ, ᴄ.   [3] ualet, ᴄ.   [4] bricheh̄a, ᴄ.

[5] 7 vał, ᴄ.   [6] feeltewelle, ᴄ.   [7] northwolda, ᴄ.   [8] Waltuna, ʙ, ᴄ.

[9] đn. In teritona . ɪ. ꝗccła . de . vɪɪ. ac̃ . liƀe terrꝗ . et ualct . xɪɪ. đn ., ʙ; đ . In terintona . ɪ. ecclia . de . vɪɪ. ac̃ . liƀe ꝋre . 7 ual xɪɪ. d ., ᴄ.

[10] clacheslose, ᴄ.   [11] montf'., ʙ; mūtforĩ, ᴄ.   [12] .vɪɪɪ., ᴄ.

[13] tunc ., *omitted*, ᴄ.   [14] m[o] . ɪɪɪɪ. vɪ. ac̃ . p[a]ti . tc̃ uał . ɪɪɪɪ. liƀ . p[9]t . ɪɪɪ. liƀ . m[o] . ɪɪ. liƀ. Hanc, ʙ; m[o] . ɪɪɪɪ. vɪ. ac̃ p[a]ti . tc̃ uał . ɪɪɪɪ. ł . m[o] . ł . hanc, ᴄ.

[15] breue, ᴄ.   [16] W ., ʙ, ᴄ.   [17] q[a]m, ᴄ.   [18] teñ . S[a] . Ælđ ., ʙ; teñ ʒ . ædelð .,ᴄ.   [19] .ɪɪɪ. b ., ʙ, ᴄ.   [20] Phinceham, ʙ; Finch̄a, ᴄ.   [21] bernart, ᴄ.   [22] ailid, ʙ, ᴄ.   [23] m[o] . xʟ. soł., *omitted*, ʙ, ᴄ.   [24] de, *omitted*, ʙ, ᴄ.   [25] h'c, ʙ; hoc, ᴄ.   [26] gremeshowe, ᴄ.   [27] Medelwolda, ᴄ.   [28] uillani, *omitted*, ᴄ.   [29] .ɪɪɪ., ᴄ.

T

iacet una bereuuica.[1]   Watinga[2] . semp . III. uillani . 7 . I. 7 . III. & . I. ac^a . ^{Tib. A. vi.}
p^ati . tunc . II. cař . in dominio꞉ & post . m° . I. tunc . I. č . hoм̃ . semp .
II. r꞊.

IN Felteuuella[3] . LX. ač . P̃re . & in tiadforda[4] dimiđ . č . P̃re . 7 .V. ᵬ .
de . V. ač . P̃re . tunc . m° . III. & due mãsure sunt uacue . & una ecclia .
Š . elene[5] . cū . una . č . P̃re . & unus uillan꞉ & . I. č . poss; . ẽ̃ẽ[6] . & in
hailincgai[7] . unū liᵬum hominē . de[8] . XXX. ač . P̃re . 7 . I. č . & in Wella .
III. bor. & in toto mañ . VIII. č . possent . ẽ̃ẽ . tunc uaᵮ . XX. liᵬ . m° . XXX.
li . & hĩ . II. leu[9] . in longo꞉ & dimiđ . in lato . & reddit . II. soᵮ . & unum
obᵵm . de uiginti soᵮ . de gel . & . IIII. sochemanni adiacent꞉ huic mañio .
t. r. e.   Et m° hĩ eos . W . de uuař.

CRochestuna teñ . stigandus . t. r. e. V. č . P̃re . tč . VIII. uillani . p° . IIII^{or}꞉
m° nullus . & m° . IIII. tunc . V. post . IIII. m° nullus . tč . III. č . in dominio .
post 7 m° . II. cař.[10] . II. tunc[11] hominib; tč unum moᵮ . q°d[12] p꞊ receᵽ
Rađ[13] . comes . tunc . I. č . & m° . & . IIII. ač . prati . & . VI. animaᵮ . & .
XVIII. p; 7 . CC. 7[14] XV. o . hic iacuert̃ . t. r. e. XVII. sochemanni . de his hĩ . ^{f. 55, a.}
W . de uuara . XVI. 7 Rađ[15] . de todeneio . I. tunc uaᵮ . X. li . m° . XL. s . 7 ^{col. 2.}
reddit . V. liᵬ . & . III. č . possent . ẽ̃ẽ . 7 hĩ unam . leu . in longo . 7 dimiđ .
in lato . & reddit . XII. đ . de gelto .   Calumpnia . s^a . Æ̃del . Medeluuolda[16] .
iacebat . t. r. e. ad uictum monacorū[17] . &[18] aᵬᵬ eam p̃stauit stigando
archieᵽo . ut p꞊ mortem ei꞊ redđetur[19] abbacie꞉[20] & hunđr hoc testatur
q°d ađ[21] abbatiam . & Crochestona[22] similr .   Hec mañia[23] tenuit stigandus
ea die q^a . rex Æd . fuit uiuus & mortuus.

IN Watinga . W . de uuař . IX. liᵬi homines . V. č . P̃ . 7 dimiđ . 7 XV.
uillani . & uiginti . bor . & . VI. 7 . XIII. ač . prati . semp . VIII. č . silua ad
.V. p . dimiđ . pisč[24] . tunc ualuit . LX. soᵮ.

Horum . VII. cõm̃đ . & soca fuit . Š . Ædel.

IN creneuuis[25] . teñ . Š . Ædel . anant[26] unum liᵬum hoм̃ . sač . 7 soč . &
comm̃đ . t. r. e. semp . II. č . in dominio . 7 XI. uillani . 7 . V. 7 . II. 7 . II.

---

[1] bereuuicha, B.   [2] wetinga, C.   [3] feltewelle, C.   [4] tedforda, B ;
teodford, C.   [5] Eleneͅ, B.   [6] f'i ., C.   [7] hanlingeia, C.
[8] de ., *omitted*, B, C.   [9] leugam, B ; leugas, C.   [10] tč, B, C.
[11] .č., B, C.   [12] q^em, B ; q^e, C.   [13] Radulf꞊, B, C.   [14] *erased*, C.
[15] Radulf꞊, B, C.   [16] de Medelwolda qđ, C.   [17] monachoᶚ, B, C.
[18] &, *omitted*, C.   [19] redđet^r, C.   [20] abbatie, B.   [21] qđ iacebat ađ, B, C.
[22] Crochestuna, B.   [23] ħ mañ, C.   [24] piscin^a, B, C.   [25] cranewisse, C.
[26] anand, C.

Tib. A. vi. ac . prati . tunc & post ꞉⁄ IIII. c̃ . hom̃ . m° . III. 7 dimiđ . & unum molendiñ & dimiđ . pisc̃¹ . silua ad . X. p . semp . IIII. r⁹ . tunc . VI.² animał .
& . XIII. p . tunc . c . o꞉⁄ m° . c . & uiginti . VII.³ uasa apum . & hĩ . VIII.

f. 55, b.
col. 1.
q°đr in longo . & . IIII.ᵒʳ in lato . & reddit . VIII. đn . in gelto . & . uał .
III. liƀ.

In felteuuella⁴ teñ . W . de uuara⁵ . . XLI. socheñ . III. c̃ . ꝑre . 7 . XL.
ac . & . v. caɼ . & . VIII. ac . prati . & uał . III. li . & dimiđ . & . I. socheñ .
I. caɼ . ꝑre . VIII. uillani . v. IIII. I. caɼ . III. ac . pᵃti . una caɼ hominibȝ.
Semp uał uiginti soł . Sup hos omnes habeƀ⁶ . sᵃ . ᴁDel . socam & comñđ .
& ōnem⁷ consuetudinē . illoᵹ . VII. liƀi erant cum ꝑris suis . &⁸ soc̃ . &
cōmñđ . remanebat . S̃ . ᴁDel.⁹

In norduualde¹⁰ . S̃ . ᴁDel . XXXIIII. socheñ . cum¹¹ . v. caɼ . ꝑre . VIII.¹²
ac . pᵃti . & . VII. caɼ . tunc uał . LX. soł . m° . c . s . S̃ . ᴁDel . soc̃ . &
comñđ . & omēm¹³ . ꝗsuetudinē de illis¹⁴ . XXX. tantum . & . IIII. erant liƀi
homines . so . 7 sa¹⁵ . & comñđ . S̃ . ᴁDel . habeƀ.¹⁶

In Mundeforda . S̃ . ᴁDel . VII. soche . cū omni consuetudine dimiđ . c̃ .
ꝑre . & . I. caɼ . & . uał . X. soł.

In Medeluuolda¹⁷ . IIII. liƀi hōīes . III. caɼ . ꝑre . semp¹⁸ . IIII. uillani . 7 .
I. &¹⁹ . IIII. ac . pᵃti . Tunc . IIII. c̃ . &²⁰ post . & m° . III. tunc uał . uiginti .
s . modo . XLV. soł.

In lacheslose²¹ Hundr'. &²² dim̃. In Fincheham²³ habuit .sᵃ. ᴁDel . sacᵃ . &
so . & comñđ . sup anant²⁴ . II. c̃ . ꝑre²⁵ sup homines ei⁹ . Sc̃s Benedict⁹ de
Rameseia²⁶ . hĩ . socᵃ . m° tenet uuiłłs de uuaɼ.

f. 55, b.
col. 2.
In greneshou²⁷ hundr'. IN nectona²⁸ calumpniantur²⁹ monachi elẏ³⁰ . I. c̃ .
terre in dominio . sup Radulfum de todeneia³¹ . & hundɼ testatͬ . In calde-
cote³² dimiđ . c̃ . ꝑre ꞉⁄ eođ m°.

---

¹ piscinᵃ, B, C.　　²tc̃ . VI., B, C.　　³et .VII., B, C.　　⁴ feltewelle, C.

⁵ waɼ ., C.　　⁶ haƀ, B, C.　　⁷ omnē, B ; om̃ē, C.　　⁸ s;, B, C.

⁹ Ældrẏđæ, B ; æðelð ., C.　　¹⁰ nortuualde, B ; northwolda, C.　　¹¹ cum .,
omitted, C.　　¹² et . VIII., B, C.　　¹³ omnē, B.　　¹⁴ his, C.

¹⁵ s ; socᵃ, B, C.　　¹⁶ haƀ, B ; ht, C.　　¹⁷ Medeluuolde, B ; medelwolde, C.

¹⁸ semp ., *omitted*, C.　　¹⁹ & ., *omitted*, C.　　²⁰ &, *omitted*, B ;
& post . &, *omitted*, C.　　²¹ clachelose, C.　　²² & dim̃., *omitted*, C.

²³ finceham, B ; finchã, C.　　²⁴ anandū, C.　　²⁵ ꝑre ibi sunt . S ;, C.

²⁶ ramesia, C.　　²⁷ grenehou, B, C.　　²⁸ nectuna, B ; nechintuna, C.

²⁹ calumpniantͬ, B, C.　　³⁰ de eli, B ; de ely, C.　　³¹ todeneio, C.

³² caldecota, B.

Iɴ dodelintona[1] ſram uni⁹ sochemanni nomine Torstini[2] . uñ aƀb elẏ hſ Tib. A. vi. sacam . 7 . socam . & comñđ . m° tenet cum . W[3] . de uua.[4]

Iɴ scerepeha' hund'. Iɴ lurlinga[5] unus liƀ homo . ɪ. c̃ . ſre . & dimiđ . &[6] sup eum hĩ sᵃ æDel sac̃ . 7 so . & ex annua consuetudine reddebat t. r. e. ɪɪ. sexĩ. mellis . & tenet . W . de uuara.

Hoc testatur hund'. Iɴ brecheham[7] teñ Eudo dapif unum sochemannũ nomine Vnban[8] . uñ aƀb hĩ sac̃ . 7 so⁹ . & cõmñđ . &[10] hundr . hoc[11] testatur.

Iɴ brugehám[12] tenet ioħes nepos Waleranni unum liƀum homiñ . uñ aƀb hĩ sac̃ . 7 soc̃[13] . tantum.

Iɴ gildecrose hund'. Iɴ Gerboldeshám[14] . ɪ. soche . S̃. æDel . de diñ[15] . . c̃ . ſre[16] . quem tenuit[17] hugo de munford[18] . &[19] suus antecessor Gudmund[20] . t. r. e. & hundr hoc[21] testatur . qđ semp iacuit ad abbatiam.

Iɴ benham . ɪ. soche. . S̃. æDel . t. r. e. cum õi ꝯsuetudine qᵉm p⁹qᵃm f. 56, a. rex . W . euénit[22] in Angł . habuit añcessor . R . bigod[23] . cum commñdatione col. 1. tantum.

Miteforde[24] hundr'[25] . 7 dim͂. Iɴ iacheshā . ɪ. so . S̃. æDel . xɪɪ. ac̃ . ſre quem tenebat Rad[26] . comes qñ se forifec̃ . &[27] m° tenet cum alaimus.[28]

Westfelt[29] teñ S̃. æDel . t. r. e. in dominio . & Rad[30] . comes tenebat eam qñ se forisfec̃ . & m° tenet eum[31] comes Alaimus.[32]

Iɴ ramenestona[33] . xɪɪɪɪ. ac̃ . ſre teñ . S̃. æDel . in dñio . & uał. xɪɪɪɪ. đn . & hermer⁹ tenet eos . sꝫ in his non habuit añcessor ei⁹ ullam consuetudinẽ.

Iɴ lecetuna & in berch . & in scipedehám . & in torstemetona[34] . xɪɪɪ. sochemanni . q°s tenet uuiħs d . W.[35]

Iɴ Hersham[36] dimiđ'[37] . Hundr'. Iɴ Aldeƀga . unus . li . hõ . S̃. æDel . commñđ . ita q°d non poſat uenđe ſram suã sñ licentia aƀbis . & fuit liƀata

---

[1] dudelintune, c. [2] thurstan⁹, c. [3] wlł, c. [4] uuaꝛ ., ʙ, c.

[5] lurlinge, c. [6] &, *omitted*, c. [7] bretheham, ʙ; brethenhā, c.

[8] Vmban, ʙ; ubbā, c. [9] tm͂ . 7, c. [10] &, *omitted*, c. [11] hoc, *omitted*, c.

[12] brigehā, c. [13] Saca & soca, ʙ. [14] gerbodeshā, c. [15] .ɪ., ʙ.

[16] ħuit . t. r. e. ɪ. c̃ . ſre qᵃm, c. [17] teñ, ʙ, c. [18] muntfort, ʙ; mundeford, c. [19] ut, c. [20] Gudmunt teñ, ʙ; gudm͂đ⁹ teñ, c.

[21] hoc, *omitted*, ʙ, c. [22] ueñ, c. [23] bigot, ʙ. [24] Miteforda, ʙ.

[25] In Mideforde ħ ., c. [26] Radulf⁹, ʙ, c. [27] &, *omitted*, c. [28] Comes alannus, ʙ; comes alan⁹, c. [29] Westfeld, c. [30] Radulf⁹, ʙ, c.

[31] eã, c. [32] alan⁹ ., c. [33] ramenestuna, ʙ, c. [34] Torstemetuna, ʙ; torstemetune, c. [35] uuaꝛᵃ ., ʙ, c. [36] hersam, ʙ; ersham, c.

[37] dimiđ ., *omitted*, c.

Tib. A. vi. haimfrico[1] ad p̃ficienda manꝰia sua . mᵒ tenet Eudo successˉ . eius . & hĩ
dimiđ . c̃ . p̃re . semp .i. 7 . i. & . ii. ac̃ . prati . & ual . x. s.

Iɴ sterestuna . i. li . hõ . S̃ . Ædel . cõmˉiđ . ita qđ nō pot̃at uenđe p̃ra
suam extra ecctiam . s; sac̃ 7 so . hab̃ stigandus in hersham[2] . dimiđ . c̃ .
p̃re . sēp iii. bor . 7 . i. c̃[3] . in dominio . & . viii. lib̃i homines de uiginti
ac̃ . p̃re . Semp . iii. c̃ . 7 ual . x. s . mᵒ[4] tenet . R . bigod[5] . & Reuo[6] ad
suos lib̃os homines . dono regis.

In Henestede hundr'. Apeltuna tenet Æduuin[97] q'dā . li . homo . ii. c̃ .
p̃re . semp . viii. ser . 7 . i. Semp una . c̃ . in dominio . & diñ . c̃ . hominibꝫ .
& . vi. ac̃ . prati . silua ad . vi. p . 7 . iiii. uasa apum . semp . i. r[9] . & . v.
animalia . 7 . lx. o . 7 . viii. p . Huic manꝰio p̃tinent . viii. sochemanni 7
diñ . &[8] . ii. li . homines de . xl. ac̃ . p̃re . 7 . i. ac̃ . pᵃti . 7 . i. c̃ . tunc
ual . xxx. s . mᵒ . iii. lib̃ . & hĩ unam leugam in longo . 7 . i. in lato . & .
xiii. dñ . reddit de gelto . Hanc p̃ram debꝫ hab̃e . S̃ . Ædel . pro escangio[9]
de Berch.

In disce . dimidium hundr'. In teueteshala[10] . i. li . homo . xl. ac̃ . p̃ .
t. r. e. p̃tinuit pars uiri ad . S̃ . Ædel . & pars . . . . .[11] ad scm Ædmundum.
Semp dimiđ . c̃ . &[12] . ii. bor. tunc ual . v. sot . mᵒ . x. s . & hoc herfastus[13]
epˉc inuasit . & Rainaldus de pedrep̃i[14] sub eo.

Iɴ mundenham teñ . S̃ . Ædel . xx. ac̃ . p̃re in dominio . t. r. e. semp .
ii. & ualet . iii. sot . mᵒ tenet Roḡ[15] . filius Rainardi.

In tedeuuartstreu hund'. In Rattesdene[16] tenuerunt . ii. li . ho . . S̃ .
Ædel . cum . sa . 7 . so . unꝰ pot̃at ueđe . p̃ram alius non pot̃at . qui poterat
habebat[17] . xl. ac̃ . p̃re . alt̃ qui ñ pot̃at . lx.[18] semp . ii. bor[19] . semper
int̃ eos . ii. c̃ . & . ii. ac̃ . prati . & ual uiginti sot . mᵒ . tenet . W . de
uuara.[20]

Iɴ[21] Ratesdene teñ . S̃ . Ædel . unum . li . hominē de . lx. ac̃ . p̃re . cum
cõmˉiđ . & sac̃ . 7 so . tempe . r . e . ita qđ non poterat uenđe mᵒ teñ .
eustachius comes & heldredꝰ sub eo qui inuasit . vii. ac̃ . de dominio . in

---

[1] Hamfrico, ʙ; anfrico, c. [2] hersam, ʙ; ersham, c. [3] c̃ p̃re, c.
[4] S; mᵒ, c. [5] bigot, ʙ, c. [6] reuo, ʙ; reuoc̃, c. [7] Heduuinus, ʙ.
[8] 7 đm . de . xl. ac̃ p̃rę . 7 . i. c̃ . 7 đm . 7 ., ʙ, c. [9] escabio, c.
[10] teuetesale, ʙ; teuefeshale, c. [11] pars fmˉe, ʙ; pars femine, c.
[12] & ., *omitted*, c. [13] Erfastꝰ, ʙ, c. [14] depedrep̃i, ʙ; de perep̃ut teñ, c.
[15] Rogerꝰ, ʙ. [16] Ratesdene, ʙ, c. [17] habebat ., *omitted*, c. [18] .xl., c.
[19] bor ., *omitted*, c. [20] war̃, c. [21] Itē . in, c.

U

ead uilla ad feudum comitis . e . semper . I. cař . 7 . IIII. ač . prati . & uał . Tib. **A. vi.**
X. s.

In Hecesseta[1] . VII. li . homines commñd . Š . Æɒel . Soč . sči Ædmundi .
7 . I. č . tre . 7 . I. tunc & p⁹ . III. cař . m⁰[2] . tunc uał . XL. soł . modo
uiginti . so.[3]　Frodo frať aƀƀis tenet.

In drincestona[4] unus . li . homo . Š . Æɒel . commñd . & Soč . sči Æɒ-
mundi . I. č . ſ . 7 . VIII. tunc . II. modo[5] unus.　Semp . I. č . & dimiđ . in
dominio . & . IIII. ač . pᵃti . & uał . XVI. soł.

In Ratesdena . uñ . li . hõ . Š . Æɒel . č . soč[6] . 7 so . & commñd . I. č .
ſ . 7 . I. 7 . I. č . 7 uał . x. s. m⁰ tenet hos duos comes de moritonio.

In lecforde[7] hund'.　In Lackincgeheda[8] & in Brandona[9] VI. soche . Š .
Æɒel . ita q⁰d non potuerunt uenđe ſras . liƀati fuerunt liseie añtecessor[10] f. 56, b. col. 2.
eudo dapif þ II.ᵇ⅜ cař . tre . & post recognouit lýsia[11] de . Š . Æɒel.　Post
eum tenuit[12] eos eudo . & tenet cum sa . 7 so . sub illis . IIII. semp . III. č .
7 . III. ač . prati . & . II. pisciñ . tunc uał . xxx. s . m⁰ . LXX. sed[13] m⁰ tenet
eudo dapifer.

Liuremere tenuit[14] Gudmund⁹ . t. r. æduᵘar . sub . Š . Æɒel . ita q⁰d non
poťat uenđe þ manⁿ . II. č . ſ . semp . III. uillani . & . III. bor . tunc . III.
m⁰⸴ unus . semp . II. č . in dominio . tunc & p⁹⸴ II. č . hominibȝ . m⁰ . I.
& . IIII. ač . pᵃ . & . I. piscina . semp . I. r⁹ . & . III. aïat . tunc . x. p . m⁰ .
III. tunc . C.LX. o . m⁰ . C . . sa . 7 so . Š . Æɒel . semp uał . XL. soł.

In Echelincghám[15] tenuit[16] anant[17] unus . li . hõ . sub . Š . Æɒel . t. r. e.
þ manⁿio . II. č . ſ . s; nō poterat uenđe . modo tenet Eudo fili⁹ spireuuich[18]
ab hemfrido[19] añcessore suo . s; sa . 7 so . sči Ædmundi.　Tč & p⁹ . VII.[20]
uillani⸴ m⁰ . VI. 7 . VI. bor . 7 . V. semp . II. č . in dominio . & . I. č . hoñ .
& . III. ač . prati . m⁰ . LXXXIIII. o . tunc uał . IIII. li . m⁰ . III. li.[21]

In corsforda[22] dimidium hundr'.　In Wacheshã tenet eudo filius spire-
uuith . I. liƀum hominē . de quo aƀƀ elý hī sač . 7 . so . & commñd . t. r. e.
I. č . ſ . 7 . III. & . I. č . 7 . III. ač . prati . & uał . XV. soł.

---

[1] Heccesseta, c.　　[2] 7 m⁰, c.　　[3] soł, B.　　[4] drinchestuna, c.
[5] 7 m⁰, c.　　[6] saca, c.　　[7] lacforde, c.　　[8] lachincgheda, B;
lachingehea, c.　　[9] bramdune, c.　　[10] añcessori, c.　　[11] lisia, c.
[12] teñ, c.　　[13] s;, B; s ., c.　　[14] Leuremere tenet, B;
Leueremere teñ, c.　　[15] echelingehã, c.　　[16] teñ ., B.　　[17] anand, c.
[18] sperewich, c.　　[19] henfrido, B; cnfrido, c.　　[20] VIII., c.
[21] li., *omitted*, c.　　[22] Carleforde, c.

Tib. A. vi. f. 57, a. col. 1. *Bosemere hundred.* In Aissa teñ . S̃ . Ædel . unum soche . de . xii. ac̃ . ťre cum omni consuet̃ . qui non potat recede de S̃ . Ædel . modo tenet Ric̃[1] . filius comitis Gislebti & in badeleie ip̃e tenet . lxx. ac̃ . de dominio abbatie qui[2] ptinẽt in berchinges . epesuuicc . R . de raimis tenet.

Dimidium hundr'. In[3] Burgo unam mansurã que fuit diratiotinata[4] ad op9 abbis de ely . & abb inde saisitus fuit . s;[5] Rog̃ . dic̃ q°d tenet eam de rege.

Bosemere hund'. In deremodesdune unus . li . hõ de[6] . xxx. ac̃ . ťre p maNio m° tenet . Nardredus[7] sub alano comite tunc . i. m° . iii. semp . i. c̃ . & . iii. ac̃ . prati . & ual . x. sol . abb ely . sa . 7 . so . & commd de eo habet.

Colnesse hundr'. Nectuna tenet Gudmundus . t. r. e. pro maNio . m° tenet hugo de montef[8] . in dominio . ii. c̃ . ť . 7 . vi. uillani . & . ii. c̃ . in dominio . tunc . iii. c̃ . homiñ . m° . ii. Silua ad . vii.[9] p . & . ii. ac̃ prati. Tunc unum molend . m° nullũ . tunc . iiii.[10] r9 . m° . i. 7 uñ . an[a]. Tunc . viii. pec̃[11] . m° ñ . tunc . xii.[12] o . m° . c . 7 uiginti . iii. tc̃ . xxx. cap̃ . m° ñ . & ual . iiii. lib . & hĩ unam leugam "in longo" 7 dimid . & . i. in lato[13] . & . ii. dn de gelto.

f. 57, a. col. 2. In Brixtoldest[14] x.[15] li . homines comd . Gudmundi[16] . i. c̃ . ťre . 7 uiginti ac̃ . ť . & . iii. tunc . x. car̃ . m° . v. 7 . ii. ac̃ . prati. Silua ad . ii. p . una ecctia de . vi. ac̃ . libere terre.

Leuetona[17] . iii. li . homines ei9dẽ de uiginti ac̃ . tunc . ii. c̃ . m° . i.

In culuertestuna . v. li . homines eiusdem de . uiginti . i. ac̃ . 7 dimid . tunc . ii. c̃ . m° . i.

In misdeuetona[18] . iiii. li . homines comd . eiusdem de . xviii. ac̃[19] . tunc . ii. c̃ . m°[20] . 7 . i. ac[a] prati. Oms isti liberi . ho . ual . iiii. li . 7 . x. s. Brixteuuoldestona[21] hĩ . vi. q[a]dr̃ in longo . & . ii. in . la . 7 . x. dn . in gelto.

---

[1] Ricardus, B. [2] q[e] ., c. [3] Berchings; . *Dimid' hund't'* . Iepesuuicc . R . de raimis tenet in, B; b'chinches *In dim' h'd gipeswic* In Jepeswich . R . de ramis teñ in, c. [4] diratiocinata, B. [5] 7, c. [6] henricus, B, c. [7] Nadred9, c. [8] mũford, c. [9] viii, c. [10] .iii., c. [11] p̄ ., c. [12] xxii, B, c. [13] .i. leugam . 7 dm . in longo . 7 .i. in lato ., B, c. [14] brixtoldest̃, c. [15] viii., B; xviii, c. [16] gudmdo, c. [17] Leuetuna, B; In Leuetuna, c. [18] misdeuetuna, B; isdeuenetuna, c. [19] ac̃ ťre, c. [20] m° . i;, B, c. [21] Brixteuuoldestuna, B; Brixtuuoldestuna, c.

Sdeuetona[1] hĩ . III. qᵃdr̃ . in longũ[2] 7 . II. in latum[3] . & . II. đn de gelto.
Sup hanc totā t̃ram hĩ . S̃ . ÆDel . sacam 7 so . 7 commĩđ . & totā t̃ram
qᵃm tenebat gudmund⁹ in dominio id est neutona[4] sic tenebat . t. r. e. de .
S̃ . ÆDel . q°d nullo m° pot̃at uendẽꞏ nec dare . s; p⁹ mortem suā debebat
maníiũ redire in dominio ecclie . q'a tali pacto tenuit[5] Gudmundus de
Aꝏbe . & hoc testatur hundretum[6] & scira.[7]

Rannulf⁹[8] frat̃ ilgeri tenet dimidiũ liꞵum hominẽ de . XI.[9] ac̃ . sac̃ . 7 .
so . & cõmĩđ . S̃ . ÆDel . & uaꝉ .II. soꝉ.

In Butlesham[10] II. li . homines ædric⁹[11] & ulfuric⁹[12] . de . XIIII. ac̃ . sa .
7 . so . & commĩđ[13] . S̃ . ÆDel. m° tenet comes de moritonio.ꞏ

In Kenebroch . I. li . hõ . Vlfuric⁹[14] de . XIIII. ac̃ . & dim̃ . c̃ . & dimidiũ
moꝉ . & . II. 7 . I. ac̃ . prati . & uaꝉ . X. soꝉ . S̃ . ÆDel . . sa . 7 . so . &
commĩđ[15] . inde hĩ . m° tenet herueus . bed,uer.[16]

Bosemere[17] *hund'*. In Willefessa . I. li . hõ . S̃ . ÆDel . cũ . sa . & . so .
& commĩđ[18] . godman de[19] . VI. ac̃.

In hāmingestona[20] . I. li . hõ similit̃ Algar de . XIII. ac̃ . hos tenet . R .
pictauiensis.[21]

In codenham tenet odo eꝓc baiocensis unum . li . hominẽ herlot[22] de .
XXX. ac̃ . cum . sa . 7 so . 7 cõmĩđ . I. car̃ . 7 . II. 7 . I. ac̃ . prati . Silua
ad . X. p . & uaꝉ . X. s.

Karleforde[23] *hundr'*. In Belincgs[24] . nouẽ . li . homines . de q'b3 . S̃ .
ÆDel . habuit . sa . 7 so . 7 cõmĩđ . scilicet . Blakeman . Alfuuin⁹ . stanhard[25] . Ana . Turberd[26] . Goduuin⁹[27] . Alestan[28] . Anus . Hos[29] tenet
herum[30] bituriensis[31] de Rege.

In[32] eadem uilla . IIII. liꞵi homines Leofuric⁹[33] . Brixtric⁹[34] . Wlmar
bunde.[35] De[36] his hĩ . aꝏb . sa . 7 . so . & commĩđ.

---

[1] Isdeuenetuna, c.   [2] lõg ., B ; lõgo, c.   [3] lat̃ ;, B ; lato, c.
[4] Nectuna, B ; .ꞁ. Nechetune, c.   [5] *erased*, B ; em̃at, c.   [6] hunđ, c.
[7] scyre, c.   [8] Et in eadẽ uilla ranulf⁹, c.   [9] .IX., c.
[10] Buclesham, B : bucleshã, c.   [11] hedric⁹ ., B, c.   [12] wlfric⁹, c.
[13] cõmĩđ, B.   [14] Vlfricus, B ; wlfric⁹, c.   [15] cõmĩđ, B.
[16] bedruer, B, c.   [17] In Bosmere, c.   [18] cõmĩđ, B.   [19] godman⁹ de, c.
[20] hamingestuna, B ; hamigestuna, c.   [21] pictauẽsis ., c.   [22] herolt, B, c.
[23] Carleforde, B ; In Carleforde, c.   [24] Belings, B ; belinges, c.
[25] Blacheman . Aluuinus . Stanhart ., B ; blacaman ælwin⁹ Stanhard, c.
[26] Thurbert, c.   [27] Goduuinus, B.   [28] Ælestan, c.   [29] q°s, c.
[30] herue⁹, c.   [31] bituricensis, B, c.   [32] Adhuc in, c.   [33] Leofricus ., B, c.
[34] briht'c⁹, c.   [35] Wlmar . Bund⁹, B ; wlmer bond⁹, c.   [36] 7 de, c.

Tib. A. vi.   In tudeneham[1] . I. li . hõ . de q° hĩ abbas[2] sač . 7 . so .& comñið.[3]

f. 57, b.   In Guluesteham dimið . liƀa fñia Maua[4] de . xx. ač . in soč . 7 comñið .
col. 2.   S̃ . Ædel.

In Burch Brixteuuold[5] . I. l . hõ . S̃ . Ædel . dimið . comñið . & soč .
de . xL. ač.

In culfole . I. li . homo in soca 7 comñið . S̃ . Ædel . Brixnodde . xvi. ač.[6]

In Hopestuna . Topi socheñ . S̃ . Ædel . qui non poꝑat uende ꝑram suã
de . xv. ač .   Hos omnes tenet . G . de mannauilla.

Claidune hu'd'.   In Berchehám tenuit . S̃ . Ædel . t. r. e. dimið . comñið .
7 dimið sochemannū de Lustuuino[7] . Lx. ač.

In eað uilla . IIII.[8] liƀi homines . uñ . S̃ . Ædel . hĩ totam comñið . &
dimið . soč .   Hos tenet . R̃[9] . pictauiensis.[10]

In scaruestuna tenet eꝑc baiocensis uiginti . vii. liƀos homĩes . de I. č̃[11] .
ꝑre . de quibɜ . S̃ . Ædel . hĩ . sa . 7 . so . 7 cõñi . m° tenet . R . bigod[12]
de eo.

In Debenham tenet Saxo . I. li . hõ . t. r. e. I. č̃ . ꝑre . ꝑ mañio in soč .
7 cõ . S̃ . Ædelꝧ.

Wluestuna teñ ið saxo eodč m° ꝑ uno mañio . I. č̃ . ꝑ . Hos tenet m°[13] .
R . peuerel.[14]

f. 58, a.   In Debenhám . I. li . hõ Goduin de . xL. ač . jꝓe[15] in uulfuestuna[16] . xv.[17]
col. 1.   & in eastfelda[18] . viii. ač.

In Winnestuna[19] . I. li . hõ . de uigĩti . v. ač .   In uulfuestuna[20] . I. li .
hõ . Aluric⁹[21] . de . xxx. ač.

In eadem uilla . II. li . homines Ædricus[22] . 7 Alnod[23] . de . xL. ač.

In eadem uilla . I. liƀ homo Tura de . xL. ač.

In eað . uilla . I. li . homo leofuuin⁹[24] de . xL. ač.

In Debenham . I. li . homo Brixtricus[25] de . xL. ač.

In eadem uilla un⁹ liƀ homo Alricus de dimidia ač.

.vii.
In Monauuic[26] . I. liƀ . hõ . Wudebrūde de uiginti[27] ač.

1 tudenhã, c.   2 aƀƀ . hĩ, b, c.   3 cõñið . Hos tenet Herueus
bituricensis, b, c.   4 liƀe femiç Mawa, c.   5 Brixteuuolt, b; brixtwolt, c.
6 brixnod . de vi. ač ., c.   7 lustuino, b.   8 .IU., b, c.   9 Roǧ ., b.
10 pictauensis, c.   11 ač, c.   12 bigot, b, c.   13 m° ., *omitted,* c.
14 peurel, b, c.   15 Ipse, b.   16 wluestuna, c.   17 .xv. ač ., b, c.
18 estfelda, b, c.   19 Winestuna, b, c.   20 uuluestuna, b, c.   21 Alfric⁹, b, c.
22 Hedric⁹, b, c.   23 alnoð, c.   24 Leuuinus, b.   25 brihtⁱc⁹, c.
26 monauich, b; monavinc, c.   27 xxviii, c.

In Winestuna . xxi. i.[1] libi homines de . i. ac̃[2] . b̃re.   Tib. A. vi.

In Æstfelda[3] . uunus . li . homo . Snarinc . de . xxx. ac̃ . Hos oñs[4] tenebat . S̃ . Ædel . t. r. e. cum . sa . 7 . so . & comñid . mºꞏ tenet Ep̄c . Baiocensis & . R . bigot de eo.

In scaruestuna . iii. li . homines de . xii. ac̃ . in soc̃ . 7 comñid . S̃ . Ædel . mºꞏ tenet Alanus comes.

In Achenhám Aluuolt[5] . i. li . hõ de . vi. ac̃ . in soca 7 comñid . S̃ . Ædel . mº tenet . R . pictauiensis.

In maneuuica[6] . i. li . hõ Waiolf⁹ de . lx. ac̃ . in soc̃ . & coñid . S̃ . Ædel . te[7] . mºꞏ tenet hugo comes.   f. 58, a. col. 2.

In eissefelda . i. li . hõ . de[8] . ii. ac̃ . in soc̃ & comñid . S̃ . Ædel . & uat . iiii. dn . mº tenet herũ[9] bituricensis.

Willeforda Hundr'. In Horapola[10] . i. lib homo Wenelincg[11] . dimid . comñid . abbis de . viii. ac̃ . herũ[12] . bituricensis tenet.

In Wicheam[13] . i. li . homo Turchetel[14] . coñid . S̃ Ædel . de uiginti . ac̃.

In campeseia[15] b̃ram Brixmari[16] . lx. ac̃ . de dñio. Hos tenet Ep̄c eborac̃sis.[17]

In uuicheham . i. li[18] . hõ leofuuin⁹ child[19] . coñid . S̃ . Ædel . de . xxv. ac̃ . 7 sub eo . iiii.ᵒʳ li . ho . de . vii. ac̃ . tunc . i. c̃ . mº . i. 7 . ii. ac̃ . pᵃti . & uat . v. s . jp̄e[20] in debeis . xvi. ac̃ . qui ptinc̃t in cresfelda. Hos tenet Ep̄c Baiocenš.

In eadem uilla teñ . R . bigod[21] dimidium li . homiñ . coñid . S̃ . Ædel . de . iii.[22] ac̃.

Losa[23] hu'd'. Comes Alanus teñ . Ketebie qᵃ[24] tenuit[25] hedic⁹[26] grim lib homo . comñid . S̃ . Ædel . dimid . iiii. c̃ . b̃re . semp uat . v. lib.

In ead uilla . vi. sochemanñ . coñid hedici[27] grim de . xxxvi. ac̃.

In eadem uilla[28] . ii. li . homines . coñid . S̃ . Ædel . i. car̃ . b̃re.

In Marcelai[29] . xii. libi homines . & diñi . coñid . hedici[30] grim . i. c̃ . b̃re. f. 58, b. col. 1.

---

[1] i., *omitted,* c. [2] c̃ ., c. [3] estfelda, B, c. [4] hoĩes, c.
[5] alwold ., c. [6] maneuuicha, B. [7] te ., *omitted,* c.
[8] de ., *omitted,* c. [9] hue⁹, c. [10] horepola, c. [11] Weneling, B, c.
[12] herve⁹, c. [13] wichehã, c. [14] b̃chetil, c. [15] campeseie, B, c.
[16] brithmari, c. [17] ebroicensis, B, c. [18] lib ., B, c. [19] leouuin⁹ cilt, B; leofwin⁹ cild, c. [20] Ipse, B. [21] Bigot, B, c. [22] .iiii, B, c.
[23] lose, c. [24] qᵃm, B, c. [25] teñ, c. [26] hedric⁹, c.
[27] ædrici, c. [28] uilla, *omitted,* B. [29] martelai, B; martelaie, c.
[30] hedrici ., B; ædrici, c.

I̴n crebesfelda[1] . xvi. liƀi homines. Duodecim ex his fuerunt comn̄idati æđico[2] grim . & . un⁹ tot⁹[3] . S̃ . Ædel . & . iii. alii dimiđ . cōn̄đ . i. c̃ . ꞇre.

I̴n Hacestuna . x. liƀi homines & . ii. dimiđ[4] . heđici[5] grim . qᵃꞇ uiginti ac̃.

I̴n campeseia[5] . ii.[7] li . homines integri & . iii. đimiđ . comn̄đ . heđici[8] grim . xxxii. ac̃.

I̴n Ramessam[9] . vi. integri . li . homines & . vii. din̄ . comn̄đ . hedrici grim . de quinqᵃginta ac̃.

I̴n eadem . uilla . i. li . homo dimiđ cōn̄đ . heđici[10] grim . 7 din̄ . heđ . lexefelde[11] uiginti ac̃.

I̴n Buỻelaẏ[12] septem liƀi homines cōn̄đ . H . grim . xxx. ac̃.

I̴n Brodretuna[13] . vii. liƀi homines comn̄đ . H . G . lvi. ac̃.

I̴n dalingehóu[14] . i. li . hõ . cõ . h . G . iii. ac̃.

I̴n horepol . vii. ac̃ . de dominio . totum uaꞇ . xviii. li . ecc̴ia de uiginti nouem ac̃.

Willeforde[15] *Hundred.* I̴n campeseia[16] . vi. liƀi homines . con̄đ . h . g . xli. ac̃.

I̴n sutuna[17] . iii. li . homines . cōn̄đ . H . G . xxxiiii. ac̃.

I̴n Brammesuuelle[18] . i. li . hõ[19] 7 din̄.

I̴n Meltuna . vi. li . ho . cõ[20] . h . G . xliii. ac̃.

I̴n Ludenham . i. li . hõ . cõ . h . G . ix. ac̃.

I̴n cersfelda[21] . ix. ac̃.

I̴n eadem uilla unus li . h . cõ . h . G . xviii. ac̃.

I̴n Bradefelda[22] quinq; liƀi homines cōn̄đ . h . G . uiginti . vi. ac̃.

I̴n litelcersfella[23] . ix. li . homines comn̄đ . h . g . xvi. ac̃.

I̴n uuicheham . i. li . h . cõ . h . G . xii. ac̃.

I̴n Depebeche[24] . vii. ac̃ . 7 dimiđ.

·I̴n Horapol[25] . i. li . h . S̃ . Ædel . xii. ac̃.

I̴n Belincgs[26] . ii. li . h . S̃ . Ædel . xxix. car.[27]

ᵉᴮ
1 cresfelda, B; cerefelde, C.　　2 Heđico, B; ædrico, C.　　3 tot⁹ ., *omitted*, C.

4 din̄ cōn̄, C.　　　5 hedrici, C.　　　6 campeseie, C.　　　7 .iii., B, C.

8 hedrici, C.　　　9 rameshā, C.　　　10 hedrici, C.　　　11 de laxefelde, C.

12 butelai, C.　　　13 bodretune, C.　　　14 dalingahou, B; dalingehowc, C.

15 Willeforda, B; Wileforde, C.　　　16 cāpeseie, C.　　　17 suttuna, C.

18 Brāmesuuella, B; brameswelle, C.　　　19 hõ, *omitted*, B, C.

20 cõ ., *omitted*, C.　　　21 cerefelda, C.　　　22 Bradefella, B.

23 litlecerefelde, C.　　　24 depebece, B, C.　　　25 horepol, C.

26 Belin̄gs ., B; belinges, C.　　　27 ac̃ ., B, C.

In Depebeche[1] . III. li . homines commd̃ . S̃ . Ædel . de uiginti ac̃.　Ex _{Tib. A. vi.} his hĩ unum Comitissa de Albañi.[2]

In Bradefelda[3] . I. li . hõ .commd̃ . S̃ . Ædel . L. ac̃ . p manͦio . & sub eo nouem[4] libi homines . de . XLI.[5] ac̃.　Tunc . II. c̃ . in dominio . m°⸝ dñĩ. Toꝉ hoc tenet alaimus[6] comes ī Keteƀie.

Losa hundr'.　Saham tenet anant unus liƀ hõ commd̃[7] S̃ . Ædel . IIII. caꞃ . ꞇre . &[8] . XII. ac̃ pratj.　Silua ad . c . p . & uaꝉ . XVIII. liƀ.

In Gretingeham[9] . V. liƀi homines cōmd̃ anandi . XXIIII.[10] ac̃.

In Dallingehóu[11] . I. li . hõ . de . I. ac̃.

In categraue . II. uillani &[12] . VIII. bor . L. ac̃ . cōmd̃ . h . G.

In Butelaẏ[13] . I. liƀ homo . cõ . h . G . VIII. ac̃.　Hoc tenet comes Alaimus.[14]

In Ramessam[15] . Iᵃ. liƀa femina Godcua . dimid̃ cōmd̃ . S̃ . Ædel . LX. ac̃ . _{f. 59, a.} 7 . II. liƀi homines de . X. ac̃.　_{col. 1.}

In Potesfort[16] . I. li . homo dñĩ . cōmd̃ . S̃ . Ædel . Wenincg[17] de . LXXX. ac̃.

In eadem uilla . VIII. li . homines & dñĩ . IIII.[18] ex istis forisfeceꞃt ꞇꞃa suam contra aƀƀem . postea ñ uidit hundꞃ ut eam redimerent.　Qᵘrt⁹ fuit hõ abbatis⸝ de . XXX. ac̃ . hos tenet herueus bituricensis.

Pereham dimi[di]um hundr . XIII. liƀi homines in soc̃ . 7 cōmd̃ S̃ . Ædel . m° tenet⸝ R . pictauiensis.

In Plummesgete[19] hundr'.　In norƀia . L. liƀi homines ꝑtinētes ad sudburne[20] . de . CC. ac̃ . & . LXXXX. & dimid̃ . hund[21] . aƀƀ hĩ . sa . 7 . so . & commd̃[22] . t. r. e. & duo ex his nō poꞇant uende̅ nec[23] dare ꞇram suam Alfuric⁹[24] & Æduuin⁹.　Modo tenet õs . R . pictauiensis.[25]

In cesforda[26] teñ . Wlf[27] . I. li . homo . t. r. e. p manͦio commd̃ . S̃ . Ædel .LXXX. ac̃ . & sub eo . III. liƀi homines de . XX. ac̃.

Carletuna . teñ . H . G[28] . p manͦio . t. r. e. dimĩ cōmd̃ . aƀƀ elẏ . & dñĩ . commd̃ . antecessori . R . malet[29] . I. c̃ . ꞇre.

---

[1] depebece, C.　　[2] albamarla, B, C.　　[3] Bradefella, B.　　[4] X., C.

[5] LXI, C.　　[6] alan⁹, C.　　[7] c̃md̃at⁹, B.　　[8] &, *omitted*, C.
.IIII.

[9] Gretingaham, B.　　[10] .XX., B.　　[11] dallingahahou, B.　　[12] &, *omitted*, C.

[13] butelai, C.　　[14] alan⁹, C.　　[15] rameshã, C.　　[16] poteford, C.

[17] wening, C.　　[18] .III., B, C.　　[19] Plumesgete, C.　　[20] sudburna, B :

suðburna, C.　　[21] uñ, C.　　[22] cōmd ., B ; cōm̃, C.　　[23] uel, C.

[21] Alfricus, B, C.　　[25] pictauēsis, C.　　[26] cefforda, C.　　[27] ulf, C.

[28] *erased,* C.　　[29] malect, B.

Tib. A. vi.

In eadem uilla . III. liƀi[1] homines comm̄đ . II . G . LX. ađ . & . VI. alii . com̄đ . S̃ . Ædelđ.

f. 59, a. col. 2.

In glamessam[2] . I. li . hŏ . H . G . XX. ađ.

In Burusgert[3] unus . li . hŏ sterdincg[4] . dimiđ com̄đ . S̃ . Ædel[5] . . LX. acr̃.

In Suuetelincge[6] . II. li . homines com̄đ . S̃ . Ædel . de XX. ađ . 7 li[7] teñ com̄ alaim[9].[8]

Karleforda[9] hundr'. In prestetuna . teñ . R . pictauiensis[10] dimiđ liƀum hominē comm̄đ . S̃ . Ædel . Leofsi . XII. ađ.

In neubrune . II°. dimiđ[11] . li . homiñ . Torketell[12] . & goda . comm̄đ S̃ . Ædel . Hos teñ . Ranñ[13] . filius ilgeri.[14]

In culfole . I. li . hŏ brixt'c⁹[15] . comm̄đ . S̃ . Ædel . LXXX. ađ . & . X. bor . semp . II. car̃ . in dominio . Tunc . II. car̃ . ho . m° . I. & . IIII. ađ . prati . 7 ual . XXX. s.

In Grundesburch . I. li . hŏ . Brixnodus[16] . com̄đ . S̃ . Ædel . . LX. ađ . 7 .III. b . 7[17] . I. č . in dominio . & diñ . č . hominibʒ . 7 ual . XV. s.

In tudeneham[18] . I. li . hŏ . Godere[19] noïe . comm̄đ . S̃ . Ædel . LXXX. ađ . 7 . IIII. ađ prati . & ual uiginti . V. s. & alii liƀi homines . XII. comm̄đ . S̃ . Ædel . L. ađ . 7 . II. b . tunc . III. car̃ . m°[20] . II. č[21] . 7 . IIII. ađ . pª . & ual .XV. sol.

In culfola[22] . IIII. li . homines . cŏ S̃ . Ædel . uiginti .I. ađ . & dimiđ . č . & ual . V. s.

In Grundesburch . VII. liƀi homines . com̄đ . S̃ . Ædel . XXX. ađ . & dimiđ . car̃ . & ual . V. sol.

f. 59, b. col. 1.

In eadem uilla inuaserunt hoïes Rog̃ . pictauensem[23] . VIII. ađ . de dominio qui[24] ptinent ad Kingestona.[25]

In[26] eađ uilla . I. li . homo . comm̄đ . S̃ . Ædel . S̃ . Ædel[27] .XXX. ađ . 7 .III. b . 7 una . č . 7 una acra prati . ual . V. sol.

In[28] eadem uilla . I. li . hŏ Brixnod[29] . comm̄đ . S̃ . Ædel . XL. ađ . 7[30] .I. bor . &[31] . II. ađ . pª . 7[32] ual . VIII. sol.

---

[1] liƀi, *omitted*, C.   [2] glām̄essam, B; glamesh̄a, C.   [3] buruehierd, C.

[4] sterding, C.   [5] Ældryð, B.   [6] swetelinge, C.   [7] hoc, C.

[8] alan⁹, C.   [9] Carleforda, B; Carlef, C.   [10] pictauensis, C.

[11] 7 diñ ., C.   [12] Torchetell, B; ῖchitell⁹, C.   [13] ranulf⁹, C.

[14] ilgæri, B.   [15] Brixtricus, B; brithťc⁹, C.   [16] brithnod⁹, C.

[17] 7, *omitted*, C.   [18] tutenh̄a, C.   [19] Goda, C.   [20] 7 modo, B.

[21] č ., *omitted*, C.   [22] culfole, C.   [23] Rog̃g̃ . pictaueȝ ., B; rog̃ pictauensis, C.

[24] q̄, C.   [25] cincgestune, B; kiugestune, C.   [26] Iť in, C.

[27] S̃ . Ædel ., *omitted*, B, C.   [28] Adhuc in, C.   [29] Brixtnod, B;

brithnod⁹, C.   [30] 7, *omitted*, C.   [31] &, *omitted*, C.   [32] 7, *omitted*, C.

Y

Iɴ haschetune[1] . ɪ. soche . S̃ . Ædel . qui non pot̃at uende Aluuine[2] . xʟ. Tib. A. v
ac̃ . 7 . ɪ. ac̃ . prati . & uaɫ . vɪ. s . 7 vɪɪ. li . homines . comñd̃ . S̃ . Ædel .
xvɪ. ac̃ . 7 ualet . ɪɪɪ. soɫ . & ɪ. li . homo comñd̃ . S̃ . Ædel . Brun . vɪ. ac̃ .
& uaɫ . xɪɪ. dñi.[3]

Iɴ eadem uilla[4] un[9] . li . hõ Grimold[5] . S̃[6] . Ædel . nouem ac̃ . 7 dimid̃ .
ac̃ . pᵃ . & uaɫ . ɪɪ.[7] s.

Iɴ tistedene . vɪɪɪ. li . homiñ . 7 diñi . comñd̃ . S̃ . Eld[8] . xxx. ac̃ . 7[9] una
car̃ . &[10] uaɫ . vɪɪɪ. s . 7 dimid̃ . Æduui[11] . ɪ. li . h.

Iɴ ead̃ uilla . ɪ. li . h[12] . comñd̃ . S̃ . Ædel . ʟ. ac̃ . 7 . ɪɪ. bor . & uaɫ . x.
soɫ.

Iɴ Burch . ɪ. li . h . cõ . S̃ . Æ. xvɪ. ac̃ 7 . ɪɪ. 7 una acᵃ . pᵃ . 7 uaɫ . ɪɪ.[13] soɫ.

Iɴ Haschetuna[14] . ɪ. li . h . Alfuric[9][15] comñd̃ . S̃ . Ædel . vɪɪɪ. ac̃ . &[16]
uaɫ . vɪɪɪ. dñi.　Hos oñs tenet pictaue꜠s.[17]　f. 59, b.
col. 2.

Iɴ Burch . ɪ. l . h . comñd̃ . S̃ . Ædel . xvɪ. ac̃ . 7[18] . ɪɪ. b . & . ɪ. ac̃ . pᵃ .
& uaɫ . xxɪɪ. dñi.　Hunc tenet comitissa de Albamara.[19]

Iɴ ead̃ uilla dimid̃ . li . hõ stanhard[20] . comñd̃ . S̃ . Æl . uiginti ac . 7 . ɪɪ.
ac̃ . prati . & diñi . c̃ . & uaɫ . v. s . Hunc tenet hugo de Munford.[21]

Iɴ[22] ead̃ uilla . ɪ. l . h . cõ . S̃ . Ædel . xvɪ. ac̃ . 7 uaɫ . ɪɪɪɪ. soɫ.

Iɴ Belinc꜡gs[23] . dimid̃ . l . h . cõ . S̃ . Ædel . ɪɪɪ.[24] ac̃ . 7 dimid̃ . 7 uaɫ . vɪ.
dñi.

Iɴ cloptuna . ɪɪ. li . ho . comñd̃ . S̃ . Ædel . xɪɪɪɪ. ac̃ . 7 uaɫ . ɪɪ. soɫ . &
diñi.　Hos tenet . H . de munfort.[25]

Iɴ eadem uilla Ædmundus pbr comñd̃ . S̃ . Ædel . una . c̃ . ꝑ . 7 . x. ac̃ .
qᵃm nõ potuit uende nec dare . & unus uillanus . xɪɪ. ac̃ . 7 . vɪɪ. bor . tunc
.ɪɪɪ. c̃ . in dominio mᵒ. ɪ. tunc duc . c̃ . hominibȝ mᵒ. ɪ. ɪɪɪɪ.[26] ac̃ . pᵃ . & uaɫ
.xxx. s . Hoc tenet uuilɫs de arches.[27]

Iɴ ead̃[28] dimidiũ . li . ho . tenet . R . peucrel[29] . comñd̃ . S̃ . Ædel . ɪ. c̃ .
t̃re . 7 . xxx. ac̃ . 7 . xɪɪ. ac̃ . in caisneid . & .ɪɪ. uillani &[30] . xɪɪɪ. bor.

---

[1] haschetunæ, ʙ; haschetune, ᴄ.　　[2] ælwin[9], ᴄ.　　[3] dñ., omitted, ᴄ.
[4] uilla, omitted, ʙ.　　[5] gribold[9]., ᴄ.　　[6] c̃m̃d̃ . S̃., ʙ, ᴄ.　　[7] ɪɪɪ., ᴄ.
[8] Æld ., ʙ; æðelð, ᴄ.　　[9] 7, omitted, ᴄ.　　[10] &, omitted, ᴄ.
[11] Ædui, ʙ; ædwi, ᴄ.　　[12] hõ ī ead̃ uilla ædwi .ɪ. lib̃ ho (supplied in
margin), ᴄ.　　[13] .ɪɪɪ., ʙ, ᴄ.　　[14] haschetune, ᴄ.　　[15] Alfricus, ʙ; æluric[9], ᴄ.
[16] &, omitted, ᴄ.　　[17] R . pictauensis, ʙ; R . pict̃ ., ᴄ.　　[18] 7, omitted, ᴄ.
[19] albamarla, ʙ, ᴄ.　　[20] Stanhart, ʙ; stahard, ᴄ.　　[21] montf ., ʙ.
[22] Itm̃ in. ᴄ.　　[23] belings, ʙ; beliges, ᴄ.　　[24] .ɪɪɪɪ., ᴄ.　　[25] de montf ., ʙ;
de montfort ., ᴄ.　　[26] & . ɪɪɪɪ., ʙ, ᴄ.　　[27] arces, ʙ, ᴄ.　　[28] ead̃ uilla, ᴄ.
[29] peurel, ʙ; peuuerel, ᴄ.　　[30] &, omitted, ᴄ.

Tib. A. vi. Tunc III. c̃ . in dominio . m° . II. tunc . II. c̃ . hom̃ . m° . I. & ual uiginti . V. sol.

b

f. 60, a.
col. 1.

In tudenhám . I. li . homo Alfuric[91] . comm̃d . S̃ . ÆDel . XII. ac̃ . 7 . III. 7 . I. c̃ . 7 . I.[2] ac̃ . prati . & ual uiginti . v.[3] s.

In ead[4] . I. l . hõ . ædric[95] . comm̃d . S̃ . æDel . VIII. ac̃ . 7 ual . XX. đn . Hoc tenet . R . de Raimes.[6]

In litelbeling̃s[7] teñ Bern . de S . ÆDel . L . ac̃ qᵃm[8] non potuit uenđe . 7 .III. ac̃ . prati . & ual . VIII. sol . Hoc tenet . R . bigot . sub ep̃o baiocensi.

Willeforde[9] *Hundr'*. In cersfelda[10] . XI. li . homines de . LX. ac̃ . unus tot⁹ . alii dimidii . comm̃d . S̃ æDel . & una ac̃ . prati . & ual . XX. s . hos tenet . h . de munford.[11]

In Meltuna . VII. li . homines . cõ . S̃ . æDel . LX. ac̃ . & una . c̃ . 7 ual .X. s.

In eadem uilla unus . l . h . Godric⁹ . comm̃d . S̃ . æDel . uiginti . VI. & ual . L . đn . hos tenet . R . Pictauensis.

Perehám dimi[12] . *Hund'*. In Wantestcdene[13] . XVI. li . homines . dim̃ . comm̃d . S̃ . æDel . LX. ac̃ . & ual . X. sol . Hos . te . A[14] . comes.

In Blacheshale[15] . II. lib̃i . homines . cõ . S̃ . æ . 7 ual . V. s . . R . bigot tenet.

In eadem uilla dimid . h[16] . li . cõ[17] . S̃ . æ . X. ac̃ . 7 dim̃ . c̃ . & . ual .III. s . 7 . I. li . homo . XII. ac̃ . & ual . II. sol . alius⸝ .II. ac̃ . 7 . "IIII. đn "ual[18]. Hos tenet . R . malet sub ab̃be . In eadem dimid . li . homo Godric⁹ . X. ac̃ . & ual . XX. đ . hunc[10] tenet . W. Giffard.[20]

f. 60, a.
col. 2.

Losa[21] *hund'*. In chenetuna . I.[22] com̃d . S̃ . æ . ædric⁹[23] . XXX. ac̃ . & ual .V. sol . hunc tenet . R . malet . & . R . bigod.[24]

In ledrincgeham[25] . VI. li . homines . comm̃d . S̃ . æ . ex his unus Gelric⁹ . hĩ . LX. ac̃ . & . IIII. ac̃ . pᵃ . & . II. bor . & . I. c̃ . 7 dimid . 7 ual uiginti . s . hunc tenet . G . de mannauilla.

In cersfelda un⁹ . l . h . 7[26] dim̃ . comm̃d . S̃ . æ . VII. ac̃ . & ual . XVI. đn . hunc[27] tenet . h . de munfort.[28]

---

1 Alfric⁹, B; ælfric, C.   2 .III., B, C.   3 .III., B, C.   4 eadē uilla, C.

5 hedric⁹ ., B, C.   6 ramis, B; rãmis, C.   7 litelbelinc̃g̃s, B; litlebelings, C.

8 qᵃm, B; qᵃs, C.   9 Willesforde, B; Wileford, C.   10 cersfelde, B, C.

11 montf ., B.   12 dimi ., *omitted*, C.   13 Wantesdena, B; wentesdene, C.

14 alan⁹, C.   15 Blachessala, B; blacheshala, C.   16 h ., *omitted*, C.

17 cõmdat⁹, B.   18 ual . IIII. đn ., B, C.   19 h̃, C.   20 gifard, B, C.

21 Ī lose, C.   22 .I. lib̃ ho ., C.   23 hedric⁹ ., B.   24 bigot, B, C.

25 ledrincgham, B; ledringehã. C.   26 7 *erased*, C.   27 h, C.

28 montf ., B; mũford, C.

Iɴ eað uilla leofuriz[1] . Aluuolt[2] . ɪɪ. socheɱ . qui non poťant ťrā . su .
uenðe . ᴠɪɪ. ač . et in eað uilla . ɪɪɪ. li . homines . dimi . comɱið . cõ[3] .
S̃ . ᴁ . & . ᴠ. liƀi . ho . comɱið . S̃ . ᴁl . ɪɪɪ. caȓ . ťre . 7 uaɫ . ʟx. soɫ . hunc
tenet . R . bigot . sub eꝑo baiocensi.

Iɴ chenetuna[4] . ɪɪɪɪ. li . homines . comɱið . S̃ . ᴁᴅel . Godric[9] . Wlfuric[95] .
Huscarle . Sptulf[6] . xxx. ač . & uaɫ . ᴠɪ. s.

Iɴ Cersfelda unus . li . h . comɱið . S̃ . ᴁᴅel . xxx. ač . semp . ɪ. č̃ . 7
.ɪ. ač . pᵃ . & . ᴠ. liƀi homines sub eo . .xᴠɪ. ač . 7 uaɫ uiginti . s . Hos tenet
.R . bigot sub eꝑo baiocensi.

Iɴ Brandestuna . Æᴅmund[9] pƀr ťrā quam acceꝑ cum femina sua[7] dedit .
S̃ . ᴁᴅel . concedente femina . t. r. e. ea conuentione qᵒd nõs poss; eā dare
nec uenðe similiť de clopetona.[9]

Iɴ[10] Brandestuna . ʟx. ač . ᴠ. ɪ. caȓ . in dominio . & . ɪ. caȓ . hominiƀ;
& . ᴠ. č̃[11] . prati . Silua ad . ᴠɪ. p . & uaɫ uiginti . s . hoc tenet uuiꝉꝉs de
Arcs.[12]

Iɴ munegedene[13] . ɪ. l . h . uulmar[14] . comɱið . S̃ . ᴁᴅel . ɪ. č̃ . ťre . &
.xʟ. ač . tunc . ɪɪ. č̃ . mᵒ . ɪ. 7 . ɪɪɪ. ač . pᵃti . tč̃ uaɫ . xʟ. s . mᵒ . xxx.[15]

Iɴ keteƀie[16] . qᵃť uiginti ač . 7 . ɪɪ. uiꝉꝉi[17] . .ɪ. č̃ . in dominio . 7 . ɪ. č̃ .
hominibus . & . ɪɪɪ. ač . pᵃti . & uaɫ . uiginti . s . & una liƀa femina sub
eo . comɱið . S̃ . ᴁᴅel . xɪɪɪɪ. ač . 7 . ɪ. ač . 7 dimið prati . & uaɫ uiginti
.ᴠɪɪɪ. ðn.

Iɴ hoc manio sunt . xɪɪɪɪ. li . hoĩes . comɱið . S̃ . ᴁᴅel . ʟxxx. 7 . ɪɪɪɪ. ač .
tunc . ɪɪɪɪ. ač̃[18] . mᵒ . ɪɪ. & uaɫ . xᴠɪ. s . Hos tenet . R . pictaueñ . ɪ. ecɫia
.xxx. ač . 7 . ɪ. ač 7 dimið . prati . & uaɫ . ᴠ. soɫ . & Brixtuuolt[19] . x. ač . 7
uaɫ . ɪɪ. s . Headric[9] . xᴠɪ.[20] ač . & uaɫ . xxx. ðn . Hoc teñ . R . Picť.

Iɴ[21] Butꞇelai[22] . ɪɪɪɪ. li . homines . comɱið . S̃ . ᴁᴅel . ᴠɪɪɪ. ač . & in Wde-
bregge[23] . xᴠɪ. li . homines . comɱið . S̃ . ᴁᴅel . ɪ. caȓ . Ᵽ . 7 . ɪɪ. ač . 7 . ɪɪ.
7 uaɫ[24] . . . Hunc tenet . R . pictauensis.

---

[1] leuriz, ʙ; leueriz, c.   [2] alfwold, c.   [3] cõ ., *omitted*, ʙ, c.
[4] kenetuna, c.   [5] Wlfric[9], ʙ, c.   [6] sprotulf, c.
[7] sua, *omitted*, c.   [8] nõ, *omitted*, c.   [9] clopetuna, ʙ, c.   [10] Iꞇ in, c.
[11] ač ., c.   [12] arces, c.   [13] munegedena, ʙ; muningedena, c.
[14] Wlmer, ʙ; wlɱ, c.   [15] xxx. s , c.   [16] keteba, ʙ; keteƀia, c.
[17] .ɪɪ. 7 . ɪɪ., ʙ, c.   [18] č ., ʙ, c.   [19] Brixteuuolt, ʙ; brithwold, c.
[20] Hedric[9] . xᴠ., ʙ, c.   [21] *This paragraph*, Iɴ Buttelai . . . R . pictauensis,
omitted, c.   [22] Butelai, ʙ.   [23] Wdeberge, ʙ.   [24] uaɫ Hunc, ʙ.

Tib. A. vi.
f. 60, b.
col. 2.
Iɴ Cersfelda . ɪɪɪ. dimiđ . li . homines . commđ . S̃ . ᴁᴅᴇʟ . xv. ac̃ . 7 uaƚ .ɪɪɪ. s. Hoc tenet comes Alaimus.[1]

Hertesmere hundr'. Acolt tenet Gudmundus de uulfurico[2] fr̃e suo . aꝑbe elẏ . ɪ. c̃ . P̃ . 7 . xʟ. ac̃ . p̃ mař̃io . t. r. e. m° . tenet . R . de candos de hugone . semp .v. uillani . 7 . vɪɪɪ. .tc̃ . ɪɪ. s . m° . ñ . tunc 7 post . ɪɪ. car̃ . ɪ̄ dominio . m° . ɪ. tunc . ɪɪ. c̃ . hominib; 7 p̃⁹ . m° . ɪ. 7 dimiđ . & . ɪɪɪ. ac̃ prati . silua ad . xʟ. por̃. Eccƚia . vɪɪɪ. ac̃ 7 dimiđ . c̃ . Semp . ɪ. r̃⁹ . tunc .vɪɪɪ. anᵃ³ . tunc . ʟx.⁴ por̃ . m° . xɪɪɪ. tunc . xʟ. o . m° uiginti . vɪɪɪ. 7 uiginti . ɪ. caꝑ. Tc̃ uaƚ . ʟx. soƚ. post . xɪɪɪɪ.⁵ liꝛ . m° . c. s. Et huic mař̃io additi sunt . vɪɪɪ. li . homines de⁶ . xʟ. ac̃ . tunc & p̃⁹ . ɪɪ. c̃✓ m° . ɪ. 7 dimiđ. Eccƚia . xɪɪ. ac̃ . 7 uaƚ . x. soƚ. Gudmundus de toto⁷ soca sub aꝑbe . & hĩ . x. qᵃr̃ in longo . 7 . vɪɪɪ. in lato . & . ɪx. dñ . de gelto. Hoc tenet . h . de montefort.⁸

Losa hundr'. Iɴ Glemmeham⁹ . ɪ. li . homo sterlig¹⁰ . dimiđ com̃đ . S̃ . ᴁᴅᴇʟ . ɪ. c̃ . & dimiđ . P̃ . Et in strattuna¹¹ . ɪ. c̃ . P̃ . Hoc tenet . W . giffard.¹²

Iɴ nordglēmeham¹³ . ɪ. li . homo . Wlfuric⁹¹⁴ Hugo sune¹⁵ . com̃đ . S̃ . ᴁᴅᴇʟ . ɪ. car̃ . 7 dim̃ . fr̃e . Hoc tenet eudo dapifer.

f. 61, a.
col. 1.
SVDFVLC¹⁶ ⫶ *In teodeuuardes treou hundr'.* Rᴀttesdene¹⁷ teñ . S̃ . ᴁᴅᴇʟ . t. r. e. .vɪ. car̃ . terre. Semp . xvɪɪɪ. uillani . tunc &¹⁸ uiginti . b . m° .xxvɪɪ.¹⁹ tunc . vɪ²⁰✓ m° . ɪɪɪɪ. Semp . ɪɪɪ. car̃ . in dominio . tunc . xɪɪ. car̃ hominibȝ m° . vɪ. Silua ad²¹ uiginti . ɪɪɪɪᵒʳ. p . 7²² . xvɪ. ac̃ . p̃ᵃ . 7²³ . ɪɪ. uasa apum. Semp . v. r̃⁹ . 7 . xɪɪ. animaƚ²⁴ . 7 . ʟx. xxx.²⁵ oũ . 7 . xɪ. caꝑ . & . xʟ. p. Tunc uaƚ . vɪɪɪ. liꝛ . m° . x. Jbi est una eccƚia de uiginti qᵃt²⁶. ac̃²⁷ . 7 hĩ . ɪ. leugā 7 . ɪɪɪɪ. qᵃdr̃ in longo . 7 . x. qᵃdr̃ in lato . & uiginti đ²⁸ in gelto.

Iɴ eađ uilla . ɪ. li . homo . S̃ . ᴁᴅᴇʟ . com̃đ . & socᵃ . t. r. e. ɪɪɪ. ac̃²⁹ fr̃e . 7 uaƚ . vɪ. dñ. Item³⁰ in eađ uilla . ɪ. li . hõ³¹ . S̃ . ᴁ . com̃đ . 7³² sa . 7 so . de . vɪɪɪ. ac̃ . P̃ . 7 uaƚ . ɪɪ. soƚ.

---

¹ alan⁹, c.	² Wlfrico, ʙ, c.	³ ant̃, c.	⁴ .xʟ., c.
⁵ .ɪɪɪɪ., c.	⁶ de, *omitted*, c.	⁷ tota, c.	⁸ mõford, c.
⁹ glemehā, c.	¹⁰ starling, c.	¹¹ Stratuna, ʙ.	¹² Gifart, ʙ;
gifard, c.	¹³ norðglēmehā, c.	¹⁴ Wlfricus, ʙ, c.	¹⁵ hugesune, c.
¹⁶ SVDFVLC, *omitted*, c.	¹⁷ Ratesdene, ʙ, c.		¹⁸ &, *omitted*, c.
¹⁹ .xxvɪɪɪ., c.	²⁰ .vɪ., ʙ, c.	²¹ ad, *omitted*, c.	²² 7 ., *omitted*, c.
²³ 7 ., *omitted*, c.	²⁴ ant̃ ., c.	²⁵ .ʟxxx., c.	²⁶ .xxɪɪɪɪ., c.
²⁷ ag̃ ., ʙ.	²³ đ ., ʙ, c.	²⁹ ag̃ ., ʙ.	³⁰ Item, *omitted*, c.
³¹ hõ ., *omitted*, ʙ.	³² 7, *omitted*, c.		

Z

Falc⁹[1] homo Aƀbis . Sc̄i Ædmundi habuit eū dū abbatia . ēēt . S̄ . Tib. A. vi.
Ædel . in manu regis . 7 usq; huc tenuit s; negat⁄ se detinuisse s̄uitium .
S̄ . Ædel.[2]

Drincestun[3] . teñ . S . Ædel . t. r. e. II. c . ꝑ̃ . tunc . xv⁄ 7⁴ m° . VIII. tc̃ . VI.
s̃ . m° . IIII.   Semper . II. c̃ . in dn̄io . tunc . III. hominibȝ . &⁵ m° . I.   Silua
ad⁶ . c̃ . por̃⁷ . 7 . VI. ac̃ . pᵃ . semp . II. r⁹ . 7 . X. animaɫ . 7 . XXX. o . 7
XXXII. p . 7 . VIII. caꝑ . tunc uaɫ . II. liƀ . m°⁄ III.   Ibi ē . I. ecctia de f. 61, a.
col. 2.
.XII. ac̃ . ꝑre . & . hī . VIII. qᵃdr̃ ī longo . & . VII. in lato . & . undecī dn̄ de
gelto.

In tingehóu hundr̃.   In rede . teñ . S̄ . Ædel . uiginti ac̃ . ꝑre.   Semp
.III. b⁸ . 7 dimid . car̃ . 7 . II. ac̃ . pᵃti . sa . 7 so . 7 comn̄id . S̄ . Ædel . 7
uaɫ . IIII. s.

In lecfo̅da⁹ hundr̃.   Branduna . teñ . S̄ . Æl . t. r. e. v. c̃ . ꝑ̃ . semp
.VIII. uillani . 7 . IIII. bor . & . I. in Wanforda[10] . 7 . VII. ser . semp . III. . c̃ .
in dominio . & tunc . IIII. c̃ . homiñ . m° . III. 7 . IIII. ac̃ . pᵃti . 7 dimidiū
mot . 7 . I. pisci[11] . semp . II. r⁹ . 7 . II. asinos[12] . 7 . XI. anᵃ . 7 . II. c.[13] o .
& uiginti . p.   Jbi c̃ ecctia de . XXX. ac̃ . ꝑ̃ . tunc uaɫ . VI. li . m° . VIII. &
haƀ . unam leugā in . lon . 7 dīñ . ī . la . & uiginti dn̄ de gelto.

Lackingehetha[14] teñ . S̄ . Ædel . t. r. e. .III. c̃ . ꝑre.   Semp . VI. uillani . 7
.IIII. & .IIII. tunc . III. c̃ . in dominio . &[15] m° . II. semp . II. c̃ . hominibȝ .
& . V. ac̃ . pᵃ . & . II. pisc̃[16] . semp . II. r⁹ . & . V. animalia . & . C. o . 7
.XVII.[17] p.   Ibi ē . I. ecctia de . LX. ac̃ . tunc uaɫ . IIII. liƀ . m° . VI . & hī . I.
leug̃ . in longo⁄ & dimid in lato . 7 . X. dñ de gelto.

Vndelai[18] teñ . S̄ . Ædel . t. r. e. I. c̃ . ꝑ̃.   Semp . V. bor . 7 . IIII. semp
.I. car̃ . ī dominio . & . XIII. ac̃ prati . & . II. pisc̃ . semp . I. r⁹ . & uiginti
.III. animᵃ . & . LXII.[19] . oues . & . I. ecctia sine ꝑra[20] semp uaɫ . uiginti . s . f. 61, b.
col. 1.
& haƀ . II. qᵃdr̃ in longo . & . II. in lato.   Geltum in lackingehetha.[21]

In Leuremere[22] . & in Wanforda[23] . III. li . homines . S̄ . Ædel . t. r. e. 7
m° comn̄id . 7 sa . 7 so . S̄ . Ædmundi . uiginti nouem ac̃ . ꝑ̃.   Semp diñ .
c̃ . 7 uaɫ . V. s.

¹ Folc⁹, c.   ² Ældryð, B.   ³ Dringcstune, c.   ⁴ .XVI., c.
⁵ &, *omitted*, c.   ⁶ ad, *omitted*, c.   ⁷ porc̃, B.   ⁸ .IIII., B ;
.IIII. b ., c.   ⁹ Lacforde, c.   ¹⁰ wamforda, c.   ¹¹ pisciñ ., B ;
pisciū, c.   ¹² asini, c.   ¹³ .CC., c.   ¹⁴ Lachingaheda, B ;
Lachingehyda, c.   ¹⁵ &, *omitted*, c.   ¹⁶ pisciñ ., B.   ¹⁷ .XVIII., c.
¹⁸ Vndeleia, B, c.   ¹⁹ .LX., c.   ²⁰ ꝑrea, B.   ²¹ lacincgaheda, B ;
lagingehyða, c.   ²² leuermere, B ; liueremere, c.   ²³ wamforð, c.

Tib. A. vi.   In Dunehám[1] dimidius . li . hŏ . S̃ . Ædel . cū . sa . 7 so . dimi . c̃ . t̂ .
7 . iii . b . 7 . i.ª ac̃ . pª . semp dimi . car̃ . & uał . v. soł.

In Babengb'ei[2] hundr'. Glammesforda . tenuit[3] . S̃ . Ædel . t. r. e. &[4]
.viii. c̃ . t̂ . semp . xvi. uiłłi . & . xvi. b . &[5] . v. Semp . iii. c̃ . in dñio .
& . viii. c̃ . hominibȝ . 7 . xii. ac̃ . prati. Silua ad . v. p . & unum molendiñ . semp . iii. rᵍ . 7 . xviii. animał . 7 . cᴐ. o . 7 . xxxii. p . 7 una ecclia
de . xxx. ac̃ . t̂ . Tunc uał . x. lib̃ . mᵒ . xvi. & hab̃ . unā leug̃ . in longo .
7 . viii. qªdr̃ in lato . & . xv. dñ de gelto. Huic mañio ptinet unus sochemann⁹ de . viii. ac̃ . t̂ . & . uał . xii. dñ.

Hertherst teñ . S̃ . Ædel . t. r. e.[6] car̃ . t̂re . semp . xii. uillani . &
.xiiii. & . iiii. semp . ii. ca . in dominio. Tc̃ .v. c̃ . hominibȝ . mᵒ . vi. & . x.
ac̃ . prati. Silua ad . xvi.[7] p . semp . iiii. rᵍ . & uiginti animał . & uiginti
.v. p . .lx.[8] oues . & una[9] ecclia de . lxxx.[10] ac̃ . tunc uał . vi. lib̃ . mᵒ . xi.
& habet unam . leu . in longo . & dimi . ī . la . & . x. dñ . de gelto. Huic
mañio ptinent . iiii. sochemanni . de xxx. [ac̃.][11] t̂re . 7 dimi . c̃ . 7 uał
.iii. s . 7 unus [so]chemann⁹ de . i. c̃ . t̂re 7 una . c̃ . 7[12] uał . uiginti . s . et
mᵒ tenet Berner arbalistarius[13] de abbe elẏ.

Cheddeb̃i[14] . ii. c̃ . t̂ . tenuerunt . ii. lib̃i homines p . ii. mañiis . t. r. e.
tunc . ii. b . mᵒ . v. semp . iiii. Tc̃ . i.[15] c̃ . in dominio . ii[16]⸴ mᵒ . iiii. &
diñi c̃ . hominibȝ . 7 . viii. ac̃ . pª. Silua ad . xii. p . Hoc tenet Frodo de
abbe . qñ recepit . iiii. rᵍ . mᵒ nullus . tūc . viii. animał . mᵒ . xiiii. tc̃
uiginti . o . mᵒ . nulla. Tota ħ t̂ra iacebat in dominio abbatie cum omni
consuetudine . t. r. e.[17] p̂t̂ . vi. forisfacturis . S̃ . Ædmundi. Tunc uał . xl.
s . mᵒ . lx. & habet[18] dimi . leu . in lon . & . iii. qªdr̃ in lato . & uñ . dñ ī[19] .
gel . & uñ ferdiñ.[20]

IN cloptuna . iii. li . homines de uiginti ac̃ . t̂ . S̃ . Ædel . sac̃ . 7 so . 7
cōmend̃ . 7 uał . ii. soł.

In crosforda dimi . hundr'. Hecchehám[21] tenuit[22] . S̃ . Ædel . t. r. e. xi.
c̃ . t̂re. Tunc . xxx. uillani⸴ mᵒ . xxxvi. Tc̃ .xviii. modo uiginti . vi.

---

1 donehā, B.   2 babingberi, c.   3 teñ ., B, c.   4 & ., *omitted*, c.

5 & ., *omitted*, c.   6 t. r. e., *after this a space*, B; t. r. e. v., c.

7 .vi., B, c.   8 7. lx., B; lxi, c.   9 & una, *omitted*, c.

10 .xxx., c.   11 ac̃ ., B, c.   12 7, *omitted*, c.   13 arbalest̃ ., B, c.

14 Ceddeb̃i ., B, c.   15 i., *omitted*, B; .ii., c.   16 ii⸴, *omitted*, c.

17 t̂re, c.   18 ab̃, B.   19 de, c.   20 ferðing, c.

21 Heccehā, c.   22 tenꝫ, B, c.

Semp . VIII. tunc . IIII. c̃ . in dominio . m°꞉ III.   Tunc uiginti . c̃ . homi- ^{Tib. A. vi.}
nib꞉ . m° . XVI. & . XVI. ac̃ . prati.   Silua ad . XX. p . semper . XI. r⁹ . &[1] ^{f. 62, a.}
.XXX. animal . 7 . C . LXXV. oũ . 7 . LX. p . 7 . XLII. cap̃ . 7 duo uasa apum[2] . ^{col. 1.}
7 una ecclia de . II. ac̃ . t̃re.   Tunc ual . XVI. lib . 7 m° . XL. & . hab unam
leuḡ . 7 . IIII. qᵃdr̃ ĩ longo . 7 . I. in lato . 7 . XV. d . de gel.   Huic manerio
ptinent . V. sochemanni de . LX. ac̃ . t̃re . 7 . III. ac̃ pᵃti . tunc . II. c̃ . 7 .
dimid . m° . I. semp ual . X. s . m° tenet . R[3] . bigot[4] de abbe.

    Neoddinge . tenuit[5] . S̃ . Ædel . t. r. e. III. car̃ . t̃re.   Tc̃ . VIII. uillani
m° . VI. tc̃ . VI. bor . m . IX.   Tunc . III. m° . un⁹.   Semp . III. c̃ . in dominio . tc̃ . II. c̃ . hominib꞉ m° . I. 7 . VIII. ac̃ pᵃti.   Silua ad . VI. p . 7 unum
molendinum . semp . II. r⁹ . 7 . XIIII. animᵃ . 7 . C. o . 7 . XX. p . 7 una
ecclia . de . VIII. ac̃ . t̃re.   Tunc ual . IIII. lib . m° . VIII.   Huic man̂io
ptinent . II. sochemanni de . XIIII. ac̃ . t̃re . & . tun,a . c̃[6] . m° . II. boum[7] .
& hab . I. leu . in lon . 7 . III. qᵃdr̃ ĩ lato.

    In Heccheam[8] teñ Ric̃ . filius comitis Gillebti[9] . c . 7 . XXIII. ac̃ . de do-
minio . 7 . III. bor . 7 . I. c̃ . 7 . I. ac̃ 7 dimid prati . 7[10] ual . X. s .

    In eadem uilla . I. socheman . de . XL. ac̃ . t̃re . & ual . V. s . Hoc tenet
Ric̃ . de Abbe.

    Biscopes hundred.   Winebga teñ un⁹ lib . ho̅ . de . quo . S̃ . Ædel . ^{f. 62, a.}
habuit com̃id . t. r. e. II. c̃ . t̃re꞉ 7 . VIII. bor.   Tunc . c̃[11] . in dominio ^{col. 2.}
m°꞉ I.   Semp . II. car̃ . hoĩb꞉ . 7 . XI. ac . pᵃti.   Silua ad . C. XL. p . tc̃ . II.
r⁹ . m° . I. 7 unum animal . tc̃ . LX.[12] p . m° . XX. 7 . XX. o . 7 duo uasa
apum . 7 . XIII. li . homines . de . LXXX. ac̃ . t̃re.   Ex uno habuit añcessor.
Rod[13] . maleti . com̃id . tunc . IIII. c̃ . m° . III.   Tc̃ ual . IIII. lib . 7 . XIII.
s . 7 . IIII. dñ . 7 . m°꞉ . IIII. lib.   Hoc reclamat de dono Regis R . bigod[14].
s; Abb de ely deratiocinauit[15] sup eum . & m° . R . bir[16] tenet p respectum
de Abbe.   Sac̃ ĩ hoxa.   Ecclia de . XXIIII. ac . ꝑ . 7 . ual . IIII. s . 7 hab
unam . leu . 7 . II. qᵃdr̃ ĩ . lo̅ . 7 . IIII. qᵃdr̃ in lato . 7 XI. dñ . 7 dimid de
gelto.   Alii ibi tenent.

    In sahám un⁹ . li . ho̅ . com̃id . S̃ . Ædel . . I. c̃ . ꝑ . 7 duo uillani . 7 . III.
b.   Semp . II. c̃ . 7 . V. ac̃ prati . &[17] silua ad . X. p.   Tunc ual . XX. s .
m° . XXV.   Socᵃ in hoxa   Hoc teñ . R[18] . malet de Rege . s; Abb . diratiocinauit eam[19] . 7 eam . R . tenet sub Abbe.

---

[1] 7, B, C.   [2] apiũ, C.   [3] Rogḡ, B.   [4] bigod, C.
[5] teñ ., B, C.   [6] tc̃ .I. c̃ ., B, C.   [7] boũ, C.   [8] hecceham, B, C.
[9] Gislebti, B, C.   [10] 7, *omitted*, C.   [11] .II. c̃ ., B, C.   [12] .XL., C.
[13] rodbt, C.   [14] bigot ., B, C.   [15] derationaũ, C.   [16] bigot ., B; bigod, C.
[17] &, *omitted*, C.   [18] Rodb ., B; rodbt⁹, C.   [19] eũ, C.

Tib. A. vi.

Stóu[1] hundr'. In ciltena teñ[2] . Ŝ . Ædel . II. socheñ . de . XXXVI. ac̃[3] . ita qᵒd ñ poťant uendere nec dare . 7 . I. b . 7 dimi . ac̃ . pᵃti . tunc . I. c̃⸝ 7 ual . V. s.

f. 62, b.
col. 1.

In bucheshale[4] . I. socñ . de[5] . X. ac̃ . ťre . qui ñ poťat[6] uenđe ťram suam &[7] ual . X. dñ.

In fineƀga[8] . III. sochemanñ . teñ . R . de Ordburuilla[9] . de . XXXIIII. ac̃ . ťre qᵃm non poťat[10] uenđe . 7 dimiđ . ṽ[11] . ual . V. soł.

In eadem sunt . VI.[12] ãc . de dominio . de Berkinges[13] . Ŝ . Æđelđ.

In bucheshale[14] teñ . S̃ . Æđelđ . I. bor . de . V. ac . ťre.[15]

In bosemere hundr'. Berkinges[16] teñ . Ŝ . ædel . p mañio[17] . t. r. e. VII. c̃ . ťre. Tunc . XXVII. uillani . mᵒ . uiginti qⁱnq; . tc̃ . XXIIII. b . mᵒ⸝ XXX. tunc . V. s̃ . mᵒ . IIII. Semp . III. c̃ . in dominio. Tunc . XXIIII. homiñ[18] . mᵒ . XV. Et una eccťia de LXXXIII. ac̃ . liƀe ťre . 7 . I. ca . 7 LII. ac̃ . prati. Silua ad . L. p . 7 unum[19] molendinū . 7 . I. exclusam alťius moť . 7 . II. arpeñ . uinéé . & una pars bosemaris semp . XI.[20] r⁹ . & . XXIII. animał . 7 .XXX. p . 7 . C. o . & . XLVIII. cap̃ . 7 . IIII. ˙li . homines de . VI. ac̃ . ťre . 7 haƀ . I. c̃.

Isti additi sunt huic mañio . t. R. W.[21] Wiłłi . & ual . II. soł . Rex 7 comes sochemannū unū haƀ[22] 7 diñ . ex his habuit harduuin⁹ qñ se foris-fecit . 7 mᵒ tenct aƀƀ. Tunc ualuit mañiū . XVI. li . mᵒ⸝ XX.

f. 62, b.
col. 2.

In deremodes duna tenuerunt . XXV. liƀ . homines . I. c̃ . ťre . ex qⁱƀȝ habuit . Ŝ . Ædel . sa . 7 so . 7 cōñđ . t. r. e. Tunc . VI. c̃ . mᵒ . II. & .III. ac̃ . prati . 7 ual . XX. s . R . bi[23] . teñ de Aƀƀe . quia aƀƀ eam diratio-cinauit[24] sup eū corā ep̃o . constantiesi[25] . S; pⁱ⁹ tañ tenuit de Rege.

In Berkiñgs[26] teñ . R . Bi[27] . c . 7 . XVIII. ac̃ . de abbe⸝ de suo dominio . 7 .I. ecclia . de . VI. ac̃ . ťre . 7 ual . X. s.

In horsuualde[28] . unus . li . hõ cōñđ & sa . 7 so . t. r. e. de XXII. ac̃ . 7 dimiđ . 7 dimi . car̃ . 7 diñ . ac̃ . prati . 7 ual . III. soł . Hunc tenuit . R . de odburcuilla[29] de Rege . mᵒ tenet de aƀƀe.

---

1 Stowe, c.
buchesala, c.
2 ten&, B.
5 de ., *omitted*, c.
3 ac̃ ťre, c.
6 poťant, c.
4 bucchessala, B ;
7 &, *omitted*, c.
8 fineƀge, c.
9 odburuilla ., B, C.
10 poťant, B.
11 c̃ ., B ; c̃ . 7, c.
12 .VII., B, C.
13 Berchinges, B, C.
14 buchessala, B ; bucheshala, c.
15 ťre., *omitted*, B, C.
16 Berchinges, B ; Berchinches, c.
17 manerium, B.
18 c̃ hōib⁹, c.
19 .I., B, C.
20 .IX., C.
21 W ., *omitted*, c.
22 haƀ, *omitted*, B, C.
23 bigot, B, C.
24 dirationauit, c.
25 constantiensē ., B ; constantiēse, c.
26 Berciñgs ., B ;
berchinges, c.
27 bigot, B, C.
28 hosswalde, c.
29 odburguilla, c.

2 A

Iɴ Badeleia teñ . S̃ . Æᴅel. .xxx. ac̃ . de dominio . t. r. e. ħ̄.ē . 7 . ɪ.[2] Tib. A. vi.
p̃cio de Berchiñgs.

Iɴ Hammingestuna[3] . ɪ. soche . S̃ . Æᴅelꝏ . de . xɪɪ. ac̃ . 7 uaɫ . vɪɪɪ. soɫ .
Hunc tenet uuiℓℓs[4] de scodeis[5] . de Aꝺbe.

Dimi hundr' . jepesuuic.[6] Estoches[7] teñ . S̃ . Æᴅel . p . maﬁio . t. r. e.
ɪɪɪ. c̃ . Ꝑ . semp . ɪx. uiℓℓi . Tunc . v. b . m° . xv. tc̃ unus . s̃ . m° . null[9] .
semp . ɪɪ. c̃ . in dominio . 7 vɪ.[8] c̃ . hoﬁ . 7 . una eccℓia de . xʟ. ac̃ . liꝺe
ꝺre . & unū molend̄ . 7 . xx. ac̃ . prati . 7 . xɪɪ. animalia . 7 . xx. p . &
.xxɪɪɪɪ. oues . & . xɪɪɪɪ. cap̃ . & adhuc hĩ . S̃ . Æᴅel . medietatē . soche . q̃ c̃
ultᵃ pontem . Tunc uaɫ . ɪɪɪɪ. liꝺ . m° . v. & haꝺ . vɪ. qᵃdr̃ in longo . & . vɪ.   f. 63, a.
in lato . 7 . ɪɪɪɪ. d̄n in gelto.   col. 1.

Blidinc hundr'. Eʀnetune[9] . teñ . S̃ . Æᴅel . p maﬁio . t. r. e. ɪɪ. ca . ꝺre.
                                        s
Tunc . ɪx. uillani m° . vɪɪ. semp . xɪɪɪ. b . 7 . ɪ.   Semp ɪɪ. car̃ . in dominio
                                              .ɪɪ.
7 . ɪɪɪ. c̃ . hominib₃ . & dimid eccℓiam de . ɪɪ. ac̃ . 7 dimi[10] . ac̃ . prati.
Silua ad . vɪ. . pe[11] . semp . ɪ. r̃ . 7 . vɪɪɪ. animalia . & . xxvɪɪɪ. o . 7 . vɪɪɪ.
p . 7 . xvɪ. cap̃.

Et in Duneuuicc[12] . .ʟxxx. homines de . xɪɪɪɪ. ac̃ . Ꝑ . semp uaɫ . c. soɫ .
Huic maﬁio ptinent . ɪɪɪ. liꝺi homines de . xɪɪɪɪ. ac̃ . ꝺre . 7 . ɪ. c̃ . 7 uaɫ
.ɪɪɪ. soɫ . & . S̃ . Æᴅel . . sa . 7 so . 7 comﬁd̄.

In bosemara hundr'. Iɴ hãmingestona[13] teñ . S̃ . Æᴅel . unum . li[14]
homiñ . de . xv. ac̃ . ꝺre cū sa . 7 so . 7 comﬁd̄ . 7 uaɫ . xxx. dñ . Hic[15] iacet
in B̃cam.[16]

Colnesse hund'. Iɴ Morestuna un̄ . li . hŏ Wlfgiet nomine . de . v. ac̃ .
comﬁd̄ . 7 sa . 7 so . S̃ . Æᴅel . 7 uaɫ . xvɪ. d̄n . Hoc ten . R[17] . malet de
aꝺbe.

Iɴ uualetona[18] . ɪ. li . hŏ Alfgeue[19] . de . xvɪ. ac̃ . 7 . ɪɪ. b . 7 dimi . car .
7 comﬁd̄ 7 sa . 7 so . S̃ . Æᴅel . & uaɫ . ɪɪɪ. soɫ .

Iɴ plumgar un̄ li . h . Æᴅuuin̄ . . ɪɪ. ac̃ . ꝺre 7 comﬁd̄ . 7 sa . 7 so . S̃ .
Æ . & uaɫ . ɪɪɪɪ. dñ . hos teñ . ħueus bebruel[20] de aꝺbe.   f. 63, a.
                                                           col. 2.
Iɴ tremelai[21] . ɪ. l . h . de . xʟ. ac̃ . ꝺre . pro maﬁio . comﬁd̄ . & sa . 7
so . S̃ . Æ . 7 . ɪ. c̃ . 7 . ɪɪɪ. b . 7 . ʟ ac̃ prati . 7 . ɪ. l . homo sub se . de
.ɪɪɪɪ. ac̃ . 7 uaɫ . xx. soɫ.

---

[1] ħc̄, ʙ.   [2] in, ᴄ.   [3] hamingestuna, ʙ, ᴄ.   [4] Wiℓℓi ., ʙ ;
Wiℓℓ, ᴄ.   [5] escodes, ᴄ.   [6] Ĩ dĩ hund de Jepeswic, ᴄ.   [7] Stoches, ᴄ.
[8] .v., ᴄ.   [9] Ernetherne, ᴄ.   [10] .ɪɪ., ʙ, ᴄ.   [11] p ., ʙ, ᴄ.
[12] donewich, ᴄ.   [13] hammincgest^u ., ʙ ; hãmigest̃, ᴄ.   [14] liꝺa, ʙ.
[15] hec, ᴄ.   [16] Bercham, ʙ, ᴄ.   [17] rod ., ᴄ.   [18] waletuna, ʙ, ᴄ.
[19] ælfgieue, ᴄ.   [20] beruel, ᴄ.   [21] tremelaie, ᴄ.

vi.   In Kenebroc⁹ unus . 1 . homo Godric⁹ de . vii. ac̃ semp .ii. boũ . com̃d̃ . soc̃ˡ . S̃ . ᴁᴅeld . & ual . xx. dñ.   Hos teñ .R. bi² . de rege . s; At̄b diratiocinauit³ eos sup eum . & mᵒ teñ sub ab̄be.

Sup' totum Hundr' de colnessa h't . S̃ . ᴁᴅᴇʟᴅ' . sacam & soca' . & ual' .xʟ. sol'.

Bosemera⁴ Hundr' . In uluedene⁵ . i . l . h . S̃ . ᴁᴅel . Alfuric⁹⁶ nomine . de una ac̃ . 7 dimi . i soca Regis . & ual . iii. dñ.

In codenham . xvi. ac̃ . dominice t̃re . 7 ap̃p̃tiati sunt in t̄cham.⁷

In Aissia⁸ una lib̄a femina . Listeua⁹ . com̃m̃d abbis . iᵃ. ac̃ . 7 ual . ii. dñ.

In eádem uilla . i. l . h . com̃m̃d ab̄bis tantũ . dimi . ac̃ . 7 ual . i. dñ.

In claidune¹⁰ Hundr'.   Berkam¹¹ teñ . S̃ . ᴁᴅel . p man̄io in dominio . t. r. e. 7 . iiii. car̃ semp . xiiii.¹² uillani . & mᵒ . ix.¹³ tũc . vi. s¹⁴ . mᵒ . ii. tunc . iii. c̃ . in dominio mᵒ . i. & tunc . viii. c̃ . hominib3 mᵒ . vi. & una ecc̄ia de . xvi. ac̃ . lib̄e t̃re . & unũ mot . 7 . xii. ac̃ p̃ti . Silua tunc ad .c. p . mᵒ ad . xvi. &¹⁵ mᵒ . ix. p . 7 . xxvii.¹⁶ oues .   Huic man̄io p̃tinet unus soche . de . xxx. ac̃ . Semp . i. c̃ . 7 . ii. ac̃ prati . Tc̃ ualuit hoc man̄ium . xii. lib̄ . mᵒ ⟋ v. & hat̄ . unam leu . in longo . 7 . vii. qᵃdr̃ in lato.

In ead̄ uilla teñ . R . de odburcuilla¹⁷ de ab̄be unum . li . ho . de . xxxv. ac̃ . 7 . iii. semp . i. c̃ . 7 . iii. ac̃ . prati . 7 ual uiginti sot.

In¹⁸ ead̄ uilla teñ uuil̄ls de scodeis¹⁹ de ab̄be . iii. li . homines de . viii. ac̃ . 7 . ii. boues²⁰ 7 ual . ii. s.

Winestuna tenuit . S̃ . ᴁᴅel . p man̄io . t. r. e. i. c̃ . t̃re . 7 . xʟ. ac̃ . Semp . vi. uillani . 7 . iiii.   Tunc . ii. c̃ . in dominio . mᵒ . i. 7²¹ semp . iii. c̃ . hominib3 . & . vi. ac̃ . prati . Silua tũc ad . .c. p . mᵒ ad . ʟx.²² 7 una ecc̄ia de . viii. ac̃ . 7 . ii. r⁹ . 7 . iiii. animat . 7 . xx. p . & . ʟ. o.   Tunc ual . iiii. lib̄ . 7 . iiii. lib̄²³ . 7 . x. s.   Et unus lib̄ homo ẽ additus ⟋ huic man̄io . de . xxx. ac̃ . p man̄io . i. sochem̃ . 7 com̃m̃d . S̃ . ᴁᴅel . Semp .ii. 7 . i. c̃ . 7 ual . x. s. & h̄t unam . leu . i lon . 7 . iii.²⁴ qᵃdr̃ . in lato . 7 .xiii. dñ. 7 dimi . de gelto.

In Westrefelda teñ S̃ . ᴁᴅel . i. sochem̃²⁵ . asered²⁶ . de . xxv. ac̃ . & nō

---

¹ soca 7 sac̃ ., c.　　² bigot, c.　　³ dirationaũ, c.　　⁴ Bosmera, ʙ.

⁵ uluedena, ʙ.　　⁶ Alfricus, ʙ; ælfric⁹, c.　　⁷ Bercham, ʙ.

⁸ æisseia, c.　　⁹ leosfueue, c.　　¹⁰ cleiduna, ʙ, c.　　¹¹ Bercham, ʙ, c.

¹² .xxiiii., ʙ, c.　　¹³ .ix., ʙ, c.　　¹⁴ s ., *omitted*, c.　　¹⁵ &, *omitted*, c.

¹⁶ .xxviii., c.　　¹⁷ odburuilla, c.　　¹⁸ It̄m in, c.　　¹⁹ scodeies, ʙ.

²⁰ boũ, ʙ, c.　　²¹ 7, *omitted*, c.　　²² .xʟ., c.　　²³ 7 . iiii. lib̄ ., *omitted*, c.

²⁴ .iiii., c.　　²⁵ .i . sochm̃ ., ʙ, c.　　²⁶ ansered̄, c.

poterat uende t̃ram . sem . ɪ. c̃ . 7 . ɪ. ac̃ . prati[1] . 7 ual . v. s . & m° tenet Tib. A. vi.
f. 63, b.
col. 2.
herueus de aƀƀe.

ɪɴ ead uilla . ɪ. l . hõ . S̃ . ᴁᴅᴇʟ . cõm̃d tantum . vɪɪɪ. ac̃ . & ual . xvɪ.
dñ. Hunc teñ H̃ueus de rege . m° ꞉/ de Aƀƀe . iussu regis ut dicit . & soca
Regis.

ɪɴ Pecehaga[2] . jdem Thurkillus[3] dñi . commend . aƀƀi[4] .t. r. e. & diñi .
Gurt . xx. ac̃ . 7 . ɪ. uilł . 7 . ɪ. ac̃ prati . 7 diñi . c̃ . 7[5] ual . v. s . hunc
Hueus[6] de aƀƀe . dimi . soc̃ . aƀƀ[is] & dimi . comitis.

In carleforda hundr'. Kingestona[7] teñ . S̃ . ᴁᴅᴇʟ . p mañio . t. r. e. 7
.ɪɪ. c̃ . t̃re . tunc . vɪɪɪ. uillani ꞉/ m° . v. m° . vɪɪ. tunc . ɪɪ. m° . ɪ. semp . ɪɪ.
c̃ . in dominio . 7 . ɪɪɪ. c̃ . hominib₃ . & . vɪɪɪ. ac̃ . prati . 7 diñ. Silua ad
.v. p . semp . ɪ. r⁹ . & . ɪɪɪɪ. animał . 7 . xxx. o . 7 . xɪɪ. p . semp ual . xʟ.
s . & haƀ . ɪɪɪɪ. qᵃd̃r in lõgo . 7 . ɪɪɪ. qᵃd̃r in lato . & . ɪɪɪ. dñ ī gelto. Plures
ibi tenent.

Bʀixteuuella[8] . teñ . S̃ . ᴁᴅᴇʟ . pro mañio . t. r. e. ɪɪ. c . t̃re. tunc . vɪ.
uillani m° . v. 7 . ɪɪɪ. bor . tc̃ . v. m° . ɪɪ°. semp . ɪɪ. c̃ . in dominio tc̃ . ɪɪɪɪ.,
hominib₃ . m° . ɪɪɪ. & . ɪ. eccłia sñ t̃ra . 7 . vɪ. ac̃ . prati . 7 . ɪɪ. mol .
semp . ɪ. r⁹ . & . xʟ. oues . 7 . vɪɪɪ. p. Huic mañio ptinet . ɪ. sochemann⁹
de . xɪɪ. ac̃ . semp ual . xʟ. s . & h̃t . x. qᵃd̃r in lõ . & . vɪ. in lato . 7 . ɪɪɪɪ. f. 64, a.
col. 1.
dñ de⁹ gelto. Et plures ibi tenent.

ɪɴ Grundesburc[10] . ɪ. li . homo . S̃ . ᴁᴅᴇʟ . Algar . t. r. e. p mañio de . ɪ.
c̃[11] . t̃re . & . xxx. ac̃ . t̃[12] . 7 . ɪɪ. uillani . 7 . v. bor . sēp .ɪɪ. c̃ . in dominio .
& . ɪ. c̃ . hominib₃ . .ɪɪɪɪ.[13] ac̃ . prati . & semp . ɪɪɪ. r⁹ . & . v. animał . 7
.xvɪ. p . 7 ʟxx. oues . 7 . ɪɪɪ. uasa apum.[14] Tunc ual . xx. s . 7 m° . xʟ. s;
hoc tenuit . h̃ue[15] . de Aƀƀe.

Claidune[16] hundred. ɪɴ debenhám dimid . li . hõ de . ɪɪɪɪ. ac̃ . in soc̃ . 7
comm̃d . S̃ . ᴁᴅᴇʟ . & ual . vɪɪɪ. dñ . & hoc tenuit[17] . R . malet de aƀƀe.

ɪɴ aisesfelda[18] un⁹ li . h . de . ɪɪɪ. ac̃ . in soc̃ . 7 comm̃d . S̃ . ᴁᴅᴇʟ . 7
ual . x.[19] đ.

ɪɴ Henlæia[20] . ɪ. li . homo de diñ . ac̃ . 7 . ual . ɪ. dñ.

ɪɴ torp . ɪ. l . h . Alsi[21] de . x. ac̃ . 7 ual . uiginti dñ.

---

[1] de prati, ʙ.   [2] petehaga, ʙ, ᴄ.   [3] Turchillus, ʙ ; thurchill⁹, ᴄ.
[4] aƀƀi, *omitted*, ᴄ.   [5] 7, *omitted*, ᴄ.   [6] teñ Herueus ., ʙ, ᴄ.
[7] Kincgestuna, ʙ ; Kingestuna, ᴄ.   [8] Brithtuelle, ᴄ.   [9] in, ᴄ.
[10] Grundesburch, ʙ, ᴄ.   [11] ac̃, ᴄ.   [12] t̃ ., *omitted*, ᴄ.   [13] 7 .ɪɪɪɪ., ᴄ.
[14] apiũ ., ʙ, ᴄ.   [15] herueus, ʙ, ᴄ.   [16] Claiduna, ʙ.   [17] teñ, ᴄ.
[18] æissesfelda, ᴄ.   [19] .ɪx., ʙ, ᴄ.   [20] heneleia, ᴄ.   [21] ælsi, ᴄ.

Tib. A. vi.

In scauest[1] . un[9] li . h . de . ii . ac̃ . 7 . iiii . dñ . ual. Hoc tenuit[2] Walti[3]⁹ diaconus de abbe.

In uilleforda[4] hundr'. Meltuna[5] tenet . S̃ . Ædel[6] . p manio . t. r. e. ii . c̃ . ꝑre . tunc . xviii . uillani⸝ m° . ix . tunc .vi. b . m° . xiii.[7] tunc . ii . m° nullus. Semp . ii . c̃ . in dominio . tc̃ . v . c̃[8] . hominibȝ . m° . iii . 7 diñ . 7 .xvii. ac̃ . pᵃ . & unū mol . semp . i. r[9] . 7 . i . anim̃ . & . xi.[9] p . 7 . xxxvii.[10] o. Huic manio ptinet . i.[11] Bereuuica . Baldreseia[12] . & numerata c̃ in meltuna . & . iiii . sochemanni qⁱ nō poꝑant[13] uende ꝑram suam[14] de . xxxii . ac̃ . Tunc . ii . . c̃ . m° . i . 7 diñ . 7 . ii . ac̃ . prati . semp ual . xl . s . & hab una leu . in longo . & . ix . qᵃdr̃ 7 dimi . in lato . & . xxvii.[15] đ . 7 dimi[16] . in gelto. Huic manio adiacent . v . li . homines qui manẽt in baldreseia . de . xix . ac̃ . & cõñd[17] abbis & ual . xl . dñ.

In hoú . i. l . homo de . xix . ac̃ . semp comñd abbis . semp diñ car̃ . 7 una ac̃ . prati . & ualet . v . s.

In hundtoft[18] un[9] li . homo de . vi . ac̃ . comñd abb . & ual . xii . dñ.

In Brammesuuelle[19] . ii . li . hõies comñd abbis . de . x . ac̃ . 7 ual . xii . dñ. Et una ecclia[20] de . xvi . ac̃ . libe ꝑre . & ual . ii . s . & hoc totum est in dominio abbis.

In eadem uilla . lxx . li . homines uñ abb habuit sac̃ . 7 so . 7 comñd & omnes consuetudines . t. r. e. m° . xlv.[21] de . ii . c̃ . ꝑ . 7 . xvi . ac̃ . Tunc .xii . c̃ . m° . vi . 7 . iii . ac̃ . prati . tunc ual . xl . s . m° . lx.[22]

In[23] eadem uilla . iiii . li . homines unde abb . hĩ sa . 7 so . 7 comñd . de . lxxvi . ac̃ . Tunc . iiii . c̃ . m° . iii . 7 . iiii . ac̃ prati . 7 . ii . r[9] . 7 . vi . p . 7 . lvii.[24] oues . semp ual uiginti sol.

In Bradesfelda[25] . iii . li . homines . in soca . 7 comñd . S̃ . Ædel . de .lxxi . ac̃ . Tunc . iii . c̃ . m° . ii . Isti homines habuerunt sub eis . iii . li . homines de . v . ac̃ . 7 . ii . 7 dimi . ac̃ prati . 7 tunc ual . xv . sol . 7 modo .xx. sol.

In eadem uilla una ecclia de . xxxi . ac̃ . 7 . ii . ac̃ . prati . 7 . ual . v . s.

f. 64, a. col. 2.

f. 64, b. col. 1.

---

[1] scauerst ., B; scauest, C.   [2] tenet, B; teñ, C.   [3] Walter⁹, C.

[4] wileford, C.   [5] *a blank space left for the capital* M, B.   [6] Ældryð, B.

[7] xiiii., C.   [8] ꝑ., B.   [9] .ix., C.   [10] .xviii., C.   [11] una ., B.

[12] Baldresca, B.   [13] potuert, C.   [14] suam, *omitted*, C.   [15] .xvii., C.

[16] 7 dimi ., *omitted*, C.   [17] & cõñd abbis & ual . xl . dñ. In hoú . i. l . homo de . xix . ac̃ ., *omitted*, C.   [18] hundestost, C.   [19] Brãmesuuella, B; brameswelle, C.   [20] Æcclia, B.   [21] xlv. s ., C.   [22] xl. s ., C.

[23] Itm̃ in, C.   [24] .lviii., C.   [25] bradefelda, C.

Iɴ Brammesuuelle[1] . ɪɪ . lɪ . homines in soca 7 commᷝd . S . ᴁᴅel . de ᵀⁱᵇ. ᴀ. ᵛⁱ. .xxɪɪ. ac̃ . tunc . ɪɪ. c̃ . 7 m° . 7 . ɪ. ac̃ prati . 7 dim̃ . & . ual . v. sol.

Iɴ Bradesfelda . ɪɪ. lɪ . homi . in soca 7 commᷝd . S̃ . ᴁᴅel . de . ɪɪɪɪ. ac̃ . 7 ual . xɪɪ. dñ.   Et totum hoc tenuit[2] herueus bebruel[3] de abbe.

Iɴ Suttuna teñ . S̃ . ᴁᴅel . dimi . lɪ . ho . Gopin⁹[4] commᷝd abbis . de .xɪɪ. ac̃ . ꝑ manio dimi . bor . 7 dimi . c̃ . 7 . ɪ. ac̃ 7[5] tc̃ ual . ɪɪ. sol modo . v.

Iɴ ead uilla . x. lɪ . homines de . xl. ac̃ . in soca 7 commᷝd . S̃ . ᴁᴅel . 7 .ɪ. c̃ . 7 . ɪ. ac̃ pᵃti . tunc ual . ɪɪɪɪ. sol . m° . vɪɪ.

Iɴ capella . ɪɪɪ. lɪ . homines 7 dimi . ɪᵃ.[6] commᷝd . S̃ . ᴁᴅel . de . xv. ac̃ . 7 dimi . car̃ . & ual . ɪɪɪɪ. sol.

Iɴ eissestesham[7] un⁹ lɪ . homo 7 dimi . commᷝd abbis eiᵘdˢ de . vɪɪ. ac̃ . 7 ꜰ. 64, ᵇ. ual . xɪɪ. đ.   ᶜᵒˡ. ².

Iɴ Brammesuuella[9] . ɪ. lɪ . hõ 7 dimi . commᷝd eiᵘd abbis . de . vɪɪɪ. ac̃ . 7 dimi . c̃ . & ual . xvɪ. dñ.

Iɴ Bradesfelda[10] . ɪɪɪ. lɪ . homines integⁱ & . ɪɪɪ. dimid[11] . de . xxɪɪɪɪ. ac̃ . 7 dimi . c̃ . in soca . 7 commᷝd S̃ . ᴁᴅel . 7 ual . vɪɪ. s . 7 . ɪɪ. dñ.

Iɴ Baldreseie[12] . ɪɪ. lɪ . homines . S̃ . ᴁᴅel . cum sa . 7 so . 7 commᷝd . de . vɪɪ. ac̃ . & ual . xɪɪ. dñ.

Iɴ Alrestuna . xɪɪ. ac̃ . de dominio & ual . ɪɪ. sol.

Iɴ cersfelda[13] . ɪɪ. libi homines in soc̃ . 7 commᷝd . S̃ . ᴁᴅel . de . xxxvɪɪ. ac̃ . 7 . ɪ. c̃ . 7 . ɪ. ac̃ . prati . 7 ual . v. sol.

Iɴ capella 7 in Baldreseie[14] . ɪɪ. lɪ . homines in soc̃ . 7 commᷝd . S̃ . ᴁᴅel . de . xxxɪɪ. ac̃ .   Tunc . uñ . c̃ . m° dimi . & ual . v. sol.   Et h[15] totū[16] teñ . R . malet de abbate.

Iɴ Brammesuuella[17] . ɪɪɪ. lɪ . homines in[18] commᷝd . 7 soc̃ . S̃ . ᴁᴅel . de .xɪɪ. ac̃ . 7 ual . ɪɪ. sol.

Iɴ cscestesham[19] . ɪ. ac̃ de dominio . & ual . ɪɪ. dñ.

Iɴ ufforda[20] . teñ . S̃ . ᴁᴅel . dimi . lɪ . ho . de . lx. ac̃ . 7 . ɪɪɪɪ. bor . 7[21] .ɪɪɪɪ. ac̃ . prati . 7[22] unum mol . Tunc . ɪ. c̃ . 7 dimi . m° dim̃ . đ . semp[23] ual . x. sol . 7 . xɪ. lɪ . homines.

---

[1] Brammesuuella, ʙ; In Brammesuuelle . ɪɪ. lɪ . homines in soca 7 commᷝd . S̃ . ᴁᴅel . de . xxɪɪ. ac̃ . tunc . ɪɪ. c̃ . 7 m° . 7 . ɪ. ac̃ prati . 7 dim̃ . & ual . v. sol. In Bradesfelda ., omitted, ᴄ.   [2] teñ, ʙ, ᴄ.   [3] buel, ᴄ.   [4] godwiñ, ᴄ.
[5] 7, omitted, ᴄ.   [6] ĭ, ᴄ.   [7] eisteshā, ᴄ.   [8] eiusdē abbis ., ʙ, ᴄ.
[9] brameswella, ᴄ.   [10] Bradefelda, ʙ, ᴄ.   [11] dimidios, ʙ.   [12] Baldreseia, ʙ, ᴄ.
[13] ceresfelda, ᴄ.   [14] Baldreseia, ʙ, ᴄ.   [15] Hoc, ᴄ.   [16] totū, omitted, ᴄ.
[17] brameswelle, ᴄ.   [18] 7, ᴄ.   [19] hecesteshā, ᴄ.   [20] ulforda, ᴄ.
[21] 7, omitted, ᴄ.   [22] 7, omitted, ᴄ.   [23] đ . semp, omitted, ᴄ.

Tib. A. vi.   IN eað uilla[1] commð . S̃ . ÆDel . de . xxv. ač . prati[2] . 7[3] . ual . IIII. sol.

f. 65, a.
col. 1.   IN Ludeham teñ . S̃ . ÆDel . dimi . li . ho . Moreuuine[4] . č . sa 7 so . 7 commð . de . LX. ač . 7[5] . I. b . semp . I. č . 7 ual . X. sol . 7 . VII. li . homines sub eo . de . xx. ač . 7 .v. ač pᵃti. Tunc una . č . mᵒ dimi . 7 ual . x. sol.

IN Horapola[6] . II. dimi . li . homines commð . S̃ . ÆDel . de . XII. ač . 7 ual . II. s. Et hoc tenet . R . malet.

In caresforda[7] hundr'. IN staleuestuna[8] . una liƀa femina . commð . S̃ . ÆDel . de . xxx. ač . 7 un[9] . li . hõ sub ea . de . I. ač . 7[9] . II. b . 7 dimi . č . 7 ual . IIII. sol.

IN Burch . VI. ač . 7 in jsclei[10] . IIII. ač . 7 ual[11] . uiginti dñ.

IN Raismera[12] . I. li . homo . commð . S̃ . ÆDel . Leofuric⁹[13] de . XL. ač .
b
7[14] . VII. 7 . I. ač . pᵃ . 7[15] ual . x. s. Et[16] h . teñ S̃ . ÆDel . ĩ suo dñio.

In carleforda[17] hundr'. In Grundesburch[18] teñ . herueus breduel . III. dĩm . li . homines . in[19] commð S̃ . ÆDel . 7[20] ual . III. sol.

IN tistedene teñ ipse unum . li . ho . Wlmar[21] . commð . S̃ . ÆDel . de .LX.[22] 7 sub . eo . v. li . homines . de . xx. ač . 7 . III. ač prati . &[23] . ual .XII. s.

IN ascetuna[24] . XXII. ač . 7 ual . II. s.

IN litel belinc͞gs[25] . IIᵒ . li . homines . commð . S̃ . ÆDel . de . xx. ač . 7[26] ual . III. s.

IN foxeshola[27] . xx. ač . 7 . ual . II. sol.

IN Bucheshala[28] . v. ač . ual . x. dñ.

f. 65, a.
col. 2.   IN Raismᷝa[29] . dimi . li . h . Thorkil[30] . cõmð S̃ . ÆDel . dĩm de . LXXX. ač . 7 . v. ač . prati . & ual . x. sol. Sub iƥo qⁱnq; . li . homĩes de . xv. ač . ual . III. sol.

IN eadem uilla dimi . li . hõ . Ædriz[31] . cõmend . S̃ . ÆDel . de . xxv. ač . 7 dimi . ač . prati . & ual . v. sol.

---

¹ *In a late hand in the margin,* "IX l. h . com . soe Doomes book .", B.

² 7 . II. ač prati ., B, C.   ³ 7 ., *omitted,* C.   ⁴ mereuinū, C.

⁵ 7 ., *omitted,* C.   ⁶ horpolle, C.   ⁷ carlesforda, B; carlesforde, C.

⁸ stauestuna, C.   ⁹ 7 ., *omitted,* C.   ¹⁰ esclei, C.   ¹¹ de, C.

¹³ reissemere, C.   ¹³ Leofric⁹, B, C.   ¹⁴ 7 ., *omitted,* C.   ¹⁵ 7, *omitted,* C.

¹⁶ Et, *omitted,* C.   ¹⁷ carlesforda, C.   ¹⁸ grusdesburch, C.

¹⁹ in, *omitted,* C.   ²⁰ 7 ., *omitted,* C.   ²¹ Wlmer, B; wlmer⁹, C.

²² LX. ač ., B, C.   ²³ & ., *omitted,* C.   ²⁴ æschetune, C.   ²⁵ litlebeliges, C.

²⁶ 7, *omitted,* C.   ²⁷ foxole, C.   ²⁸ Buccheshala, B; buchesale, C.

²⁹ Raisẽa, B; reissemere, C.   ³⁰ Torchil, B; thurchillū, C.   ³¹ ædric, C.

Iɴ tudeneham[1] unus . li . h . de . ɪɪɪɪ. ac̃ . ual̄[2] . vɪɪɪ. dñ.   Et totum hoc Tib. A. vi

teñ herueus[3] de aƀƀe.

Iɴ carletuna teñ . ẏsáác . vɪɪ. li . homīes comñĩđ . S̃ . ᴁᴅᴇʟ . una . c̃ .

c̃re . 7 . ɪɪ. b . & . ɪɪɪɪ. ac̃ prati . ual̄ . xvɪ. s.   Hoc ẏsáác[4] de Aƀƀe.

Iɴ ingulfuestuna[5] teñ . R . malet . xvɪ. ac̃ . 7 dimi . c̃ . ual̄ . ɪɪɪ. sol̄.

Iɴ finesforda una . li . femina . comñĩđ . S̃ . ᴁᴅᴇʟ . una . c̃ . c̃re.

Willeforda hundr'. Iɴ horapola . tcñ . R . malet[6] de Aƀƀe dimidium liƀū

hoñ . comñĩđ . S̃ . ᴁᴅᴇʟ.   Bunda de . xv. ac̃ . 7 . ɪ. ac̃ . prati . 7 diñ . 7[7]

ual̄ . v. s.

Iɴ meltona[8] teñ . S̃ . ᴁᴅᴇʟ . in suo dñio unum liƀum homiñ . comñĩđ .

de . ɪɪ. ac̃ . ual̄ . ɪɪɪɪ. dñ.

In lose[9] hundr'. Hoú teñ . S̃ . ᴁᴅᴇʟ . p̄ mañio . t. r. e. & .ɪɪɪ. c̃ . c̃re.

Ex his carucis cep̄ uuill̄s de Boeuilla unam p̄ᵍqᵃm diratiocinata[10] p̄ p̄ceptum

Regis saisita ecclie . si[11] dñm suū . G[12] . reuocat adiutorem[13] . 7 inde deđ

uadimoñ . 7 m° e c̃ra in manu regis.   Tunc . xvɪɪɪ. uillaniˊ m° . x. tc̃ . ɪ.

bor . m° . xvɪ.   Tc̃ . vɪ. m° . ɪɪ. tunc . ɪɪɪ. c̃ . ī dñio . m° . ɪɪ.   Et[14] tunc f. 65, b.

.vɪ. c̃ . hominibȝˊ m° . v.   Silua ad . xx. p . & . vɪɪ. ac̃ . prati . & unum col. 1.

molendinū . & . vɪɪ. aniñ . &[15] . xxɪɪɪɪ. p . 7[16] . xxx. oues . & . xʟ. cap̄.

Et tunc ual̄ . centum . sol̄ˊ m°[17] . ɪɪɪɪ. liƀ.   Huic mañio p̄tinent . ɪɪɪɪ.

li . homi . comñĩđ . S̃ . ᴁᴅᴇʟ . de . vɪ. ac̃ . 7 ual̄ . xɪɪ. dñ.   Et una ccclia

de[18] .vɪɪɪ. ac̃ . 7 diñ . &[19] ual̄ . xɪɪ. dñ.   Hoc totum e in dominio . S̃ .

ᴁᴅᴇʟ . Hĩ . vɪɪɪ. qᵃđr̃ . in lōgo . 7 . ɪɪɪɪ. in lato . 7 . ɪɪɪ. dñ. 7[20] diñ de

gelto.

Iɴ Brammestuna[21] . ɪ. li . h . comñĩđ . S̃ . ᴁᴅᴇʟ . de . vɪɪɪ. ac̃ . 7 ual̄ . ɪɪɪɪ.

sol.

Iɴ ledrincgeham[22] . ɪɪɪ. ac̃ 7 dimi . de dominio . ual̄ . vɪ. dñ.

Iɴ gretincgeham[23] . ɪ. uillanus de . xvɪ. ac̃ . 7 dimi . c̃ . ual̄ . ɪɪɪ. sol.

Iɴ Dellincgehā[24] . ɪɪɪɪ. li . homincs . comñĩđ . S̃ . ᴁᴅᴇʟ . dimi . c̃ . c̃re.

Tunc . ɪɪ. c̃ . m° . ɪ. 7 una ac̃ . prati . ual̄ . vɪɪɪ. s.

---

[1] tudenhā, c.   [2] 7 ual̄, c.   [3] tenet herueus . bredrucł ., ʙ; teñ herueᵍ
bedruel, c.   [4] tenet ysáác, ʙ, c.   [5] ingulfestuna, ʙ; inguluestuna, c.
[6] malett, ʙ.   [7] 7, *omitted*, c.   [8] meltuna, ʙ, c.   [9] losa, ʙ.
[10] diraciocinata c̃ ., ʙ; dirationata e, c.   [11] sed *in the margin in a late*
hand, ʙ; sȝ, c.   [12] de Mañavillâ *in the margin in a late hand*, ʙ;
G ., *omitted*, c.   [13] ad tutorē, c.   [14] Et, *omitted*, c.   [15] & ., *omitted*, c.
[16] 7 ., *omitted*, c.   [17] 7 m°, c.   [18] de, *omitted*, c.   [19] &, *omitted*, c.
[20] 7, *omitted*, ʙ.   [21] bramestuna, c.   [22] letherīgehā, c.   [23] gretingehā, c.
[24] dellincgham, ʙ; dellingehā, c.

Tib. A. vi. Iɴ Wdbge[1] . vii . li . homines commñd . S̃ . Æɒᴇʟ . de . xl . ač . & tunc una . č . mᵒ nulla . 7 uał . v . soł . hoc teñ . herueus bredruel[2] de abbe.

Iɴ Wdebge[3] teñ . ℞ . malet dimiđ . li . hominē Almar . commñđ . S̃ . Æɒᴇʟ . de . xv . ač . 7 diñi . č . & uał . v . soł . Hoc teñ . ℞ . malet[4] de abbate.

f. 65, b. col. 2.

Perehám dimi . hundr'. Iɴ Blakeshalc[5] . teñ . S̃ . Æɒᴇʟ . in dominio .v. li . homines . commñđ Abb . de . xxvi . ač . 7 una . č . 7 uał꞉ .quatuor soł.

Iɴ Brugge una . li . femina . cõñđ . S̃ . Æɒᴇʟ . de . lxxx . ač . p̃ maꞏnio . tunc una . č . mᵒ⁶ dimi . 7 . ii . ač prati . 7 dimidium moł . tunc uał . xx . s . 7 mᵒ . x.[7]

Iɴ Beuresham[8] teñ Alric꞉[9] . i . li . homo . commñđ . S̃ . Æɒᴇʟ . lx . ač p̃ maꞏnio . tunc una . č . mᵒ꞉ nō[10] . 7 . ꞌiii . ač prati . &[11] tunc uał . xx . soł . mᵒ . v . s.

Iɴ eadem uilla . iiᵒ . li . homines . commñđ . S̃ . Æɒᴇʟ . de . x . ač . 7 uał .ii . . soł . hoc teñ herueus bedruel de abbe.

Plumesgete[12] hundred. Sudburne[13] teñ . S̃ . Æɒᴇʟ . p̃ ma . .t . r . e . vi . č ꞉ tre. Semp . xiiii . uillani. Tunc . xv . b . mᵒ . xxii. Tunc . ii . mᵒ . nō[14] ꜱ . tunc . iii . č . in dominio꞉ 7[15] mᵒ . iᵃ . & tunc . xii . č hominibȝ mᵒ . v . 7 una ecctia de . viii . ač . 7 . iiii . ač prati. Silua ad . xii . p. Semp . ii . rᵒ . 7 .vii . animał . 7 . xvii . p . 7 . cxx . oues. Et tunc uał . vi . lib . mᵒ . vii.[16] lib. Et hab unam . leu . in longo . & dimi . in lato . 7 . xx . dñi de gelto. Et in hoc maꞏnio . vi . carr̃ . posse restaurari.

f. 66, a. col. 1.

Losa hundr'. Iɴ Dalincgehou[17] . diñi . dñ[18] . libm . h . commñđ . S̃ Æɒᴇʟ . de . xvi . ač . & uał . ii . s . 7 . viii . dñ.

Iɴ reusesham[19] dimiđ . li . ho . cõñđ . S̃ . Æɒᴇʟ . vi . ač . 7 uał . xii . dñ.

Iɴ Wudeburne[20] . ii . S̃ . Æɒᴇʟ . de decē ač . 7[21] uał . ii . soł.

Iɴ monecgdena[22] . & in cerfelda[23] . iiᵒ . li . homines commñđ . S̃ . Æɒᴇʟ . de . xviii . ač . 7 uał . iii . s . Hos teñ . S̃ . Æɒᴇʟ[24] . in suo[25] dominio.

---

1 wdeburge, ɢ. 2 debruel, ᴄ. 3 wdeburge, ᴄ. 4 malett, ʙ.
5 Blaccheshala, ʙ; blacheshala, ᴄ. 6 7 mᵒ ., ʙ. 7 x. s., ʙ, ᴄ.
8 beuressham, ʙ; beueresha̅, ᴄ. 9 ælfric꞉, ᴄ. 10 ñ ., ᴄ.
11 &, *omitted*, ᴄ. 12 Plummesgete, ʙ; plumesiete, ᴄ. 13 Sudburna, ʙ, ᴄ.
14 ñ ., ᴄ. 15 7, *omitted*, ʙ, ᴄ. 16 .viii., ᴄ. 17 dallingehov, ᴄ.
18 dñ ., *omitted*, ᴄ. 19 *sic,* the first s partially altered into l;
reulesha̅, ʙ, ᴄ. 20 Wudebrune ., ʙ. 21 7, *omitted*, ᴄ.
23 munechedene, ᴄ. 23 cærfelda, ʙ. 24 Ældryða, ʙ. 25 suo, *omitted*, ᴄ.

2 c

Hertesmere[1] *Hundr'*. Warincgesete[2] . tenuit . S̃ . Ædel. . t. r. e. IIII[or]. c̃ . Tib. A. vi.
t̃re . m° tenet . R . de sauig̃ . unam ex illis de . R . peurel[3] . semp . x.
uillani . 7 nouem . bor. Tūc . IIII. s̃ . m° . II. semp . II. c̃ . in dominio . &[4]
.III. c̃ . hominibȝ . &[5] . IIII. ac̃ . prati. Silua tunc ad . ƀ. pe[6] . m°⸵ ad
.cccc. Ecclia . de . XVI. ac̃ . 7 dimi . c̃ . semp . II . r[9] . in halla . 7 . VIII.
animaƚ . 7[7] . XXX. p . &[8] . CVII.[9] oues . 7[10] . XVIII. cap̃ . &[11] semp uaƚ . X.
liƀ.

Iɴ ead uilla[12] . IIII. li . homines . cōm̃d . S̃ . Ædel. Goduuin[9] . Brixmar[13].
Osulf . Deorulf[14] . XL.[15] ac̃ . semp . II. c̃ . 7[16] uaƚ . X. soƚ. Et . S̃ . Ædel.

Socam . hr̃. Et haƀ unam leug̃a 7 dimi . in longo . 7 . I. leu[17] in lato . 7
ā
.XI.[18] dñ . de gelto.[19] Alii ibi tenent.

[20]*In comitatu Huntedonie.*[21] Spalduuic[22] aƀƀ . de ely . hr̃ unum[23] . ꝑ . de
.XV. ħ . ad . gƚ. int̃ manium[24] . 7 . Ber̃[25] . Estou[26] . Estune[27] . Bercheham . f. 66, a.
& . XV. c̃ . possunt[28] arare⸵ t̃ram istam . dñs habuit . IIII. . c̃ . in dominio . in col. 2.
thainland[29] ult[a] . gƚ . &[30] . XLII. uillani . 7[31] . VIII. bor. Nunc hr̃ aƀƀ de eli[32]
ibi . IIII. car̃ . 7 . VII. animaƚ . &[33] . XXX. p . &[34] sexies uiginti . o . 7[35] unū
runc̃[36] . 7[37] . IIII. uasa apum[38] . 7[39] unum moƚ . de . II.[40] soƚ . 7[41] . L. uillani .
7[42] . X. bor. Int̃ hos omnes uiginti . v. car̃ . 7 octies[43] uiginti ac̃ . p[a]ti.
Silue pasc̃[44] . LX. ac̃ . t. r. e. cum omnibȝ q̃ ibi ꝑtinēt. Vaƚ . XVI. liƀ . 7[45] m°
uiginti . II. liƀ. Totum[46] . III. leu . longo[47] . 7 . II. leu . lato.[48]

Iɴ cadeuurde[49] Tursten[9][50] Aƀƀ . IIII. ħ . ad . gƚ. Bereuuic[51] i spalduuic[52] .

---

[1] Hertesmera, ʙ; Hertemere, c.   [2] Waringasete, *in the margin in a*
late hand, "aliter Doomesday in Ran: Povrell .", ʙ; Wæðreringesete, c.
[3] peucrel, c.   [4] & ., *omitted,* c.   [5] & ., *omitted,* c.   [6] p;, ʙ, c.
[7] 7 , *omitted,* c.   [8] & ., *omitted,* c.   [9] .c. 7 .vi., c.   [10] 7 ., *omitted,* c.
[11] &, *omitted,* c.   [12] uilla ., *omitted,* ʙ.   [13] brihtmer[9], c.   [14] derulf, c.
[15] de . XL., c.   [16] 7, *omitted,* c.   [17] leu, *omitted,* c.   [18] .IX., ʙ, c.
[19] geldo, c.   [20] *In the margin in a late hand,* "aliter Domesd . præterq[s]
in numero Hidarū et valentiis. Hic liber plura habet", ʙ.   [21] In comitatu
Huntedonie ., *omitted,* c.   [22] Spaldewich, c.   [23] p, c.   [24] mañiū, ʙ, c.
[25] berewich, c.   [26] estove, c.   [27] Estone ., ʙ, c.   [28] q̃ p[9]sunt, c.
[29] thalād, c.   [30] & ., *omitted,* c.   [31] 7 ., *omitted,* c.   [32] ely, c.
[33] & ., *omitted,* c.   [34] &, *omitted,* c.   [35] 7, *omitted,* c.
[36] .I. runc̃ ., c.   [37] 7 ., *omitted,* c.   [38] apium ., ʙ.   [39] 7, *omitted,* c.
[40] .XX., c.   [41] 7 ., *omitted,* c.   [42] 7, *omitted,* c.   [43] hoccies, c.
[44] pascendi, c.   [45] 7, *omitted,* c.   [46] hr̃, c.   [47] in lōgo ., c.
[48] i lato, c.   [49] cadeworde, c.   [50] thurstan[9], c.   [51] Bereuuicc, ʙ;
ƀewich, c.   [52] Spalduuice, ʙ; spaldewich, c.

Tib. A. vi. 7 . VIII. uillani . cum . VIII. č . nč[1] aƀƀ de eli hĩ . 7 . VII.[2] uillani cū . II. č. Et ħ[3] est apprctiata in spalduuic.[4]

In Colne Turstinus[5] aƀƀ . unum mañ . VI.[6] ħ . ad . gł . 7 . VI. č . ad arandum[7] . 7 . XIX. uillani . 7 . v. cum . VIII. č . iꝑe Aƀƀ . II. č . exceptis .VI. ħ. Nunc . sẏ . aƀƀ . hĩ . 7 . I. ū . II.[8] č . 7 . XXX. oues . & . XLV. pe[9] . 7 . XIII. uillani . 7 . v. cum . v. č. Nunc iꝑe . II. č . & . XXX. o . 7 . XLV. p . 7 . XIII. uillani . 7 . v. bor . č[10] . v. cañ[11] . 7 . X. ač prati.[12] Silua pastił . unā leu . longo[13] . 7 dimi . leu . lato.[14] Maresc unam . leu . lon[15] . , dimi . lato.[16] Totum . II. leu . longitudinis[17] . 7 . I. le[18] . latitud.[19] . t. r. e. uał . VI. liƀ . m° . v. liƀ.

f. 66, b. col. 1. In Blunteshā Torstin[9][20] aƀƀ . haƀ[21] . unum mañ . de[22] . VI. ħ . 7 dimi. Ad gł . ad arandum[23] . VIII. c . 7 . XX. uillani . & . v. bor . cum . VII. cañ . iꝑe haƀ[24] . II. .č . exceptis ꝑdictis . ħ.[25] Et nunc . Sẏ . aƀƀ inuenit . II. č . 7 . XII. animał . & . LX. oues . 7 . XXX. p. 7 . X. uillani . 7 . III. bor . cum .III. č. Nunc iꝑe . II. č . 7 . XII. animał . 7[26] . LX. oues . 7[27] . XLV. p . 7[28] una ecclia 7 unus pƀr . 7 uiginti[29] ač . prati. Silua pastilis[30] . I. leu . lõ[31] . 7 . IIII. qᵃdñ . latitudinis.[32] Totum . II. . leu . lon . 7 . I. la[33] . tempe . r. e. uał . v. liƀ . modo ꞏ v. liƀ.

Sumresham. Torstinus[34] aƀƀ unum mañium . VIII. hidis . ad gł. Ad arandum . XII. č . 7 . XXVIII.[35] uillani . 7[36] nouem . bor . cū . XVI. cañ[37] ꞏ Iꝑe aƀƀ[38] . II. č . exceptis ꝑdictis . ħ. Sẏmon[39] aƀƀ inuenit . II. č . 7[40] . X. anᵃ . 7 qᵃꝓ. XX. 7 . X. o . & . XL.[41] p . XIII.[42] bor . cum uiginti . č . 7 . III. pisč[43] . VIII. š . 7 . XX.[44] ač . prati. Silua pastił[45] . I. leu . lou[46] . 7 . VII. qᵃdñ łat.[47] Totum .III. leug̃ . long̃[48] . 7 . I. leu[49] . la . Valuit[50] . t. r. e. VII. liƀ . 7[51] m° ꞏ .VIII. liƀ.

---

[1] hoc, C.   [2] .VIII., C.   [3] ħ, *omitted*, C.   [4] Spalduuicc, B; spaldewich, C.
[5] Torstinus, B; thurstan[9], C.   [6] de .VI., C.   [7] harđ, C.   [8] v̄ . 7 .II. č., C.
[9] p;, B, C.   [10] cū ., B.   [11] Nunc iꝑe . II. č . & . XXX. o . 7 . XLV. p . 7 . XIII. uillani . 7 . v. bor. č . v. cañ ., *omitted*, C.   [12] de prati ., B.   [13] in lōgo, C.
[14] in lōgo, C.   [15] in lōgo . 7, C.   [16] in lato, C.   [17] long̃ ., B; in lõg̃, C.
[18] le ., *omitted*, B.   [19] in lato, C.   [20] thurstan[9], C.   [21] haƀ ., *omitted*, B, C.
[22] de ., *omitted*, B, C.   [23] harđ, C.   [24] haƀ ., *omitted*, B, C.   [25] hidis, B, C.
[26] 7, *omitted*, C.   [27] 7 ., *omitted*, C.   [28] 7, *omitted*, C.   [29] .XII., C.
[30] pasĩe ., C.   [31] ĩ lõg̃, C.   [32] in latū, C.   [33] Totum . II. . leu . lon . 7 . I. la ., *omitted*, C.   [34] thurstan[9], C.   [35] .XXIX., C.   [36] 7, *omitted*, C.
[37] ač ., C.   [38] abb[9] . hĩ ., C.   [39] H̃ . 7 symeõ, C.   [40] 7 ., *omitted*, C.
[41] .LX., C.   [42] 7 . XIII., B, C.   [43] pisciñ ., B; piscinas, C.   [44] de .VIII. s. XII., C.
[45] pasĩc, C.   [46] in longo, C.   [47] in lato, C.   [48] hĩ lõg̃ ., C.
[49] leu ., *omitted*, C.   [50] valet ., B; uał, C.   [51] 7, *omitted*, C.

Hic inbreuiat[r] q[o]t caɼ . Sc̃a Æꝺel[1] . habet . & q[o]t habent ei[9]
homines q[o]s m[o] h͠nt sc̃m breues[2] Regis . q[i] facti[3] sunt in uice-
comitatib; in quib; iacent ꝼre cius . & q[o]t uillanos[4] . & q[o]t .
Bor . & q[o]t . ser.[5] Et hec distinguuntur sicut p̃positi ten͡et
unusq[i]sq;[6] p̃posituram suam.

         d   h
Saham . i. c̃ i c̃ .iii. uilli . x. ƀ.

         d   h
Suafh̄a[7] ii c̃ iii c̃[8] v uili . ii. bor .ii. s.

          d   h
Stuuchesw[9] . iii c̃ vi c̃ xvi uili .v. ƀ . iiii. ser.

             d   c̃   h
Horningeseie[10] . viii. 7 dimi . ix. c̃ .xx. .ii. uillani . xiiii. ƀ . xvi.[11] s.

            d   h
Treppeslaue[12] . iii. c̃ . v c . xii. uili . .v. bor . v. s. Hoc c̃ .xvi. c̃ 7
dimi . de dominio . xxiii. h .lv. uillani . xxvi. bor . uiginti . vi. ser.[13]

        d   h   c̃   b
Westlai[14] . ii. c̃ . ii. c̃ . iiii. uili .v. ii. s.

     d   h
Fuleƀ[15] . ii. c̃ . iii. c̃ .viii. uili . vii.[16] ƀ.

       d   h   d   h   b
Teũsham[17] .i. c̃ . i. c̃ . ii. uili. Hoc c̃ . v. . c̃ . 7 vi. c̃ . 7 . xiiii. uilli xi.
ii. s. Hoc ten̄ iohannes in feudo de aƀbe pro duob; militib;.

        d   h
Stratleie[18] . ii. c̃ . 7 dimiꝺ . ii. c̃ . vi. uili . .ii. bor . ii. ser.

          d   h
Pampesꝑorda[19] . ii. c̃ . iiii. c̃ . xii. uili . .v. bor . iii. ser.

         d   h   d   h
Cadenham[20] .ii. c̃ . iiii. c̃ . x. uili . xi.[21] bor . 7 . iiii. s. Hoc c̃ . iiii. c̃ . viii.
caɼ . . xxii. uili .xvi. bor . vii. š.

---

[1] Æld ., B. [2] breuia, C. [3] que facta, C. [4] uillani, C. [5] borders . 7 quot
sochemanni ., C. [6] q[i]sq;, B, C. [7] Suafham ., B. [8] iii c̃, C. [9] Stiuicesw ., B;
Steuecheworde, C. [10] Horningeseie ., B; Hornigeseiæ, C. [11] xv., B, C.
                                         d   d   h   uili
[12] Trepeslauue, B; Tripelaue, C. [13] Hoc c̃ . xvi c̃ . 7 dim̄ . xxiii. c̃ . h . xvi.
b s   d   h
xvii., C. [14] Weslai, B; Wvestle, C. [15] Weƀige . iii. c̃ . iii. c̃ . Fuuel-
burne, C. [16] .vi., C. [17] Theueresh̄a, C. [18] Stradleia, B; Stretle, C.
[19] Pampesworꝺ, B; P̄apesworde, C. [20] Cadenh ., B; Cadĕho, C. [21] .ix., C.

Belesham . v. č . xii. ħ . č . xviii. uiłłi . .xii. bor . ii. ser.[1]

Wrattincge[2] . iii. č . iii. č . vi. uiłł . .iii. iii.[3] Hoc . est . viii.[4] č . 7 . xv.

h . č . .xxiiii. uiłł .xv.[5] b . v.

Stapleford[6] . iiii. õ[7] . vi. ħ[8] . č . xvi. ui[łł .][9] .iiii. b . vii. ser.

Sceldford . iiii.[10] č . viii. ħ . č . xx. uiłł . .viii. bor . vii. š.

Hauóc[11] . iiii. č . viii. ħ . č . xvi. uiłł . .iiii. bor . iii. ser.   Hoc est . xi.[12]

č . xxiii. .č. lii. uillani . xvi. bor . xvii. š.

Meldeburne[13] . ii. č . iii. ħ . č . vi. uiłł . xii.

Melređ[14] . ii. č . v. ħ . car̃ . ix. uillani . .xiii. bor . iii. ser.

Sumeresham[15] . iii. č . x. h . car̃ . xxviii. uillañ . xiii. bor . iiii. š.

Colne . ii. č . v. č . xiii. uiłł . v. bor .iii.

Bluntesham . ii. č . v. h . č . x. uiłł[16] . iii. iii.   Hoc est . xi. č . xxviii.

car̃ . l,vi. uillañ[17] . xlvii. bor . xiii. serui.

Spalduuic[18] . iiii. č . xxv. ħ . car̃ .l. uiłł . .decem bor . vi. ser.

Grantenđ . iii.[19] car̃ . vi. č . viii. iii. iiii.

Harđuuic[20] . ii. č . iiii. č . vii. uiłł .   .iiii.

Wiuelincgeham[21] . ii. č . v. ħ . č . xii. uiłł . . viii. bor . unus seruus.

Cotenham[22] . ii. č . vi. ħ . car̃ . xvi. uiłł . .decem . bor . duo . ser.   Hoc

č . vi. č . xv. . č . xxxv.[23] uillani . xviii. vii. ser.

Empintona[24] . ii. č . ii. ħ . č . i. uiłł . xv. i.

---

1 .iii. iii., c.   2 Warating, B.   3 Wrattincge . iii. č . iii. č. vi. uiłł . .iii.

iii., *omitted*, c.   4 .v., c.   5 .xvi., c.   6 Staplef ., B; Stapelforde, c.

7 č, B, c.   8 .vii., B, c.   9 .xvi., B.   10 Scelf . iii., B; Scelford . iii., c.

11 Hauóc ., B; Hauechestune, c.   12 .ixi., c.   13 Meldeburn², B.

14 Melreðe; *the previous sentence follows this one in* c.   15 Sũmresham, B.

16 decem, B.   17 .lxvi., B, c.   18 Spaldwich, c.   19 Grantedene .iiii., c.

20 Harduic, B; Hardwich, c.   21 Wiuelincg̃, B; Wiueligehã, c.

22 Coteham, B.   23 .xxxvi., c.   24 Empinť, B; Impitune, c.

        d   h   uiłł   b   s

Waleseia[1] . ɪɪ. c̃ . ɪɪɪ. c̃ . vɪɪɪ.[2] ɪɪɪɪ. ɪɪɪ.

     d   h

Cetriz[3] . ɪ. c̃ . ɪɪ. c̃ . vɪ. uiłł . ɪɪɪɪ. b . ɪɪ. s̃.

        d

Doneham[4] . ɪɪɪɪ. c̃ . ɪɪɪɪ. ħ . car̃ . xv. uiłł . .vɪɪɪ. bor .vɪɪɪ. ser. Hoc est

d   h

.vɪɪ. car̃ .ɪx. c̃ . xxɪx. uiłł .xvɪ. bor .xɪɪɪ. s̃.

         d

Dodincgtune[5] .ɪɪɪ. c̃ . v. ħ . c̃ . xxɪɪɪɪ.[6] uiłł . vɪɪɪ. bor . 7[7] unus seruus.

        d

Litel teodford[8] .ɪ. c̃ . ɪ. uiłł[9] . ɪɪɪɪ. bor.

         d   h   b   d   h

Winteporda[10] . ɪɪ. c̃ . v. c̃ . ɪx. uiłł . xvɪɪ.[11] Hoc est .ɪɪɪ. c̃ . v. c̃ . x. uiłł .

xxɪ. bor.

        d   h   b

Stradham[12] .ɪɪɪ. c̃ . v. c̃ . xɪɪ. uiłł . x. ɪɪ. s̃.

         d   h   uiłł b   s   d   h

Wilbtona[13] . ɪɪɪ. c̃ . ɪɪɪɪ. car̃ . ɪx. x. vɪɪɪ. Hoc est .vɪɪ. c̃ ⁚ ɪx. car̃ . xxɪ.

b

uiłł . xx. x. s̃.

         d

Lindune . ɪɪɪɪ. c̃ . v. ħ . car̃ xɪɪɪ. uiłł . .x. bor . x. ser.

     d   h   uiłł   d   uiłł

Heille[14] . ɪɪɪ. c̃ . ɪɪɪɪ. c̃ . x. ɪɪɪɪ bor . v. s̃. Hoc est . vɪɪ. c̃ . ɪx. ħ . c̃ . xɪɪɪɪ.[15]

b

xɪɪɪɪ. xv. s̃.

     d

Elẏ[16] . vɪɪɪ. c̃ . xɪɪɪ. ħ . c̃ . xL. uillañ . .xxvɪɪɪ. bor . uiginti . ser.

        d   d

Lackincgeħ[17] . ɪɪ. c̃ . ɪɪ. ħ . c̃ . vɪ. uilla . .ɪɪɪɪ. bor . ɪɪɪ. s̃. Hoc c̃ . x. c̃ .

xvɪ. ħ . c̃ . . xLvɪ. uiłł . xxxɪɪ. bor . xxɪɪɪ. ser.

        d

Stunteneie[18] . ɪɪ. c̃ . ɪɪ. ħ . car̃ . vɪ. uiłł . .v. bor . ɪɪɪ.[19] ser.

        d   h

Wicford[20] . ɪɪɪ. c̃ . ɪɪɪɪ. c̃ . xvɪɪ. uiłł . vɪɪ. bor . vɪɪɪ. ser.

        d   h   d

Stunteneie[21] . ɪɪɪɪ. c̃ . v. c̃ . vɪɪɪ.[22] uiłł . .xv. bor . vɪɪ. ser. Hoc c̃ . vɪɪ. c̃ .

x. ħ . . c̃ . xxv. uiłł . xxɪɪ. bor . xv. s.

        d   h

Wicheham[23] .ɪɪ. c̃ . ɪɪɪɪ. c̃ . ɪɪɪ. uiłł . ɪɪɪɪ. bor . v. ser.

---

[1] Witeseia, B: Withleseie, c.   [2] .vɪ., c.   [3] Cateriz, c.   [4] Duneħā, c.

[5] Dodinc c̃, B; Dođinge c̃, c.   [6] .xɪɪɪ., c.   [7] 7, *omitted*, B.

[8] Litelteodf ., B; Litletheotford, c.   [9] ɪ. uiłłi, B; .ɪ. c̃ . uiłłi, c.

[10] Winteuurð., B; Witeworde, c.   [11] .xvɪɪɪ., c.   [12] Strathā, c.

[13] Wilbtune, c.   [14] Helle, c.   [15] xxɪɪɪɪ. uiłłi ., B; .xxɪɪɪɪ., c.

[16] Eli, B.   [17] Lachincgħ, B; Lagingehéé, c.   [18] Stuntenéé, c.

[19] .vɪɪɪ., c.   [20] Wicceford, B; Wicheford, c.   [21] Suttune, B, c.

[22] .vɪɪɪɪ., c.   [23] Wicceham, B; Wicheā, c.

Tib. A. vi.
f. 67, b.
col. 2.

Litelport[1] . ɪɪ. c̃^d . ɪɪɪɪ. c̃^h . xv. uiħ . vɪɪɪ. .bor . vɪɪɪ. ser.

Wisebeche[2] . ɪɪ. car̃^d . ɪɪɪɪ. car̃^h . xv. uiħ . xvɪɪɪ. bor . ɪɪ. ser.

Brandona[3] . ɪɪɪ. c̃^d . ɪɪɪ. c̃^h . vɪɪɪ. uiħi . .vɪɪɪ.[4] bor . vɪɪ.[5] ser.

Mareham . ɪɪɪ. c̃^d . vɪ. c̃^h . xɪx. uiħi . xɪɪɪ. bor . v.[6] ser.

Fincheham[7] . ɪ. c̃^h .   .ɪɪɪ. ƀ.

Hailingeie[8] .   .ɪɪɪ. ƀ.

Fotestorp . ɪ. c̃^d . dim̃ . c̃^h . ɪɪɪ. uiħ . ɪɪ.[9] ƀ.

Fordeham   .ɪɪɪ. ƀ.[10]

Doneham[11]   .ɪɪ. uiħi.

Waltuna[12] . v. c̃^d . ɪɪɪ. c̃^h . xx. uiħ . xl. bordeaus[13] . xɪɪɪ. ser.

Achre .   dmiđ[14]^h . c̃ .   .ɪɪ. ƀ^s . ɪ.

Felteuuelle . v. c̃ . vɪɪɪ. car̃ . xvɪɪɪ. uiħ . x. bor . xɪɪ. ser.

Norduualde[15] . ɪɪɪɪ. c̃^d . v. car̃^h . vɪɪɪ. uiħ . xɪx. bor. quatuor[16] . s̃.

Mundeford[17] . ɪɪ. c̃^d . ɪɪɪ. c̃^h . x. uillani . .vɪɪɪ. bor . ɪɪ. s.

Brugehám[18] . ɪɪ. c̃^d . ɪɪɪ.^h[19] xɪɪ. uiħ . xvɪɪ. bor . ɪɪɪ.[20] ser.

Hoú[21]   .ɪɪɪ. c̃^h . vɪɪɪ. uiħ . x. ƀ.

Dereham[22] . ɪɪɪ. car̃^d . vɪɪɪ. car̃^h . xvɪ. uiħ . xxv. bor .ɪɪ. ser.

Torp . ɪɪ. c̃^d . vɪɪ. car̃^h 7 dimi . x. uiħ . xx. bor . ɪɪɪɪ. ser.

Brunestorp . ɪ. c̃^d . ɪ. c̃^h .   .vɪɪɪ. ƀ.

f. 68, a.
col. 1.

Puleham . ɪɪɪ. c̃^d . xvɪ. c̃^h . lx. uiħ . .xxv. bor . vɪɪ. ser.   Hoc est . xl. car̃^d .
& q̃[^a]ẽ^h . xx. c̃^b . ɪɪɪ. min⁹ . cc. 7 . xxɪɪɪɪ. uiħ . .cc. 7 . xxxvɪɪɪ. 7 &^b . lxxɪ.
serui.[23]

Rattesđ[24] . ɪɪɪ. c̃^d .vɪ.[25] ħ . c̃ . xvɪɪɪ. uiħ . .xxvɪɪ. bor . ɪɪɪɪ. ser.

---

[1] Litelport, c.   [2] Wisebece, b.   [3] Branduñ, b; Branduna, c.   [4] .ɪɪɪɪ., b, c.

[5] .vɪ., c.   [6] vɪ., c.   [7] Finceham ., b; Finchã, c.   [8] Hailingei ., b;
Halingeiæ, c.   [9] .ɪɪɪ., c.   [10] Fordeham . ɪɪɪ. ƀ., *omitted*, c.   [11] Dunehã, c.

[12] Waletune, c.   [13] .xl. ƀ, b; xl., c.   [14] Acre . dimid ., b; Acre dim̃^h, c.

[15] Norwalde, b; Norwolde, c.   [16] .ɪɪɪ., c.   [17] Mundf, b.   [18] Bruggeħ, b.

[19] .ɪɪɪ. car̃^h ., b; .ɪɪɪ. c̃, c.   [20] .ɪɪɪɪ^{or}., b, c.   [21] Hou, b, c.   [22] Derhã, c.

[23] min⁹ . cc. 7 . xxɪɪɪɪ. uiħ . .cc. 7 . xxxvɪɪɪ. 7 . lxxɪ. serui, b; min⁹ .ccxx. cc.
xxxvɪɪɪ., c.   [24] Ratesđ, b; Ratlesdene, c.   [25] .v., c.

.IIII. S. Tib. A. vi.

   d
Berchincḡs[1] . III. c̃ . XV. c̃ . XXV. uiℓℓ . .XXX. bor .

    d   h
Hoc est . VI. c̃ . XXI. c̃ . XLIII. uilla . LVII. bor . VIII. serui.

    d   h
Drincestone[2] . II. c̃ . II. c̃ .   .VIII. bor . IIII. ser.

    d   h   d
Glammesford[3] . III. c̃ . VIII. c̃ . XVI. uiℓℓ . XVI. bor . V. ser. Hoc est . V.
h
car̃ . X. car̃ . XVI.[4] uiℓℓ . XXIIII. b . IX. .s.

    d   h
Hercherst[5] . II. car̃ . VI. c̃ . XII. uiℓℓ . .XIIII. bor . IIII. seR.

    d   h
Heccheham[6] . IIII. c̃ . XVI. c̃ . XXVI. uiℓℓ . XXVI.[7] bor . VIII. ser.

    d   h
Neoðincḡ[8] . III. c̃ . II. car̃ . VI. uiℓℓ . nouem borð . duo . ser . unᵒ.[9]

    d   h   uiℓℓ   b
Berchā[10] . II. c̃ . VI. c̃ . XXIIII. IX. II. s.

    d   h   b   d   h
Waðing̃[11] . II. c̃ . III.[12] c̃ . X. uiℓℓ . IX. II. s. Hoc est .VII. c̃ . XI. c̃ . XL. uiℓℓ .
b s
XXVII. V.

        d
Estoches[13] . II. car̃ . VI. h̄ . car̃ . nouē uilla . XV. bor.

     d   uiℓℓ
Winestun[14] . II. c̃ . III. h . c̃ . VI. IIII. ƀ.

     d
Kingestona[15] . II. c̃ . III. h̄ . car̃ . V. uiℓℓ . .VII. bor . unus ser.

    d   h   b s
Brixtepelle[16] . II. c̃ . III. c̃ . V. uiℓℓ . III. II.

    d   uiℓℓ
Meltona[17] . II. c̃ . IIII.[18] h̄ . c̃ . IX. XIII. .ƀ.

   d
Hoú[19] . III. c̃ . V. h̄ . c̃ . X. uiℓℓ . XVI. ƀ . II. s.

    d   h   uiℓℓ   d
Sudburne[20] . III. c̃ . V. c̃ . XIIII. XXII. ƀ. Hoc est . XVI. car̃ . XXIX. h̄ . car̃
LVIII. uiℓℓ . LXXX. bor . V. s.

    d   h   b s
Brocheſh . II .c̃ . IIII. c̃ . XVI. uiℓℓ . V. v.

       d
Rattendena[21] . IIII. c̃ . XII.[22] h̄ . car̃ . XXVI. uiℓℓ . VI. ƀ . VI. ser.

    d
Litelbie[23] . V. c̃ . XV. h̄ . car̃ . XXXIX. uillani . XVI. bor . VI. ser.

f. 68, a.
col. 2.

---

[1] Berchinches, c.   [2] Drincesĩ ., B. Dringestune, c.   [3] Glammesf, B;
Glãmesĩ, c.   [4] .7.XVI., B; 7 .XXVI., c.   [5] Hercherſĩ ., B.   [6] Hecceham, B;
Hechã, c.   [7] .XXX., c.   [8] Nedinge, c.   [9] .IX. ƀ . I ser ., B; .IX. I., c.
[10] Bercham, B. [11] Waderincg̃, B; Wedrerig̃, c. [12] .II., c. [13] Estocs, B.
[14] Winesĩ, c. [15] Kincgestun, B; Kinegestune, c. [16] Brixteweℓℓ ., B;
Brithwelle, c. [17] Meltuñ, B; Meltune, c. [18] .V., c. [19] Hou, B;
Ho ., c. [20] Suðburne ., B; Sudƀne, c. [21] Ratenduñ, B; Ratēđ, c.
[22] .XXII., c. [23] Litelbiꞓ, B; Litleƀi, c.

Tib. A. vi.

           ᵈ
Haddam[1] . III. car̃ . VIII. ħ . car̃ . XV. uillani . VII. bor . VII. ser.

           ᵈ
Hadfeld[2] . III. c̃ . XX. ħ . car̃ . XVIII. uiħ . .XXX.[3] bor . .VI. ser.

           ᵈ   ʰ
Kẏleshelle[4] . III. c̃ . VI. car̃ . XII. uiħ . nouem . bor . VII.[5] ser.

           ᵈ
Hoc est nouem . car̃ . XXXIIII. ħ . car̃ . XLV. uillani . XLVI. ƀ . XX. ser.

---

[1] Haddham, B; Hedhā, C.   [2] Headfeld, C.   [3] .XXVI. *altered into* .XXXI., C.
[4] Kylesselle, B; Kileshelle, C.   [5] .VIII., C.

2 E

NOMINA[1] UILLARŪ.[2]

Snafham .	.III. c̃.	Hauekestoñ[18]	.VIII. c̃. Tib. A. vi.
Stiuichesuuorð[3] .	.VI. c̃.	Grantend[19]	.VI. c̃.
Horningḡ[4] .	.IX. c̃.	Harduuic[20]	.IIII. c̃.
Treppelau[5] .	.V. c̃.	Wiuelincḡ[21] .	.V. c̃.
Lackincḡ[6] .	.II. c̃.	Cotenhám[22] .	.VI. c̃.
Saham .	.I. c̃.	Empintóna[23] .	.II. c̃.
Sneileuuelle[7] .		Spalduuic[24] .	.XXV. c̃.
Westlai .	.II. c̃.	Suñ . Colñ . Blunt̃[25]	.XX. c̃.
Teũsam[8] .	.I. c̃.	Witleseie[26]	.III. c̃.
Papeporð[9] .	.IIII. c̃.	Catriz[27] .	.II. c̃.
Cadenhoú[10] .	.IIII. c̃.	Donham[28] .	.IIII. c̃.
Waratincḡ[11] .	.III. c̃.	Dodintoñ[29] .	.V. c̃.
stratleie[12] .	.II. c̃.	Litel teoforð[30] .	.I. c̃. f. 68, b. col. 2.
Beleshám[13]	.XII. c̃.	Winteuuorð[31] .	.V. c̃.
Melrede[14]	.V. c̃.	Stuntenie[32] .	.II. c̃.
Meldeburna[15] .	.III. c̃.	Eli .	.XIIII. c̃.
stapeleford[16] .	.VII. c̃.	Suttuñ[33] .	.V. c̃.
Scelforð[17] .	.VIII. c̃.	Wichehám[34] .	.IIII. c̃.

---

[1] VILLANORUM ., B.   [2] Nomina uillarū, *omitted*, c.   [3] Stiuicesuuorð ., B; Steuechesworðe, c.   [4] Horningeseie, c.   [5] Trepláu ., B; Trepelaue, c.
[6] Lacincgah ., B; Lachingeheia ., c.   [7] Snelleuuell ., B; Sneilewelle .   c̃ ., c.   [8] Teuersam ., B; Teuereshā ., c.   [9] Pampesuuorð ., B; Pāpesworðe, c.   [10] Cadenhou ., B, c.   [11] Wratinge . IIII. c̃ ., c.
[12] Stradleie ., B; Stretlaie, c.   [13] Bælesham ., B; Beleshā, c.   [14] Melreðe, c.
[15] Meldeburne ., B, c.   [16] Stapelforð ., B; Stapelforde, c.   [17] Scelforde ., B, c.
[18] Hauocestuñ ., B; Hauechestune, c.   [19] Grantendene, c.   [20] Hardwich, c.
[21] Wiuelingehā, c.   [22] Cotenham, B, c.   [23] Empintuñ ., B; Empintune, c.
[24] Spaldwich, c.   [25] Suñā . Colle . Blūt̃, c.   [26] Witleseia ., B; Withleseie, c.   [27] Cetriz ., B; Cateriz, c.   [28] Dunhā, c.   [29] Dudint̃, c.
[30] Litelteodf ., B; Litleteotford, c.   [31] Wintepurð ., B; Wintewerde, c.
[32] Stuntencia ., B; Stunteneie, c.   [33] Suttune, c.   [34] Wicceham ., B; Wichehā, c.

Tib. A. vi.

Stradham[1] .	.v. .c̃.	Neoddinḡ[20] .	.II. c̃.
Wilbtuna[2] .	.IIII. c̃.	Bercheham .	.VI. c̃.
Linduna[3] .	.II. .c̃.	Wateringḡ[21]	.III. c̃.
Hÿlle[4] .	.II. c̃.	Wincstun[22]	.III.[23] c̃.
Wicheforð[5] .	.IIII. c̃.	Hecceham[24] .	.XVI. c̃.
Haddrehám[6] .	.v. c̃.	Hercersĩ[25] .	.VI. c̃. f. 68, b. col. 3.
Litelport[7] .	.IIII. c̃.	stokes[26] .	.VI. c̃.
Wisebeche[8] .	.IIII. c̃.	Kingesĩ[27] .	.III.[28]
Brandune[9] .	.III. c̃.	Brixteuuelle[29] .	.III.
Marcham[10] .	.III. c̃.	Meltuna[30] .	.IIII.
Walchtñ[11] .	.III. c̃.	Hoú[31] .	.V.
Norduualð[12] .	.v. c̃.	Berkincḡs[32] .	.VI.
Felteuuelle[13] .	.VI. c̃.	Rattesd[33] .	.XV.
Mundeford[14] .	.III. c̃.	Drincestuñ[34] .	.II.
Briggeham[15] .	.III. c̃.	Brochesheue[35] .	.IIII.
Derham[16] .	.VIII. c̃.	Rattendune[36] .	.XII.
Brunestorp .	.I. c̃.	Kÿleshelle[37] .	.VI.
Torp .	.VII. c̃.	Litelberi[38] .	.XV.
Pulcham .	.XVI. c̃.	Haddam[39] .	.VIII.
Glammesf[17] .	.VIII.[18] c̃.[19]	Hadfeld .	.XX.[40]

Picotus[41] *vicecomes.*[42]

Coeie[43] , III. ħ . 7 . III. ṽ.

Jn Herlesĩ[44] . I. ħ . 7 diñ.

---

[1] Strathā, c.   [2] Wilbtuñ, B; Wilbtune, c.   [3] Linduñ ., B; Lindune, c.
[4] Hille, c.   [5] Wicceforð ., B; Wicheford, c.   [6] Haddreham ., B;
Hadenhā, c.   [7] Litleporte, c.   [8] Wisbecce ., B.   [9] Branduñ ., B;
Bramdune, c.   [10] Merehā, c.   [11] Walctune, c.   [12] Nordpald ., B;
Northwolðe, c.   [13] Feltepelle, B; Feltewelle ., c.   [14] Mundef ., B;
Mundeforde, c.   [15] Bregehā, c.   [16] Deorham ., B; Derehā, c.
[17] Glāmesford, c.   [18] .VII., c.   [19] c̃ ., *omitted to the end of this list*, B.
[20] Neddinge, c.   [21] Watheringg ., B; Watering̃, c.   [22] Winestune, c.
[23] .VI., c.   [24] Hechā, c.   [25] Herdherst, c.   [26] Stoches ., B, c.
[27] Kincgesĩ ., B.   [28] .III. c̃ ., *and the* c̃. *continued to the end of this list*, c.
[29] Brixtepello ., B; Britewelle, c.   [30] Meltune ., B, c.   [31] Hou ., B;
Hov, c.   [32] Berchings ., B; Berchinch, c.   [33] Ratesd ., B; Batesdene, c.
[34] Drincesĩ ., B; Drinchestune, c.   [35] Brochesheued, c.   [36] Ratendune ., B;
Rattende, c.   [37] Kÿllesele ., B; Kileshelle, c.   [38] Litelbie ., B, c.
[39] Haddehā, c.   [40] .XX. *with* Holewelle Taterugge *added in plummet*, B; Hæð-
feld .XX. c̃, *in a different hand*, c.   [41] PICOT, B.   [42] UICECOMES ., B; uicec̃ .
De GRANTEBRIGE SCŸRE ., c.   [43] Coeia, B, c.   [44] Herlestuñ, B; Herlestune, c.

Jn wiuelingħ[1] . I. ṽ.

J̄ stantuna[2] .　　　　　.I. ħ.

J̄ Ramtuna[3] .　　　　　.v. ħ[4] . 7 di[m̃].[5]

J̄ eađ uilla .v.[6] ħ . 7 . I. ṽ.

J̄ lolesuuorđ[7] . I. ħ . 7 dimi.

J̄ madingī[8] . III. 7 . III. ṽ . 7 di.

J̄ Hokinī[9] . I. ħ . 7 dimi.

J̄ empintona[10] . III. ħ . 7 . đ.

· J̄ middelī[11] .　　　　　.XII. ħ.

J̄ udbeche[12] . I. ħ . & . I. ṽ.

J̄ cotenħ[13] . v. ħ . XII.[14] ač . min⁹.

J̄ Westuuiche[15] . XL . ač.

Hoc est inī totum . XLI.　.ħ.

Ex his sunt .XXI. ħ . & dimiđ . tainlanđ.[16]　Et XIX. ħ . & dimi . de soca.[17]

Hoc totum app̃tiatū est .XXIX. liħ . & . VI. soł . 7 . VIII. đ.[18]

　　Wido de Rambucurt.[19]

Jn melređ[20] . II. ħ . 7 dimid. ṽ.

In melleħ[21] . II. ħ . 7 dimi . uirgatā.[22]

Hoc est . IIII. ħ . 7 . III. ṽ.

Ex his sunt . I. ṽ. 7 dimiđ . thainland[23] . & . IIII. ħ . 7 dimi . de soca.[24]

Hoc app̃tiatum est . C. s.[25]

　　Harduuinus.[26]

Ī Suafham . II. ħ . 7 . III. ṽ.

J̄ Badburgehā[27] .　　　　.I. ṽ.

J̄ Pampeuuorde[28] .　　　　.X. ač.

J̄ stiuichesuuorde[29] .　　　　.I. ṽ.

---

[1] wiuelingħ, B; Wiuelingehā, c.　　[2] stantuñ, B; stantune, c.　　[3] ramtuñ, B; rāptune, c.　　[4] .I. v., B; .I. ṽ., c.　　[5] 7 . đm., B; 7 dim̃ ., c.　　[6] .I., c.
[7] lolesuuorδ, B; lolesworδe, c.　　[8] maddigele, c.　　[9] hockinī, B; hogintune, c.　　[10] empinī, B; empintune, c.　　[11] midelī, B; middeltune, c.
[12] udbece, B; utbeche, c.　　[13] cotēhā, c.　　[14] .XII., B.　　[15] Westwich, c.
[16] thainlanđ ;, B; theineł, c.　　[17] dim̃ socħ land, c.　　[18] .VIII. đ. In histuna .I. ħ . 7 .I. ṽ . 7 II^{as}. ptes uni⁹ uirge. In Kingestune .I. ṽ nec seruit iñ ęcclię ., c.　　[19] Raibec^rt ., c.　　[20] melreδa, c.　　[21] meldeburne, c.
[22] 7 dm . 7 dm . ṽ., B; 7 dim̃ . 7 dim̃ . ṽ ., c.　　[23] thainlanđ ;, B; theinet ., c.
[24] .SOCHA., B; socħ ., c.　　[25] soł ., B.　　[26] HAꞂ,winus de Granī . ScẏƦE ., c.
[27] badburgham ., B; badburgéé, c.　　[28] pampespurδ, B; pāpesworδ, c.
[29] stiuicespurδ, B; steuecheworδ, c.

Tib. A. vi.

J̄ Waratinge .   .III. ħ.

J̄ Bælesham[1] . qᵃ℞ . XX. ac̃.

J̄ Hauekestona[2] .   .III.   ṽ.

J̄ esceldforð[3] . I. ħ . 7 dim̃ . 7 . VI. ac̃.

J̄ þadun[4] .   .I. ħ . 7 dim̃.

J̄ Melreda[5] .   I. ṽ.

J̄ oúrt[6] .   .I. ħ . 7 . I. ṽ.

J̄ Draitona[7] .   .I. ħ.

Hoc ē inter totum . XIIII.[8] ħ . 7 dim̃.

Ex his sunt . VIII. ħ . 7 . III. ṽ . thainł[9] . 7 .III.[10] hið . 7 .III. ṽ . de soca . & hoc appretiatum est . XVII.[11] lib . 7 .XII. s.

Herchenger[12] *pistor.*

f. 69, a. col. 2.

J̄ Harduuic[13] . I. ħ . thainł[14] . 7 đ . ħ 7 . VI. ac̃ . de soca . & app̃tiaꝶ ē ⸴ XXX. s.

Filius Boselini.[15]

J̄ Hochint[16] . I. ħ 7 dimi . de soca.

Rodb'tus[17] *ostiarius.*[18]

J̄ uuestuuic[19] . I. ħ . de soca . 7 uał . XX. s.

Eustachius.

.I.[21]

J̄ pampeuuorð[20] .V. uirg̃[22] . 7 dim̃ . taił[23] . & uał[24] .IIII. soł.

Aluiet pb'r.[25]

J̄ Hochinton̄[26] . ten̄[27] . I. ṽ . uał .III. soł.

Radulfus latimarus.

.XII.

J̄ Harduuic[28] .X. ac̃ . theinł[29] . uał .VII.[30] đ.

Carpentarij.

J̄ udbeche[31] . III. ħ . 7 dim̃ . thainł[32] . appretiatur .III. lib.

---

[1] balesha̅, c.   [2] hauechest̃, B, c.   [3] escelforð, B; scelf, c.   [4] wadun̄, B; waeddun̄, c.   [5] melređ, B; melr̃, c.   [6] ourt, B; ouere, c.   [7] draitun̄, B; draitune, c.   [8] XIII., B; XXIII., c.   [9] ṽ . ī thet ., c.   [10] IIII., B, c.   [11] 7 app̃tiatʳ XVII., c.   [12] Hercheng̃, B; Jn .... Jn sceperéé dim̃ .... (*remainder of lines erased*) Hercheng̃, c.   [13] harduic, B; herdwich, c.   [14] de thet ., c.   [15] BOSELMI, c.   [16] hochint̃, B; hochintun̄ . 7, c.   [17] Rodbt, B.   [18] Rodb hostIARIUS ., c.   [19] pestuuich, B; Westwich, c.   [20] papeporð, B.   [21] .I., B.   [22] pa̅pesworð . I. ṽ ., c.   [23] thaił ., B; de thet ., c.   [24] valet, B.   [25] Aluiet . presbiter ., B; Ælfget⁹ prbr ., c.   [26] hocchint̃, B; hochit̃, c.   [27] tn̄t, B; ten̄, *omitted*, c.   [28] harduic, B; hærdwich, c.   [29] thaił ., B; de thet . 7, c.   [30] XII., B, c.   [31] udbecce, B; utbeche, c.   [32] de thet, c.

Nordfulc.[1] *R. Bigod.*[2] Tib. A.

In beneham . I. soca[3] . de . X. aც̃.

J̄ lachesh̃ã[4] . XIIII. sochemanni . de q̃ᵃƚ . xx. thainƚ . de . XIIII. aც̃.[5]

J̄ nordtuna[6] . I. so . de q̃ᵃt . xx. 7 . I. aც̃ . thai.[7]

J̄ childecrose[8] hundr̃[9] . R . Bigoᵈ[10] . teñ . I. soც̃ . de dimi . c̃ . thainƚ.[11]

In sudfulc[12] idem R . bigod[13] . ĩ hecchc̃h[14] .v. sochemanñ . de dimi . c̃ . thainƚ.[15]

Ꝑineƀge[16] . de . III. c̃ . Ꝑre . sochem̃.

J̄ Deremodesduna[17] . xx. v. liƀi homines . II. c̃ . Ꝑre.

J̄ Berking̃s[18] . c. 7 . XVIII. aც̃ . de[19] dñio.   Et una ecclia de .VI. aც̃.

J̄ tremelaie[20] . un⁹ liƀ . h̃õ[21] de . XL. aც̃.

J̄ Kenebroc[22] . II. li . ho . de . XII. aც̃.

Hoc totum apꝑtiatũ ẽ .IX. li . 7 . IIII. đ.

Sudfulc.[23] *Rob't⁹*[24] *malet.*[25] f. 69, b. col. 1.

In sahám . I. li . h[26] . đ . I. aც̃[27] . . ƚ.

J̄ morestuna[28] . I. li . h̃õ . de . v.[29] Λც̃.

J̄ Suttuna[30] . x. li . homines de una cañ̃[31] . & . XII. aც̃.

J̄ Debehám[32] . I. liƀ . homo . de . IIII. aც̃.

J̄ capella . III. li . homines de . xv. aც̃.

J̄ escesteshám[33] . II. li . homiñ . de . VII.[34] aც̃.

J̄ eađ uilla[35] . I. aც̃ . de dominio.

J̄ Brammesuuella[36] unus . li[37] . h̃õ . 7 dimidius . 7 . VIII.

aც̃ .c̃.[38]

J̄ Bradesfelda . IIII. liƀi homines 7 dimiđ . .XXIIII. aც̃.

---

[1] NORDFULCH ., B; IN NORꝺFOLც̃, C.

[2] BIGOT ., B; Rog̃ Bigot ., C.

[3] soch, C.   [4] lachcsã, B.   [5] q̃ᵃƚ .xxᵗⁱ. thaiƚ 7 XIIII. aც̃ ., B; de q̃ᵃƚ . xx. 7 XIIII. aც̃ ., C.

[6] norĩna, B; norƚ, C.   [7] q̃ᵃƚ uig̃ . aც̃ . 7 . I. aც̃ . de theƚ ., C.

[8] Gildecrosc, B; childecrosse, C.   [9] hundreꝺ ., B.

[10] Bigot ., B; bigot, C.   [11] theƚ ., C.   [12] sudfulch ., B.

[13] BIGOT ., B; J̄ Sutfolც̃ . Roger bigot, *in red ink*, C.   [14] heccehã ., B; hechã, C.   [15] de dem̃ . c̃ . de teƚ ., C.   [16] Fineƀga, C.   [17] deremoꝺ, C.

[18] berching̃s, B; ƀchinches, C.   [19] in, C.   [20] tremelaio, B, C.

[21] h̃õ, *omitted*, C.   [22] kenebroch, B; cherebroc, C.   [23] Sudfulch ., B.

[24] Rodƀ, B.   [25] Ĩ sudf Rodƀ . malat, C.   [26] h ., *omitted*, C.

[27] c̃ ., B.   [28] moresƚ, C.   [29] VI., C.   [30] sutƚ, C.   [31] aც̃, C.

[32] debenhã, C.   [33] eschestesh̃ã, C.   [34] VIII., C.   [35] uilla, *omitted*, B.

[36] brãmespella, B; brameswella, C.   [27] .I. liƀi, B.   [38] & dimiđ✓ VIII. aც̃ ., B; 7 dimidius . 7 . VIII. aც̃ . c̃ ., *omitted*, C.

Tib. A. vi.

Ī Baldreseia . ii . li . hoɱ . de . vii.[1] ač.

Ī Alrestona[2] . xii. ač . de dominio.

Ī cerstfelda . ii . li . hoɱ . xxxvii. ač.

Ī capella & in baldreseia . duo . li . homines de[3] . xxxii. ač.

Ī vfeuuorda[4] dimiđ . li . h . de . lx. ač.[5]

Ī Ludehám dimiđ . li . h . de . xl. ač.

Ī Brammespella[6] . iii. li . h . de . xii. ač.

Ī engulfestoñ[7] .   .xvi.[8] ač.

Ī fincsforð[9] . i. li . femina . tñ . i. č . Pre.

Ī horapole[10] . unᵒ . li . homo de . xv. ač.

Ī wudebrigge[11] diɱ . li . h . de . xv. ač.

Ī horepole[12] . unᵒ . li . homo de . xii. ač.

Et h totum apptiatum ē . v. liƀ . 7 . xvi. sol . 7 . viii. dñ.

Herueus Bituricensis tenet in Sudfulc.[13]

In waleī[14] . unᵒ . li . homo de[15] . xvi.   ač.

In blungar . i. li . homo de[16] . ii.   ač.

f. 69, b.
col. 2.

Ī Westrefelð[17] . i. soch . de . xxv.   ač.

Ī eađ . unᵒ . li . ho . de . viii.   ač.

Ī petehaga . .i. li . h . de[18] . xxi.   ač.

Ī Grundesburch[19] . hī unus liƀ hõ unam .č. Pre . 7 . xxx.   ač.

Ī Meltona[20] . lxx. sochemanni de . ii. caī . Pre 7 . xvi.   ač.

Ī eađ . iiii. li . ho . de . lxxvi.   ač.

Ī Bradefelð[21] . iiii. li . ho . de . lxxv.[22]   ač.

Ī eadem una ecclia[23] de . xxi.[24]   ač.

Ī Brammeʃpelle[25] . ii. li . h . de . xxii.   ač.

Ī æsteuelestuna[26] . i. li . h . de . xxx.   ač.

Ī Burcħ ꝰ   .vi. ač.

Ī Pischelauue[27] .   .iiii. ač.

Ī Grundesburch . ii. li . h . de xviii.   ač.

---

[1] .viii., c.   [2] alrestuna, c.   [3] de, *omitted*, c.   [4] uffeworða, c.
[5] .ii. liƀi hoïes . de xl. hoïes ., c.   [6] brāmespella, B ; brameswella, c.
[7] enguluestuñ, c.   [8] .xvii., c.   [9] finesforda, B ; finesfonda, c.
[10] horepol, B, c.   [11] wdebruge, B ; wdebrige, c.   [12] horepol, B, c.
[13] Sudfulch, B ; Ī sudf ħeueꝰ bituriē, c.   [14] ualetune, c.   [15] de, *omitted*, B.
[16] de, *omitted*, B, c.   [17] pestrefeld, B ; westrefeld, c.   [18] de, *omitted*, B.
[19] Grundesburchc, c.   [20] meltuna ꞏ, B ; meltuna, c.   [21] bradefelð, B ;
bradefelda, c.   [22] lxxxv.i., c.   [23] ecclia ., B.   [24] .xxxi., B, c.
[25] brāmespella, B ; brameswella, c.   [26] estauelestuna, B, c.
[27] pischeslaio, B ; wicheslaio, c.

J̄ tistedene . vi. li . h . de . lxxx.   ač.   Tib. A. vi.

J̄ Aschetona[1] .   .xxii.   ač.

J̄ litel belincḡs[2] . ii. l . h . de . xx.   ač.

    h

J̄ foxes,ꞩole[3] .   .xx.   ač.

J̄ Bucheshale .   . v.   ač.

J̄ Raismere . vi. li . h . i. č.   .ꝑ.

J̄ tudenhám[4] . i. l . h . de . iiii.   ač.

J̄ Bramdestona[5] . i. l . h . 7 hĩ . viii.   ač.

J̄ Ledringham[6] . iii. ač . 7 diñi . de .   do.[7]

J̄ cretingham[8] . i. uiłł[9] de . xvi.   ač.

J̄ Dallingham[10] . iiii. li . homines de dimidia[11] .č.   .ꝑ.

J̄ Wudebrigge[12] . vii.[13] li . h . de . xl.   ač.

J̄ Bacheshale[14] . v. li . h . de . xvi.   ač.

J̄ Brugge[15] una li . fe . de . lxxx.   ač.

J̄ Beuersham[16] . iii. li . ho . de . lxx.   ač.

Et hoc[17] totum apꝑtiatū ē . xv.[18] l . & xvii. soł.   f. 70, a. col. 1.

In Kenebroc[19] . i. liƀ . hõ . xiiii.   ač.

In Belinges[20] . xiii.   li .   homines.

In Tudenhám   .i.   liƀ.   hõ.

In Aisceldæ[21] . i. li . homo . ii.   ač.

In Horapola[22] . i. li . hõ . viii.   ač.

In Ramesam[23] . iii. li . h . de . lxx.   ač.

In ꝑitlesford[24] . ix. li . homines . 7 dimidiū hundr̃[25] . c. ač[26] . 7 . x. ač.

    Will's de stokes[27] *tenet* IN NORDFVLC.[28]

In . Benehám . ii. č . taninland. [29]

In . eađ . iii. sochemanni de . xx. ač.

In . eađ . iii. li . h[30] . de diñi . č . 7 . v. a . č.[31]

---

[1] aschetuna, b, c.   [2] litelbelinḡs, b; litlebelīges, c.   [3] foxeshole, b; foxesole, c.   [4] tudenhā, c.   [5] bradestuna, c.   [6] ledringehā, c. [7] dominio ., b.   [8] tretingham, b; tretigchā, c.   [9] wiłł ., c. [10] dalingham, b; dalīghā, c.   [11] .i., c.   [12] ꝑudebrugge, b; wdebrigge, c. [13] .vi., c.   [14] bachesale, c.   [15] brigge, c.   [16] beuereshā, c. [17] ħ, b.   [18] duodecim, b; .xii., c.   [19] kenebroch, b, c. [20] belinḡ, c.   [21] aiscelda, b, c.   [22] herepol, b: horeꝑ, c.   [23] rameshā, c. [24] ꝑitesford, b; witlesford, c.   [25] hñt, b; hr̃, c.   [26] ač ., *omitted*, c. [27] Escoteies, b.   [28] Nordfulch ., b; Ī nortf Wiłł de Escodes ., c. [29] thainlanđ ., b; theinł ., c.   [30] liƀo⁹ hõs, c.   [31] .v. ã . ꝑre, b; .v. ač ., c.

Et in Sudfulc[1] *ipSE.*[2]

                     ãc.

Iɴ hammiñgstóne[3] . ɪ. soche . de . xɪɪ.

             ãc.

Iɴ B̃cheám[4] . ɪɪɪ. li . hoñ .de . vɪɪɪ.[5]

Hoc totū app̃tiatum ẽ . ɪɪɪɪ. lib̃.

Iohannes nepos Waleranni iN NORDFVLC.[6]

Rixeforda[7] de . ɪɪ. c̃[8] .t̃re de dñio.

Iɴ eád̃ un[9] li . hõ de . ʟx.   ãc.

Hoc app̃tiatum est . xɪɪɪ.   sol̃.

GODRJCVS DApifeR.[9]

Iɴ nordfulc[10] teñ . unum mañ . nomine Berch[11] de . ɪɪɪɪ.   lib̃.

Berner Arbalistarius.[12]

Iɴ nordfulch[13] ten7 unum ma . Celuelai.[14]   Et in Suthfulch.[15]

Iɴ hercherst[16] . ɪ[9]. soche . de . ɪ. ãc . t̃re.[17]

Et[18] hoc app̃tiatur . xʟ.   sol̃.

FRVDO[19] *FrateR Abbatis.*

Iɴ Sudfulch tenet unum mañ de dominio nomine cedeberie[20] . de . ɪɪ. c̃ .
ual̃ . ʟx. sol̃.[21]

SichtRiz.[22]

Iɴ Sudfolch[23] ten7 . ɪ. mañiū noïe Ernetona[24] de dominio . de . ɪɪ.
c̃ . ꝯ.[25]

Ip̃e in Doneuuich[26] qᵃꝯ . xx. burgenses tenet[27] de . xɪɪɪɪ.   ãc.

Iɴ eádem .ɪɪɪ. li . homiñ . dc . xɪɪɪɪ. a.[28]

Ip̃e in B̃kiñgs[29] ɪ. c̃ . ꝯ . de dominio.

Hoc app̃tiatum ẽ . vɪ. li . 7 . ɪɪɪ. sol̃.[30]

Normannus.[31]

Iɴ Sudfulch[32] teñ[33] unum mañiū Vndelcic[34] de dominio.

---

[1] Sudfulch ., ʙ.   [2] Idē i sutfolc̃ ., c.   [3] hāmingst, ʙ; hāmīgesī, c.
[4] bercheham, ʙ; berchā, c.   [5] .v. ãc ., c.   [6] Norfulch ., ʙ; Ī norfolc̃ Ioħ
nepos Walerāmi ., c.   [7] Rixeworda, ʙ; Rixeword̃a, c.   [8] ãc ., c.
[9] dapefeR, *altered into* dapifeR, c.   [10] nordfolch, ʙ; northfoch, c.   [11] berc, c.
[12] Arbalester, ʙ; Beʀnard⁹ Arbet̃ ., c.   [13] nortf ., c.   [14] Cheflai, c.
[15] sudfulch ., ʙ; suthfolc ., c.   [16] hertherst, ʙ; hertherct, c.
[17] ɪ. c̃ . t̃rc, ʙ, c.   [18] Et, *omitted,* ʙ, c.   [19] Frudo, ʙ.   [20] Cedebiꝯ ., ʙ.
[21] FRVDO .... ʟx. sol̃ ., *omitted,* c.   [22] Sithtric⁹ ., c.   [23] sudfulch ., ʙ;
suthfolc, c.   [24] Ernetune, ʙ, c.   [25] ꝯ ., *omitted,* c.
[26] dunewicc ., ʙ; dunewich, c.   [27] tenet, *omitted,* ʙ, c.   [28] ãc t̃re ., c.
[29] berchingcs, ʙ; b̃chinche, c.   [30] s . de dñio ., c.   [31] Normã, ʙ; Normannus ., *omitted,* c.   [32] suthfolc, c.   [33] tenet, ʙ.   [34] vndeleia ., ʙ, c.

Homo Abb'is Scī Ædmundi Henric⁹.[1]　　　　　　　　　　Tib. A. vi.

In Sudfulch[2] teñ in Rede . xx. ač.　Et[3] ual .v. sol.

Essexe syra.[4]

Hugo[5] de B̃naríís tenet . ii. mañ . stratleie[6] & haidene[7] de .ix. lib̃ . 7
.x. sol.

Hereforde SȲRA.[8]

Adam filius Witti tenet ī hadfeld[9] . ii. ħ.

Tenura Haimonis[10] *de . S̃ . claro.*[11]

In scaruestóne[12] . t̃ra de . xxvii. li . homo de . i. carr̃ t̃re.[13]

In Debehám[14] t̃ra Godwi[15] li . hominis de . xl. ac^is.

Et in Wluestona[16] t̃ra . i⁹. li . hõis . de . xv. ač.　Et in æstfelda[17] . viii.
ač.　Et in Winestona[18] . t̃. i.[19] li[20] . ho[21] . de . xxv. ač.

Et in Wluestona[22] t̃ra Elurici[23] liberi hominis de .xxx. ač.

Et in ead̃ uilla t̃ra duorum li . h[24] . Ædrici 7 Alnodi[25] de . xl. ač.

Et in ead̃ uilla[26] . t̃ . i. li . ho . thure . de . xl. ač.

Et in ead̃ uilla . t̃ . i. li . hominis Leofwini[27] de . xl. ač.[28]

Et in Debenhám . t̃ . uni⁹ . li . ho . Brichtrici[29] de . xl. ač.

Et ī . e . uilla . t̃ . i. li . hominis Alrici[30] de dimid̃ . ač.

Et in manewic[31] . t̃ . i. li . h . Wudebrunde[32] . de . xxvii. ač.

Et in Winestona[33] . t̃ . de . xxi. soche . de una . t̃ . t̃re.

Et in æstfelda[34] . t̃ . i. li . h . snaring . dc . xxx. ač.

Et in Wichehám t̃ra . i. li . h . Leofwini[35] child[36] de . xxv. ač.

Et sub eod̃ Leowino[37] . iiii. li . ho[38] . de septem acris.

Et in debeis . xvi. ač . que ptinent ad cherfferdam.[39]

Et in ead̃ uilla . i⁹.[40] dimid̃[41] . li . hõ de quatuor ac^is.

---

[1] Henric⁹ hõ Abb̃ S̃ ædm̃ ., c.　　　[2] suthfolc, c.　　　[3] Et, *omitted*, b.
[4] Essexe Scira ., b; In Estsexe ., c.　　[5] Hug̃, c.　　[6] Stradleie ., b.
[7] stretle 7 heidene ., c.　　[8] Hereforda scira ., b; Ī herdforde scy̆re, c.
[9] Hadfelda ., b; ethfelda, c.　　[10] Tenitura Hamonis ., b, c.
[11] de sein cler ., c.　　[12] scaruestona ., b; scaruest̃ ., c.　　[13] carr̃ t̃re .,
omitted, c.　　[14] debenhã, c.　　[15] Goduui ., b; godwini, c.　　[16] Wluest̃, c.
[17] estfeld, b, c.　　[18] Winest̃, c.　　[19] .i., *omitted*, c.　　[20] libis, b.
[21] libi, c.　　[22] uuluest̃, c.　　[23] Wluurici, c.　　[24] hõis, c.　　[25] Ælnoði, c.
[26] uilla ., *omitted*, c.　　[27] Leowini ., b.　　[28] ač ., *omitted*, c.　　[29] Bristrici, b;
britt^ici, c.　　[30] Ælrici ., b; Ælfrici, c.　　[31] manewich, c.　　[32] Wdebrūde, b;
wdebrūde, c.　　[33] winest̃ ., c.　　[34] estfelda, b; estfelde, c.　　[35] Leowini ., b.
[36] cild ., b.　　[37] leofwino, c.　　[38] hõis, c.　　[39] Chersfeldam ., b; cerfeldã, c.
[40] .i⁹., *omitted*, c.　　[41] dimid̃ . i., b.

Tib. A. vi.   Et in litel belin͞gs[1] . Ꝓra Bern li . hominis . de . L. aꞇ̃.

Et in kenetona[2] . Ꝓ . I. li . h . Ædriz[3] de . XXX. aꞇ̃ . S;[4] de hoïe habebat Roƀto malét[5] dimidietatē.

f. 70, b.   Et in cherffelda[6] Ꝓra leurici[7] 7 Aluuold[8] de . VII. aꞇ̃.
col. 2.

Et in eadem uilla Ꝓra . VIII. sochemanno₃ de . III. c̃[9] . Ꝓre.

Et in kenetona[10] . Ꝓ . IIII. li . ho[11] . Godrici . & Wlurici . & huscarle[12] . & sprotulf de . XXX. aꞇ̃.

Et[13] sub eo quinq; li . homines de . XVI. aꞇ̃ . Ꝓ.[14]

---

[1] litebelingis, B; litlebelīges, c.   [2] Keneꞇ̃ ., c.   [3] Ædrici ., B; Ædrici, c.   [4] S;, *omitted*, c.   [5] Roƀ malet, B; R̃ malet, c. [6] Chersfelda, B; cerfelde, c.   [7] leofrici, c.   [8] ædelwold, c.   [9] aꞇ̃, c. [10] Kenetune, c.   [11] liƀi hōis, c.   [12] 7 Wlfrici . 7 huscarl ., c. [13] Et in Chersfelð . I. liƀ . hō . de . XXX. acr̃.   Et, B; Et i cerfeld . I. liƀ hō de XXX. aꞇ̃ . Et, c.   [14] Ꝓ ., *omitted* :—*in the margin, in a late hand* "V . aliū librū qui ait hic finiri librū Doomcsd." B; Ꝓ ., *omitted* :—*in the upper margin, in a hand of the fifteenth century,* "N.B. hic finit liƀ domesday." c.

Hec[1] omīa com̄ Warēnie tenet de reb⁹ eccl'e q̃ hic breuit' subscribunt'.

MS. Coll.
S. Trin.
Cantabr.
O. 2. 1.
f. 207, b.
col. 2.

In Westune . VII. h̄.

In trūpintune . IIII. h̄ . 7 diñ . 7 . I. moł.

Ī rodinges . II. h̄ 7 diñ 7 ī alia rodīgeˢ . I. h̄.

Medelwolde . ꝑ mañ . XX. c̃.

Ī feltewelle . LX. ac̃ t̂re.

                      b
Ī theotforde . diñ c̃ . 7 . v. de v. ac̃ . 7 . I. ecclia . s̃ helene . c̃ . I. ac̃
      uiłł
t̂re . 7 . I. 7 . I. c̃ pᵒs; c̃e.

Ī halīgéé . I. lib̄ hoïem . XXX. ac̃ t̂re . 7 . I. c̃ ī welle . III. 7 . IIII. soch̄.
                                                    soch̄.
Crochestune ꝑ mañ . v. c̃ . t̂re . 7 . I. moł . 7 XVII.

Ī wetīge . IX. lib̄ hoïes . v. c̃ . t̂re 7 diñ.

Ī feltewelle XLI. soch̄ . III. c̃ t̂re . XL. ac̃ . 7 . iťm .I. soch̄ . I. c̃ t̂re.

Ī cᵃnewisse . v. c̃ . 7 diñ . 7 . I. moł 7 diñ . piscine.

Nordwolde . XXXIIII. soch̄ . de v. c̃ . t̂re . 7 VIII ac̃ pᵃti.

Ī mūdeforde . VII. soch̄ de diñ c̃ t̂re.

Iť ī medelwolde . IIII. lib̄i hõs . III. c̃ t̂re . 7 . IIII. ac̃ pᵃti.

Ī fincheā . II. c̃ . t̂re.

Ī dudelīgetune t̂ra . I. soch̄.

Ī lurlīge . I. lib̄ hoïem de . I. c̃ . t̂re . 7 diñ.

Ī lecetune . 7 berc . 7 scipedehā . 7 ī torstemetune . XIII. soch̄.

Ī ratesdene . II. lib̄i hoïes . c̃ IIII. XX. ac̃ t̂re.

Ĩl 7 alia multa . 7 magñ com̄ wař maxᵉ toť qd̃ tenet ī merselāde 9ᵃ sue
aïe salutē iuasit ac pᵒqᵃm t̂re abbīe iurate . s̃ . pła diripuit 7 hucusq; de-
tinuit.   Qᵉ uᵒ subsc̃bunt' ab aliis potentib⁹ detinent'.

f. 208, a.
col. 1.

   Hec com̄ Alan⁹ abstuł de eccl'a.

Ī waddune diñ . v. de soch̄ ꝗcclįę.

Ī steuecheworð.

Ī wiuelīgehā . I. ṽ.

---

[1] *This continuation is found neither in Tiberius A. vi, nor in the Trinity College
MS. O. 2. 42. It is here printed from MS. Trin. Coll. Camb. O. 2. 1., the only
MS. in which I have met with it.*

O. 2. 1.

Īn¹ beche . ɪ. ṽ de socħ ecclię.

Ī iachessiā . ɪ. socħ . xɪɪ. ač.

Westfeld toī mañ.

Ī scaerueť . ɪɪɪ. liƀi hoīes . xɪɪ. ač.

Iť in eadē . ɪɪɪ. liƀi hoīes . ʟ. ač.

Ḱeteƀie mañ in eodē . ɪɪ. liƀi hoīes . ɪ. č̃ . ꝑre.

Iť ī eadē uilla . vɪ. socħ xxx. ač.

Ī martelaie . xɪɪ. liƀi hoīes . ɪ. č̃.

Ī cerefelde . xvɪ. liƀi hoīes . ɪɪɪ. č̃.

Ī hachesť . x. liƀi hŏs . 7 . ɪɪ. dim̃ . qᵃ$t̃$. x. ač.
ač.

Ī cāpeseie . ɪɪɪ. liƀi hŏs . 7 ɪɪɪ. dim̃ . xxx.ɪɪ.

Ī rameshā . vɪ. liƀi hoīeˢ . 7 vɪɪ. de ʟ. ač.

Ī eodē . ɪ. liƀ hŏ . xx. ač.

Ī batelaie . vɪɪ. liƀ hŏs . ɪɪɪɪ. ač.

Ī broðretune . vɪ. liƀi hŏs . ʟvɪ. ač.

Ī dalīgehowe . ɪ. liƀ . ħoē . ɪɪɪ. ač.

Ī horepol . vɪɪ. ač . de dñio xɪ. aẹcctia¹ . xxɪx. ač.

Iťm ī cāpeseie . vɪ. liƀi liƀ¹ hŏs xʟɪ. ač.

Ī suttune . ɪɪɪ. liƀi hŏs . xxx. ɪɪɪɪ. ač.

In brameswella . ɪ. liƀ hŏm 7 dim̃.

In meltune . vɪ. liƀi hŏs . xʟɪɪɪ. ač.

Ī ludehā . ɪ. liƀm . ɪx. ač.
ač.

f. 208, a.
col. 2.

In cerefelda . ɪx. ač . ī eaď . ɪ. liƀ hŏ . xvɪɪɪ.

Adhuc ī eadē . ɪɪɪ. liƀ hoīes . xv. ač.

Ī bradefelda . v. liƀ hoīes . xvɪ. ač.

Ī litlecerefelda . xɪ. liƀi hŏs . xvɪ. ač.

Ī wicheā . ɪ. liƀ hŏ xɪɪ. ač.

Ī depepeche . vɪɪ. ač . 7 dim̃.

Ī horepol . ɪ. liƀ hŏm . xɪɪ. ač.

Ī belinges . ɪɪ. liƀ hoīes . xxɪx. ač.

Iť ī depepeche ɪɪɪ. liƀi hŏs xx. ač.

Iť in bradefelda . ɪ. liƀ hŏm . ɪ. ač . ꝑ mañ.

Hunc ꝑtinet . in keteƀie.

Sahā ꝑ mañio . ɪɪɪɪ. č̃ . in dñio.

Ī gretīgehā . v. liƀi hŏs . xxɪɪɪ. ač.

Ī dalīgehā . ɪ. liƀ hŏm . ɪ. ač ꝑre.

In tategraue . ɪ. ač ꝑre.

Ī butelatelai . ɪ. liƀ hŏm.

¹ *Sic* MS.

2 ʜ

Ī carletune . III. liƀ hõs . LX. ač.   O. 2. 1.

Iť ī eadē alios . VI. hõs . I. č . t̃re.

Ī gelemeshā . XX. ač.

Ī burchierth . I. liƀ hõm . X. ač.

Ī svetelinge . III. liƀ hõs . XX. ač.

Ī wentedene . XVI. liƀ hõs . LX. ač.

Hoc toť inuasit coɱ̃ alanꝰ de pfeudo s̃ Æ̃ð.

  ĨI abstulit hugo de mōteforte.

Bedenestede p man̂ . 7 ī eoď v. liƀ hõs . .I. ħ . 7 diɱ̃ . 7 XXIII. ač.   ·

Ī Gerebodeshā . I. socħ . I. č . t̃re.

Nechetune p man̂io.

Ī m̃hā XXVI. ač . v. č . t̃re . VI. ač p̃ti.

In brixtoldeſ̃ . XVIII. liƀ hõs . I. č . 7 XX. ač p̃ti . 7 . I. ecctia de . v. ač p̃ti.   f. 208, b.
                                                                                       col. 1.

In isdeuetune . VI. liƀ hõs . II. č . 7 XXVIII. ač . 7 I. ač p̃ti sēp IIII. č . ī dñio.

In culũtestune . v. liƀ hoïes de XXI. ač 7 diɱ̃ . II. č . t̃re.

In burc . I. liƀ hoïem XX. ač . diɱ̃ č.

Ī eadē I. liƀ hoïem . VI. ač.

Ī belīges . II. liƀ hoïem[1] . IIII. ač 7 diɱ̃.

In cloptune . II. liƀ hoïes . XIIII. ač.

Ī ceresfelda . IX liƀ hoïes . LX. ač.

Iĩm . I. liƀm hoïem . in eadē uilla . VII. ač.

Acolt p man̂io . II. č . ī dñio . II. hõibꝰ silua XL. p . ecctiā . VIII. ač . de diɱ̃ č . 7 ī hoc man̂ . VIII. liƀ hoïes . XL. ač.   Iĩm aliā ecctiā . XII. ač.   Iť in cerefelda . I. liƀ hoïem . VI. ač.   Ī eodē . II. socħ . VIII. ač . t̂.

  Gosꝼridꝰ de mannauilla abstulit h' de eccl'a.

In haidene . XXIIII. ač silue.

Estre uillā famosā . Ī scelega XXXIIII. ač.

Ī culuestehā XX. ač de socħ.

Ī burc . I. liƀ hoïem . XL. ač.

Ī culfhole . I. liƀ hoïem . VI. ač.

Ī hopestune . I. socħ . XVI. ač.

Ī ledregehā . I. liƀ hoïem . LX. ač . I. č . 7 diɱ̃.

  hec walterꝰ gifard ĩuasit sr eccl'ā.

Ī suafhā . III. ħ . 7 . I. moť de dñio.

Iť in eodē II. ħ . 7 diɱ̃i . 7 X. ač.

Iĩm illic III. v̄ . t̂re.

In blachesale . I. socħ . X. ač.

Ī glēhā . I. liƀ hoïem . I. č . 7 diɱ̃.   f. 208, b.
                                                                                       col. 2.

---

[1] *Sic* MS.

O. 2. 1. *hec tulit de eccl'a Ricard⁹ fili⁹ Gileb'ti.*

Ī pāpesworde . ɪ. ṽ . Ꝑre.

Ī æisse . ɪ. socħ xɪɪ. ač.

Ī badelai . ʟxx. ač de dñio aƀƀic q̃ ptinct ad ꝑcħ.

In hecehā . ɪ. ħ . 7 xxɪɪɪɪ. ač de dñio.

Iꞇ ī eodē . ɪ. socħ . xʟ. ač.

hec tulit de eccl'a eudo dapifer.

In gamelingeheia . ɪ. ṽ Ꝑre.

In brochesheued . ɪx. ač . 7 ɪɪ. c̃ Ꝑre de dñio.

In ratendune . ɪɪ. ħ . 7 xxx. ač.

Rodinges ꝑ manṡio.

Ī brethenhā . ɪ. socħ.

Ī lachinchehede . 7 ī bᵃndune . vɪɪ. socħ . ɪɪɪ. c̃ . 7 ɪɪɪ. ač pᵃti.

Ī northglēhā . ɪ. liƀ ħ de . ɪ. c̃.

Ī aldeƀga . ɪ. liƀ ħo de dim̃ . c̃.

h' roger⁹ pictauensis iuasit sr̃ eccl'ā.

Ī ꝑcħehā xʟ ač de socħ . Ī eadē . ɪɪɪ. liƀi hoìeˢ.

Ī̄ hachenhā . ɪ. liƀ hoìem . vɪ. ač.

Ī perehā dim̃ hund . xɪɪɪɪ. liƀ hoìes.

Ī nordƀie . ɪ.¹ liƀ hoìes qui ptinct ad ꝑchā de cc. 7 ʟxxxx. ač . 7 dim̃.

Ī p̃stetune . ɪ. liƀ hoìem . xɪɪ. ač.

Ī culfhole . ɪ. liƀ hoìem . ʟxx. ač . ɪɪ. c̃ . ī dñio . 7 ɪɪ. hŏiƀ⁹ . 7 ɪɪɪɪ. ač pᵃti.

Ī grundesburch . ɪ. liƀ hoìem . ʟx. ač . ɪɪ. c̃ iu dñio . 7 ɪɪ.¹

Ī tudenhā . ɪ. liƀ hoìem . ʟxxx. ač . 7 ɪɪɪɪ. ač pᵃti.

Ī eodē . xɪɪ. liƀ hoìeˢ . ɪ. ač . ɪɪɪ. c̃ . 7 ɪɪɪɪ. ač pᵃti.

f. 209, a.
col. 1. Iꞇ in culfhole . ɪɪɪɪ. liƀi hoìeˢ xxɪ ač . dim̃ c̃.

Iꞇ ī grundesburch . vɪɪ. liƀi hõs . xxx. ač . dim̃ c̃.

Ī eadē uilla vɪɪɪ. ač quo¹ ptinent ad chistune.

Iꞇ in eadē . ɪ. liƀ hoìem . xxx ač . ɪ. c̃ . Ꝑre 7 . ɪ. ač pᵃti.

Adhuc ī eade . ɪ. liƀ hõis¹ xʟ. ač . 7 ɪɪ. ač pᵃti.

Ī hachestune . ɪ. liƀ ħs . xʟ. ač . 7 . ɪ. ač pᵃti . 7 vɪɪ. liƀ hõs . xvɪɪɪ. ač.

Iꞇm . ɪ. liƀm hõm . vɪ. ač .   In eadē . ɪɪ. liƀi ħs unū xvɪ. ač . aliū . vɪɪɪ.

In burch . ɪ. liƀ hoìe . xvɪ. ač . 7 ɪɪ. ač pᵃti.

Iꞇm ī hachestune . ɪ. liƀm hoìe . vɪɪɪ. ač.

In meltune . vɪɪ. liƀi hõs . ʟx. ač . ɪ. c̃ . Ꝑre.

Ī eadē . ɪ. liƀ hoìe xxvɪɪ. ač.

Ī mūgedene . ɪ. liƀ hoìe xʟ. ač . ɪɪ. c̃ . ibi ē . Ꝑra . 7 . ɪɪɪ. ač pᵃti.

---

¹ *Sic* MS.

In chetebie . LXXX. ač . I. č . ĩ dñio . III. ač pᵃti . 7 sub eo . I. liɓ hoĩe . O. 2. 1. XIIII. ač . 7 I. ač pᵃti 7 diñi.

I h̃ man̰ s̃t adhuc . XIIII. liɓ h̃s . LXXXIIII ač . IIII. č . t̃re . I. ecctia . XXX. ač . I. ač pᵃti . 7 diñ

It̃ ĩ eodē . II. liɓi hõs . un⁹ X. ač ali⁹ . XX.

Ī butelai . IIII. liɓi h̃s VIII. ač.

Ī witebie . XVI. liɓ . I. č . t̃re . 7 . II. ač.

h' Roger bigot inuasit de t̃ris eccl'e.[1]

Ī codēhā . I. liɓ hoĩem . XXX ač . I. č . t̃re.

Ī scaruetune . XXVII. liɓi hõs . I. č . t̃rc.

Ī sterestune . I. č . 7 diñ . de dñio 7 . I. liɓ hõs . XX. ač t̃re.

Ī debenhā . I. liɓ hõm . XLI. ač.

In wluestune . XV. ač t̃rc.

Ī estfelde . VIII. ač . t̃re.

Ī winestune . I. liɓ hõm . XXV. ač.

It̃ in wluestune . I. liɓ hõm . XXX. ač.

Adhuc ĩ eodē . II. liɓ hõs . XL. ač . It̃m . I. liɓ . hoñ . XL. ač t̃re.

Ī debenhā . I. liɓ hõm . XL. ač.

Ī eodē . I. liɓm hõm . IIII. ač.

Ī mūchewich . I. liɓ hõm . XXVIII. ač.

It̃ ĩ uuinestune . XX. I. liɓ h̃s . I. č . t̃re.

In estfelda . I. liɓ hõm . XXX. ač t̃re.

Ī wichehā . I. liɓm hõm XX. ač.

Ī cāpese . I. liɓ . XL. ač t̃re

It̃ in wicheñ . VI. liɓi hõs . XXXII. ač . I. č.

Ī debes . XII. ač q̃ ptinent ad cerefelda.

Ī eadē . I. liɓ . hõm . IIII. ač.

Ī litlebelīgeˢ . I. liɓ . hom . I. ač t̃re . 7 IIII. ač pᵃti.

Ī blacheshala . II. liɓ hões

Adhuc in cerefelda . VIII. liɓ hõs III. č̃ t̃re.

Ī eadē VII. č.

In chenetune . IIII. liɓ . hõs . XXX. ač.

Ī cerefelda . I. liɓ hõm . XXXV. ač . I. č . t̃re.

It̃ in sterestuna . I. liɓ hoĩem.

Ī hersā . I. č . 7 IIII. liɓ hõs . .XX. ač . t̃re.

h' p'm̃ inuasit ep̃us baiocensis sup' abb'iā de ely 7 p⁰ eū Roger⁹ bigot.
Adhuc idē ēp̃c abstulit de eccl'a de ely . 7 m̃ᵉ tenet Rog̃ bigot.

In hānīgefeld . II. h̃ . 7 III. ṽ . 7 turold⁹ de rouecestre tenet de eó.

---

[1] *nec seruit iñ . Eᵈč̃ ., erased,* MS.

O. 2. 1.
Epc ebroicēsis inuasit h' sr̄ s̄cam Ætheldre.

Ī wichehā . I. lib̄ hoīē XX. ac̃.

Ī cāpese . LX. ac̃ . de dñio . 7 Ꝑ b̄ ten7 de eo.

Arfast⁹ epc tetfordensis abstulit hoc abb'ie de ely.

Ī tcuctcshale . I. lib̄ hõm . XL. ac̃ . 7 Ꝑ b̄ tenet de eo.

Remigi⁹ epc lincolniēsis abstulit h̄ de abb'ia de ely.

Ī histune . I. b̄ . 7 . I. v . 7 . II. ptes . I. ṽ . 7 pic̃ uicecoñi . tenet de illo nec s̄uit iñ eccliȩ.

Will' de nuers.

Dittune siluaticā p mañio

Rodb't⁹ de raimes.

Ī iepeswiz . i burgo . I. mansurā.

Ī tudc̄hā . I. lib̄ hõm . XII. ac̃ . 7 IIII. ac̃ pᵃti.

Ī eodē . I. lib̄ hõm . VIII. ac̃ b̄re.

Comitissa de Albamarla

. I. ac̃ pᵃti . Ī depepeche . Ī burch . I. lib̄ hõm . XVI. ac̃.

Eustachi⁹ Coñ.

Ī ratesdene . I. lib̄ hõm XL. ac̃.

Ī eodē de dñio . VI. ac̃ . sēp . I. c̃ . 7 IIII. ac̃ pᵃti.

Ranulf⁹ fili⁹ hilğ.

Ī neubrune . III. lib̄ hõs . I. c̃ . b̄re.

Ranulfus Pip'ellus.

Ambredene p mañio.

Ī debenhā . I. lib̄ hõm . I. c̃ b̄re.

f. 209, b.
col 2.
Ī wluestune p mañio

Ī cloptuna . I. c̃ . 7 XXX. ac̃.

Ī caisned . XII. ac̃ p mañio . III. c̃ ī dñio . 7 . II. hoīb⁹.

Radulf⁹ bainard.

Ī finchehā . I. c̃ b̄re.

Roḡ de touenei.

Ī nechentuna . I. c̃ . de dñio.

Ī caldecote dīñ c̃ . eod̄ mᵒ.

Radulf⁹ Coñ.

Ī crochestuna . vicecoñi . 7 I. mol̄.

Comes de moritonio.

Ī drenchestuñ . I. c̃.

In ratesdene . I. lib̄ . hõm . I. c̃.

Ī buclcshā . II. lib̄ hõs . XIIII. ac̃.

Hec¹ sunt piscaria monachorū elẏensiū . Gropwere . chẏdebeche . 7
fridai . Bramewere . Vttrewere . Landwere . Burringewere . Niderest .
Laclode . Vuerest . Quammingewere . Pathewere . Biwere . Northwere .
Dunningewere . Kamerding . Vttrechelmeswere.

N

Newewere . reddidit . II. ꝥ . 7 dim̄ . 7 . IIII. stikes . que ptinent ad festa
sc̄e edeldrede.

Dunningewere 7 Kamerding q°ndā reddiderunt p n̂cede 7 laco . v. ꝥ .
7 . VIII. stikes.

Chelmeswere reddidit in oīb; . I. ꝥ . Northwere . Biwere . Laclode .
Burringewere . Vuerest 7 Netherest reddiderūt in omibus . VIII . ꝥ . 7 dim̄.
Pathewere reddidit . II. ꝥ . 7 dim̄ . 7 . IIII. stikes. Quammingewere .
reddidit . II. ꝥ . 7 dim̄ . 7 . IIII. stikes. Landwere reddidit . I. ꝥ . 7 . XII.
stikes. Vtrewere . 7 brameswere reddider̄t . III. ꝥ . 7 dim̄ 7 . XVI. stikes.
Gropwere reddidit . III. ꝥ . 7 dim̄ . 7 . XVI. stikes.

---

¹ This chapter respecting the 'piscaria' differs so materially in MSS. A. and B.
that it has seemed well to give the complete text of B. in a note. It will be
seen that, besides variations of form, B. adds the names of the tenants. C. does
not contain the chapter at all.

   .III.   .III.   w .II.   .I.
Gropwere . Cidebece . 7 frídei . Bramewere . Vtrewere . Nepewere . Landwere .
          .II.   .II.   .II.
Burnigwere . 7 nithereast . Laclade . 7 v́uereast . Quammingwere . Pathewere .
 .I.   .I.   .IIII.   .XXX. stikes. .I.
Boiwere . Northwere . Dunnigwere . 7 Kam̄edig C̄elmeswere Elmighea .,

W̄ls 7 hugo tenent dunningeswere . 7 Camering . 7 p mercede 7 laco reddunt . v. m̄ . 7 VIIJ. sticas. Nichola⁹ chelmeswere . vnde reddit in omib; . J .
m̄. Jdē ex alia parte tenet Northwere . 7 Buiwere . 7 laclade . 7 Burninges-
were . 7 v́uereast . 7 Nethereast; reddendo in oīb; . VIIJ. ꝥ . 7 dim̄ . ⸗ Lefwi
padewere . p . IJ. ꝥ . 7 dim̄ . 7 IIIJ. stic̄ . ⸗ Adam Quāmingeswere . p . II. ꝥ .
7 dim̄ . 7 IIII. stic̄ . Jtē ipse Landwere . p . J . ꝥ . 7 XII. stic̄ . ⸗ Alured⁹ 7
Roger⁵ Ncowere . p IJ. ꝥ . 7 dim̄ 7 . IIII. stic̄ . ⸗ Joħes vtrewere . 7 Bramewere p . III. ꝥ . 7 dim̄ . 7 XVJ. stic̄ . ⸗ Alvric⁹ c̄licus Gropwere p . IIJ. ꝥ . 7
dim̄ . 7 XVJ. stic̄. De Wella . x. stic̄. De helingeheia . xx. stinkes.

Tib. A. vi. Bramewere

De Welle . x. stikes . qᵉ ptinēt ad festa sc̆e Ædeldrede .

De Helingeheie . xx. stikes que ptinent ad festa sc̆e Ædeldrede.

Carreta plumbi del pec ꝯtinet . xxiiii. fotineles . qdlibet fotinel de
.lx.x. liƀ . 7 h̃ c̆ . xiiii. cutti . Qᵢlibet cuttus de . v. liƀ.
Carreta de lunđ c̆ maior illa de . cccc. liƀ . 7 xx. liƀ p minᵍ centū.

AD illud placitū quo pontifices . Gosfrid⁹ . & Remigi⁹ . consul uero Wal- O. 2. 1.
thews . necñ uicecoñi . Picot⁹ . atq; Ilbert⁹ . iussu Willelmi đi dispositione f. 210, b.
angloꝫ regis cū omī uicecomitatu sic̄ rex p̄cepat conuenerī . testimonio
hominū rei ūitate̅ cognoscentiū determinauerī p̄ras q̃ iniuste fuerant ablatȩ
ab ecc̄lia sc̄e đi genit᷑ris MARIꞘ de insula ely̆ . & sc̄i PETRI apłoꝫ p᷑ncipis .
Sc̄eq; Æthelry̆the u᷑ginis . q̄atin⁹ de dñio fuerant te̅pe uidelicet regis Æd-
wardi . ad dñiū sine alicui⁹ suoꝫ cont᷑adictione redirent q᷑cūq; eas possi-
deret . Nomina quarū cū eoꝫ quibꝫdā qui eas adhuc iniuste retinent sub-
sc᷑buntur . In sceldforda tenet . Hardwin⁹ . unā hidā ad seruitiū . & aliā
hidā tenent . IIII°ʳ. hoīes de illo de dñio . q᷑ q̄anuis in ᵱp᷑ia p̄ra resideant .
tañi de eade̅ habet aƀƀs socā . In eode̅ loco tenet isde̅ . H . tres u᷑gas de
soca . In Wadduna tenet ipsemet H . unā hidā ad seruitium . In belesham
tenet ide̅ iᵽe H . tres socamans . In Wratinga . i̅te̅ . H . tenet dimidiā hidā
ad seruitiū . & . VIIII . socamans . p̄dictus . H . tenet ī Swafhā . unā . u᷑gā
de dñio . & . VII. socamans . In ofre . i̅te̅ . H . tenet dimidiā hidā ad serui-
tiū . De meldeburna . & de Wadduna . & de Meldrethe . tenent Hard-
win⁹ . & . Wido . de rainbudcurt . illā socā q̄ᵐ aƀƀs debet habere . In
stantuna . tenet p̄dictus Wido illā socā q̄ᵐ aƀƀs debet haƀe . In hardewic .
tenet Ercengerus tres u᷑gas de dñio . In toftes . tenet isde̅ . Er . tres u᷑gas
de soca . In suuafhā tenet . Hugo de bolebec miles Walteri . Gifhard .
tres hidas . & unum molinū de dñio . & unā hidā & dimidiā de soca . In
alt᷑a suuafhā . tenet isde̅ . H . unā hidā de soca . In camelinga . tenet .
Lisoi⁹ . unā u᷑gā de dñio . In stapelforda tenet Rotbert⁹ . Willelm⁹ . duas f. 211, a.
hidas & unā u᷑gā ad seruitiū . In stiueceswithe tenet comes Radulfus .
dimidiā hidā p᷑torum de dñio . Ibide̅ uᵒ tenet Elfgar⁹ regine p̄posit⁹
t᷑rā umi⁹ u᷑gine¹ de dnĩo . In histuna tenet presul . Remigius . unā hidā
de dñio . In middeltuna . tenet . Picot⁹ uicecomes . tres hidas de dñio . &
tres de soca . In Empituna . tenet ipse . P . III. hidas de dñio . & duas de
soca . In cotenhā . tenet rursū . P . hidā & dimidiā & unā u᷑gā ad serui-
tiū . & III. alias u᷑gas de soca . In Westwic . tenet eisde̅¹ . P . XL. agroˢ de
dñio . In cuege . tenet ide̅ . P . III. hidas de soca . De loleswrtha . & de
Meddingale tenet ĭtū . P . illā socā q̄ᵐ aƀƀs debet haƀe . In Trūpituna .

---

¹ *Sic,* MS.

O. 2. 1. tenet Willelm⁹ de Warenna . illud dñiū q°d abbas debet habe. Et Westune aliā uillā. In comitatu . Easexie . tenet Reinaldus milis¹ . in uilla quę đr . Fenbricge . VI. hidas & dimidiā. In ratendune . tenet . lisi⁹ . duas hidas . & . XXX. agros de dñio. In eadē uilla tenet Rannulfus peuerel . unā² hidā & . XXX. agros de dñio. Gotselm⁹ uero quidā miles tenet uillā quę đr Tertlinces de dñio. Willelm⁹ de Warenna tenet altā Rothingas de do- minio. Itē isdē . W . tenet unā hidā in supᵃdicta de dñio . Rothingas. Itē Rannulfus . peuerel . tenet uillā quę đr amerdene . de dñio . Rursū lisi⁹ . tenet unā hidā de dñio In broces hæfd. Et isdē . lisi⁹ . tenet in supᵃdicta Rothinga . socā abbis. Et in brokes hæd . itē . L . tenet . :XXX. agros de soca. Willelm⁹ de warenna . tenet duas hidas de soca . in pⁱma supᵃdicta . Rothinga . In comitu² Suthfolc . in uilla quę uocatʳ Suthburna .

f. 211, b. tenet Rotbert⁹ blancard qⁱnq; hoīes de dñio cū tris eoʒ In eadē uilla tenet ipe . Rotb . XXXV. hoñ de soca . qⁱ ita ppⁱe sunt abbi ut q°tienscūq; ipe pcepit in anno arabunt suā trā . purgabt & colligent segetes . portabt uictū monachoʒ ad monastⁱū . eq°s eoʒ in suis necessitatibʒ semp habebit² . & ubicūq; deliquerⁱnt eñidationē habeb . & de oībᵍ illis qⁱ in tris eoʒ deliqe- rint. Isdē . R . tenet . i meltuna . .IX. hoñ eiᵍdē consuetudinis. In kyces- tuna . ipe . R . tenet qⁱnqᵃginta hoñ supᵃdictę consuetudinis. Isdē . R . tenet . in berhā . .XVIII. agros de dñio. In eadē uilla tenet ipe R . XI. hoñ de soca supᵃdicte consuetudinis. In karleforda hundred . tenet isdē . R . VII. socamans. Willelm⁹ filiᵍ Gorhā tenet octoginta . VI. hoñ In Meltunu . qⁱ ita ppⁱe st abbi ut quotienscūq; pcepit pposit⁹ monasterⁱí ire . & omnē rei eñidationē psolue. Et si qⁱd de suo noluint uenundare . a pposito priᵍ licentiā debent accipe. Isdē uᵒ . W . tenet . XVI. hoñ . in kyncestuna . eiᵍdē consuetudinis. In eadē qⁱppe uilla tenet ipe . .W . II. . hoñ de dñio. In todenhā . tenet ipe . W . XXVIII. agros de dñio. In uilla quę uocatʳ. Ho . tenet ipe . W . VII. hoñ . pdicte consuetudinis . & sexaginta agros de dñio. In breuessan tenet isdē . W . trā Elfrici . supᵃdicte consuetudinis. In brucge . tenet ipe . W . trā . etfled . eiᵍdē modi . Radulf⁹ de sauinéé . tenet In berham . XXVII. hoñ . supᵃdictę consuetudinis . & ipe . .R . tenet quandā uillam quę uocatʳ . Ulfestun . de dñio. In debenham . tenet ipe .

f. 212, a. R . socā duarū carucarum. In eadē uilla tenet isdē . R . IIII. hoñ . de dñio . & . XIIII. hoñ . supᵃdictę consuetudinis. In karsflet tenet isdē . R . II. hoñ . de dñio . 7 . XIII. pdicte csuetudinis. In uilla q̃ uocatʳ . blot tenet ipe . R . IIII. hoñ . qⁱ tantū debent seruire abbi cū ppriis eqⁱs in oībʒ necessitatibus suis. In uilla q̃ uocatʳ . Ho . tenet . sasuale . de botauile .

---

¹ militis *altered into* milis, MS.   ² *Sic,* MS.

centū agros de dñio . & . VIIII. hoñi supᵃdicte c̃suetudinis . Mainard . miles O. 2. 1.
rodulfi comitis . tenet t̃rā uni⁹ carucę . In campesseue de dñio.   In ulfes-
tune . tenet . Theoderic⁹ . dominiū abbis.   In mancuuic tenet . Gotselm⁹
dñiū abbis.   Willelm⁹ uᵒ de borneuile tenet . In heccā . sexagīta agros de
dñio.   In eadē uilla tenet . Walter⁹ qⁱdā miles socā uni⁹ carrucę.   Quidā
angℓs fui noïc tenet socam uni⁹ carrucę . ī p̃dicta uilla.   Et in eadē uilla
tenet . Seri . de otboruile . XX. agros de dñio.   In drincestune . tenet .
Balduuin⁹ . abbas . XV. socamans.   In eadē uilla tenet . Rotbert⁹ comes .
VI. hoñi de soca.   Iu ratlesdene tenet p̃dict⁹ comes . XL. agros de soca . &
in eadem uilla tenet . Humfrid⁹ . miles Willelmi de uuarenna . sexaginta agros de dñio . & socā abbis sup t̃rā Godrici prbi.   Eustati⁹ uero
comes tenet ī pdicta¹ uilla . VI. agros de dñio . & sexaginta agros de
soca.   Frodo . fr̃ abbis balduini . tenet in eadē uilla . XI. agros de dñio.
Seri⁹ uᵒ de otboruile tenet ī eadē uilla . XX. agros de dñio.   In heddinge .
baldewin⁹ abbas socā . XX. duabȝ agriˢ.   Willelm⁹ de borneuile tenet socā
abbis ī domedesdune.   Ip̃e uᵒ Wiℓℓ de dñio t̃rā uni⁹ hoñi tenet ī berkynge.
In eadē uilla tenet p̃dict⁹ . Seri . I. socaman.   De soca q̃ . ẽ . in .V. hund̃
7 dimidia . Rodulfus comes . ac rogerus uicecomes . Rotbert⁹ malet . f. 212, b.
Sasuuale de botuile . Rotbert⁹ quippe blancard . Willelm⁹ . nempe fili⁹
gorham . Rannulf peuerel . Rodulf⁹ de sauiéé . Waleranus . Willelm⁹
fili⁹ grosse . Nigel . Gerold . Humfridus . roger . Wiℓℓm⁹ de bosc . Petrus
uᵒ miles j̃sáác . Mainard . Norman . britto possident socā q̃ iure hereditario
possider̃ usqȝ nc̃ monachi . d̃o seruientes almeqȝ Ætheldrythę uᵢgini . q̃
habet̃ in qⁱnqȝ hund̃ . & dimid̃ . a tc̄pe Ædgari regis sc̃iqȝ Athelwoldi
p̃sulis c̄onstructoris cenobíí.   In uicecomitatu . Northfolc . tenet Walter⁹
fili⁹ bloc . unā uillā q̃ uocat̃ . uuestfed . de dñio 7² tc̄pe nr̃i regis Willelmi .
Wianoc qⁱdā miles tenet dimidiā uillā q̃ d̃r . Oxenuuic de dñio . 7 tc̄pe isti⁹
regis . Gerard⁹ miles Willelmi de uuarenna tenet t̃rā triū carrucarū . In
Watinga de dñio.   Itē Gerard⁹ tenet t̃rā dimidie carucę In feltewelle de
dñio . Waller⁹ miles hugonis de monte forti tenet t̃rā duarū carrucarū in
marahā de dñio . Willelm⁹ de Warenna tenet qᵃdraginta qⁱnqȝ socamās ī
p̃dicta felteuuella . qⁱ quotiens abbas p̃cepit in anno arabī suā t̃rā . Colligent 7 purgabī segetes . adducent 7 mittent ī horrea . portabī uictū
monachoȝ ad monast̃iū & quotiens eoȝ equos uoluit & ubicuqȝ¹ sibi placu-
erit totiens habebit . 7 ubicuqȝ forsfec̃int abbas forsfacturā habebit . & de
illis similit̃ qⁱ in eoȝ t̃rā forsfec̃int.   Itē Willelm⁹ de uuarenna tenet tri-
ginta tres socamans isti⁹ c̄onsuetudinis ī Nortuuolda . Itē . W . tenet qⁱnqȝ

---

¹ *Sic*, MS.   ² etiam.

O. 2. 1.

f. 213, a.

socamans isti⁹m°i In Muddaforda. Isdē . W . tenet ī scipenhā t̃rā septē hominū de dñio. Supᵃdict⁹ Walter⁹ & cū eo Durand⁹ homines hugonis de monte forti tenent . xx.vi. socamans supᵃdicte ꝯsuetudinis ī Marahā . Reiner⁹ diacon⁹ rogeri uicecomitis tenet . vi. socamās ī beccsuuella. Joħs nepos Waleranni tenet unū socaman . In Brichā ei⁹dē c̃suetudinis . Lisi⁹ tenet . vi. socamans ī Brandune . isti solūmodo arabī 7 c̃terent messes . ei⁹dē loci quotienscūq; abbas p̃cepit . In mateshale tenet Eudo fili⁹ glamahoc t̃rā septē hominū qᵃm ip̃i dare nec uendere nec qⁱcqᵃ aliud face possunt sine licentia abbis . In iakesham tenet Rannulf⁹ fili⁹ Walteri t̃rā . vii. hominū ei⁹dē ꝯsuetudinis . Isdē u° Rannulf⁹ 7 Willelm⁹ de Warenna . necñ Morel . et eudo fili⁹ spireuuit . Leuin quoq; tenent socā qᵃttuordccī uillarū scilicet Matesale . Hokeringe . Tudenhā . 7 alt̃ā Tudenham . Jakeshā . Torstune . Turstanestun . Flokesthorp . Calflegc . Berh . Risinge . Craneuuithe . Lectune . Scipenhā . Godric⁹ dapifer tenet berch & apetune . He s̃t p̃pⁱe uillę monast̃íí insule Elẏ quas Stigand⁹ archip̃sul tenebat . unde p annū uictū fr̃ibȝ reddidit tantū qᵃntū ptinet ad hoc . Has u° tenet rex ñr . W . p° obitū illi⁹ Mcthcluuald . ct Crokestune . 7 Snegeluuelle . & dictun . Insup & omnē quartū denariū rei puplice de Grantebrice a tēpore Ædgari regis sc̃iq; Æthelwoldi p̃sulis possedit semp abbas monast̃íí Elẏ usq; modo . quē u° picot⁹ uicecomes ñc iniuste contᵃ tenet. Frodo fr̃ baldewini abbatis tenet t̃rā Ceddebiri de dñio qᵃm dedit Að̃riti⁹

f. 213, b.

sc̃e Æ̃ldrede cū suo filio Ailmero . Et hugo frodonis miles tenet t̃rā qᵃm Ailritius habuit in dependena de soca . Et t̃rā qᵃm tenuer̃t Ailriti⁹ . & Bruningus . tenet Rotbert⁹ homo bainardi in Reoden de soca . Et ẏsáác tenet t̃rā qᵃm habuit . Grim In herdeste de dominio . Willelm⁹ de Warenna alterā depedenā totā de dominio . Radulf⁹ de sauina aufert de abbate In Widrinseta suū nem⁹ & segetes cū pratis . & suoȝ hominū seruitiū . Et de bercā . fugauit unū rusticū cui abstulit . decē & nouem oues . & qⁱnq; porcos . & tria animalia.

I. – INDEX   NOMINUM.

II. – INDEX   LOCORUM.

III. – INDEX   RERUM.

2 L

INDEX NOMINUM.

In these Indexes the names of persons and places in brackets [ ] represent the orthography of the Domesday Book as printed in the folio edition of 1806; those in parentheses ( ) represent the variations of the MSS. B. and C. (MSS. Trin. Coll., Cambr. O, 2. 41, and O. 2. 1.).

———◆———

A.

Page

Abbericus de uer [Albericus] . 15, 16
——————— *v.* Albericus.
Achillus, [Achi teignus regis E.] . 74
Achillus [achi], homo comitis haraldi 79
Achillus danauus [Achi], homo comitis haroldi 75
(Adam) 190
Adam filius Robertus (rodbert filii) Willelmi 125
Adam filius Willelmi 182
Adelulfus 59
Adestan (Æðestan) de Westuna, *jurator* 98
Ædericus (Hedericus, ædricus) grim. 147
——————— ; *v.* Hedericus grim.
Ædeua (Aideua, Æideva) pulcra . 112
(Ædgarus rex) 195
Ædiua 18
—— [Eddeua], 2, 4, 5, 7, 11, 13, 14, 15, 19, 20, 22, 24, 25, 26, 27, 30, 46, 47, 58, 80, 95
—— bella [Edeua pulcra] . . . 4
—— [Eddeua pulchra] . . . 9, 27
—— pulcra [Eddeua] 10
—— [Eddeua] pulchra 25
—— pulchra [Eddeua] 32, 33, 34, 35, 49, 54, 61, 81, 87
—— *v.* Eadiua, Eddeua, Ediua.
Ædmundus presbiter . . . 150, 152
Ædricus (Hedricus), liber homo 144, 145, 151
——————, liber homo 182
Ædricus (Eadericus) presbiter, Sochemanus 108

Page

Ædricus púr 109
Ædriz (Edriz, Ædric) pur, sochemanus 108
Ædriz (ædric), liber homo . . . 163
Ædriz (Ædricus), liber homo . . 183
Æduuardus rex, *sub formâ* E., Æ., Æd., etc., *passim.*
Æduuardus (Eaduuardus), homo Alberici de uer, *jurator* . . . 97
Æduuardus (Eadwardus), sochemanus, homo abbatis eli . . . 110
Æduui [Eduui], homo abbatis ely . 85
Ædwi (Eadwi, Ædwius) 110
Æduuinus, homo Ædiue 5
Æduuinus (Heduuinus), liber homo 141
——————, liber homo . . . 148, 158
Æduninus presbiter, *jurator* . . . 25
—— (Edwinus, Ælwinus) presbiter, *jurator* 98
Ælnodus, sochemannus regis E. . . 54
Ælsi sochemannus, homo abbatis de ely 12
Aerda; *v.* Ernulfus de aerda.
(Æthelwoldus presul, Sanctus) . . 195
Ailbertus 113
—————— dapifer 114
Ailmarus Colsueni filius, *jurator* . 51
(Ailmerus filius Aðritii) 195
Ailricus [Alricus] monachus . . . 16
(Ailritius) 195
Ailyd (ailid), libera femina . . . 137
Alaimus (alanus) comes . . 140, 148, 149
—————— comes 153
Alainius (alanus) comes 112
Alanus 5

2 M

INDEX LOCORUM.

The names of places in italic type occur in the text as personal designations.

com.,	. . . .	county.
dom.,	. . . .	demesne.
dim. hund.,	. .	half hundred.
hund.,	. . .	hundred.
hund. et dim.,	.	hundred and half.
man.,	. . . .	manor.
pisc.,	. . .	eel fishery.
vil.,	. . . .	vill.

2 R

2 s

U., V.

W.

INDEX RERUM.

Names of persons and places mentioned in this index will be found in the preceding indexes.

a. Titular Designations.
b. Buildings; Churches, Mills, &c.; Natural, Artificial, and Political Division of Land.
c. Animals.

d. Agricultural Produce.
e. Payments, Privileges, Services, Tenures.
f. Money.
g. Weights and Measures.
h. Words and Phrases.

---

2 z

3 A

3 B

b. Buildings, Churches, Mills, &c.; Natural, Artificial, and Political Divisions of
Land.

ADDENDA AND ERRATA.

PRINTED BY TAYLOR AND CO.,

10, LITTLE QUEEN STREET, LINCOLN'S INN FIELDS.

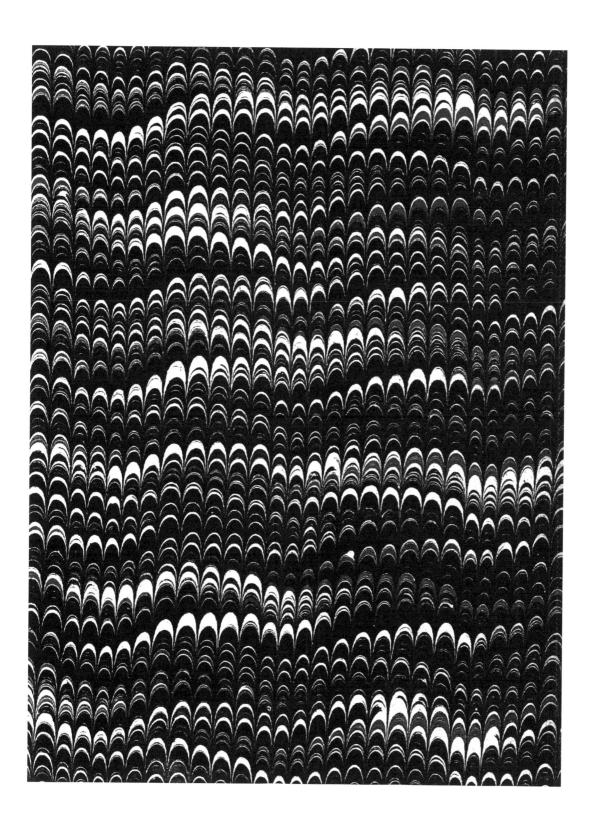

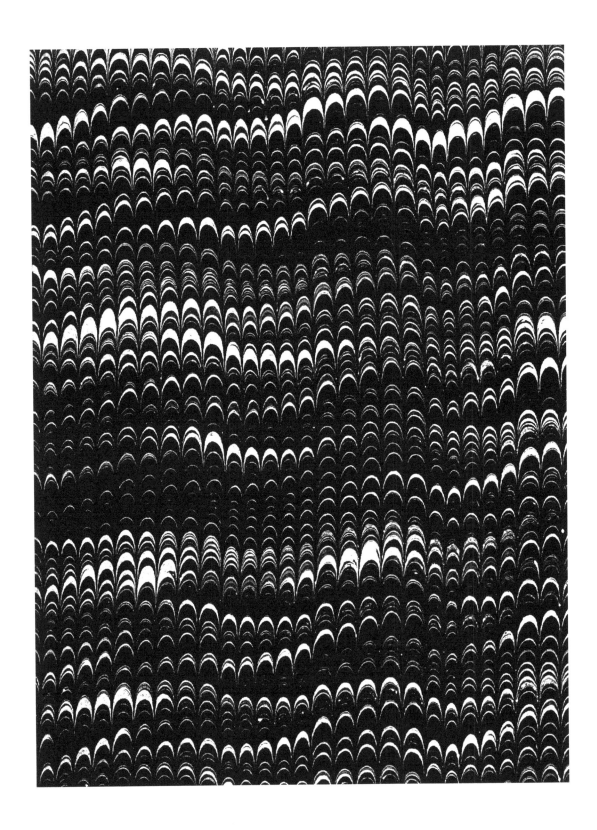

Lightning Source UK Ltd.
Milton Keynes UK
UKHW050724080620
364642UK00004B/308